Mrs. Warrens Tochter

Eine Geschichte der Frauenbewegung

Harry Johnston

Writat

Diese Ausgabe erschien im Jahr 2024

ISBN: 9789359949147

Herausgegeben von
Writat
E-Mail: info@writat.com

Inhalt

VORWORT ....- 1 -

KAPITEL I ....- 3 -

KAPITEL II ....- 16 -

KAPITEL III ....- 23 -

KAPITEL IV ....- 38 -

KAPITEL V ....- 51 -

KAPITEL VI ....- 63 -

KAPITEL VII ....- 75 -

KAPITEL VIII ....- 82 -

KAPITEL IX ....- 93 -

KAPITEL X ....- 107 -

KAPITEL XI ....- 125 -

KAPITEL XII ....- 137 -

KAPITEL XIII ....- 147 -

KAPITEL XIV ....- 165 -

KAPITEL XV ....- 191 -

KAPITEL XVI ....- 213 -

KAPITEL XVII ....- 233 -

KAPITEL XVIII ....- 254 -

KAPITEL XIX ....- 269 -

KAPITEL XX ....- 287 -

L'ENVOI ....- 298 -

VORWORT

Der frühere Teil des Lebens von Vivien Warren und dem ihrer Mutter Catherine Warren wurde von George Bernard Shaw in seinem 1898 erstmals veröffentlichten Stück „Mrs. Warren's Profession" erzählt.

(*Plays Pleasant and Unpleasant* : 1. *Unpleasant* . Constable and Co., 6. Auflage.)

Ich habe seine Erlaubnis, die Geschichte ab 1898 fortzuführen. Um meine Fortsetzung zu verstehen , ist es nicht notwendig, das Stück gelesen zu haben, das uns das Warren-Problem so brillant vor Augen führt. Aber da die meisten Menschen mit durchschnittlich guter Bildung die Komödien von Mr. Shaw als notwendig für ihre geistige Stärkung und ihr Verständnis des zeitgenössischen Lebens empfunden haben, ist es wahrscheinlich, dass alle, die sich für dieses Buch interessieren würden, bereits mit der Geschichte von Mrs. Warren vertraut sind Ich werde daran interessiert sein, zu erfahren, was geschah, nachdem Mr. Shaw diese Geschichte 1897 niedergeschrieben hatte. Darüber hinaus würde ich feindselige oder verärgerte Rezensenten besänftigen, indem ich sie an die Kontinuität der Menschheitsgeschichten erinnere; von Biografien, real – wenn auch ein wenig durch die Soße der Fiktion verschleiert – und unwirklich – weil er den Titel „ *Leben und Briefe* " *trägt, von seiner Witwe* . Der beste Roman oder die beste Lebensgeschichte, die jemals geschrieben wurde, beginnt nicht mit der ersten Seite. Der eigentliche Beginn reicht bis in die Steinzeit zurück oder zumindest bis zu den vorausgehenden Umständen, die zur Krise oder zur Entstehung der dargestellten Charaktere führten. Mr. Pickwick hatte einen Vater, einen Großvater; eine Mutter mit Mob-Mütze; im achtzehnten Jahrhundert. Es ist erlaubt, über ihre Geschichten und Dispositionen zu spekulieren. Auch ein Roman oder eine Biografie endet nicht mit der letzten Seite ihres praktischen Teils.

Wenn Sie das Buch zur Seite legen, das das erbärmliche Scheitern von Lord Randolph Churchill beschreibt, tun Sie dies mit Neugier, was aus Winston werden wird. Mit Vorkenntnissen über den Pickwick Club kann man seine Fantasie sinnvoll einsetzen, um die möglichen Karrieren von Sam Wellers pummeligen kleinen Jungs nachzuzeichnen; Sie sind zu alten Männern herangewachsen und haben möglicherweise selbst Nachkommen hinterlassen, die möglicherweise in den Adelsstand des Turf eingeheiratet haben oder auf Geheiß von Mr. Lloyd George in das Kriegskabinett eingetreten sind.

Ich kenne Nachkommen von Madame de Brinvilliers in England, die bei der Gründung des YWCA mitgewirkt haben; und Nebenableger aus dem

Charlotte-Corday-Stamm, die sich strikt gegen die Ermordung von Staatsmännern und Journalisten aussprechen.

Deshalb habe ich es mir zur Aufgabe gemacht, die Geschichte fortzusetzen, die Mr. Shaw vor 23 Jahren in seinem späten viktorianischen Stadium skizziert hat. *Er* hatte zuvor einen Anspruch darauf; genauso wie er uns das Leben – aber nicht die Briefe, denn sie war Analphabetin – von Catherine Warrens Mutter gezeigt hätte, der Fischhändlerin und Wohnungsbesitzerin auf Tower Hill in den vierziger und fünfziger Jahren des letzten Jahrhunderts; und an den jungen Leutnant Warren von der Tower-Garnison, der zwischen 1850 und 1854 in Abständen bei ihr wohnte und zusammenlebte, als er auf die Krim ging und dort an Erfrierungen und vernachlässigten Wunden starb. Herr Shaw hat auf solche Ansprüche verzichtet, da er, wie Vivies Großmutter gesagt hätte, „anderen Fisch zum Braten" hat. Ohne dies hätte ich es nicht gewagt, die Geschichte aufzugreifen, da ich der Meinung bin, dass ein Autor zu Lebzeiten ein Verfügungsrecht über seine Werke hat. Ich werde im Nirvana keine Bitterkeit empfinden, wenn nach meinem Tod jemand anderes die Geschichte von Vivie oder ihren Freunden und Verwandten fortsetzt, unter Umständen, die ich nicht mehr erleben werde.

Um Mr. Shaw gerecht zu werden , muss ich anmerken, dass das vorliegende Buch ausschließlich mir gehört und dass er, obwohl er sein höfliches Interesse an Vivie nicht aufgegeben hat, in keiner Weise für ihre Karriere und ihr Verhalten verantwortlich ist . Vielleicht ärgert er sich sogar über beides.

HH Johnston .

KAPITEL I

VIVIE UND NORIE

Das Datum, an dem diese Geschichte beginnt, ist ein Samstagnachmittag im Juni 1900, etwa 15 Uhr. Die Szene ist der westliche Raum einer Büroreihe im fünften Stock eines Hauses in der Chancery Lane, die Büros von *Fraser und Warren* , beratende Aktuare und Buchhalter. Es gibt ein langes Fenster nach Westen, dessen mittlerer Teil offen ist und einen Durchgang auf eine Brüstung ermöglicht. Durch dieses Fenster und noch besser von der Brüstung draußen kann man die malerischen Türme und Türme des Gerichtsgebäudes sehen, hier und da einen Blick auf die sanften, roten Backsteinhäuser mit weißen Fenstern am New Square und die Baumwipfel von Lincoln's Inn Fields und die Andeutung der bewaldeten Höhen von Highgate hinter einem mit Türmen und Kaminen übersäten Horizont. All diese Aussichten werden von der strahlenden Junisonne durchflutet, kaum getrübt durch den Rauch und die Dämpfe der Stadt.

Im Raum selbst stehen auf jedem Tisch Vasen mit Blumen und ein Strauß dunkelroter Rosen auf der Kommode, an der Vivien Warren mit vielen Schubladen sitzt. Die Wände sind größtenteils mit Bücherregalen bedeckt, die gut gefüllt sind mit beratenden Werken zu vielen verschiedenen Themen. Es gibt eine weitere Reihe von Regalen, die mit ordentlichen, grünen Blechboxen gefüllt sind, in denen die Papiere der Kunden aufbewahrt werden. Eine dunkelgrüne und violette Portière verbirgt teilweise den Zugang zu einem Waschplatz, der außerdem mit einem Gasherd zum Kochen und Schränken für Geschirr und Proviant ausgestattet ist. Am gegenüberliegenden Ende des Raumes befindet sich eine Tür, die in ein kleines Schlafzimmer führt. Der Kamin im Hauptraum ist mit dem besten und am wenigsten stinkenden Gasherd ausgestattet, der im Jahr 1900 erhältlich war.

Es gibt zwei quadratische Tische, die mit Stapeln von Dokumenten bedeckt sind, die ordentlich mit grünem Klebeband zusammengebunden sind und um die zentrale Blumenvase angeordnet sind. eine schwere, gedrungene Steingutvase, die nicht so leicht umgeworfen werden kann; und es gibt eine zweite Kommode mit Fächern und Rolldeckel, ähnlich der, an der Vivien Warren sitzt. Dies ist für die Seniorpartnerin Honoria Fraser. Zwischen den Kommoden ist ausreichend Platz für den Zugang zum langen Westfenster und damit zur Brüstung, die wie ein Balkon genutzt werden kann. Zwei kleine Sessel aus grünem Leder auf beiden Seiten des Kamins, zwei Bürostühle an den Tischen und ein Drehstuhl an jeder Kommode vervollständigen die Einrichtung des Partnerzimmers von *Fraser und Warren,* wie man es vor zwanzig Jahren gesehen hätte.

Der Rest ihrer Büros bestand aus einem Flur, von dem aus ein Aufzug und eine Treppe hinunterführten, einem angenehm eingerichteten Wartezimmer für Kunden, einem Raum, in dem zwei weibliche Angestellte arbeiteten, und einem kleinen Raum, der von einem Bürojungen gemietet wurde. Sie können sich auch eine ausgezeichnete Toilette für die Angestellten, zwei Telefone (eines im Zimmer der Partner), versteckte Safes und Wandkarten vorstellen; und Sie müssen sich alles als eine angenehme Farbe – grün, weiß und violett – vorstellen, die von Licht durchflutet ist; sauber, ordentlich und hervorragend für Geschäfte in der Stadt geeignet .

Als sich der Vorhang öffnete, saß Vivien Warren, wie bereits erwähnt, an ihrem Schreibtisch und las einen Brief. Der Brief trug die Überschrift: „Camp Hospital, Colesberg , Kapkolonie, 2. Mai 1900"; und lief so: –

LIEBSTE VIVIE ,——

Hier bin ich immer noch, aber mein Bein bessert sich schnell. Das Schlimmste war die Magendarmentzündung. Das ist vorbei und erledigt, obwohl ich die Farbe eines Schweinsledersattels habe. Mein Bein lässt mich noch nicht herumtanzen, aber ansonsten fühle ich mich stark wie ein Pferd.

Als ich vor über drei Monaten gebowlt wurde und das Magensafttabletten mich zusätzlich zu der Kugel durch meinen Oberschenkel erwischte, verlor ich die Selbstbeherrschung und bat die Leute hier, Ihnen zu telegrafieren, dass Sie kommen und mich pflegen sollten. Es war vielleicht albern – die Pflege hier ist ziemlich effizient – und wenn jemand meinetwegen hätte herauskommen sollen, dann hätte es die arme alte Mutter sein sollen, die es sehr wollte. Aber irgendwie konnte ich nur an *dich denken* . Ich wollte dich mehr als jemals zuvor. Ich hoffte, dass dein Herz irgendwie berührt würde und du herauskommen und mich stillen und mich dann aus Mitleid heiraten würdest. Willst du das nicht tun? Aufgrund meines steifen Beins wage ich zu behaupten, dass ich aus der Armee entlassen werde und eine kleine Verwundetenrente bekomme. Und ich habe ein Projekt, das viel Geld einbringen wird – oben in Rhodesien – ein Tipp, den ich von einem Mann bekommen habe, der sich auskennt. Ich werde ein Stück Land in der Nähe von Salisbury übernehmen. Zerstörendes Land und Klima und so weiter. Es würde Ihnen bis auf den Grund passen. Sie könnten das Warren-Geschäft hinter sich lassen, alles vergessen, den Namen fallen lassen, eine neue Karriere als Mrs. Frank Gardner beginnen und in dem Mann, der diesen Brief unterschreibt, einen ewig hingebungsvollen Ehemann finden.

Ich bin schon lange genug hier draußen, um allen Herausforderungen gewachsen zu sein, und ich hatte in Rhodesien schon ein bisschen Geld verdient, bevor der Krieg ausbrach und ich eine Provision bekam. Auf jeden Fall habe ich genug, um als verheirateter Mann anzufangen, genug, um Ihnen ein anständiges Outfit und Ihre Reise hierher zu ermöglichen und Ihre

Flitterwochen zu verbringen, bevor wir mit der Arbeit an unserem zukünftigen Zuhause beginnen. Liebling Vivie! Denken Sie darüber nach. Du wirst es nie bereuen. Ich bin ein ganz anderer Frank als der dumme Arsch, den man in den alten Haslemere-Tagen kannte. Hier ist ein Fünf-Pfund- Schein, um die Kosten für ein komplettes Kabel zu decken, um „Ja" zu sagen und wenn Sie bereit sind, loszulegen. Wenn ich Ihre Antwort bekomme – irgendwie habe ich das Gefühl, dass sie „Ja" lauten *wird* –, schicke ich Ihnen einen Wechsel auf eine Londoner Bank, um eine passende Aussteuer und Ihre Überfahrt von London nach Kapstadt zu bezahlen, und *natürlich* komme ich und wir treffen uns dort, wo wir heiraten können. Ich werde nicht richtig schlafen, bis ich dein „Ja" bekomme.

Du bist immer liebevoll und immer treu

FRANK.

PS: Hier auf derselben Station liegt ein armer Kerl, der – sollte ich sagen – an einer Kiefernekrose stirbt – Vavasour Williams ist sein Name oder ein Teil seines Namens. Sein Vater war mit meinem alten Herrn in Cambridge, und – ist es nicht Rum? – er war ein Schüler von *Paddy* !! Er hat seine Schul- und Uni-Karriere vermasselt und dachte, dass er als Nächstes gerne Architekt oder Bühnenmaler werden würde. Mein Vater hat Paddy als Meister empfohlen. Er arbeitete im Praed- Studio, wurde aber wegen einer Dummheit verarscht. Da er dann seinem armen alten Gouverneur nicht gegenübertreten konnte, meldete er sich bei der Grenzpolizei von Bechuanaland, kam nach Südafrika und wurde für diese Show eingelassen. Die Ärzte und Krankenschwestern geben ihm etwa einen Monat Zeit und er weiß es nicht. Er kann nicht viel reden, weil sein Kiefer gefesselt ist – normalerweise schreibt er mir Nachrichten, in denen es darum geht, nach Hause zu gehen und ein guter Junge zu sein, ein neues Kapitel aufzuschlagen und so weiter. Ich nehme an, die letzte Person, die man heutzutage sieht, ist der Revd. Sam Gardner? Weißt du, dass sie ihn aus Woodcote herausgeholt haben ? Er erhielt „Bevorzugung", wie er es nennt, und eine Seelenheilung in Margate. Ziemlich grob zu der lieben alten Mutter – Gott segne sie *immer* – Sie mochte das Hindhead-Land so sehr. Aber wenn Sie gegen Paddy antreten, sagen Sie ihm vielleicht Bescheid, und er nimmt möglicherweise Kontakt zu Vavasour Williams' Leuten auf – Twig? – FG

Vivie stand mitten in diesem Brief auf und beendete ihn, während sie am Fenster stand.

Sie war groß – sagen wir mal 1,70 Meter; etwa fünfundzwanzig Jahre alt; mit einer gut entwickelten, athletischen Figur, hervorgehoben durch ein elegantes, maßgeschneidertes Kleid aus grauem Stoff. Doch obwohl man sie als hübsche Frau bezeichnen könnte, wäre sie leicht für einen gutaussehenden jungen Mann von zwanzig Jahren gehalten worden, wenn sie Männerkostüm getragen hätte.

Ihr braun-goldenes Haar war mit der geringstmöglichen Prahlerei und ohne Flauschigkeit entledigt. Ihre Augenbrauen waren für Weiblichkeit zu gut geformt und trafen sich fast, wenn sie die Stirn runzelte – eine allzu häufige Praxis, ebenso wie der kriegerische Ausdruck ihrer stahlgrauen Augen mit den wunderschönen irischen langen dunklen Wimpern. Sie hatte eine gerade Nase und ein festes, abgerundetes Kinn, einen ziemlich entschlossenen Ausdruck um den Mund – die Unterlippe war zu stark eingezogen, als ob sie aus ständiger Selbstunterdrückung resultierte. Aber all diese Strenge verschwand, als sie lächelte und ihre makellosen Zähne zeigte. Der Teint war klar, wenn auch ein wenig gebräunt, weil er sich absichtlich der Leichtathletik ausgesetzt sah. Im Großen und Ganzen eine Frau, die man als „sehr gutaussehend" bezeichnen könnte, wenn nicht jedes Mal, wenn ein Mann sie ansah, etwas Feindseliges und Abweisendes in ihr Gesicht trat und die Augenbrauen einen zornigen haselnussbraunen Balken über dem Gesicht bildeten Augen mit dunklen Wimpern. Aber ihr „junger Mann"-Aussehen brachte ihr viele weibliche Freundschaften ein, die sie ungeduldig ablehnte; denn Sentimentalität war ihr zuwider.

Die Tür zum Zimmer der Partner öffnete sich und Honoria Fraser kam herein. Sie war wahrscheinlich drei Jahre älter als Vivie und ebenfalls eine wohlhabende Frau, etwas matronenhafter im Aussehen, ein wenig im Stil einer verheirateten Schauspielerin, die ihren Mann wirklich liebt und ihr eigenes Aussehen wunderbar bewahrt hat, obwohl sie niemand nehmen würde für weniger als achtundzwanzig.

Als Vivie sie sah, runzelte sie die Stirn und warf den Brief auf die Kommode.

Honoria Fraser hatte mit Freunden im Portland Place zu Mittag gegessen.

Honoria : „Was für ein Schwärmer du bist! Ich *dachte, ich würde dich hier finden. Ich nehme an, das Personal ist pünktlich um eins abgereist? Ich bin ausdrücklich von den Michael* Rossiters zurückgekommen, um dich zu ihnen zu bringen – oder besser gesagt nach Kew. Sie" Ich werde mit den Thiselton - Dyers Tee trinken und mich dann an Azaleen und Rosen erfreuen. war weg....

Rossiters einen so entzückenden Mann kennengelernt !" (leicht errötend) „Sieh mich nicht so vorwurfsvoll an! Es gibt *entzückende* Männer – einige davon. Dieser wurde in Südafrika verwundet und sieht so gut aus, obwohl sein Hinterkopf vernarbt ist und er Ich werde immer hinken... Warum siehst du dann so ernst aus?

Vivie : „Ich sehe ernst aus, weil ich gerade über einen Heiratsantrag nachdenke – oder besser gesagt, mit den wenigsten Worten, mit denen ich ihn ablehnen kann. Ich glaube nicht, dass ich überhaupt nach Kew will ... viel früher hatten wir es." gemeinsam Tee trinken, hier auf dem Dach ..."

Norie : „Ich nehme an, es ist wieder Frank Gardner, da ich seine Handschrift auf dem Umschlag sehe. Nun, das mit Kew tut mir leid – es hätte mir gefallen sollen ..."

Vivie (bitter): „Ich gehe davon aus, dass es dieser ‚entzückende Mann' ist, der dich anzieht."

Norie : „Unsinn! Ich habe mir die Jungfräulichkeit geschworen, genau wie du ... Es ist mir wirklich egal, ob ich Major Armstrong nie wieder sehe ... obwohl er auf jeden Fall ein ziemlicher Schatz *ist* ... sehr gut aussehend ... . und, wissen Sie, er ist fast ein Pro-Buren, obwohl die Buren ihn überfallen haben ... Sagt, dieser Krieg sei ein schrecklicher Fehler ...

„Nun, wenn Sie möchten, trinke ich stattdessen hier Tee, und wir können über Geschäfte reden, was wir seit vierzehn Tagen nicht getan haben. Ich muss mir aus dem Weg gehen, Besuche auf dem Land zu machen. Sie machen einen so unzufrieden." Mit der Stadt danach. Ich hatte in letzter Zeit das Gefühl, dass ich gerne Bauer gewesen wäre ... Ihnen wurde zu viel von der Arbeit der Firma aufgebürdet ... Aber es gibt viel, viel, was ich reden möchte Ich verlasse Kew freiwillig und was Major Armstrong betrifft ... Er kann jedoch immer meine Adresse finden, wenn er möchte ..."

Vivie (setzt sich in einen der Sessel und Norie nimmt den anderen): „Oh, bemitleide mich nicht. Ich liebe harte Arbeit und Arbeit, die mich interessiert. Und was die Arbeit für *dich betrifft*, weißt du, dass es nichts gibt, was ich nicht tun würde." ..."

Norie : „Oh, verstauen Sie das! ... Sie sind seit einem Jahr ein vollwertiger Partner und sollten gefühllos oder misstrauisch werden ... Ich *habe gestern* etwas Geld aus der Portokasse abgehoben. Ich muss daran denken, es einzuzahlen Ich habe ziemlich viel genommen ... für Theaterkarten ... und Sie vermuten vielleicht Bertie Adams ... wir können das nicht als Adamless Eden bezeichnen, oder ich frage mich, warum wir einen Bürojungen behalten und nicht? ein Büromädchen? Ich nehme an, dass solche Dinge bald entstehen werden ... Adams, wie ich merke, wächst, und er hat die Spur eines Schnurrbartes und ist Ihnen bereits ergeben ... hündisch..."

Vivie : „Zum Glück widmet er sich immer noch mehr dem Cricket; und sobald Rose und Lilian gegangen waren , ging auch er los ... Nur schätze ich, dass er jetzt Regent's Park zugunsten von Hendon oder Herne Hill aufgibt ..."

Norie : „Nun zu Frank Gardner ..."

Vivie : „Ja, dieses Telegramm ... Lass es uns einrahmen und so schnell wie möglich abschicken; dann bereite den Tee zu. Apropos Tee: Bevor Franks Brief kam, dachte ich nur darüber nach, wie viel Gutes du mir getan hast ...“ auf viele andere Arten, als mich ins Geschäft zu bringen.“

Norie : „Halt die Klappe!... “

Vivie : „Als wir zum ersten Mal zusammenarbeiteten, hielt ich es immer für notwendig, Männer nachzuahmen, indem ich ab und zu Whisky und Limonade trank – obwohl ich Spirituosen verabscheue – und eine Zigarre rauchte – pfui ! eine selbstbewusste Weiblichkeit – natürlich China-Tee und Zigaretten. Warum *hätten* wir wie Männer sein wollen? ... viel besser, die neue Frau zu sein ...

„Was Franks Telegramm betrifft ...“ (Geht zum Büro, probiert mehrere Nachrichtenentwürfe durch, konsultiert Postal Guide bezüglich der Telegrammgebühren *pro* Wort und liest laut vor) ... „Wie ist das? ‚Captain Frank Gardner Camp Hospital Colesberg Cape Kolonie. Es tut mir leid, nein zu sagen. Beste Genesungswünsche, Vivie. Das kostet nur zwei Pfund und von dem Restbetrag werde ich ein gutes Paket Bücher kaufen, um es ihm zu schicken, und ein paar Erdbeeren und Kuchen für unseren Tee. (Damit setzt sie vorsichtig ihren Hut auf – denn sie achtet immer auf die Art eines jungen Gentlemans sehr auf ihr Aussehen – geht los, um Telegramme vom Postamt Chancery Lane abzuschicken, kauft Erdbeeren und Kuchen in Geschäften in der Fleet Street und so weiter (Um vier Uhr bin ich wieder im Büro.) In der Zwischenzeit liest Norie einen Teil der aktuellen Korrespondenz in der Akte durch.)

Vivie (bei ihrer Rückkehr): „Pouf! Es *war* heiß in der Fleet Street! Es tut mir leid für den armen Frankie, denn er scheint so fest entschlossen zu sein, mich zu heiraten. Aber ich hoffe, dass er diese Antwort als *endgültig ansieht* .“ "

Norie : „Ich nehme an, Sie lehnen ihn nicht aus demselben alten Grund ab – der vagen Andeutung, dass er Ihr Halbbruder sein könnte?“

Vivie : „Oh *nein* ! Außerdem weiß ich ziemlich genau, dass er es nicht ist, er konnte es einfach nicht sein. Ich bin absolut sicher, dass mein Vater nicht Sam Gardner war, genauso wenig wie George Crofts. Ich glaube, das war er .“ ein junger irischer Seminarist, ein Priesterstudent, den meine Mutter ein Jahr vor meiner Geburt in Belgien kennengelernt hat. Wenn ich jemals mehr herausfinde , werde ich Ihnen sagen, dass *Sie* „Soapy Sam“, den Pfarrer von Woodcote, noch nicht gesehen haben dieses Biest, George Crofts; aber wenn du *es wüsstest* , wärst du so sicher wie ich, dass keiner von ihnen *mein* Vater war – Gott sei Dank – ja – für kurze Zeit mochte ich *ihn* – bis ich es erfuhr! über den „Beruf“ meiner Mutter. Es war eher eine alberne Art von Zuneigung. Ich vermute, dass meine Gefühle für ihn halb mütterlich waren

... Ich habe ihn weder ermutigt noch abgestoßen, ich habe eher gewollt zu wissen, wie es sich anfühlte, von einem Mann geküsst zu werden. Frank war ein nettes Geschöpf, soweit ein Mann nur sein kann. Aber all diese schrecklichen Enthüllungen, die unseren Sommeraufenthalt in Haslemere vor vier Jahren zum Scheitern brachten – als ich zu dir weglief – was für ein Leben mein gewesen wäre, wenn ich ihn damals geheiratet hätte, oder nachdem er nach Südafrika gegangen wäre, hätte uns der Mangel an Geld dazu gebracht, uns zu hassen *! Da ich auf legitime* Weise keinen Vater hatte, hätte er geglaubt, dass er mir eine große Ehre erweisen würde , indem er mich geheiratet hätte, und hätte wahrscheinlich erwartet, dass ich mich für ihn einsetzen würde, während er seine Zeit vergeudete ... . Oh, wenn ich daran denke, was für ein Leben ich hier mit dir geführt habe, voller interessanter Arbeit und glänzender Aussichten, frei von Geldängsten – liebste, liebste Norie –, kann ich dir nicht genug danken. Nein, ich werde nicht sentimental sein – die Neue Frau ist niemals sentimental. Ich mache den Tee fertig; und nachdem wir auf dem Balkon Tee getrunken haben, müssen wir uns wirklich mit den geschäftlichen Angelegenheiten befassen. Da du in den letzten zwei Wochen so oft weg warst, haben sich Dinge angesammelt, über die ich nicht gerne selbst entscheiden wollte ...“

Norie (spricht etwas lauter, während Vivie jetzt im Nebenzimmer damit beschäftigt ist , den Wasserkocher auf dem Gasherd zum Kochen zu bringen und den Tee zuzubereiten): „Ja. Und ich habe *viel* mit dir zu besprechen. Alle möglichen Pläne sind geschmiedet.“ Ich weiß nicht, ob ich etwas mehr gegessen habe als sonst, das Gehirn anzuregen – alles hat eine körperliche Grundlage –, aber ich bin voller neuer Ideen aus diesem verstreuten Urlaub zurückgekommen.“

Jetzt sitzen sie auf Campinghockern und trinken Tee, essen Erdbeeren und Kuchen unter der gestreiften Markise.

Norie fährt fort: „Erinnern Sie sich an Beryl Clarges in Newnham?“

Vivie : „Ja – das hübsche Mädchen – kurzes, lockiges Haar, braune Augen, ziemlich volle Lippen, gut in Mathematik – Hockey ... hat dich absichtlich durch ihre Offenheit schockiert – na ja?“

Norie : „Nun, sie hat ein Baby bekommen ... vor einem Monat ... schrecklicher Aufruhr mit ihren Leuten ... Vaters Dekan Clarges ... Norwich oder Ely, ich weiß nicht mehr ... Sie haben sie in eine Krankenpflege gesteckt Zuhause in der Seymour Street. Mutter trägt eine Spitzenmantilla und weint leise, wie sie es nennen, mit einem Architekten.

Vivie : „Geben Sie Ihre Tasse ab ... Nehmen Sie nicht *alle* Erdbeeren (*Norie* : „Tut mir leid! Geistesabwesenheit – ich habe Ihnen drei Dicke übrig gelassen“) Architekt? Seltsam! Ich dachte immer, alle Architekten wären wie

Paddy – hatte Keine Leidenschaften außer Ziegeln und Mörtel und gemeißeltem Stein und gedrehten Eisengittern ... vielleicht nur ein Nervenkitzel wegen einer nackten Statue. Bis du mir das erzählt hast, hätte ich meiner Tochter – wenn ich eine hätte – lieber eine ... anvertraut Architekt wie ein Oberst der Ingenieure – der Typ, der an die Identität der zehn verlorenen Stämme glaubt und ein wahrer Protestant ist!

Norie : „Ich glaube, es begann in Cambridge – die Bekanntschaft ... Später entwickelte sich daraus eine Leidenschaft. Er hatte bereits irgendwo in Sussex eine Frau und vier Kinder. Er nahm für sie eine Wohnung in der Stadt – ein Studio – wegen Berry hatte die Mathematik aufgegeben und widmete sich der Bildhauerei; und wann immer er von Storrington oder einem anderen Ort und von seinem Büro in der Stadt wegkommen konnte , besuchte er Beryl. Aber letzten Februar ging es weiter musste ihrer Mutter beibringen, dass sie seit sechs Monaten nicht mehr da ist, aber die andere Frau weigert sich, sich von dem ungezogenen Architekten scheiden zu lassen – Was für *Feiglinge* Männer sind und wie *wenig* Frauen Frauen unterstützen Und dann ist es ein armes Dekanat und Beryl hat fünf jüngere Brüder, die ausgebildet werden müssen. Ihre Skulptur war kaum mehr als Aufträge für das Gebäude ihres Architekten, und ich gehe davon aus, dass diese Ressource jetzt verschwinden wird ... Ich denke halb, ich werde sie mitbringen Hier drin, wenn es ihr wieder gut geht, und Sie wissen, dass wir unser Geschäft ausbauen ... Sie würde eine gute Hausagentin abgeben ... Sie schreibt manchmal für *Country Life* ... "

Vivie : „Ja-ja... Aber du kannst nicht mehr für viele unserer College-Kameraden sorgen. Ist noch mehr schiefgegangen?"

Norie : „Es hängt davon ab, wie man ‚falsch' einstuft." Ich sehe wirklich nicht, dass es für eine junge Frau „ falscher " ist, sich dem „ Storgé " hinzugeben und ein uneheliches Kind zu bekommen, als dass ein Mann dieses Kind zeugt, es sei denn, er ist ein Kabinettsministerin oder Klerikerin; aber sie tut ihr Bestes, um die Frau zu ruinieren ... es sei denn, sie ist Schauspielerin oder Sängerin, wenn eine Frau das ganze Elend einer Schwangerschaft und die Wehen einer Entbindung auf eigene Faust durchmachen möchte Warum kann sie das nicht, weil sie gesetzlich mit einem Mann verbunden ist? Beryl schämt sich jedenfalls nicht und sagt, sie solle so viele Kinder haben, wie ihr Verdienst unterstützt ... dass es großen Spaß machen wird, ihre Vatertiere auszuwählen – mehr Abwechslung in ihren Typen... Ist *sie* die neue Frau, frage ich mich?"

Vivie : „Nun, die ganze Sache langweilt mich ... Ich glaube, ich bin verbittert und angewidert. Ich habe diesen ganzen sexuellen Unsinn satt ... Ja, schließlich bin ich mit der Ehe einverstanden: Sie nimmt mir die Romantik."
der Liebe, und es ist diese Romantik, die normalerweise so zeitraubend und

so gefährlich ist. Sie verbirgt oft eine Menge Schrecken ... Aber ich bin eine Art Neutrum. Alles, was ich im Leben will, ist harte Arbeit ... eine Sache um zu kämpfen... Rache ... Rache an Gott! Wie ich sie verachte, wenn wir sie trainieren und erziehen die schlauen Wege, denen wir folgen können, um in die menschlichen Gefilde des Gesetzes, der Börse, der Banken und der versicherungsmathematischen Arbeit einzudringen ...“

Norie : „Meine Liebe! Du hast schon ein ziemlich plattformartiges Auftreten. Ich gehe davon aus, dass du bald ein Publikum aus rebellischen Frauen ansprechen wirst ... Aber ich bin eher der Booker Washington meines Geschlechts. Ich möchte, dass Frauen arbeiten – auch in ganz bescheidenen Verhältnissen.“ Dinge – bevor sie auf Gleichberechtigung mit den Menschen bestehen. Auf jeden Fall möchte ich ihnen helfen, einen ehrlichen Lebensunterhalt zu verdienen, ohne von einem einzigen Mann abhängig zu sein ... Wenn das erste Halbjahr dieses Jahres so ist Ich würde meinen, dass es einen Gewinn von tausend Pfund geben würde, der durch die Sekunde ausgeglichen würde? “

Vivie : „ Durchaus . Natürlich sind wir ganz normale Piraten. Keines der versicherungsmathematischen oder Wirtschaftsprüfungsunternehmen nimmt Frauen auf, daher können wir keine Prüfungen bestehen und uns als zugelassene Aktuare oder eingetragene Buchhalter bezeichnen. Aber wenn sich weibliche Klienten dafür entscheiden, uns zu konsultieren, gibt es keine.“ Um sie zu verhindern, oder um unsere Beratung illegal zu machen, können wir, obwohl wir uns nicht als Anwälte bezeichnen können, Rechtsberatung erteilen Ich bin nicht an der Börse vertreten, aber wir können Kunden über ihre Investitionen beraten und Aktien und Immobilien kaufen und verkaufen. (Auf Wiedersehen möchte ich, dass Sie mir Ihre Meinung zur Zehntenfrage und zur Haftung auf dieser Obstfarm in Kent mitteilen.) Wir werden zu Verträgen konsultiert ... Ich werde eine Zweigstelle für Autorinnen gründen und vielleicht eine Reiseagentur. Eines Tages werden wir einen Frauenverlag haben, wir werden eine Frauendruckerei und eine Papierfabrik eröffnen. ... Wie Sie wissen, beschäftige ich mich natürlich intensiv mit der Rechtswissenschaft ... nicht nur, um die Schurkerei von Männern in allen Richtungen zu verstehen, sondern auch, damit ich bei Bedarf die Arbeit einer anderen Frau als Anwältin vor Gericht ergänzen kann. Das wird mein erster Kampf mit dem Menschen sein: die Zulassung zur Anwaltschaft zu beantragen ... Wenn wir diese Mauer einmal durchbrechen können, muss die Abstimmung unweigerlich folgen. Oh *Wie* stumm waren wir vor unseren Scherern! Die Verdorbenheit des menschlichen Gesetzes ... Der Meineid, die Korruption, die Zeitverschwendung, die besonderen Klagen, die vor unseren männlichen Gerichten und *in der* Justiz stattfinden, die Urteile männlicher Geschworenen!“

Norie : „Nur so. Aber kannst du nicht ein bisschen Zeit finden, um gesellig zu sein? Warum so mürrisch sein? Warum zum Beispiel nicht vorbeikommen und sich Michael Rossiter vorstellen lassen? Er ist ein lieber – erstaunlich kluger – eine Art Prophet – Ihr." Ein Vertrauter, Stead, hält viel von ihm.

Vivie : „ *Liebe* Norie – ich kann nicht. Ich habe vor zwei Jahren geschworen, dass ich die Gesellschaft verlassen würde und kein Risiko eingehen würde, als ,Mrs. Warrens Tochter' herausgefunden zu werden." Dieses Biest George Crofts rächte sich, weil ich ihn nicht heiraten wollte, indem es hier und da bekannt gab, dass ich die Tochter der „berüchtigten Mrs. Warren" *war* , woraufhin mich mehrere der Leute, die ich mochte – Sie erinnern sich? – fallen ließen. die Burne-Joneses, die Lacrevys . Oder wenn es nicht Crofts wäre, würde es ein anderes Schwein tun, wenn es unseren Stil als Firma nicht durcheinanderbringen würde: Ich könnte mich anders nennen.

„Weißt du, ich habe manchmal gedacht, ich würde meine Haare kurz schneiden und Männerkleidung anziehen und als Mann in die Welt hinausgehen … meine Stimme ist fast ein Tenor – *So* ein Witz! Das würde ich Ich werde als Anwalt zugelassen. Aber das Ärgerliche daran wäre, dass ich ohne mein Verschulden ein Gesetzloser bin … Ich könnte *Sie nicht* als Referenz nennen, und ich weiß es nicht Jeder Mann, der großzügig genug wäre, das Risiko einzugehen, sich an dem Betrug zu beteiligen … es sei denn, es wäre Praed – der gute alte Paddy . Ich bin sicher, dass es ab und zu passiert ist. Sie nennen Richter FitzSimmons eine „alte Frau". Nun, wissen Sie, ich glaube, er *ist* … eine weise alte Frau.

Norie : „Nun, warten Sie mal ab, bis unsere Firma ein florierendes Geschäft macht. Dann kann ich so tun, als würde ich einen männlichen Partner aufnehmen, vielleicht . Rose und Lilian sind sehr fleißig und wir können es uns nicht leisten, sie zu verlieren." Doch wenn Sie eines Morgens als junger Mann verkleidet auftauchen würden , könnten sie ihre Jobs aufgeben und woanders hingehen …"

Vivie : „*Sie können ganz sicher sein, dass ich Sie* nicht im Stich lassen werde. Außerdem habe ich noch nicht das Geld für irgendwelche Launen, obwohl ich das Gefühl habe, dass es kommen wird. Sie kennen die Charles-Davis-Aktien, die ich für 5 *Sekunden gekauft habe.*" 3 *Tage* ? Nun, während Ihrer Abwesenheit waren es 300 *Pfund* , *und das war der* kühnste Gewinn, den wir je hatten Ich habe diesen neuen Fund von Schmirgelpulver in Tripolis entdeckt und ihn in einem konsularischen Bericht gesehen …

„Ich möchte reich und damit mächtig sein, Norie! Dann werden die Leute meine beschämende Abstammung schnell genug vergessen."

Norie : „Wie *geht* es ihr? Hast du jemals etwas von ihr gehört?"

Vivie : „*Ich habe* seit zwei Jahren nichts *von ihr* gehört , seit ich ihre Briefe unbeantwortet gelassen habe. Aber ich höre hin und wieder *von* ihr. Nein. Nicht durch Crofts. Ich nehme an, du weißt es – wenn du dich für diesen Kerl interessierst." – dass er, seit er die amerikanische Quäkerin geheiratet hat , seinen Namen von der *Warren Hotels Company übernommen* und einen Großteil seiner Anteile verkauft hat. Er lebt jetzt in großem Ansehen und züchtet sogar Rennpferde Sohn und hat sechs Kinderbetten in einem Kinderkrankenhaus gestiftet. Nein. Ich denke, es muss *die Mutter sein* , die mir Mitteilungen geschickt hat, wahrscheinlich durch diesen Schurken, Bax Strangeways ... im Allgemeinen im *Londoner Argus* und im *Vie-de-Paris* – bis hin zu den Warren Hotels in Brüssel, Berlin, Buda-Pest und Roquebrune . *Was für* eine Komödie!...

„Da ist meine Tante Liz in Winchester – Mrs. Canon Burstall – wird mich nicht kennen – ich bin zu kompromissbereit. Aber ich bin mir sicher, dass ihre Geldsäcke einst – vielleicht immer noch – aus den Gewinnen gefüllt wurden „Hotels der Mutter."

Norie : „Ich konnte mich nicht erinnern, dass deine Tante verheiratet war ... oder besser gesagt, ich glaube, ich wusste es, aber ich dachte, sie wäre eine Witwe, ob echt oder *soi-disant* ..."

Vivie : „Das ist sie, nach vier Jahren glücklichen Ehelebens! Mein ‚Onkel' Canon Burstall – Oh, was für ein Witz das Ganze ist! ... Ich bezweifle, dass er wusste, dass er eine Nichte hatte ... Don Erinnerst du dich nicht daran, dass er letzten Herbst in den Alpen getötet wurde?... "

Norie : „Ich erinnere mich, dass du zu deiner Tante gegangen bist, nachdem du im Jahr 1897 die Beziehung zu deiner Mutter abgebrochen hast...?"

Vivie : „Ja. Ich wollte sehen, wie das Land liegt, und niemanden ungerecht verurteilen. Außerdem gefiel es mir – damals – nicht, völlig von dir abhängig zu sein, was deine Unterstützung anging: und Praed war in Italien. Ich wusste es dass Tante Liz wie ihre Mutter unehelich war – und vermutete, dass sie ihren Lebensunterhalt einst in den höheren Schichten der Prostitution verdient hatte – sie war einmal die Geliebte eines Börsenmaklers –, aber sie hatte geheiratet und sich in Winchester niedergelassen ... Sie traf sie Canon – der Alpenreisende ... in der Schweiz hatte ich das Gefühl, wenn sie kein Geld von den „Häusern" meiner Mutter nehmen würde, könnte ich vielleicht ein Zuhause bei ihr finden oder zumindest Verwandte und Verwandte haben, *zu* denen ich gehen könnte .... Aber – ich muss Ihnen das alles schon vor Jahren erzählt haben ? – sie hätte mich fast aus ihrem Haus gestoßen, aus Angst, ich könnte bleiben, bis der Kanoniker vom Nachmittagsgottesdienst zurückkäme, als ob ich alles gedroht hätte; Erpresserin; es sah fast so aus, als ob sie mich hätte töten und im Garten der Kanonikerkirche begraben können ...

„Seitdem habe ich das Geschäft der *Warren Hotels Ltd. untersucht* , aber es ist
ein privates Unternehmen, und all seine Aktivitäten werden so geschickt
geheim gehalten … Tante Liz gehört ebenso wenig zu den Aktionären wie
Crofts. Das Der schreckliche Bax hält jetzt die meisten Anteile und Mutter
den Rest … Doch Tante Liz muss reich sein und sie hat es ganz sicher nicht
vom Kanoniker bekommen, der nur eine Nettopersönlichkeit von weniger
als 4.000 Pfund hinterließ … I verlas sein Testament im Somerset House …
Sie hat ihr Porträt in der *Königin erhalten* , weil sie ein großes Abonnement für
die Untermauerung der Winchester-Kathedrale und die Wiederherstellung
von Wolvesey als Geistliches Haus gegeben hat … Mutter muss sehr reich
sein, ich Ich gehe davon aus, dass *sie sich* eines Tages aus den „Hotels"
zurückziehen, die Vergangenheit auslöschen und mit ihrem Geld ein neues
Geschenk kaufen wird … Sie wird *ihr* Porträt in der *Königin haben* Eines Tages
als Vizepräsidentin der Girls' Friendly Society! … Und doch ist sie so eine
Spielerin und ein Lebemann, dass sie *möglicherweise wegen des Handels mit weißen
Sklaven gekniffen wird … Ich war wegen des* Lewissohn- Falls in Atem gehalten Ich
fürchtete jeden Augenblick, den Namen meiner Mutter damit zu
verwechseln oder eine Anspielung auf ihre „Hotels". Aber ich schätze, sie
war klug genug – tatsächlich vermute ich, dass Tante Liz sie schon vor langer
Zeit gewarnt hatte, England als Rekrutierungsgebiet in Ruhe zu lassen und
ihre Zimmermädchen, Kellnerinnen, Musiker und Stenotypisten nur vom
Kontinent zu holen – Österreich, Elsass, Böhmen , Belgien, Italien,
Rheinland, Paris, Russland, Polen. Wenn man weiß, was wir Briten sind, kann
man dann nicht annähernd vorhersagen, welche *Voreingenommenheit* in Tante
Liz' Gedanken herrscht? Wie würde sie sich damit trösten, dass ihre
Dividenden nicht aus der Prostitution englischer Mädchen stammten,
sondern nur von „Ausländern "? … "

Norie : „Sie scheinen die Geographie des Unternehmens ziemlich gründlich
studiert zu haben! … "

Vivie (bitter): „Ja. Ich habe es von Zeit zu Zeit mit Stead besprochen. Ich
glaube, er hat meine Mutter und die Warren Hotels nur aus Rücksicht auf
mich verschont … Er möchte, dass ich meinen Nachnamen ändere und mir
einen gebe." Chance..."

Norie : „Ich verstehe" (Pause). „ Natürlich ist das eher eine Idee, da Sie sich
weigern, sich durch Heirat zu verschleiern. Sie würden Ihren Namen ändern
und dann mit Gleichmut den Wutausbrüchen gegen die Warren Hotels
zuhören. Aber es würde eine Peinlichkeit in der Firma geben. Das sollten wir
nicht Wir müssen unseren Titel ändern, gerade weil wir eine gute Kundschaft
gewinnen … Ich muss denken … Wenn wir nur so tun könnten, als hätte man
Ihnen etwas Eigentum hinterlassen – aber diese Art von Lüge wird bald
aufgedeckt ! – und Sie müssten sich ändern Ihr Name „to" – „ to " . Aber
ich fürchte, die Mitarbeiter - Rose Mullet und Lily Steynes und der verliebte

Bertie Adams – würden es seltsam finden, wenn man zwei und zwei zusammenzählt, dann ist es doch so ein gebräuchlicher Name Wir hatten uns so sehr an unsere drei Helfer gewöhnt, dass wir sie kaum ausschalten konnten und neue Leute annahmen, denen wir vielleicht nicht trauen konnten.... Wir müssen darüber nachdenken....

„Jetzt muss ich zurück zu Queen Anne's Mansions und eine Weile bei Mama sitzen. Kommen Sie und essen Sie mit uns? Wir werden nur drei sein ... kein schrecklicher Mann, der sich in Sie verliebt ... Sie brauchen ' Ich ziehe kein tiefes Kleid an ... und danach gehen wir bei einem Theaterstück zum Kleiderkreis.

Vivie : „Aber diese Papiere auf meinem Schreibtisch? Ich muss deine Meinung dafür oder dagegen haben …“

Norie : „In Ordnung. Es ist halb fünf. Ich gebe ihnen eine halbe Stunde Lernen, während du die Teeutensilien abwäschst und kitschst. Dann fahren wir mit einem Hansom nach Quansions : Der Untergrund ist so schmutzig.“

KAPITEL II

HONORIA UND IHRE FREUNDE

Die Geschichte von Honoria Fraser war ungefähr so: Teilweise Spekulation, das gebe ich zu. Obwohl ich sie gut kenne , kann ich ihre Vergangenheit nur durch Rückschlüsse auf der Grundlage einiger zugegebener Tatsachen, ein oder zwei Briefe und gelegentlich unvollendeter Sätze, unterbrochen durch hereinkommende Leute, zusammenfassen. Ist das bei unseren Freunden und Bekannten nicht *immer so*? Ich möchte von ihrer Geburt an alles über sie wissen (einschließlich Geburtsdatum, -ort und Abstammung); was der Beruf des Vaters war und warum um alles in der Welt er die Mutter heiratete (nachdem ich das Daguerreotypie-Porträt gesehen hatte) und wie sie so viel Geld besaßen und warum sie zwischen der Geburt ihres zweiten Kindes und ... zu *ihrer Mutter* zurückkehrte das baldige Erscheinen ihres dritten. Aber in wie wenigen Fällen kennen wir die ganze Geschichte? Wollen wir überhaupt mehr wissen, als für unseren Zweck, Einladungen auszusprechen oder anzunehmen, ausreicht? Da sind die Dombeys – die Gorings , wie sie jetzt genannt werden, die in unserer Nähe leben. Ich habe den Grabstein von Lucilla Smith auf dem Kirchhof von Goring gesehen, aber ich weiß nicht *mit Sicherheit* , dass Lord Goring der Vater von Lucillas Sohn war (der im Krieg getötet wurde). Ich schätze, er war es, von diesem und jenem, von dem, was Mrs. Legg mir erzählt hat und was ich bei den Sterns belauscht habe. Wenn nicht, dann hat er die falsche Annahme nur sich selbst zu verdanken: Ich meine, von seinem Treiben her.

Andererseits die Clementses , die im Grange leben. Ich habe instinktiv das Gefühl, dass sie *nette* Leute sind, aber ich habe nicht die geringste Ahnung, wer *sie* war und wie *er* sein Geld verdient hat, obwohl ich aufgrund seiner Anbaufläche und seiner Motoren davon ausgehen kann, dass er ein hohes Einkommen hat. Sie scheint viel über Spanien zu wissen; Aber ich fühle mich nicht dazu ermutigt, sie zu fragen: „War Ihr Vater im Weinhandel? Kennst du Xeres *deshalb so gut?*" Clements selbst hat in seinem Arbeitszimmer ein vergrößertes Foto einer hübschen Frau mit einer Art Trauerkranz um den Rahmen – wunderschön geschnitzt. Ist es das Porträt einer ehemaligen Frau? Oder von einer Schwester, die Selbstmord begangen hat? Oder wurde es nur wegen der Schnitzerei in Venedig gekauft? Vielleicht werde ich es eines Tages erfahren – wenn es darauf ankommt. In einem Moment der Aufregung während des Eisenbahnstreiks wird Mrs. Clements sagen: „ *Das* war das erste Mal für den armen Walter. Sie starb an akuter Dyspepsie, das arme Ding, auf ihrer Hochzeitsreise und wurde in Venedig begraben. Spielen Sie niemals darauf an." weil er es so schrecklich empfindet. Und meine Neugier wird für ihre lange und geduldige Zurückhaltung belohnt worden sein. Clements' kleiner Finger an seiner linken Hand ist verstümmelt. Ich habe nie gefragt, warum – eine Rasenmähermaschine? Oder ein Bissen von einer leidenschaftlichen Geliebten aus einer vergrabenen Vergangenheit? Ich stelle stillschweigend fest, dass er die Handlesekunst missbilligt –

Aber zu Honoria Fraser, die ich vor zwanzig Jahren von Mr. George Bernard Shaw kennengelernt habe: Sie wurde 1872 geboren, wie das *Who's Who* Ihnen sagen wird ; Außerdem sei sie die Tochter und das älteste Kind eines berühmten Arztes (Sir Meldrum Fraser), der in den sechziger, siebziger und achtziger Jahren einige wunderbare Heilmittel hervorbrachte, hauptsächlich durch Diäten und Psychotherapie. (Er wurde im ersten Jubiläumsjahr zum Ritter geschlagen, weil er die Figur der gutherzigen, überaus gütigen und sehr geliebten Prinzessin Mary von Oxford auf ein vernünftiges Maß reduziert hatte.) Er – Honorias Vater – war mit einer schönen Frau verheiratet, einer Verwandten von Bessie Rayner Parkes, mit ererbten fortgeschrittenen Ansichten über die Rechte und Stellung der Frau. Lady Fraser war in der Tat eine frühe Art von Suffragistin und schrieb auch einige Gedichte, die alles andere als schlecht waren. Sie hatten zwei Kinder: Honoria, geboren, wie gesagt, 1872; und John (John Stuart Mill Fraser war sein vollständiger Name – eine zu große Last, um sie zu tragen) vier Jahre später, als Honoria, die ihm ergeben war, ihn vergötterte, ebenso wie seine Mutter und sein Vater. Honoria besuchte das Bedford College und Newnham; John zu einer der beiden berühmtesten unserer öffentlichen Schulen (ich brauche nicht genauer zu sein), mit anschließendem Blick auf Cambridge.

Doch im Fall von John ereignete sich eine Tragödie. Er war zum Schulleiter aufgestiegen; An Redetagen applaudierten ihm wenig affektierte Staatsmänner. Er war ein brillanter Schlagmann, ein Meisterschwimmer und ein *einfacher Princeps* in den Unfähigkeiten der Klassiker; und zeigte eine umwerfende Originalität in anderen Studien, die kaum Teil des Schullehrplans waren. Darüber hinaus wuchs er von der Unbeholfenheit eines Jungen zu einem hübschen Jüngling von Apolline- Typ heran, als er am Morgen seines achtzehnten Geburtstages tot in seinem Bett aufgefunden wurde, mit einer Flasche Zyankali auf dem Nachttisch, um zu erklären, warum .

Alles andere war geheimnisvoll ... auf jeden Fall war es ein Geheimnis, das ich nicht preisgeben wollte. Der Tod und das Urteil der Untersuchung, „Selbstmord bei Geisteskrankheit aufgrund von Überstudium", brachen das Herz seines Vaters und seiner Mutter: natürlich im metaphorischen Sinne, denn das Herz ist eine emotionslose Pumpe und es ist das Gehirn und die Nervenzentren die unter unseren Emotionen leiden. Sir Meldrum Fraser starb ein Jahr nach seinem Sohn. Er hinterließ ein Vermögen von achtzigtausend Pfund. Die Hälfte davon ging sofort an Honoria und die andere Hälfte ging an Lady Fraser für den Lebensunterhalt, mit einem Rückgriff auf ihre Tochter.

Honoria verließ nach dem Tod ihres Vaters Cambridge und zog mit ihrer Mutter von der Harley Street in die Queen Anne's Mansions, damit sie angesichts ihrer angeschlagenen Nerven und ihres Verlusts des Lebensinteresses keine Sorgen mehr um den Haushalt haben musste oder zumindest nichts Schlimmeres tun konnte, als mit der Toilette zu protestieren Mägde über das doppelt abgekochte Wasser, das für die Zubereitung von Tee hergebracht wurde; oder mit der kulinarischen Abteilung über den eintönigen Charakter der herzhaften Speisen oder der lauwarmen Eiscreme, die sich so schnell in Fruchtsaft auflöste, wenn sie nach einem Abendessen im Haus serviert wurde. [1] Honoria selbst, die über ein Einkommen von gut zweitausend Pfund pro Jahr verfügte und noch mehr in Aussicht hatte, führte Pläne aus, die sie nach dem Tod ihres Bruders noch in Newnham geschmiedet hatte. Sie war, wie Vivien Warren, ihre drei Jahre jüngere Freundin und Studienkollegin, eine großartige Mathematikerin – etwas, was ich niemals sein könnte und einen Status, den ich nicht verstehen kann; daher eine, die ich zunächst mit größtem Respekt betrachte. Ich bin ziemlich erstaunt, wenn ich einen Mathematiker oder eine Mathematikerin treffe und feststelle, dass sie wie ich etwas zu essen brauchen, weniger schnell beim Addieren von Bridge-Ergebnissen sind, in Goodwood eher verlieren als gewinnen und den „Down"-Zug statt des „Up" aufschreiben " in ihren Erinnerungsstücken. Aber da ist es. Sie müssen nur Sinus- und Co-Sinuswerte, Tangenten und Logarithmen auf einen Börsenkurs anwenden, und schon kann ich vor ihrer überlegenen Weisheit kriechen und sie in jeder Lebenslage konsultieren.

Honoria hatte beschlossen, ihre großartigen Kenntnisse in Algebra und höherer Mathematik in praktische Zwecke umzusetzen. Da ich in dieser Hinsicht ein Ignorant bin, kann ich nicht sagen, wie es gemacht werden sollte; Aber sowohl sie als auch Vivie hatten die Möglichkeiten erkannt, die sich außergewöhnlich gut ausgebildeten Frauen an der Börse, auf den Versorgungsmärkten, im Gesetz, bei Versicherungskalkulationen und ganz allgemein bei der Steuerung anderer und schwächerer Frauen durch die Schwierigkeiten und Fallstricke unseres Lebens boten Alter; wenn in neun von dreizehn Fällen (Honoria hat das Verhältnis ermittelt) Frauen mit großen oder mittleren Mitteln nur unehrliche männliche Sachverständige als Führer haben.

Darüber hinaus verfolgte Honoria zwei Ziele. Sie wollte Frauen bei ihren geschäftlichen Angelegenheiten unterstützen, aber sie wollte auch Karrieren für Frauen finden. Sie war, wie Vivien Warren, eine aufstrebende Suffragistin – vielleicht eine geborene Suffragistin, eine vernünftige; weil die Gärung in ihrer Mutter gelegen hatte und ihre Großmutter eine Freundin von Lydia Becker und eine Cousine von Mrs. Belloc war. Johns Tod war für Honoria ein schrecklicher, betäubender Schock gewesen, und drei Monate lang fühlte sie sich kaum noch bei Verstand. Als sie dann darüber nachdachte, hinterließ es einen gewissen Makel auf ihrer Familie, auch wenn die Erinnerung an den lieben toten Jungen, den allzu brillanten Jungen, von der Schärfe völliger Enttäuschung in zarte Trauer und grenzenloses Mitleid und Vergebung überging.

Doch die Tragödie lenkte ihre Gedanken von der Ehe ab und hin zu einer Mission zum Wohlergehen. Sie beschloss, den Teil ihres Erbes, der Johns Anteil gewesen wäre, diesem Zweck zu widmen: der Befreiung und Erlösung der Frauen.

Sie war nicht „männerfeindlich" wie Vivie. Ehrlich gesagt mochte sie Männer ein ganz klein wenig mehr als Frauen. Aber in den Stimmungen, die dem Tod ihres Bruders im Jahr 1894 folgten, wünschte sie sich, eine Adoptivmutter zu sein, eine Zuflucht für die Gefallenen, die Verwirrten, die Entnervten. Sie half jungen Männern und jungen Frauen, wieder auf den Pfad der Ehrbarkeit und des Geldverdienens zu gelangen. Wenn sich die Gelegenheit bot, war sie sogar eine Heiratsvermittlerin.

Da sie schließlich die Erbin von 4.000 Pfund pro Jahr war (ein hohes Einkommen in der Vorkriegszeit) und ein attraktives Aussehen hatte, mangelte es ihr nicht an Bewerbern, auch wenn sie modernen Tanz für sinnlos hielt und wenig Geschick bei Ballspielen besaß. Ich habe ihr Aussehen bereits durch einige Sätze angedeutet; aber um es Ihnen zu ermöglichen, sie sich genauer vorzustellen, werde ich vielleicht genauer sein. Sie war eher eine große Frau als groß gebaut, wie die junge Juno, als sie zum ersten Mal von Jupiter umworben wurde. Wo sie vom junonischen Typus abwich, wandte sie sich eher der Venus als der Minerva zu; obwohl ich Mathematiker bin. Sie treffen ihre Schwestern in körperlicher Schönheit bei den Amerikanern von Pennsylvania, wo zu einem überwiegend angelsächsischen Stamm eine köstliche Sorte gallischer Rasse hinzukommt; oder man sieht sie wieder unter den kapholländischen Frauen, die französische Hugenotten-Urgroßeltern hatten. Es ist vielleicht ziemlich unverschämt, diese Analyse ihres Charmes fortzusetzen, wenn man bedenkt, dass sie zwanzig Jahre nach Beginn meiner Geschichte mehr denn je lebt und gedeiht; Äußerlich war sie mit 48 Jahren nicht viel anders als Lady Armstrong – denn natürlich heiratete sie, wie Sie bereits erraten haben – Major – später Sir Petworth – Armstrong – als sie mit 28 Jahren die Partnerin, Freundin und Helferin von Vivien Warren war.

Da sie in angenehmen Verhältnissen lebte, hochgebildet, gutaussehend und attraktiv war und über eine Mezzosopranstimme von seltener Schönheit und große Fähigkeiten als Klavierbegleiterin verfügte , hatte sie nicht nur Verehrer, die ihre Ablehnung ohne Bitterkeit hinnahmen, sondern auch Scharen von Freunden. Sie kannte alle netten Londoner ihrer Zeit: Lady

Feenix, die ihr in mancher Hinsicht ähnelte, Diana Dombey, die nicht *ganz* mit ihr einverstanden war und noch ein wenig unsicher war, ob sie die neue Frau willkommen heißen sollte, alle Ritchies, verheiratet und unverheiratet, Lady Brownlow, die Herzogin von Bedford (Adeline), die Michael Fosters, die meisten Stracheys (sie mochte die, die ich mochte), die Hubert Parrys, die Ripons (wie sehr sie Lady Ripon bewunderte, wer nicht!), Mrs . Alfred Lyttelton , Miss Lena Ashwell, die Bernard Shaws , die Wilfred Meynells , die HG Wellses , die Sidney Webbs; und – abgesehen von einer Reihe anderer entzückender, warmblütiger, angenehm klingender und natürlich erzogener Menschen – die Rossiters .

Oder zumindest Michael Rossiter. Denn obwohl man Mrs. Rossiter um seinetwillen tolerieren und sie sogar als Quelle stiller Belustigung empfinden konnte, konnte man kaum sagen, dass man sie mochte – nicht in der Art und Weise, wie man es von den meisten Männern und Frauen sagen könnte, die ich genannt habe. Michael Rossiter, der in diese Geschichte einsteigt, hätte eigentlich Honoria treffen sollen, als sie zwanzig war, wenn es eine differenzierte, hellwache, moderne Vorsehung gäbe – die es nicht gibt. (Mit neunzehn ist eine solche Frau noch unreif; und außerdem beherrschte Honoria bis zu ihrem zwanzigsten Lebensjahr den Binomialsatz nicht.) Hätte er sie zu diesem Zeitpunkt geheiratet, wäre er selbst etwa siebenundzwanzig gewesen, was für eine große Frau ziemlich früh genug ist Mann der Wissenschaft, der Genies heiratet und zeugt. Aber tatsächlich, als er nach Cambridge kam –? 1892 – um einen Kurs mit Ferienvorlesungen über Embryologie zu halten, war er bereits zwei Jahre mit Linda Bennet verheiratet, einer Erbin, der Tochter und Nichte (ihre Eltern starben, als sie jung war und sie bei einem Onkel und einer Tante lebte) sehr reicher Fabrikanten in Leeds.

Obwohl sein Auge, das schnell Schönheit wahrnahm, und seine Gehirntentakel, die bereit waren, Intelligenz in Kombination mit einer liebenswerten Natur zu erkennen, Honoria Fraser bald unter einer Schar weniger attraktiver Absolventinnen auswählten, dachte er nicht mehr daran, sich zu verlieben mit ihr als mit einer Prinzessin von königlichem Blut. Vielleicht hätte er längst innerhalb eines Monats nach seiner Heirat herausgefunden, dass seine Linda eine hübsche kleine Einfaltspinselin war, deren Gehirn nicht in der Lage war, mehr aufzunehmen, als es an einer Abschlussschule in Scarborough gelernt hatte; Aber er war ein zu instinktiver Gentleman, um sich auf irgendeinen Flirt oder irgendeine Abweichung von der geistigen oder körperlichen Monogamie einzulassen. Denn er erinnerte sich immer daran, dass es das Geld seiner Frau war, das es ihm ermöglicht hatte, seine großen Forschungen ohne die herzzerreißenden Verzögerungen, Einschränkungen und Unzulänglichkeiten fortzusetzen, die mit Zuschüssen der Regierung oder der Royal Society verbunden waren; und dass Linda ihn nicht nur mit all ihren weltlichen Gütern ausgestattet hatte – mit Ausnahme derjenigen, auf deren Abwicklung er bestanden hatte –, sondern dass sie ihm auch ihr ganzes Herz und ihr ganzes Vertrauen geschenkt hatte.

Trotzdem mochte er Honoria. Sie war begierig darauf, noch viel mehr zu lernen als die hartgesottenen Musen des Quadrats und Würfels; Sie war die Tochter eines wohlhabenden und experimentierfreudigen Arztes, dessen Frau sich für die Rechte der Frauen einsetzte. Also drängte er Honoria, mit ihrer Mutter zu kommen und sich und Linda in Portland Place kennenzulernen.

Warum war Michael Rossiter mit Linda Bennet verheiratet, als er erst fünfundzwanzig war und sie gerade erst volljährig war? Denn frisch aus Edinburgh und Cambridge und bekannt für seine ungewöhnliche Intuition in Biologie und Chemie, war er zum Master in Naturwissenschaften an einem großen College im Norden gekommen, und so hatte die Begegnung mit Linda am Philosophical Institute of Leeds dazu geführt, dass sie sich in sie verliebte während er einen Vortrag über die kainozoische Fauna von Yorkshire hielt. Er war selbst ein Northumbrianer mit Grenzlandstamm: etwas vom Dänen und Angler, vom Pikten und Briten mit einer Prise Zigeunervolk: eine Mischung, die das Northumbrian-Volk so viel produktiver an männlicher Schönheit, intellektueller Lebhaftigkeit und kühner Originalität macht als das die schlagfertigen, stämmigen, schlauen Sachsen aus Yorkshire oder die untergroßen, robust aussehenden Briten aus Lancashire.

Linda verliebte sich an einem Abend in seine feurigen Augen, seinen schwarzen Bart, den nordumbrischen Klang seiner Aussprache und die Kühnheit seiner Äußerungen, obwohl sie kaum eine seiner Hypothesen begreifen konnte. Da ihr Onkel und ihre Tante streng pietistisch eingestellt waren, war sie vom Alten Testament zu Tode gelangweilt, und Rossiters kaum verhohlene Verachtung für die mosaische Schöpfungsgeschichte eroberte ihren Verstand; während die körperliche Anziehung, die sie verspürte, die war, die der große, gutaussehende, resolute Brünette für die blauäugige, flauschige kleine Blondine empfindet. Sie liebte ihn offen beim Tee und Kaffee, der bei der „Soirée“ im Anschluss an den Vortrag serviert wurde. Ihr langsamer Vormund hatte nichts dagegen einzuwenden; und es fehlte nicht an Vermittlern, die Rossiter mit Geschichten über ihren Reichtum und den wachsenden Wert ihrer finanziellen Interessen bedrängten. Er wollte heiraten; Er war berührt von ihrer kaum verhohlenen Leidenschaft und fand sie hübsch und ansprechend kindlich. Nach kurzem Umwerben heiratete er sie und ihr fünftausend Pfund pro Jahr und ließ sich in Park Crescent, Portland Place, nieder, um in der Nähe des Zoos und der Sezierräume von Tudell zu sein und die Royal Botanic Gardens innerhalb von drei Minuten zu erreichen. Spaziergang und die Möglichkeit, ein großes

Studio im hinteren Teil seines Hauses in ein gut ausgestattetes Chemie- und Sezierlabor umzuwandeln. Zu seinen intensiven Beschäftigungen gehörte damals die Analyse der Schilddrüse und ihrer Funktionen, ihrer Über- oder Unterentwicklung bei britischen Staatsmännern, Dramatikern und East-End-Einwanderern.

[1] Das war natürlich vor zwanzig Jahren. – HHJ

KAPITEL III

DAVID VAVASOUR WILLIAMS

Es ist im Frühjahr 1901. Ein schöner, warmer Abend, aber um acht Uhr ist die Dämmerung bereits am Rande der Dunkelheit, als Honoria aus dem Aufzug ihres Büros in der Chancery Lane (nahe der Ecke Carey Street) steigt und sie absetzt Sie steckt den Schlüssel in die Tür des Partnerzimmers und sieht sich im westlichen Schein des großen Fensters der Silhouette eines jungen Mannes gegenüber.

Norie (innerlich etwas verängstigt): „Hallo! Wer bist *du* und was machst du hier?"

Vivie (imitiert einen rücksichtsvollen, zusammenzuckenden Einbrecher): „Tut mir leid, dass ich dich erschrecke, Lidy , aber ich meine nicht, dass es keinen Arm gibt. Ich werde schweigen. Mein Name ist DV Williams ..."

Norie : „Du absurdes Geschöpf! Aber auf diesem respektablen Gelände solltest du solche Streiche nicht spielen. Du hast mich *schrecklich* erschreckt und mir wurde zum ersten Mal klar, dass ich ein Herz habe. Ich muss mich wirklich hinsetzen und keuchen." "

Vivie : „Es tut mir leid, Liebste. Ich hatte nicht die geringste Ahnung, dass du um diese Zeit – 8 Uhr – ins Büro kommen würdest, und ich kam gerade von meinen Paukereien zurück ..."

Norie : „Ich bin wegen dieser Cranston-Papiere gekommen. Mutter ist krank. Vielleicht muss ich bei ihr aufbleiben, nachdem Violet Hunt gegangen ist, also dachte ich, ich komme hierher, hole das Bündel Papiere und Pläne und gehe sie schweigend durch." Wache der Nacht, *wenn* Mutter schläft. Aber willst du damit sagen, dass du bereits mit dieser Maskerade begonnen hast?"

Vivie : „Das tue ich. Wie Sie sehen, wurde Christabel Pankhurst als Rechtsanwältin abgelehnt. Sie lassen sie nicht als Rechtsanwältin zugelassen werden, weil sie eine Frau ist, also lassen sie *mich* mit meinem Stammbaum auf keinen Fall zu; einfach nur Weil wir Frauen sind, erlauben sie uns nicht, Wirtschaftsprüfer oder Wirtschaftsprüfer zu werden. Nachdem wir letzten Juni dieses lange Gespräch geführt haben, habe ich einen Satz Männerkleidung zusammengestellt. Der Anzug passt mir nicht so gut Ich korrigiere das nach und nach. Ich ging zu einem Generalausrüster in Cornhill und erzählte eine Lügengeschichte – da es sich um Bargeld handelte, hörten sie nicht auf, mich darüber zu befragen. Es geht meinem Bruder, gerade so groß wie ich, etwas kräftiger von der Statur – er hat seine ganze Ausrüstung auf See verloren – war im Krankenhaus – jetzt im Genesungsheim – wie ich ihm jede erdenkliche Ermüdung ersparen wollte – wollte nicht mehr als mich erreichen – Daunen zurzeit usw. usw. Zuerst haben sie mich ziemlich verblüfft, indem sie mir eine Handelsdienstuniform angeboten haben, aber irgendwie habe ich das verkraftet, obwohl dieser Serge-Anzug eher einen Seefahrtsschnitt hat. Ich geriet so unnötig auf Erklärungen gegenüber dem Verkäufer, dass er anfing, mir Komplimente zu machen und sagte, mein Bruder müsse ein gutaussehender junger Kerl sein, wenn er überhaupt wie ich sei. Ich kam jedoch mit den Sachen in einem Taxi davon und befahl dem Taxi, zum Bahnhof St. Paul zu fahren, und leitete ihn unterwegs hierher um.

„Letzten Herbst begann ich nachts zu üben , nachdem alle unsere Vertrauten dieses Gelände verlassen hatten. Ich habe es Ihnen absichtlich nicht gesagt, weil ich befürchtete, Ihre größere Vorsicht und instinktive Seriosität könnten mich entmutigen. Sonst hat mich bisher niemand gesehen. Ich würde Ich hatte vor, es Ihnen eines Tages mitzuteilen, weil ich zu weit gegangen bin, um einen Rückzieher zu machen, ob es nun gut oder schlecht ist. Aber entweder waren wir mit dem Geschäft überstürzt, oder Sie haben sich Sorgen um Lady Fraser gemacht – wie geht es ihr?" (Norie fügt „Sehr schlecht" ein.) „Es tut mir wirklich leid! – Eigentlich wollte ich Ihnen gerade sagen, wann Rose oder Lilian – lästige Dinger! – anfangen würden, eifrig mit Papieren ein- und auszugehen. Auch jetzt darf ich nicht bleiben Du, mit deiner Mutter so krank ..."

Norie (blickt auf ihre Armbanduhr): „Violet hat freundlicherweise versprochen, bis zehn bei Mutter zu bleiben ... Ich kann Ihnen eine Stunde geben, muss mir aber für die Geschäfte der Firma ein paar Minuten freinehmen, da ich ..." „Ich war seit drei Tagen nicht mehr oft hier ..." (Zwanzig Minuten lang unterhalten sie sich über Geschäfte, währenddessen sagt Norie: „Es ist wirklich *ziemlich* seltsam, wie diese Kleidung einen verändert! Ich fühle mich ein wenig kompromittiert, wenn ein hübscher junger Mann sich über mich beugt, seine Wange berührt fast meine!" – und Vivie erwidert: „Oh, *sei kein* Arsch!")

Norie : „Du wirst also wirklich *den* Sprung wagen?"

Vivie : „Das *bin ich wirklich* . Sobald es Ihnen passt, wird sich Vivie Warren aus Ihrer Firma zurückziehen und ins Ausland gehen. Sie müssen sie entweder durch Beryl Clarges ersetzen oder Mr. Vavasour Williams zulassen." (Honoria fügt ein: „ *Lächerlicher* Name! Wie Hast du darüber nachgedacht?) „ Tagsüber oder außerhalb der Bürozeiten zu kommen und zu helfen. Man kann den Winden sagen, dass er Vivies erster Cousin ist, der ihr in mancher Hinsicht bemerkenswert ähnlich ist ... Rose Mullet ist verlobt Sie ist verheiratet und bleibt nur – sagte sie mir gestern mit viel Erröten –, um uns zu verpflichten, sagte Lilian Steynes neulich, dass sie, wenn wir irgendwelche Änderungen im Büro vornehmen würden, ihre Arbeit hier sehr mochte, da ihre Mutter gestorben sei Sie dachte, es sei ihre Pflicht, bei ihrer Tante mütterlicherseits auf dem Land zu leben. Die Tante glaubt, sie könne ihr eine Stelle als Brauereiangestellte in Aylesbury verschaffen, und sie sehnt sich danach, in ihrer Freizeit Aylesbury-Enten zu züchten. – Das gibt es Bertie Adams, es ist wahr. Er hat etwas so Hartnäckiges und ist so nützlich, dass er und Praed und Stead die drei Ausnahmen sind, die ich in meinem allgemeinen Hass auf die Menschheit mache ...“

Norie : „Er wird sehr verärgert darüber sein, dass du gehst – oder zu gehen scheinst.“

Vivie : „Nur so. Ich denke, ich werde ihm einen Abschiedsbrief schreiben, in dem ich sage, dass es nur für eine Weile ist: Ich meine, damit ich später zurückkomme – ruhende Partnerschaft – nichts hat sich wirklich geändert, nicht wahr? Aber das als Rose und Lilian gehen, Mrs. – wie nennt sie sich, Claridge?“ – (Norie interpoliert: „Ja, das war ihre Idee: Sie möchte den Namen Clarges nicht als Symbol der freien Liebe darstellen, weil des lieben alten Dekans; dennoch wird Claridge nicht allzu sehr aufgeben und wird sich wegen des Hotels auf Ansehen berufen“) – „Mrs. Claridge kommt also an meiner Stelle – er soll ihr helfen, so gut er kann.“ – und mein Cousin, der für die Bar liest, wird natürlich auch vorbeischauen, wenn Sie in einem der Inns of Court sind – dem Temple, den ich heimlich beobachtet habe Ich *denke* , ich kann dort eine Stelle bekommen – nächsten Monat erscheint ein Mann – ich habe einen neuen Namen in der Loge eingetragen und muss mir den Kopf zerbrechen, um Referenzen zu finden – Sie werden dafür genügen – oder vielleicht auch nicht – aber das kann ich später herausfinden. Den letzten Schritt werde ich natürlich erst wagen, wenn ich mir die Zimmer gesichert habe. In der Zwischenzeit werde ich mein Schlafzimmer hier nutzen, aber ich verspreche Ihnen, dass ich sehr vorsichtig sein werde ...“

Norie : „Ich kann Beryl unmöglich ‚bei mir wohnen lassen‘, wenn ein Kind in der Wohnung herumhängt. Ich denke also , wenn du *gehst* , werde ich dein Schlafzimmer in eine Wohnung umwandeln, die Beryl und ich als Toilette benutzen können, wo wir aber eine ganze Menge unserer Bücher auf Bücherregalen ausbreiten können. Im Moment sind sie höchst unpraktisch in Kisten verstaut. Das mit Beryl ist ziemlich ermüdend. Ich glaube, sie wird *noch ein* Kind bekommen. Jedenfalls sagt sie, es könnte vier Monate dauern, bis sie regelmäßig hier arbeiten kann. Ich habe sie neulich danach gefragt, denn wenn es Mutter schlechter geht, kann ich vielleicht nicht mehr ins Büro kommen, und ich wollte nicht, dass du überarbeitet wirst – also sagte ich zu Beryl ... Das erinnert mich daran, dass sie das kommende Kind erwähnte und hinzufügte, dass dessen Vater Polizist sei. In seinem Privatleben ein ganz nettes Wesen. Natürlich macht sie nur Spaß. Ich nehme an, es ist die ganze Zeit der Architekt. Du weißt, wie sehr sie es genossen hat, uns in Newnham zu schockieren. Ich wünschte, sie hätte nicht diese Macke an sich. Vielleicht werde ich schon altmodisch – Sie nannten mich immer ‚die Girondistin‘. Aber wenn die Neue Frau auf freiem Fuß *ist* und sich unmoralisch wie die

Kaninchen benimmt, wird die Sache dann nicht unter dem Widerstand der Mittelklasse leiden?"

Vivie: „Vielleicht. Aber es könnte stattdessen die Sympathien der Unter- und Oberschicht gewinnen. Warum kümmern Sie sich um Beryl? Ich stimme Ihnen zu, wenn es darum geht, all diese Sexualität nicht zu mögen ..."

Norie: „Weiß man *jemals* genau, warum man Menschen mag? Beryl hat *etwas* an sich, das mich überwältigt; und sie *ist* eine Arbeiterin. Weißt du, wie sie sich mit diesem Immobiliengeschäft in Norfolk auseinandergesetzt hat?"

Vivie: „Nun, es ist ein Glück, dass sie und ich uns seit den Tagen von Newnham nicht mehr getroffen haben. Sie müssen ihr die Geschichte erzählen, dass ich für einige Zeit weggehe – ins Ausland – und dass ich jung – jung bin, weil ich wie ein bloßer Junge aussehe, gekleidet in Männerkleidung – ein junger Cousin von mir, der Jura studiert, wird gelegentlich vorbeischauen und einen Teil der Arbeit erledigen ..."

Norie: „Ich fürchte, ich bin ziemlich willensschwach. Ich *sollte* mit diesem Streich aufhören, bevor er zu weit geht, genauso wie ich Beryls Babys entmutigen sollte. Deine Pläne klingen so inszeniert. Von der Bühne nimmst du nie Leute." Wenn du solche fadenscheinigen Geschichten und schwachen Tarnungen mitbringst, wirst du dich verheddern und schließlich ins Gefängnis kommen zwei Drittel der respektablen Karrieren gehen an Frauen, vor allem an Junggesellinnen ..." (Eine Pause, und die beiden Frauen blicken auf ein blaues London, das mit zitronenfarbenen , strohfarbenen , malvenfarbenen Lichtern übersät ist, mit einem kalter weißer Glanz, der über dem unsichtbaren Piccadilly Circus hängt) – „Nun, machen Sie weiter! Folgen Sie Ihrem Stern! Eines kann ich sicher sein : Sie werden nichts Gemeines oder Schändliches tun. Den Menschen täuschen, solange seine abscheulichen Gesetze und Beschränkungen in Kraft bleiben." ist kein Verbrechen, wenn es darum geht, unsere arme kleine Firma hier zu kompromittieren, denn wenn Sie meine grauen Haare vor Trauer ins Grab stürzen, verlieren wir eine wertvolle Einnahmequelle. Außerdem: Jeder öffentliche Skandal, in den ich gerade verwickelt war, könnte meine Mutter töten. Willst du Geld?"

Vivie: „Du großzügiger Schatz! *Nie, nie* werde ich deine Freundlichkeit und dein Vertrauen in mich vergessen. Du hast auf jeden Fall eine Seele am Leben gerettet." (Honoria missbilligt Dankbarkeit.) „Nein, ich will kein Geld – noch nicht. Sie haben mich letzten Januar wegen des Putsches in Rio de Palmas dazu gebracht, 700 Pfund zu nehmen und zu überweisen – viel mehr als mein Anteil. Insgesamt habe ich etwa 1.000 Pfund übrig." Einzahlung bei der C. and C. Bank, der Filiale in Temple Bar. Ich habe viele schreckliche Fehler, aber ich *bin* sparsam, aber ich denke, ich kann mich dadurch durchsetzen, wenn später keine Unterlagen eingehen —"

Norie : „Nun, es wird immer eine Partnerschaft geben, die unverändert weiterbesteht. Ich werde so tun, als wären Sie nur eine Zeit lang weg und Ihr Anteil soll regelmäßig auf Ihre Bank eingezahlt werden. Natürlich werde ich jetzt Herrn Vavasour Williams treffen." und noch einmal, und ich kann ihm Dinge erzählen und mich mit ihm beraten, nachdem sie hier als Chefsekretärin eingesetzt wurde – natürlich werde ich sie für *viele* Jahre nicht zur Partnerin machen – schon gar nicht, wenn sie unbeständig bleibt – . Wenn wir denken, dass sie unverdächtig ist, und Bertie Adams ebenso und die neuen Angestellten und die Haushälterin und ihr Mann, gibt es keinen Grund, warum Sie nicht ziemlich oft hierher kommen und so viel Arbeit wie möglich in unser Geschäft investieren sollten.

Vivie : „Ja. Natürlich muss ich vor einer misslichen Lage auf der Hut sein. Ich habe die Vorschriften über die Zulassung zur englischen Anwaltschaft studiert. Sie sind sehr altmodisch und mittelalterlich oder frühgeorgisch. Sie sind vielleicht kein Wirtschaftsprüfer oder Aktuar – die Der Herr allein weiß, warum! Ich nehme an, dass irgendein Lordkanzler in der Regierungszeit von Elizabeth das Gesetz erlassen hat. Darüber brauchen wir uns nicht zu beklagen das Verbot von Buchhaltern, denn als Frauen ist es uns nicht gestattet, uns *als Buchhalter oder Aktuare zu qualifizieren, und die Arbeit hier ist nur zulässig, wenn wir nicht vorgeben, einer* anerkannten Organisation wie dem Institute of Actuaries anzugehören Ich darf in keiner Weise den Eindruck erwecken, als würde ich das Geschäft eines Buchhalters oder eines Aktuars betreiben. Tatsächlich könnte es für meinen Plan unangenehm sein, wenn ich zu offen mit Fraser und Warren in Verbindung gebracht würde.

„Ich sehe mich bereits als Williams – ich werde mich natürlich als Waliser ausgeben. Mein Aussehen *ist* eher walisisch, finden Sie nicht? Es ist das irische Blut, das mich keltisch aussehen lässt – ich bin sicher, mein Vater war ein irischer Student." für das Priestertum in Louvain, und bestimmte Informationen, die ich von meiner Mutter erhalten habe, lassen mich glauben, dass *ihre* Mutter ein hübsches walisisches Mädchen aus Cardiff war, das von irgendeinem Schiffskapitän nach London Town gebracht wurde und dort auf dem Tower Hill gestrandet war.

„Allerdings muss ich noch den gesamten Plan ausarbeiten, und wenn ich bereit bin, damit zu beginnen – was sehr bald der Fall sein wird –, werde ich es Sie wissen lassen. Obwohl ich jetzt gerne alle anderen Details besprechen würde, Ich darf nicht vergessen, dass deine Mutter dich wollen wird – ich wünschte, *ich* hätte eine Mutter, um die ich mich kümmern könnte – ich frage mich" (wehmütig) „ob ich zu hart zu mir war?

„Macht es dir etwas aus, diese Briefe aufzugeben, wenn du ausgehst? Ich werde wieder Vivie Warren im Morgenmantel anziehen, mir ein leichtes

Abendessen gönnen und dann zwei Stunden damit verbringen, Latein und normannisches Französisch zu lernen. Gute Nacht, Liebste!"

Zwei Monate nach diesem Gespräch beschloss Vivie, einem alten Freund ihrer Mutter einen Besuch abzustatten, Lewis Maitland Praed , wenn Sie seinen vollständigen Namen nennen wollen, einem bekannten Architekten und einem der wenigen männlichen Freunde von Catherine Warren, die das nicht auch getan hatten war ihr Liebhaber. Warum, er wusste es selbst nie so recht. Als er sie zum ersten Mal traf , war sie die gute Gefährtin, die Geliebte – mehr oder weniger und ungebunden – eines jungen Anwalts, eines Studienfreundes von Praed . Kate Warren nannte sich damals Kitty Vavasour; und aufgrund der Tatsache, dass sie ein oder zwei Auftritte in den Varietés absolviert hatte, hielt sie sich für eine Schauspielerin mit einem Recht auf einen professionellen Namen. In dieser Gestalt war der „Revd." Samuel Gardner lernte sie kennen und war sechs Monate lang in sie verliebt, was ihn später so sehr beunruhigte; allerdings lag es ein ganzes Jahr vor der Ablegung seiner Ordinationsgelübde und seiner – viel zu gut für ihn – Heirat mit seiner Frau im Jahr 1874. [Der Revd. Sie erinnern sich vielleicht, dass Sam der Vater des Sünders Frank war, der Vivies junge Zuneigung beinahe geweckt hätte und zu Beginn dieser Geschichte aus Südafrika einen Heiratsantrag gemacht hatte.]

Kate Vavasour war 1872 ein überaus hübsches Mädchen von neunzehn oder zwanzig Jahren; auffällig gekleidet und schnell mit der Zunge. Sie war gutmütig und fröhlich, und obwohl Praed selbst der Inbegriff von Vornehmheit war, hatte ihre rücksichtslose Fröhlichkeit und Lebensfreude etwas an sich – die immense Erleichterung, aus dem schmutzigen Leben einer Bardame in dieses Quasi-Damendasein übergegangen zu sein –, das sie anlockte seine Sympathien. Obwohl sie immer die Geliebte eines anderen war, bis sie ihr besonderes Talent als Managerin hochklassiger Beherbergungsbetriebe, „Privathotels" auf dem Kontinent, entwickelte, die hauptsächlich von englischen und amerikanischen *Roués frequentiert wurden* , behielt Praed ihre Karriere im Auge, und zwar gelegentlich leistete ihr mit einigem Zynismus unaufdringliche, freundliche Dienste bei der Klärung ihrer Angelegenheiten, als Komplikationen drohten. Er war damals in den siebziger Jahren ein Kunststudent, verfügte über etwa vierhundert Dollar pro Jahr, begann die ästhetische Phase zu durchlaufen und war sich nicht sicher, ob er ein Maler von Bildern oder ein Architekt von grandiosen oder fantastischen Gebäuden werden würde. In sein Atelier kamen oft Miss Kitty Vavasour oder Miss Kate Warren und posierten für Kopf und Schultern oder für eine drapierte Karyatide, die für eine ehrgeizige Veranda in einem imaginären Millionärshaus in den Kensington Palace Gardens gesucht wurde. Als Vivie 1897 vom „Beruf" ihrer Mutter erfahren hatte, hatte sie sich gewaltsam von allen „Freunden" ihrer Mutter, außer „ Praddy ", abgewendet.

Sie nannte ihn sogar weiterhin diesen Spitznamen, den ihm ihre Mutter vor langer Zeit gegeben hatte. In regelmäßigen Abständen stattete sie ihm einen Besuch in seinem Haus und Atelier in der Nähe von Hans Place ab; als Honorias Rat und Beistand nicht zu großer Verwirrung führten.

So kam sie eines Nachmittags im Juni 1901 in seine kleine Wohnung mit großem Atelier und bat um ein langes Gespräch mit ihm, während sein Stubenmädchen – er war noch Junggeselle – ihn anderen Besuchern verweigerte. Sie tranken zusammen Tee und Vivie stürzte sich so schnell wie möglich auf ihr Problem.

„Weißt du, lieber Paddy , ich möchte Rechtsanwältin werden. Aber als Frau werden sie mich nie zur Anwaltschaft berufen. Also werde ich Vivien Warren für eine längere Abwesenheit ins Ausland schicken – die wenigen, die an mich denken, werden es tun.“ Ich komme wahrscheinlich zu dem Schluss, dass das Geld die Oberhand gewonnen hat und dass ich meiner Mutter in ihrem Geschäft geholfen habe – und in ihrer Abwesenheit wird Mr. Vavasour Williams das Rennen übernehmen – unterbrechen Sie mich nicht – wird dafür lernen Er wird die Anwaltskammer besuchen, seine Amtszeit durchleben – sechs Abendessen im Jahr, nicht wahr ? – seine Prüfungen bestehen und in etwa drei Jahren in die englische Anwaltskammer berufen werden. Hatten Sie nicht einmal einen Schüler namens Vavasour Williams?“

Praed : „Was, David, der walisische Junge? Ja. Sein Name erinnerte mich an Ihre Mutter in einem ihrer Stadien. David Vavasour Williams. Ich habe ihn aufgenommen – mal sehen? Ich glaube, es war 1895 oder Anfang 1896.“ Aber wie haben Sie von ihm erfahren?

Vivie : „Egal, oder im Moment egal. Erzähl mir noch etwas über ihn.“

Praed : „Um es kurz zusammenzufassen: Er war das, was Schuljungen und Unteroffiziere ‚einen Verrotteten‘ nennen würden.“ Nicht ohne eine fast mörderische Klugheit; aber der walisische Zug in ihm, der sich der emotionalen Religion zuwandte – der Vater war Pfarrer oder Rektor von Pontystrad – kam in dem Jungen in ungesunden Fantasien zum Vorschein. Er hatte fast das Talent von Aubrey Beardsley Ich glaubte nicht, dass er einen guten Einfluss auf meine anderen Schüler hatte, und so riet ich ihm, bevor ich diese italienische Reise plante – auf der du mich nicht begleiten wolltest – ich sei nicht modern genug, sagte ich Außerdem riet er ihm, sich zu entscheiden, ob er ein vernünftiger Architekt werden wollte – er verabscheute Fragen zu Hausmädchenschränken, sanitären Einrichtungen, Aufzügen und Warmwasserversorgung – oder ob er, glaube ich, eine großartige Karriere bei Drury gehabt hätte Lane über Feenpalästen oder Millionärswohnungen, aber ich schickte ihn aus meinem Atelier, obwohl ich die Tatsache weniger brutal vor seinen Vater brachte – sagte, ich sollte eine längere Zeit in Italien abwesend sein und dass ich befürchtete, der Junge sei zu undiszipliniert Ich glaube, er ist zu einer südafrikanischen Polizei gegangen ..."

Vivie : „Das hat er getan und ist letztes Jahr in einem südafrikanischen Krankenhaus gestorben. Hatte er – ähm – viele Verwandte, ich meine, stammte er von bekannten Leuten ab?"

Praed : „Das glaube ich nicht. Sein Vater war nur ein verträumter alter walisischer Geistlicher, der immer Visionen hatte und glaubte, er sei ein Nachkomme der Druiden, erzählte mir Sam Gardner; und seine Mutter war entweder vor langer Zeit gestorben oder vor ihrem Mann, mir, davongelaufen Vergessen Sie das. In gewisser Weise tut es mir leid, dass David ein seltsames Talent und ein unglaublich gutes Aussehen *hatte* .

Vivie : „Vielen Dank für das zweischneidige Kompliment. Aber was Sie sagen, ist sehr interessant. Nun, meine Meinung ist, dass David Vavasour Williams *nicht in einem Militärkrankenhaus gestorben ist; er hat sich erholt und ist zurückgekehrt, fest entschlossen, ein neues* Leben zu führen." .- Lebt sein Vater nebenbei? Glaubte er, sein Sohn sei tot?"

Praed : „Ich konnte es dir sicher nicht sagen. Ich habe mich nie weiter für ihn interessiert, und bis du es erwähnt hast – ich weiß nicht, auf wessen Autorität – wusste ich nicht, dass er tot ist. Im Großen und Ganzen." Ich würde sagen, eine gute Befreiung für sein Volk, besonders wenn er auf dem Feld der Ehre starb . Aber welche verrückte Idee ist Ihnen in Bezug auf diesen armen Verschwender in den Sinn gekommen?

Vivie : „Warum meine Idee, wie gesagt, ist, dass DVW von seiner Kiefernekrose geheilt wurde – ich nehme an, dass sie nicht immer tödlich ist? – mit einer deutlich verbesserten Moral nach Hause kam, fleißig lernte und Rechtsanwalt wurde, dachte darüber nach moralisch eine höhere Berufung zur Architektur und Bühnenmalerei. Kurz gesagt, ich werde von diesem Tag an Vavasour Williams sein, ein Jurastudent, wäre es in dieser Eigenschaft sicher, zu seinem alten Vater zu gehen?"

Praed : „ *Vivie* ! Ich *dachte* , du wärst eine nüchterne junge Frau, die sich von – vor – einem Verbrechen fernhalten würde: Denn diese Nachahmung wäre eine strafbare Handlung ..."

Vivie : „ *Verbrechen* ? *Was für* ein Unsinn! Ich sollte davon ausgehen, dass ich vor einem Gerechtigkeitsgericht gerechtfertigt wäre, wenn ich die Gerichtshöfe oder eines der Gasthäuser niedergebrannt oder in die Luft gesprengt oder die Fenster des Chartered Institute of Actuaries oder der Incorporated Law Society eingeschlagen hätte." All diese Institutionen und viele andere versperren gebildeten Frauen den Weg zu ehrenhaften und lukrativen Karrieren, und ein männliches Parlament gibt uns keine Wiedergutmachung, und eine männliche Presse lacht über uns für unsere schwachen Versuche, gemeinsame Rechte mit Männern einzufordern, anstatt solche anzustreben Gewalt Ich greife lediglich auf eine sehr harmlose List zurück, um die absurden Einschränkungen zu umgehen, die von den Richtern des Inns of Court auferlegt wurden, nämlich dass alle, die eine Zulassung als Anwalt beanspruchen, keine Buchhalter , Versicherungsmathematiker , Geistlichen *oder* Frauen *sein sollten* das Buchhaltungsgeschäft aufzugeben – oder besser gesagt, das Gesetz hat weder Honoria noch mir erlaubt, Wirtschaftsprüfer zu werden, also gibt es nichts aufzugeben. Um Missverständnissen vorzubeugen, wird sie den Titel auf unserem Briefpapier und unserem Messingschild ändern zu „Allgemeine Ermittlungsagenten". Das wäre wohl ausreichend unverbindlich, was den Geschlechtsausschluss angeht, in ein paar Wochen werde ich David Vavasour Williams werden, und ich gehe davon aus, dass er ein Mann war, oder? Du?"

Praed : „Wirklich, Vivie, du bist *unnötig* grob ..."

Vivie : „Es ist mir egal, ob ich es bin, armer Gesetzloser, der ich bin! Jeder Weg zu einer ehrlichen und ehrgeizigen Karriere scheint mir versperrt, entweder weil ich eine Frau bin oder – bei Frauenkarrieren – die wenigen, die es gibt – weil Ich bin Kate Warrens Tochter. *Ich* bin nicht für die Missetaten meiner Mutter verantwortlich, und doch werde ich dafür bestraft – dieses dreckige Schwein, George Crofts –, das ich begangen habe, nachdem ich mich geweigert hatte, ihn zu heiraten war „Mrs. Warrens Tochter", und die wenigen netten Leute, die ich aus Cambridge kannte, ließen mich fallen, alle außer Honoria und ihrer Mutter.

Praed : „Also, *ich* habe dich nicht fallen gelassen. *Ich werde* immer zu dir halten" (bemerkt, dass Vivie versucht, ihre Tränen zurückzuhalten). „Vivie – *Liebling* – was soll ich tun? Warum heiratest du mich nicht und gibst die Hälfte meines Einkommens aus, nimmst den Schutz meines Namens in Anspruch – ich bin jetzt eine ARA – Du brauchst nicht mehr zu tun, als den Haushalt für mich zu führen ... Ich bin ein ziemlicher Kränkler – ich wage zu behaupten, dass ich dich nicht lange belästigen werde – wir könnten eine tolle Zeit haben, bevor ich einen Herzinfarkt erleide – reisen – studieren – zusammen Bücher schreiben –"

Vivie (erholt sich): „Danke, lieber Praddy ; du bist ein Volltreffer und ich habe dich – in gewisser Weise – wirklich lieb. Außer einem Bürojungen in Chancery Lane und WT Stead kenne ich keinen anderen Anständigen Mann. Aber ich werde niemanden heiraten – der Name ist mies, aber du musst nehmen, was du kriegen kannst. Williams ist ein ruhiger junger Mann, der nur in Ruhe gelassen werden möchte Verdienen Sie seinen Lebensunterhalt anständig in der Anwaltskammer und sehen Sie dort zu, ob er das Gleichgewicht zugunsten der Frauen wiederherstellen kann. Aber es gibt etwas, das Sie für mich tun *könnten* , und deshalb bin ich heute vorbeigekommen, um Sie zu sehen , wir haben beide unseren Tee erkalten lassen, aber bestellen Sie *um Himmels willen* nicht mehr für mich, sonst kommt Ihr Stubenmädchen ein und aus und sieht, dass ich geweint habe und Sie rot aussehen . Was ich fragen wollte, war Folgendes – es ist wirklich ganz einfach: *Wenn Mr. Vavasour Williams, vierundzwanzig Jahre alt, spät in Südafrika, einst Ihr Schüler in Architektur* oder Szenenmalerei oder was auch immer, *Ihnen einen Hinweis auf den Charakter gibt , du sollst das Beste von ihm sagen , was du kannst* . Und übrigens, er wird Sie in Kürze besuchen, und Sie könnten Ihrer Geschichte noch mehr Glaubwürdigkeit verleihen, indem Sie die Bekanntschaft mit ihm erneuern. Sie werden feststellen, dass er sich sehr verbessert hat. Er wird Ihnen in jeder Hinsicht Ehre machen. Und was noch wichtiger ist: Wenn Sie ihn nicht abstoßen, wird er Sie viel öfter besuchen als seine Cousine – ich schäme mich nicht, sie als Cousine zu adoptieren – Vivie Warren hätte es tun können. Weil Vivie mit ihrer beklagenswerten Abstammung an deinen guten Namen denken musste und dich sehr selten besuchte; wohingegen Ihr Stubenmädchen keinen Einwand erheben *könnte* , wenn Mr. DV Williams öfter käme, um mit Ihnen zu plaudern und Sie um Rat zu fragen. Denken Sie darüber nach, lieber Freund – Auf Wiedersehen.

Anfang Juli standen Norie und Vivie am offenen Westfenster im Zimmer ihrer Partner im Büro und versuchten, ein wenig frische Luft zu schnappen. Das Personal hatte sich gerade auf den Weg in die Vororte gemacht und war froh, vor ihm noch drei Stunden Tageslicht für Cricket und Tennis zu haben. Vivie war sich daher sicher, nicht belauscht zu werden, und begann: „Ich habe diese Zimmer in Fig Tree Court. Ich werde bald bereit sein, meine Sachen einzuziehen. Ich werde einige der Habseligkeiten der armen Vivie Warren zurücklassen, wenn es Ihnen nichts ausmacht." , für den Fall, dass sie eines Tages zurückkommt. Glaubst du, dass du mitmachen kannst, wenn ich nächste Woche abreise? Ich möchte mir einen zweiwöchigen Fahrradurlaub in Wales gönnen – als DV Williams – eine Art Flitterwochen mit Fate, bevor ich mich niederlasse Wenn ich als Jurastudentin zurückkomme, kann ich einen Großteil der Sommerpause unseren Angelegenheiten widmen, entweder öffentlich oder außerhalb der Bürozeiten. Sie brauchen dringend einen Urlaub?

Norie : „Beryl ist über ihre Kinder hinweggekommen und ist zuversichtlich, am 1. August hier mit der Arbeit beginnen zu können … Diesmal ist es ein Junge. Ich habe ihn nicht gesehen, daher kann ich nicht sagen, ob er einem Polizisten ähnelt." Mehr als ein Architekt. Außerdem ähneln Babys bis zum Alter von sechs Monaten nur makrozephalen Idioten … Ich werde bei Beryl *vorsichtig sein* – wir haben uns nicht auf eine Verpflichtung eingelassen, die über sechs Monate hinausgeht. Sie ist erstaunlich klug, aber ich sollte Sagen Sie, ziemlich herzlos. Zwei Babys in drei Jahren, und beide unehelich – die echte Frau Architekt war zweifellos sehr verärgert, Herr Architekt wurde in seiner Arbeit immer wilder, weil er versuchte, zwei Betriebe zu unterhalten – sie sagen, er habe alles ausgelassen Sanitäranlagen in Sir Peter Robinsons neuem Haus und die Bauarbeiter ohne feuchte Gänge hochstürmen lassen – und das bringt ihren Vater, den Dekan, um. Es ist nicht so, dass sie sich versteckt, aber sie geht so oft davon, sie umzudrehen wegen der Dinge, die sie vor den Kellnerinnen sagt …“

Vivie : „Welche Dinge?“

Norie : „Warum, darüber, dass es sehr gesund ist, Babys zu bekommen, wenn man zwischen zwanzig und dreißig ist; und dass es ihr bei diesem Geschäft mit dem Dämmerschlaf egal ist, wie oft; dass es fünfzigmal interessanter ist als die Zucht von Hunden usw.“ Katzen oder Meerschweinchen; und sie ist überrascht, dass nicht mehr alleinstehende Frauen *es* annehmen *deux* – erweist sich als sehr profitabel – ich werde sie vielleicht nüchtern machen und legalisieren. Zweifellos werden die meisten Frauen im Jahr 1950 so reden, wie sie es heute tut, aber der Fortschritt ist zu abrupt. Er raubt *ihren* Eltern nicht nur alles Glück. Aber es beunruhigt *meine* Mutter jetzt. Sie ringt ihre Hände um ihre eigene Vergangenheit und fürchtet, dass sie durch ihre energische Arbeit für die Emanzipation der Frauen dazu beigetragen hat, den Damm zu durchbrechen – Können Sie sich nicht vorstellen, wie die alten Katzen beiderlei Geschlechts weitermachen? auf sie? – den Damm, der die weibliche Tugend aufrechterhielt, und diese Gesellschaft wird jetzt in einer Flut freier Liebe ertrinken ...“

Vivie : „Nun! Wir werden sie hier sechs Monate lang vor Gericht stellen und sehen, ob unser Beratungsmix in den Bereichen Recht, Bankwesen, Nachlassverwaltung, Aktienhandel, Scheidung, private Anfragen, Nachlassverwaltung usw. , erweist sich nicht *als viel* interessanter als eine illegale Verbindung mit einem verrückten Architekten ... Wenn sie sich als unmöglich erweist , schicken Sie sie weg und Vivie wird zurückkehren und DV Williams geht ins Ausland ... Glauben Sie nicht? ist etwas, das Providence mit diesem *glücklich* gewählten Namen überzeugen sollte? Und meine Mutter nannte sich tatsächlich einmal „Vavasour“.

„Nun ja, abgesehen von Unfällen und Unvorhergesehenem ist vereinbart, dass ich nächsten Samstag in den Urlaub fahre und nie wieder zurückkomme – vielleicht –? “

Norie (seufzend): „Ja!“

Vivie : „Wie geht es deiner Mutter?“

Norie : „Oh, was sie betrifft, ich bin froh, sagen zu können: ‚*Viel* besser‘. Wenn ich entkommen kann, nachdem die neuen Angestellten und Beryl eingesetzt sind und alles reibungslos läuft, werde ich sie in die Schweiz bringen, an einen wunderbar ruhigen Ort im Göschenenthal , den ich kenne und den sonst niemand kennt . Auf dem Kontinent wird es nicht so heiß sein für Reisen, wenn wir erst Ende August starten...“

Vivie: „ *Dann* , Liebste ... falls du diese Woche nicht mehr ins Büro kommst, verabschiede ich mich – für – für einige Zeit ...“

(Sie fassen sich an den Händen, zögern, küssen sich dann auf die Wange, eine sehr seltene Geste von beiden Seiten – und trennen sich mit Tränen in den Augen.)

Am darauffolgenden Montagmorgen betrat Bertie Adams, der in seiner jugendlichen Persönlichkeit die Funktionen eines Bürojungen, eines Juniorsekretärs und eines Generalfaktotums vereinte, das Vorbüro von Fraser und Warren und fand diesen Brief auf seinem Schreibtisch:

Midland Insurance Chambers,
88-90, Chancery Lane, WC, 12. Juli 1901.

Allgemeine Untersuchungsagenten von Fraser und Warren

LIEBER BERTIE ,

Ich möchte dich auf etwas vorbereiten. Wenn Sie ein gewöhnlicher Bürojunge gewesen wären, hätte ich mich nicht um Sie gekümmert oder Ihnen irgendetwas über die Firma anvertraut. Aber Sie sind mittlerweile fast eine Angestellte, und von dem Tag an, als ich zu Miss Fraser in diesem Geschäft kam, haben Sie mir mehr geholfen, als Sie denken – Sie haben mir nicht nur bei meiner Arbeit geholfen, sondern auch dabei zu verstehen, dass es Gutes, Wahres und Anständiges geben *kann* aufgeschlossen, vertrauenswürdig ... es wird dir nicht gefallen, wenn ich "Jungs" sage ... junge Männer.

Ich verreise für längere Zeit, ich kann nicht sagen wie lange – wahrscheinlich ins Ausland. Aber Miss Fraser glaubt, dass ich weiterhin bei der Arbeit ihrer Firma helfen kann, also bleibe ich Partnerin. Ein Cousin von mir, Mr. DV Williams, kommt gelegentlich vorbei, um Miss Fraser zu helfen. Ich werde ihn bitten, ein Auge auf dich zu haben. Miss Rose Mullet und Miss Steynes verlassen ebenfalls den Dienst der Firma. Ich wage zu behaupten, dass Sie wissen, dass Miss Mullet heiratet und wie Miss Steynes in Aylesbury leben wird. An ihrer Stelle kommen zwei weitere Damen, und ein Großteil meiner eigenen Arbeit wird von einer Mrs. Claridge übernommen, die Sie in Kürze sehen werden.

Es ist ziemlich traurig, dass sich diese Veränderung in einer so glücklichen Gemeinschaft von vielbeschäftigten Menschen verändert hat, in denen niemand anderen auf die Füße tritt ; aber da ist es! „Die alte Ordnung ändert sich und macht der neuen Platz … damit nicht ein guter Brauch die Welt verdirbt" – lesen Sie im Tennyson, den ich Ihnen letztes Weihnachten geschenkt habe. Hoffen wir, dass das bei meiner Rückkehr nicht der Fall sein wird: „Change and Decay in all around I see" … wie es in der eher düsteren Hymne heißt.

Manchmal ist Veränderung eine gute Sache. Sie dienen einer edlen Mätresse in Miss Fraser und ich bin sicher, Sie sind sich der Bedeutung ihrer Arbeit bewusst. Sie kann für die Karrieren der Frauen der nächsten Generation von großer Bedeutung sein. Ich werde den Kontakt zu Ihnen nicht ganz verlieren. Ich gehe davon aus, dass Miss Fraser mir, auch wenn ich weit weg bin, von Zeit zu Zeit schreiben und mir Neuigkeiten aus dem Büro mitteilen und mir erzählen wird, wie es Ihnen ergeht. Schämen Sie sich nicht, ehrgeizig zu sein: Setzen Sie Ihr Studium fort. Warum besuchen Sie nicht – aber vielleicht tun Sie das? – Abendkurse am Polytechnikum? – oder an dieser neuen London School of Economics, die ganz in der Nähe ist? Nehmen Sie sich vor, eines Tages Lordkanzler zu werden … auch wenn Sie damit nur bis zum seidenen Gewand eines QC kommen. Ich denke, ich sollte jetzt „KC" schreiben. Vor ein paar Jahren dachten wir alle, der Staat würde auseinanderfallen, als Victoria starb. Doch Sie sehen, wir kommen unter König Edward ganz gut voran. Ebenso werden Sie sich bald so sehr an die neue Prokuristin, Mrs. Claridge, gewöhnen, dass Sie sich fragen werden, was Sie in aller Welt an ihr zu bewundern hatten.

Vivien Warren .

Dieser Brief kam Bertie Adams wie ein Cricketball zwischen die Augen. Seine geliebte Miss Warren ging weg und es gab keine klare Aussicht auf ihre Rückkehr – ihr Abschied war fast wie die letzten Worte auf einem Sterbebett … Er senkte den Kopf über die verschränkten Arme auf seinem Büroschreibtisch und brach in rauhes Schluchzen aus das Überlaufen der Tränen- und Nasendrüsen, die groteske Begleiterscheinung menschlichen Leids.

Für eine Weile vergaß er, dass er ein junger Mann von neunzehn Jahren mit einem unverkennbaren Schnurrbart und dem Status eines Cricket-Elf-Kapitäns war. Er war wieder ein echter Junge, und seine Gefühle für Vivien Warren, die er zuvor aufgrund seines großen Respekts vor ihr kaum zu beschreiben gewagt hatte, verwandelten sich wieder in bloße kindliche Zuneigung.

Seine gute Mutter war eine Wäscherin und Witwe, für die sich Honoria Fraser in ihrer Kindheit in der Harley Street interessiert hatte. Bertie war der

Älteste von sechs Kindern, und sein Vater war Kohlenträger gewesen und hatte sich den Rücken gebrochen, als er in einen Keller stürzte, als er noch nicht ganz so fit war. Bertie – in den Cricket-Listen wurde er jetzt als Mr. Albert Adams aufgeführt – war ein erwachsener Jugendlicher mit eher stumpfen Gesichtszügen, aber ehrlichen, haselnussbraunen Augen, frischer Farbe und schockiertem Haar. Vivie hatte ihn einmal verspottet, weil er versucht hatte, sein Vorderhaar mit viel Pomade zu einer flachen Locke zu formen ... jetzt glättete er sein lockiges Haar nur noch mit Wasser. Man hätte ihn vielleicht sogar „gewöhnlich" nennen können. Er gehörte zu dem Typus, der von 1914 bis 1918 in den Krieg zog und ihn trotz der vielen Fehler unserer aufgeregten Strategen gewann: zu dem Typus, der England zum vorherrschenden Partner und Großbritannien zum vorherrschenden Partner machen wird, solange er unverdorben andauert Nation; Der Typus, aus dem der Blaujacken- und Unteroffizier, der Polizeisergeant, der Lokführer, der Eisenbahnwärter, der Anwaltsgehilfe, der Handelskamerad, der Ingenieur, der Flugpilot, der Chauffeur, der Unteroffizier der Armee, der Obergärtner, der Chef gemacht sind Wildhüter, Gerichtsvollzieher, Oberdrucker; der vertrauenswürdige Diener, der Beauftragte eines Stadtamtes; und nach anderen Vorstellungen regierte die britische Welt vor dem Krieg mit einem durchschnittlichen Jahreseinkommen von 150 Pfund. Wenn Frauen aus einer ähnlich gebildeten unteren Mittelschicht die gleichen Chancen wie Männer haben, sollten sie die Bertie Adamses ihres Bekannten heiraten und nicht die Börsenmakler, Metzger, Tuchmacher, Buchmacher, professionellen Cricketspieler oder Faustkämpfer. Sie würden dann die Mütter der Erlösungsgeneration des britischen Volkes werden, die Utopia gründen und regieren wird.

Allerdings war sich Bertie Adams dieser Möglichkeiten überhaupt nicht bewusst und hielt sich selbst für bescheiden und eher billig. Nachdem er das vierte oder fünfte Schluchzen hinuntergeschluckt hatte, erhob er sich aus der Hocke über dem Schreibtisch, wischte sich das Gesicht mit einem nassen Handtuch ab, glättete sein Haar, richtete seinen Umlegekragen und die elegante Krawatte zurecht und ging mit leuchtenden Augen und Wangen an seine Arbeit; beschloss, Miss Warren zu zeigen, dass sie nicht allzu viel von ihm gehalten hatte.

Als jedoch Miss Mullet ankam und über die Einzelheiten ihrer Aussteuer kicherte und Lily Steynes über die Werbung für Aylesbury-Enten im aktuellen *Exchange and Mart sprach* , war er beiden gegenüber zurückhaltend und ziemlich sarkastisch. Später deutete er an, dass er sich der bevorstehenden Vertreibungen schon lange bewusst gewesen sei; aber er sagte kein Wort von Vivies Brief.

KAPITEL IV

PONTYSTRAD

An einem Morgen Mitte Juli 1901 fuhr Herr DV Williams vom New Square, Lincoln's Inn, mit dem Fahrrad zur Paddington Station. Der braune Segeltuchkoffer, der am Rahmen seines Herrenfahrrads befestigt war, enthielt Wechselkleidung, einen Pyjama , einen Rasierapparat, eine Zahnbürste, eine Haarbürste und einen Kamm. Er selbst trug einen gut geschnittenen dunkelgrauen Anzug – Norfolk-Jacke, Knickerbocker und dicke Strümpfe.

Nachdem er sein Fahrrad mit der Aufschrift „Swansea" versehen hatte, betrat er ein Abteil der ersten Klasse des South Wales Express. Obwohl er seine Ausgaben nicht verschwenderisch ausgab, reiste er zuerst, weil er sich in der Gegenwart von Männern – meist Männern der raueren Sorte – immer noch ein wenig unwohl fühlte. Vielleicht gab es damals eine zweite Klasse; Vielleicht gibt es noch welche. Aber ich habe den deutlichen Eindruck, dass Herr Vavasour Williams, Jurastudent, bei dieser Gelegenheit „zuerst" gereist ist: Denn so traf er eine Person, von der seine Freundin Honoria Fraser oft gesprochen hatte – Michael Rossiter.

Den Namen seines Reisegefährten erfuhr er natürlich erst, nachdem sie an Swindon vorbeigekommen waren. Fünf Minuten bevor der Zug Paddington verließ, betrat ein großer Mann mit einem kurzen, lockigen schwarzen Bart und schönen Augen – Augen wie Achate in der Farbe – sein Abteil im Flurwaggon . An den Schläfen war ein Hauch von Grau zu erkennen, ansonsten waren die Haare auf dem Kopf, als er von einem harten Filzhut zu einer weichen Reisemütze wechselte, genauso dunkel wie der Bart und der Schnurrbart. Sein Körperbau war stark, muskulös und locker gebaut, und er hatte kluge, nervöse Hände mit etwas spachtelförmigen Fingern. Seine Kleidung erinnerte nicht besonders an den Touristen – sie wirkte eher wie ein zu abgetragener Stadtanzug aus dunkelblauem Serge; als wäre er geistesabwesend von zu Hause weggegangen, in der Absicht, einen hastig ausgeheckten Plan zu schmieden. Er warf David ein oder zwei kurze Blicke zu; Tatsächlich einmal, als sie ans Tageslicht kamen, weg von Tunneln und hohen Mauern, und seinen Blick zu einem forschenden Blick werden ließen. Dann beschäftigte er sich mit einer Reihe wissenschaftlicher Zeitschriften, die er im Zug zum Lesen mitgebracht hatte.

Gedrängt, er wusste nicht warum, fragte David, um ein Gespräch anzuregen (völlig unnötig): „Das *ist* der South Wales Express, ich meine den Swansea-Zug, nicht wahr?"

Blackbeard war beeindruckt von der Ungewöhnlichkeit der Stimme – eine sehr angenehme Stimme, die aus den Lippen eines Mannes kommt – und antwortete: „Das ist es; zumindest hatte ich diesen Eindruck, da ich vorhabe, nach Swansea zu gehen; aber in keiner Weise." Ich glaube , der Fahrkartenkontrolleur wird gleich den Korridor entlangkommen, und dann werden wir sichergehen, dass wir in Swindon anhalten. Wenn wir also einen Fehler gemacht haben, können wir ihn dort korrigieren.

Dann, nach einer Pause, fuhr er fort: „Ich glaube, Sie sagten, Sie würden nach Swansea fahren? Darf ich fragen, ob Sie den gleichen Auftrag haben wie ich? Ich meine, gehören Sie zu Boyd Dawkins' Gruppe, um die neue Höhle zu untersuchen?" Gower-Küste?"

DVW : „Oh nein – ich – ich fahre von Swansea landeinwärts, um – eine Radtour zu machen. Ich fahre zu einem Ort am Fluss – ich weiß nicht, wie man es ausspricht – zumindest habe ich es vergessen. Der Name des Flusses wird Llwchwr geschrieben .

Blackbeard : „Sie sollten Ihre Meinung ändern und nach Süden gehen – kommen Sie und sehen Sie sich diese außergewöhnlichen Höhlen an. Interessieren Sie sich für Paläontologie ?" (David zögert) „Was unvorsichtige Menschen ‚prähistorische Tiere' oder ‚prähistorischen Menschen' nennen." Sie wurden von Comiczeichnern in *Punch auf lächerliche Weise in die Irre* geführt, die glauben, dass ein paar tausend Jahre Vorgeschichte uns in die Kreidezeit zurückversetzen würden, in Wirklichkeit vier oder fünf Millionen Jahre vor der Entstehung des Menschen, als dieses Land und die meisten anderen Länder von absurden Reptilien wimmelten das war lange vor dem Zeitalter der Säugetiere ausgestorben. Ich glaube jedoch nicht, dass ich nur gesprochen habe, weil ich dachte, Sie wären einer von Boyd Dawkins' Schülern … oder einer von meinen."

David : „Im Gegenteil, ich interessiere mich sehr, sehr für das Thema, aber ich fürchte, es liegt bisher eher außerhalb meiner Studienrichtung – vielleicht werde ich mich nach Süden wenden, wenn ich etwas davon gesehen habe." Ich werde nach Glamorgan gehen. Ich bin eigentlich Waliserin, aber ich kenne Wales nur unvollständig, weil ich es verlassen habe, als ich noch recht jung war." („Das wird eine gute Übung sein", sagte Vivies Gehirnstimme zu sich selbst) … „Ich bin vor kurzem aus Südafrika zurückgekehrt."

Blackbeard : „Was hast du da gemacht?"

David : „Ich – ich – war in der Armee … zumindest bei der Polizei … Ich wurde verwundet, musste ins Krankenhaus – Kiefernekrose … Ich kam nach Hause, als ich wieder gesund wurde … "

Blackbeard : „*Kiefernekrose!* Das war schlimm. Aber du scheinst es sehr gut überstanden zu haben. Von hier aus kann ich keine Narbe sehen …"

David : „Oh nein. Es war nur eine *leichte* Berührung und ich wage zu behaupten, dass ich übertreibe … Ich habe die Armee jedoch verlassen und studiere jetzt Jura …"

Blackbeard glaubt an diesem Punkt, dass er mit dem Kreuzverhör weit genug gekommen ist, und wendet sich wieder seinen Zeitschriften und Broschüren zu. Aber da ist etwas, das ihm gefällt – eine Wehmut – im Gesicht des jungen Mannes, und er kann seine Gedanken nicht ganz von der Anwesenheit des Paläolithmenschen in Südwales lösen. In Swindon steigen sie beide aus – es bestand noch immer der Brauch, dort zu Mittag zu essen –, essen hastig zusammen zu Mittag, unterhalten sich weiter und teilen sich eine Flasche Rotwein.

Als Rossiter in ihr Abteil zurückkehrt, bietet er David eine Zigarre an, doch der junge Mann raucht lieber eine Zigarette. Mittlerweile haben sie ihre Namen ausgetauscht. DVW äußert sich jedoch zurückhaltend zum Südafrikakrieg – er sagt, er sei zu schrecklich gewesen, um es in Worte zu fassen, und hätte nie stattfinden dürfen. Jetzt wünscht er sich nur noch Ruhe und Frieden und die Möglichkeit, in London Jura zu studieren, um eines Tages Rechtsanwalt zu werden . Rossiter sagt – nach mehr Gesprächen: „Schade, dass Sie sich für die Anwaltskammer bewerben – wir haben bereits zu viele Anwälte. Sie sollten Naturwissenschaften studieren" – und was den Severn-Tunnel angeht, führt er aufschlussreiche Diskurse über Biologie, Mineralogie, Astronomie und Chemie wie David-Vivien sie noch nie zuvor behandelt hatte. Im Severn-Tunnel bringt der Lärm des Zuges sowohl den Professor als auch den Zuhörer zum Schweigen, der bereitwillig die Position des Schülers einnimmt. Zwischen Newport und Neath glaubt David, noch nie jemanden so Interessanten getroffen zu haben. Es war seine erste wirkliche Einführung in das größte aller Bücher: das Buch der Erde selbst. Rossiter seinerseits fühlt sich von diesem jungen, im Ausland lebenden Waliser unheimlich angezogen. David sagt nicht viel, aber was er zum Gespräch beiträgt, zeigt, dass er ein schneller Denker und eine Person mit geschulter Intelligenz ist. Doch irgendwie „sieht" ihn der Biologieprofessor an der Universität London – und viele andere darüber hinaus – FRS, FZS, FLS, Goldmedaillengewinner dieser und jener Akademie und Universität im Ausland – nicht als Soldaten oder Unteroffizier in der britischen Armee: Jurastudent ist eine wahrscheinlichere Qualifikation. Doch als sie sich Swansea nähern, gibt Michael Rossiter Herrn DV Williams seine Karte (DVW bedauert, dass er sich nicht revanchieren kann, sagt aber, dass er sich noch kaum an einer Adresse niedergelassen hat) und – obwohl er in Zügen normalerweise schweigsam und vorsichtig ist, wenn es darum geht, Bekanntschaften zu machen – bringt die Hoffnung zum Ausdruck, dass er eines Nachmittags bei 1, Park Crescent anrufen wird – „Meine Frau und ich sind normalerweise donnerstags zu Hause" –, wenn alle im Herbst wieder in der Stadt sind. Sie trennen sich am Bahnhof Swansea.

David verbringt die Nacht in Swansea und verbringt einen Teil seiner Zeit damit, sich im Terminus Hotel nach den Straßen zu erkundigen, die das Tal des Llwchwr hinaufführen, was für ein Ort Pontystrad ist („die Brücke bei der Wiese"), und ob jemand den Pfarrer dieser Gemeinde kennt, Mr.... äh ... Howel Vaughan Williams. Der „Boots" oder einer der „ Bootses " kommt anscheinend aus der Gegend von Pontystrad und kennt den ehrwürdigen Herrn vom Sehen – einen netten alten Herrn – und hat gehört, dass er in den letzten Jahren sehr gealtert ist, seit sein Sohn weggelaufen und in Afrika verschwunden ist. Boots begriff, dass seine Sehkraft nachließ und er nicht mehr genug sehen konnte, um all das Lesen und Schreiben zu lernen, was ihm früher so gut gelungen war.

Nach einer ziemlich durchwachten Nacht, in der DV Williams mehr durch seine Gedanken und Pläne gestört wird als durch den ständigen Lärm der Züge, die nach Swansea ein- und ausfahren, steht er früh auf und verfasst ein Telegramm:

Pfarrer Howel Williams, Pfarrhaus, Pontystrad , Glamorgan. Hoffe, heute Abend nach Hause zu kommen. Alles ist gut.

DAVID .

Dann bezahlt er seine Rechnung und versucht, zur großen Belustigung des Bootsfahrers falsch auf sein Fahrrad aufzusteigen; dann erinnert er sich an die richtige Richtung und fährt mit der Zuversicht eines seit langem ans Fahrradfahren gewöhnten Menschen durch den dichten Verkehr von Swansea in Richtung Llwchwr .

Es war eine sehr heiße Fahrt durch ein sehr schönes Land, das mittlerweile weitgehend von Bergbau und Metallurgie verdorben ist, entlang einer Straße, die ständig steil anstieg und abrupt wieder abstieg. David hätte natürlich mit der Bahn zum Bahnhof Pontyffynon fahren und von dort drei Meilen zurück nach Pontystrad fahren können . Aber er wollte absichtlich die ganze Strecke von Swansea aus mit dem Fahrrad zurücklegen und das Land seiner Väter im Auge behalten. Er schob die Prüfung, seinen Vater zu treffen, so lange wie möglich hinaus, den Vater des jungen N'eer -do- weel , der im Jahr zuvor monatelang in einem südafrikanischen Feldlazarett gelegen hatte. Er machte Halt für eine Tasse Tee in Llandeilotalybont ... Wales hat viele Ortsnamen wie diesen ... und weil er dort nicht viele Meilen von Pontystrad entfernt war, konnte er aktuellere und indizienhaftere Informationen über den Mann sammeln, den er als „Vater" begrüßen wollte ."

Um halb sieben an diesem Abend blieb er, nachdem er geschwitzt und ausgetrocknet hatte, eine Sehnenzerrung erlitten hatte und sich Kopfschmerzen zugezogen hatte, vor dem Tor des Pfarrgartens in Pontystrad stehen , nachdem ihm zu seinem heimlichen Ärger eine ganze Schar von Leuten dorthin gefolgt war Dorfjungen, die er unvorsichtigerweise nach dem Weg gefragt hatte. Während sie Walisisch sprachen , konnte er nicht sagen, was sie sagten, vermutete aber, dass sein Telegramm angekommen war und dass er erwartet wurde.

Unter der Veranda des Hauses stand ein alter Mann mit einem langen weißen Bart wie ein Druide, der eine Brille trug, seine Augen beschattete und erwartungsvoll ...

Ein Fahrrad könnte sich im darauffolgenden Interview als Belastung erweisen, also stellte David sein Fahrrad hastig gegen eine fuchsiafarbene Hecke und eilte auf den alten Mann zu, der seine Hände ausstreckte, um ihn zu umarmen, ohne seinen Augen zu trauen. Eine alte Frau mit rosigen Wangen und Sonnenhut trat hinter den alten Mann und schrie: „Meister David!" und wartete nur mit zuckenden Fingern auf ihren eigenen Angriff, bis der Vater seinen verlorenen Sohn zum ersten Mal umarmt hatte. Dies geschah mindestens dreimal, begleitet von Tränen, Segenswünschen, Gebeten und dem Aufrichten der armen dünnen Augen in einen wolkenlosen Himmel – „ Diolch ich Dduw !" – Ausrufe über das Wunderbare – „ Rhyfeddol Yw yn eiholl ffyrdd „–Gottes Vorsehung – Seine Wege sind unentdeckbar!"Ni ellir Olrain ei Ragluniaeth !" – „Mein lieber Junge! Fy machgen Annwyli !"

Dann kam die alte Frau an die Reihe: „Meister David! Äh, aber Sie haben sich verändert, Mann!" – dann eine Menge walisischer Ausrufe, die ich nicht einfügen werde, bis die Waliser sich darauf einigen können, ihre Zunge phonetisch zu buchstabieren – „Fünf Jahre." Seitdem du uns verlassen hast, hätte ich nie gedacht, dass du dich nicht mehr sehen würdest, andere sagten , du wärst von den Wildschweinen gefangen genommen worden Umarmungen wurden etwas kritischer gescannt als der halbblinde Vater, aber mit deutlicher Zustimmung.

Schließlich stand David abseits in der mit Steinplatten ausgelegten Halle des Pfarrhauses. Sein üppiges Haar war zerzaust, sein Gesicht war von den Tränen anderer Menschen befleckt, sein Kragen, seine Krawatte und seine Kleidung waren durcheinander und sein Herz war berührt. Es war eine seltene Erfahrung in seinen vierundzwanzig Lebensjahren – er vermutete, dass das in seinem Alter liegen sollte –, dass er wirklich vertrauenswürdig, wirklich begehrt und geliebt wurde. Honorias Freundschaft war eine reine und kostbare Sache, aber in ihrer Reinheit sorgfältig zurückgehalten. Praddys Freundlichkeit und die Verehrung des Bürojungen hatten sich beide positiv auf Vivies Selbstwertgefühl ausgewirkt, aber beide mussten in Schach gehalten werden. Irgendwie gehörte die Liebe eines Vaters und einer alten Amme zu einer anderen Kategorie als diese anderen Kontakte.

All diese Gedanken gingen David in dreißig Sekunden durch den Kopf. Er schüttelte sich, richtete sich auf, lächelte angemessen und versuchte, der Situation gerecht zu werden.

"Lieber Vater! Und liebe ... Nannie! (Eine kühne, aber erfolgreiche Schlussfolgerung). Wie süß von euch beiden – mich so zu begrüßen. Ich bin als ein ganz anderer David nach Hause gekommen als der, der euch – wie war es? Vor fünf – sechs Jahren ? – verlassen hat , um in Mr. Praeds Atelier zu gehen. Ich habe in der Zwischenzeit viel gelernt. Aber ich habe die Vergangenheit so satt, dass ich nicht mehr darüber reden möchte, als ich kann, und ich bin in sehr merkwürdiger Verfassung, seit ich in Südafrika krank – und – verwundet – wurde. Mein Gedächtnis hat vieles verloren – ich fürchte, ich habe mein ganzes Walisisch vergessen, Nannie, aber es wird bald zurückkommen, das heißt, wenn ich ein wenig hier bleiben darf." (Ausrufe von Vater und Amme: "Dies ist dein *Zuhause* , Davybach ! ") "Ich werde dieses Mal nicht zu lange bleiben, weil ich in London meinen Lebensunterhalt verdienen muss ...

„Haben Sie noch nie etwas über mich gehört von ... Südafrika ... oder dem Kriegsministerium – oder – Ihrem alten College-Kumpel, Mr. Gardner?"

„Ich habe gehört – mein lieber Junge –", sagte der Pfarrer. Howel nahm ihn in einem erneuten Anfall von Zuneigung erneut in die Arme. „Ich habe gehört, dass Sie im Lagerkrankenhaus von Colesberg verwundet und sehr krank waren . Ich glaube, es war eine Krankenschwester, die mir die Informationen geschickt hat. Ich habe mehrmals an das Kriegsministerium geschrieben, meine Briefe wurden bestätigt, das war alles. Dann Sam Gardner schrieb mir aus Margate und sagte, sein Sohn sei mit Ihnen im selben Krankenhaus gewesen. Später habe ich in einer Zeitung in Bristol gesehen, dass dieses Krankenhaus – Colesberg – in die Hände der Buren und der Kap-Aufständischen gefallen sei zu mir selbst: „Mein armer Junge wurde gefangen genommen" und mit der Zeit: „Mein armer Junge ist tot, sonst hätte er mir geschrieben."

Hier der Revd. Howel blieb stehen, um sich die Augen zu wischen und sich die Nase zu putzen. David durchdrang seine Rüstung des Zynismus und sagte – Nannie zog sich zurück, um das Abendessen zuzubereiten – „Lieber Vater, auch wenn ich mich nicht zu oft auf die Vergangenheit beziehen möchte, habe ich mich vor einiger Zeit schändlich verhalten, und die Kolonien schienen meine einzige Chance zu sein." Ich habe es zwar geschafft, den Buren zu entkommen, aber ich hatte nicht den Mut, mich vor Ihnen zu präsentieren, bis ich etwas getan hatte, um Ihre gute Meinung wiederzuerlangen. Ich habe jetzt eine gute Anstellung in London und lese sogar up Law. Wir werden nach und nach darüber reden, aber ich sage dir jetzt – aus tiefstem Herzen – ich bin ein anderer David als der, den du kanntest, und du wirst es nie bereuen, mich zurückgenommen zu haben."

Sowohl Vater als auch Sohn weinten jetzt, denn die Emotionen sind besonders in Wales ansteckend. Aber der Vater lachte unter Tränen; und dankte Gott zusammenhangslos für die Rückkehr des verlorenen Sohnes – eines schönen, aufrechten Jungen – gesund und munter. „Kein Makel über *dich*, Davy, *ich* bin gebunden. Warum allein deine Stimme zeigt, dass du eine saubere Leber warst. Es ist Musik in meinen Ohren, und wenn ich so gut sehen könnte, wie ich hören kann, würde ich mit dir wetten." „Du bist ein hübscher Junge und hast viel von deiner Dummheit verloren, Junge" (mit gesenkter Stimme) „Du hast keinen Grund, dir Sorgen um Jenny zu machen, aber wir haben sie mit einem Bergmann verheiratet." Ich habe es mit ihm in Ordnung gebracht. Sie hat jetzt ein weiteres Kind, aber sie werden nicht noch einmal darauf eingehen. Sie lebt zwanzig Meilen von hier entfernt, in Gower Schluss damit....

„Jetzt wirst du nicht mehr nach London zurücklaufen, bis du dazu verpflichtet bist? Wo ist dein Gepäck? In Pontyffynon ?"

„Nein", sagte David, ein wenig verblüfft über die Beweise seiner ausschweifenden Vergangenheit und dieser unerwarteten Vaterschaft, die er seinetwegen angenommen hatte. „Ich habe nicht mehr Gepäck, als in meiner Fahrradtasche enthalten ist. Aber lass dich davon nicht beunruhigen. Ich fahre eines Tages nach Swansea oder in eine näher gelegene Stadt und kaufe, was nötig sein könnte, und bleibe dann." Ich werde alle meine Ferien mit dir verbringen, dir alle meine Pläne erzählen, und auch nach meiner Rückkehr nach London werde ich immer hierher kommen, wenn ich wegkomme. Im Moment werde ich einfach zum ersten Mal in meinem Leben Spaß haben Die letzten vier Jahre werden wir wie einen schrecklichen Traum betrachten. Was für ein Paradies du lebst. Sein Blick schweifte über das zweistöckige , solide gebaute Steinhaus, das nach Süden ausgerichtet war, mit Bergen dahinter und der Westsonne, die warme gelbgrüne Strahlen über den Rasen und die Blumenbeete warf; über Ulmengruppen in der mittleren, südlichen Distanz, die möglicherweise von den Römern gepflanzt wurden (die diesen Teil von Wales liebten). Bienen, Schmetterlinge und Schwalben waren in der Luft; das ferne Brüllen der Kühe , der Duft der Rosen, das Klappern in der Küche, wo Nannie mit Hilfe einer anderen Dienerin das Abendessen zubereitete, sogar das Bellen eines Wachhundes; bewusst, dass etwas Ungewöhnliches vor sich ging, vervollständigte den Eindruck der glückseligen Landschaft. „Was für ein Paradies du lebst! Wie *hätte* ich es verlassen können?"

„Ja, lieber Junge, ich bezweifle nicht, dass es für dich seltsam und neu aussieht, seit du in Südafrika und London warst Waschen Sie sich vor dem Abendessen. Tom, der Gärtner, soll Ihr Fahrrad abholen und es abreiben. Ich habe noch das alte hier im Kutschenhaus, das Sie zurückgelassen haben, seit Sie weg sind Geschickt mit den Bienen wie dein alter Freund Evan, aber ich fürchte, Evan hat dich in einige deiner Schwierigkeiten verwickelt. Ich hätte dich nicht so sehr austoben lassen sollen, aber das war ich so sehr in mein Studium vertieft – Na ja!"

David war darauf bedacht, seine Rolle ausreichend zu spielen, um, als er in sein altes Schlafzimmer geführt wurde, zu sagen: „Trotzdem, Vater; kaum verändert – aber ist das Bett nicht an einen anderen Ort versetzt?"

„Du hast recht, mein Junge – Ah! Dein Gedächtnis kann nicht so schlecht sein, wie du vorgibst. Ja, wir haben es dorthin verlegt, Bridget und ich, weil der Erzdiakon einmal zu Besuch kam und sich über den Luftzug aus dem Fenster beschwerte. "

„Was für ein Mist er gemacht hat!" sagte David. „Nun, *ich* werde mich über nichts beschweren."

Sein Vater verließ ihn und er begann, den kleinen Vorrat an Dingen, die er in seiner Fahrradtasche mitgebracht hatte, auszubreiten, wobei er dem Rasierzeug einen besonderen Stellenwert einräumte. Er hatte gerade seine Kurztoilette beendet, als es an der Tür klopfte, und unterdrückte einen Ausruf der Ungeduld – denn er brauchte unbedingt Zeit und Einsamkeit für gesammelte Gedanken – und ließ Bridget ein.

„Na, Nannie", sagte er, „kommst du zum Klatschen?"

„ Ja . Ich kann es kaum ertragen, meine Augen von dir abzuwenden, denn du hast dich verändert, du *hast* dich verändert. Und doch, ich weiß es nicht? Du siehst nicht viel älter aus, als du warst , als du nach London gefahren bist sei eine Architektin. Deine Wange –" (hebt ihre Hand und streichelt sie, während David sich bemüht, nicht zusammenzuzucken) „Deine Wange ist so weich und glatt wie damals, wie die jedes jungen Mädchens, wo auch immer du warst." Niemand hätte gedacht, dass du den ganzen Weg nach Südafrika zu den Wildschweinen gehst. Ich nehme an, dass dein Vater dich ein wenig schockiert ; und er litt überhaupt nicht unter seinem Sehvermögen, als du weggegangen bist. Und jetzt kann er selbst mit seinem neuen Spektol nichts mehr für ihn tun – rät ihm, zu gehen Suchen Sie einen Augenarzt in Bristol oder London auf, aber nachdem Sie in Afrika verschwunden zu sein schienen , brachte er es nicht übers Herz, stundenlang dasitzen und nur über alte walisische Zeiten oder die Bibel zu reden mal. Natürlich kennt er seine Dienste auswendig; Sein einziger Job war der Unterricht... Aber wissen Sie, er hatte oft nur mich, das Mädchen und Tom in der Kirche. Oben in Little

Bethel gibt es einen neuen Prediger, der alle Dorfbewohner anlockt, ihm zuzuhören. Aber dein Vater wird jetzt ein anderer Mann sein – er wird wieder wie ein Junge sein. Und wenn Sie lange genug bleiben könnten, könnten Sie ihn nach Bristol bringen – oder nach Clifton , glaube ich –, um zu sehen, ob sie etwas gegen seine Augen unternehmen könnten …

„Die Vergangenheit ist Vergangenheit und wir werden nicht mehr darüber sagen, und jetzt hast du ein neues Kapitel aufgeschlagen – irgendwie *kann ich nicht* glauben, dass du derselbe Mensch bist – mach dir darüber keine Sorgen.“ Schlampe Jenny. Nachdem Ihr Baby bei ihrer Mutter geboren wurde, ging sie in den Dienst bei Llanelly und traf dort einen Bergmann, der in der neuen Kohlemine in Gower arbeitet. Er war kein schlechter *Kerl* Er hatte ihre Geschichte gehört und gesagt, dass er sie für zwanzig Pfund heiraten und ihr Baby übernehmen würde. Also hat dein Vater die zwanzig Pfund bezahlt, und wenn sie nur ehrlich bleibt, wird es ihr nicht schlechter gehen Ich habe immer gesagt , dass es meine Schuld ist Ich war ein junger Evan. Warum haben einige Mädchen im Dorf zwei oder sogar drei Babys bekommen, bevor sie sesshaft geworden sind und geheiratet haben? Die Sahne und der Honig, die du immer so gern hattest – du böser Junge –“ Sie wagte einen Kuss auf die glatte Wange ihres Säuglings und stieg schwerfällig die Treppe hinunter.

David hatte eine sehr schlimme Nacht, denn um seiner alten Amme eine Freude zu machen, hatte er zu viele ihrer Pfannkuchen mit Sahne und Honig gegessen. Tatsächlich musste er schließlich vorsichtig auf Zehenspitzen durch ein schlafendes Haus gehen, um herauszukommen und seine Gefühle dadurch zu lindern, dass er auf der Veranda auf und ab ging, bis die Übelkeit nachließ. Danach lag er lange wach und versuchte, die Situation einzuschätzen. Endlich brachte er seine Gedanken in eine Form wie diese:

„Es ist klar, dass ich ein ganz normaler junger Lebemann war, bevor ich nach London geschickt wurde, um Praddys Schülerin zu werden. Anscheinend habe ich das Hausmädchen oder Küchenmädchen verführt – der Betrieb meines Vaters scheint aus einer Nanny zu bestehen, die Haushälterin und Köchin ist, und einem Dienstmädchen, das die Hausarbeit erledigt hilft in der Küche – und dieses unglückliche Mädchen, das meinen Bitten zum Opfer fiel – oder mich wahrscheinlicher in die Irre führte – brachte später ein Kind zur Welt, das entweder meiner Vaterschaft oder der des Gärtners zugeschrieben wurde. Aber die Angelegenheit wurde durch eine Zahlung von zwanzig vertuscht Pfund und das Mädchen ist jetzt verheiratet und anständig und sollte keinen weiteren Ärger machen. Ich nehme an, das war der Höhepunkt meiner Ungezogenheit und der Hauptgrund, warum ich weggeschickt wurde Frage, aber diejenige, vor der man sich in Acht nehmen muss, ist die alte Krankenschwester, deren bloße Zuneigung sie dazu bringt, unangenehm neugierig *aufzustehen* und meine Tür abzuschließen, sonst könnte sie morgens mit heißem Wasser oder etwas anderem hereinkommen und mich überraschen .

„Der ursprüngliche David ist offensichtlich tot und aus dem Weg geräumt. Es kann nicht schaden, wenn ich seinen Platz einnehme, zumindest für ein paar Jahre: Es kann dem alten Mann neues Leben und echtes Glück geben, denn ich werde meinen Platz einnehmen." Ich werde ihn als guten Sohn auf jeden Fall nichts kosten, indem ich ihn zu einem Augenarzt bringe und herausfinde, was mit seinen Augen nicht stimmt. Vielleicht ist es möglich, ihn zu heilen Dann kann er sein Buch über die Geschichte von Glamorganshire seit frühester Zeit fertigstellen. Ich muss übrigens bedenken, dass die Waliser die meisten alten *m* in *f umwandeln und dass dieses Land* Forganwg heißt , wobei das *w wie oo* ausgesprochen wird und das *f* Wie *v* . Ich muss etwas Walisisch lernen. Aber nichts lohnt sich, wenn ich diese Täuschung aufrechterhalte, und ich könnte es einfach tun. Es gibt keinen besseren Bezug zu Seriosität, Geschlecht und Stand bei den Richtern von Lincoln's Inn als „mein Vater", der Revd. Howel Williams, Vikar von Pontystrad . Sie werden wahrscheinlich eine zweite oder dritte Referenz wünschen. Kann ich mich auf Paddy verlassen ? Ist es möglich, dass ich mit dem Professor, den ich im Zug getroffen habe, Bekanntschaft knüpfe? Ich werde sehen. Vielleicht könnte ich an seinen Kursen teilnehmen, wenn er in London Vorlesungen hält."

Dann schlief der intrigante David endlich ein und erwachte, als er um acht Uhr lautes Klopfen an seiner Tür hörte. Bridget war ziemlich überrascht, dass die Tür verschlossen war, kam aber herein (nachdem er seine Norfolk-Jacke angezogen und die Tür geöffnet hatte) und brachte heißes Wasser zum Rasieren und eine Tasse Tee mit.

Es war ein heißer Julimorgen, und während er sich anzog, wehte durch das offene Fenster eine südliche Brise herein, die nach Rosen und Zitronenverbene duftete, die an der Wand wuchsen. Sein Vater ging ruhelos im Flur und auf der Veranda auf und ab und erwartete ihn, aus Angst, die ganze Episode des Vortages könnte nicht einer seiner Wachträume gewesen sein. Sein nachlassendes Sehvermögen machte das Lesen fast zur Qual und das Schreiben mehr eine Frage des Gefühls als der visuellen Wahrnehmung. Die Zeit hing daher mühsam an seinen Händen; Bridget war keine gute Leserin, außerdem war sie als Haushälterin zu beschäftigt, um Zeit dafür zu haben. War David wirklich zu ihm zurückgekehrt? Würde er manchmal seine Briefe vorlesen und manchmal schreiben, oder sogar das Ende seiner Geschichte ? Zu schön um wahr zu sein!

Aber da kam David die Treppe herunter und begrüßte ihn mit zärtlicher Zuneigung. „Für dich lesen und schreiben, Vater? Natürlich! Aber bevor ich nach London zurückfahre – und leider *muss ich* Anfang August zurück –, werde ich dich zu einem Augenarzt bringen – vielleicht in Bristol oder Clifton – und deinen Arzt holen Sehvermögen wiederhergestellt.

Nach dem Frühstück beschloss der Vater jedoch, dass er David durch das Dorf führen musste, um zu sehen und gesehen zu werden. David wollte nicht unbedingt gehen, aber wie der Revd. Howel sah enttäuscht aus , als er nachgab.

Es musste irgendwann überwunden werden. So besichtigten sie zunächst die Kirche, ein Gebäude in Form eines Kreuzes mit einem imposanten Zinnenturm. Hier bat David um Einsicht in die Register und fand darin (während der alte Herr schweigend betete oder in stummer Dankbarkeit in einer sonnigen Ecke saß) – die Aufzeichnung der Ehe seines Vaters mit Mary Vavasour vor sechsundzwanzig Jahren (Mary war dreiundzwanzig und die …). Rev. Howel (damals vierzig) und von seiner eigenen Taufe zwei Jahre später.

Dann verließen Vater und Sohn die Kirche und gingen durch das Dorf. Der Vater wies auf die Veränderungen zum Guten oder Schlechten hin, die in vier Jahren stattgefunden hatten, und bemerkte nicht, wie vage die Erinnerungen seines Sohnes an Personen oder Merkmale in der Landschaft waren. Das Dorf bestand, wie die meisten walisischen Dörfer, aus weiß getünchten Cottages mit Schieferdächern, war aber mit jener üppigen Vegetation und Blumenpracht übersät, die Glamorganshire – außerhalb der Sichtweite des Kohlebergbaus – wie ein irdisches Paradies erscheinen lässt. Hin und wieder meldet sich Revd. Howel stupste seinen Sohn an und sagte: „Der Mann, der sprach, war der alte Goronwy, ein ebenso großer Schurke wie vor fünf Jahren“, oder er stellte David einem Dorfbewohner vor, von dem er eine positivere Meinung hatte . Wenn sie eine junge Frau war, grinste sie im Allgemeinen und blickte zur Seite; Bei einem Mann grunzte er einen walisischen Gruß oder nickte nur mürrisch. Mehrere erklärten, sie würden ihn fließend erkennen , aber einige sagten auf Walisisch: „Er war kein bisschen wie der Mr. David, den *sie* gekannt hatten.“ Daraufhin sagte Revd. Howel lachte und sagte: „Warte, bis du in Südafrika warst und für deinen König und dein Land gekämpft hast, und schau, ob *dich das* nicht verändert !“

Der Besuch beim Augenarzt in Clifton war ein großer Erfolg. Der Augenarzt führte nach zwei oder drei Tagen Vorbereitung in einem Pflegeheim die Operation durch und riet David dann, seinen Vater für ein paar Tage allein zu lassen (er versprach, dass er telegraphieren würde, falls irgendwelche ungünstigen Symptome aufträten), damit er die Zeit so viel wie möglich schlafend und ohne geistige Anregung verbringen könne. Während dieser Zeit fuhr David mit seinem Fahrrad nach Swansea und besuchte von dort die Gower-Höhlen, wo er Rossiter wieder begegnete und wunderbare Stunden damit verbrachte, von Rossiter und seinen Gefährten in die Paläontologie eingeführt zu werden . Dann ging es zurück ins – im Gegensatz dazu – langweilige Clifton (bis auf den Zoologischen Garten). Nach einer weiteren Woche ging es seinem Vater so gut, dass er nach Hause begleitet werden konnte. In weiteren vierzehn Tagen könnte er seine Augen wieder benutzen können und bald darauf – in Maßen – lesen und schreiben können.

Doch David konnte es kaum erwarten, dass seine Intervention von vollem Erfolg gekrönt war. Er muss Honoria die Treue halten, die sich einen längeren Urlaub in der Schweiz wünschen würde; und ihr gemeinsames Geschäft darf durch seine Abwesenheit von London nicht leiden. Es gab tatsächlich Zeiten, in denen ihn der Frieden, die Behaglichkeit und die Schönheit von Pontystrad erfassten und er sich fragte: „Warum sollte er sich nicht für den Rest seines Lebens hier niederlassen, andere Ambitionen beiseite legen und nichts anderes als diesen anfänglichen Betrug versuchen? Verlassen Sie die hasserfüllte Welt, in der Frauen nur drei Chancen hatten und Männer sieben." Dann würden erneut leidenschaftliche Ambitionen aufkommen, der Entschluss, Vivien Warren für ihre Behinderungen zu rächen, der Wunsch, weiterhin mit Honoria zusammen zu sein und mehr von Rossiters Gesellschaft zu genießen. Außerdem lief er ständig Gefahr, unter dem liebevollen, aber verwirrten Blick der alten Amme entdeckt zu werden. Ihrer Meinung nach führten der Aufenthalt bei den „Wildschweinen", der Dienst in einer Armee, Reisen und Abenteuer im Allgemeinen während einer Abwesenheit von fünf Jahren sowie der Übergang von der Jugend zum Mann zu vielen Veränderungen in der körperlichen Erscheinung, aber nicht in ausreichendem Maße Außergewöhnlicher Wandel in *der Moral* : der Kontrast zwischen dem bösartigen, unordentlichen, selbstsüchtigen, unverschämten Jungen, der 1896 mit kaum verhohlener Freude nach London gegangen war, und diesem ernsten, höflichen, rücksichtsvollen jungen Mann mit angenehmer Stimme, der es bereits geschafft hatte fand eine gute Anstellung in London, bevor er sich seinem entzückten Vater erneut offenbarte.

Diese Zweifel las David in Nannies Gedanken. Aber er wollte ihnen keine Zeit und Chance geben, präzisiert und formuliert zu werden. Allmählich würde sie sich an das scheinbare Wunder gewöhnen. In der Zwischenzeit würde er nach London zurückkehren, und wenn die Genesung seines Vaters abgeschlossen wäre, würde er seine „Heimat" erst an Weihnachten wieder besuchen. Sobald er schreiben konnte, würde ihm sein Vater die Kopie seiner Geburtsurkunde zukommen lassen, und er würde ebenfalls im vereinbarten Sinne auf alle Empfehlungs- oder Anfrageschreiben antworten: er würde die Architekturlehre bei Praed ARA angeben, und Dann der Impuls, nach Südafrika zu gehen, die leichte Wunde – David beharrte darauf, dass sie leicht war, ein Aufhebens um nichts, denn er hatte sich nach einer Kiefernekrose erkundigt und erkannte, dass sie, selbst wenn er genesen wäre, unbestreitbare Spuren im Gesicht hinterlassen hätte und Hals. Tatsächlich waren mit einer Flucht vor den Buren so viele Komplikationen verbunden, die nur durch den in Kriegszeiten vorherrschenden Ehrenkodex gerechtfertigt werden konnten , dass es ihm lieber wäre, wenn sein Vater wenig oder gar nichts über Südafrika sagen würde, sondern ihm die Erklärung überlassen würde. Ein Standpunkt, der vom Pfarrer leicht verstanden wurde. Howel, wer einen solchen Sohn zurückbekommen würde, hätte nicht einmal allzu schlecht daran gedacht, zu desertieren – und die negativen Briefe des Kriegsministeriums sagten nichts darüber.

So früh im September kehrte David Vavasour Williams nach den abwechslungsreichsten, aufregendsten und erfolgreichsten sechs Wochen seines Lebens – bisher – nach Fig Tree Court, Inner Temple, zurück.

KAPITEL V

LESE FÜR DIE BAR

Es war ein heißer, windstiller Tag Anfang September in London gewesen. Obwohl der Sommer auf dem Land in vollem Gange war und kein Anflug von Herbst zu erkennen war, war das Laub auf den Plätzen und Gärten der Inns of Court bereits versengt und ein wenig verschrumpelt . Die Ligusterhecken waren fast schwarzgrün; und der Schimmel in den düsteren Rändern, die sie abschirmten, sah aus, als hätte er nie Regen oder Spritzwasser gekannt und als könnte er genauso wenig bunte Blumen wachsen lassen wie das Asbest eines Gasherds, dem es in Konsistenz und Farbe ähnelte . Es war jetzt Abend und endete einer dieser Tage, die für einen Londoner besonders entmutigend sind, der von einem langen Aufenthalt in den Tiefen des Landes zurückgekehrt ist – einem Land mit Hügeln und Bächen, farnbewachsenen Senken, Birkengruppen, mit Kiefern überragten Hügeln, Wiesen mit üppigem, smaragdgrünem Gras, vollblättrige Ulmen, krumme Eichen, Obstgärten mit rötlichen Äpfeln, rote, gewundene Gassen zwischen wilden Hecken, blaue Berge in der Ferne und der Blick auf einen Fluss oder Teiche, die groß genug sind, um zu sein ein bloßer oder sogar ein See genannt. Das erschöpfte London, in das David Williams vor ein paar Tagen zurückgekehrt war, hatte ein paar Tausende seiner West-End- und City-Bevölkerung verloren – eigentlich nur die meisten seiner interessanten, wenn auch unsympathischen Leute, seine Leute, die zählten, seine unverschämten, verwöhnten Lieblinge, die die man gern im Carlton-Atrium, im Hyde Park, in einer Loge im Theater wiedererkannte: Und doch waren die mürrischen, würdigen Millionen trotzdem da. Die Luft der damals stinkenden Straßen war verbraucht und hatte den Ammoniakgestank des Stalls. Es war ein müdes London. Die Londoner Schauspieler waren nicht aus Cornwall und der Schweiz zurückgekehrt. Provinzkompanien erfreuten sich – etwas ängstlich wegen unsicherer Einnahmen an der Abendkasse – einer kurzen Lizenz auf den Spielbrettern berühmter Schauspielhäuser. Die Zeitungen hatten den Trick des Sommerlochs ausgeschöpft und waren am flachsten und provozierten am meisten zum Gähnen. Der Südafrikakrieg hatte sein trostlosestes Stadium erreicht ...

Angestellten von *Fraser und Warren* in ihrem Büro im fünften Stock in der Chancery Lane Nr. 88-90 überholt . Er war nach den Bürozeiten geblieben, um ein wenig zu arbeiten, sich ein wenig weiterzubilden; und er wollte gerade das Vorzimmer schließen und den Schlüssel bei der Haushälterin lassen, als der Aufzug heranfuhr und ein junger Mann in einem Sommeranzug und einer Melone herauskam, der zu Berties Erstaunen nicht nur geradeaus raste an der Tür des Partnerzimmers, öffnete aber das Yale-Schloss mit einem Hausschlüssel, als ob er es seit langem gewohnt wäre. „Aber, Sir! ... ", rief der junge Angestellte (seine Beförderung in diesen Rang erfolgte stillschweigend seit Vivie Warrens Weggang). „Es ist alles in Ordnung", sagte der Fremde. „Ich bin Mr. David Williams und ich bin gekommen, um einige Notizen für Mrs. Claridge zu verfassen. Ich wage zu behaupten, dass Miss Fraser Ihnen gesagt hat, ich solle ab und zu im Büro arbeiten, während meine Cousine – Miss Warren, wissen Sie – ist weg. Sie müssen nicht warten, aber Sie können das Vorbüro schließen, bevor Sie *gehen*. Das alles wurde ein wenig atemlos gesagt.

Lieblingsbeschäftigung kümmerte. DV Williams stand im gelben Licht des Westfensters und las einen Brief … „Cousin? Nein! Zwillingsbruder vielleicht; aber hatte sie einen? … ", überlegte Bertie … und dann, dieser nie zu … vergessene Stimme … „Hier ist ‚Oo's Oo – äh – Hoo's Hoo, ich meine … Fräulein …" Er fügte nur das letzte Wort hinzu, wie durch einen unterbewussten Instinkt.

„*Mister* Williams", sagte Vivien-David-Warren Williams und blickte ihn mit entschlossenem Blick an. „Seien Sie sich darüber im Klaren, Adams; *David Vavasour Williams*, Miss Warrens Cousin."

„ In der Tat werde ich es sein, Fräulein … Herr … äh … Sir …", sagte der verwandelte Bertie (seine Gehirnstimme sagte immer und immer wieder in Ekstase … „ *Ich* stolpere darauf! *Ich* stolpere darauf ." Es!"). Und dann noch einmal: „ Das werde ich *in der Tat* tun, Mr. Williams. Ich bin ein bisschen dumm , weil ich heute Abend zu viel lese . Darf ich bleiben und Ihnen helfen, Sir? Ich bin ziemlich schnell auf der Schreibmaschine, Miss Warren hat es Ihnen vielleicht gesagt … Sir … und ich bin nicht – ich meine – *ich bin nicht* – halb so schlecht mit mir, wenn ich abgekürzt werde … Wissen Sie – ich meine, *sie hätte* am Abend gewusst, dass ich mich ihnen angeschlossen habe ' Klassen..."

„Vielen Dank, Adams; aber wenn Sie sich den Abendkursen angeschlossen haben, sollten Sie Ihren Besuch dort nicht unterbrechen. Ich komme hier *ganz* alleine zurecht und Sie brauchen keine Angst zu haben: Ich werde alles gut verschlossen lassen. Sie könnten den Schlüssel abgeben." Wenn Sie das Vorzimmer verlassen, treffen Sie mich vielleicht oft nach der Bürozeit hier bei der Arbeit, aber das muss Sie nicht stören … und ich brauche es kaum zu sagen, schließlich haben mir Miss Fraser und Miss Warren von Ihnen erzählt Verlassen Sie sich darauf, dass Sie jederzeit absolut diskret sind und wahrscheinlich nicht mit irgendjemandem über die Arbeit dieser Firma oder meinen Anteil daran sprechen?

„ In der Tat können Sie … Mr. Williams … tatsächlich können Sie … Oh! Ich bin so glücklich … Gute Nacht … Sir!"

Und Adams' Herz war zu voll, um einer Vorlesung über römisches Recht beizuwohnen. Stattdessen ging er zum Theaterstück. Er selbst gehörte nun der Welt der Romantik an. Er wusste von Dingen – und wilde Pferde und glühende Pinzetten sollten ihm das Wissen nicht entreißen oder ihn zwingen, seine Schlussfolgerungen zu formulieren –, er wusste von Dingen, die so erstaunlich waren, ebenso verschwenderische Entwicklungen wie alles andere in dem Problemstück, das jenseits der Grube aufgeführt wurde die Stände; Er war der jüngere Bruder von Herbert Waring und der Kamerad von Jessie Joseph: In diesem Moment täuschte er die Spürhunde des Bühnenrechts, indem er das Abendkleid ihres Verlobten trug und seinetwegen ins Gefängnis ging.

Beryl Claridge hatte am 1. August dieses Jahres einen Großteil der Arbeit von Vivie Warren aufgenommen, während Honoria Fraser in der Schweiz auf Tour war. Miss Mullet und Miss Steynes wurden durch zwei junge Frauen ersetzt (Steynes blieb etwas später, um die Neuankömmlinge einzuweihen) und so alltägliche, aber dennoch so effiziente Maschinen, dass es sich nicht lohnt, nach ihren Namen zu suchen oder sie zu erfinden. Wenn ich mich auf sie beziehen muss, nenne ich sie Miss A. und Miss B.

Beryl Claridge wurde von Bertie Adams genau gescannt und in seinen Gedanken häufig mit der abwesenden und idealisierten Vivie verglichen. Er kam zu dem Schluss, dass er sie nicht mochte, obwohl sie klug und klug war und sehr gut aussah. Sie rauchte im Jahr 1901 zu viele Zigaretten. Ihr lockiges Haar war „gebobbt" (obwohl der Begriff damals noch nicht erfunden wurde). Sie legte ihre Füße zu hoch und zu oft hoch; So sehr, dass die empörte Bertie sah, dass sie unter ihrem schicken „Maßanzug" schwarze Knickerbocker und keine Unterröcke trug. Sie brach einem den Kopf ab, war klein, scharfsinnig und unverschämt, scherzte zu viel mit den bebrillten Verkäuferinnen (die zu ihren willigen Sklavinnen wurden); Dann würde er Bertie nach seiner besten Freundin fragen und ihm sagen, dass er richtig gute Zähne, einen guten Bizeps und einen ganz schönen Schnurrbart habe.

Aber sie war eine Arbeiterin, daran bestand kein Zweifel! Natürlich gab es in der Nebensaison nicht viele Kunden, die sie mit ihrem nonchalanten Benehmen schockieren oder gewinnen konnte, nur wenige Frauen, die Rat zu Häusern, Wertpapieren, Recht oder privaten Fragen zur Glaubwürdigkeit von Ehemännern oder Verlobten brauchten. Diejenigen, die den Weg nach oben mit dem Aufzug fanden, waren ein wenig enttäuscht, Beryl in Vivies Stuhl zu sehen oder nicht von ihrer alten Freundin Honoria Fraser empfangen zu werden. Aber Beryl war eine zu gute Geschäftsfrau, um sie mit irgendwelchen Freizügigkeiten in Rede und Benehmen abzuschrecken. Im Übrigen verbrachte sie August und Anfang September damit, das Geschäft der Firma „aufs Korn zu nehmen". Obwohl sie tief in ihrem neugierigen kleinen Herzen, trotz all ihrer vorgetäuschten Härte und unverschämten Verachtung der öffentlichen oder familiären Meinung, ihren Architekten und die Kinder, die sie ihm geboren hatte, zutiefst liebte, wünschte sie sich ebenso leidenschaftlich, sich selbst zu versorgen, ein ausreichendes eigenes Einkommen zu verdienen und von niemandem abhängig zu sein. Sie hatte vielleicht ihre vorübergehenden Launen und ihre lockere und leichtfertige Art zu reden, aber sie wollte keine Versagerin, keine Schmarotzerin, keine „gefallene" Frau sein. Sie war sich völlig darüber im Klaren, dass es in England keine Frau *gab*, die sich selbst versorgen kann, deren Einkommen ihre Ausgaben deckt und die ihren Lebensunterhalt bestreiten kann. Angesichts dieser Garantien wird alles andere, was sie tut und was nicht wirklich kriminell ist, letztendlich als bloße Exzentrizität abgetan.

Honorias Angebot und Honorias Geschäft boten ihr also eine höchst willkommene Chance. Sie erkannte die Chancen, die sich diesem in den letzten Jahren des 19. Jahrhunderts gegründeten Frauenbüro für allgemeine Untersuchungen boten – diesem Unternehmen, das vor der Erlangung des Wahlrechts für Frauen diskret an den Karrieren und den Möglichkeiten zur Gewinnverwirklichung herumknabberte, die bis dahin streng den Männern vorbehalten waren. Sie würde Honoria nicht im Stich lassen. Honoria entsprach, wie ihr klar wurde, einem Kapital von mehreren tausend Pfund. Ihr Ruf war einwandfrei. Sie war vielen Frauen der oberen Mittelschicht bekannt und wurde von ihnen geschätzt. Ihr Ruf in Cambridge als gebildet, ihr späteres Erbe von achtzigtausend Pfund waren unausgesprochene Gründe dafür, dass viele Frauen mit gutem Ansehen ihre Angelegenheiten lieber dem Urteil von *Fraser und Warren anvertrauten*, anstatt sich mit männlichen Rechtsberatern, männlichen Landagenten und Männern zu befassen an der Börse, Männer im Hausimmobiliengeschäft.

So wurde Beryl in vielerlei Hinsicht zu einer Kraftquelle für Honoria Fraser, die eine Zeit lang der offenen Kooperation ihres Juniorpartners beraubt war.

Beryl zeigte in den ersten Wochen ihres Aufenthalts wenig Interesse an der Abreise von Vivien Warren und ihren Gründen, ins Ausland zu gehen. Sie hatte einen eigenen Plan, bei dem ihr Architekt eine herausragende Rolle spielen würde, um Frauen – Autorinnen, Schauspielerinnen oder die Ehefrauen der frisch Reichen – mit Wochenendhäusern zu versorgen; Der Wunsch danach wurde im 20. Jahrhundert geboren und durch die Erfindung von Motoren und Fahrrädern gefördert. Es wurde Beryl empfohlen, Fälle vor der Kanzlei wegen Gutachten zu komplizierten rechtlichen Problemen einem von Honorias Freunden vorzulegen, einem Jurastudenten, Herrn DV Williams, der bald aus seinem Urlaub zurück sein würde und sich bereit erklärt hatte, sich das anzusehen Kommen Sie von Zeit zu Zeit ins Büro und gehen Sie die für ihn zur Lektüre bereitgelegten Unterlagen durch. Als Beryl einige seiner Notizen mit den Initialen „VW" sah, hatte sie ohne jegliche

Absicht bemerkt, dass er die gleichen Initialen haben sollte wie das Vivie-Mädchen, an das sie sich in Newnham erinnerte ... das „so schweigsam und distanziert und leicht schockiert" war ." Doch später bemerkte sie, dass Mr. Williams, als er zur Arbeit kam, tatsächlich drei und nicht zwei Initialen hatte – DVW. Eins mit dem anderen: Sie verließ das Büro zur regulären Geschäftsschlusszeit – fünf –, damit sie ihre Babys früher sehen konnte wurden zu Bett gebracht; Williams' Angewohnheit, nach sechs zur Arbeit zu kommen; hielt sie bis zum Oktober 1901 davon ab, sich zu treffen. Als sie sich nach Honorias Rückkehr aus der Schweiz trafen, musterte Beryl den Jurastudenten kritisch; kam zu dem Schluss, dass er ziemlich gut aussah, aber sehr beschäftigt war; vielleicht mit einem Mädchen verlobt, dessen Eltern Einwände erhoben; ziemlich mysteriös, *quand même* ; Sie hatte jemanden sagen hören, dass Mr. David Williams ein Cousin oder so etwas von Vivie Warren sei ... was wäre, wenn er in Vivie verliebt wäre und sie weggegangen wäre, weil sie irgendeine Modeerscheinung hatte und nicht heiraten wollte? Also! All dies könnte man sich ein anderes Mal anschauen, wenn es überhaupt der Mühe wert wäre. Oder könnte Williams sich über Honoria lustig machen? Nach ihrem Geld? Er war offensichtlich viel jünger, aber junge Männer vergötterten reife Frauen und junge Mädchen vergötterten ältere Soldaten. *C'était à voir* (Seitdem Beryl auf gestohlenen Flitterwochen mit dem Architekten in Paris war, sagte sie gern Dinge auf Französisch zu sich selbst).

Gegen Ende Oktober erhielt David im Fig Tree Court einen Brief von seinem Vater aus Glamorganshire.

Pontystrad ,
20. *Oktober 1901.*

MEIN LIEBER SOHN ,-

Die Verbesserung meiner Sehkraft geht weiter. Ich kann jetzt jeden Tag ein wenig lesen, bei Tageslicht, ohne Schmerzen oder Müdigkeit, und Briefe schreiben. Ich habe das Gefühl, dass ich dir viel schuldig bin; aber ich werde jeden Tag einen Teil schreiben und meine Augen nicht übermäßig auf die Probe stellen.

Ich freue mich, dass Sie sich nun in Ihren Kanzleien am Fig Tree Court im Tempel niedergelassen haben und mit Ihrem Studium für die Anwaltskammer begonnen haben. Du hättest keinen schöneren Beruf ergreifen können. Was mir so wunderbar erscheint, ist, dass Sie gleichzeitig Ihren Lebensunterhalt verdienen können und keine Kosten für mich haben. Ich akzeptiere Ihre Zusicherungen, dass Sie keine Unterstützung benötigen; Aber vergiss nie, mein lieber Sohn, wenn du *es tust* , bin ich bereit und willens zu helfen. Du hast deinen wilden Hafer gesät – vielleicht haben wir beide die Sünden der wilden Jahre übertrieben –, jedenfalls hast du eine edle

Wiedergutmachung geleistet. Was für eine großartige Schule müssen die Kolonien sein! Was für ein Unterschied zwischen dem David, der mich vor fünf Jahren verlassen hat, um in Mr. Praeds Atelier zu arbeiten, und dem David, der letzten Sommer zu mir zurückgekehrt ist! Ich kann dem allmächtigen Gott nie genug dankbar sein für die Veränderung, die er in Ihnen bewirkt hat! Keine Lippenbekenntnisse, sondern ein Sinneswandel. Ich gehe davon aus, dass Sie dem Kolonialamt alles erklärt haben, nachdem Sie nach London zurückgekehrt sind, und dass Sie nun frei sind, eine zivile Laufbahn einzuschlagen? Die Leute da draußen haben mir nie weitere Informationen geschickt; Aber neulich kam einer meiner Briefe an Sie (geschrieben, nachdem ich die traurige Nachricht erhalten hatte) an mich zurück, mit der Information, dass das Krankenhaus, in dem Sie sich befanden, von den Buren erobert worden war und dass Sie nicht aufgespürt werden konnten. Ich lege es bei. Jetzt können Sie die Geschichte selbst zu Ende bringen und den Behörden mitteilen, wie Sie entkommen und nach Hause zurückgekehrt sind.

Neulich kam diese freche Trottel-Jenny Gorlais und wollte mich sehen ... Sie sagte, ihr Mann sei arbeitslos und weigerte sich, ihr genug Geld zu geben, um für alle ihre Kinder zu sorgen, und er habe ihr geraten, sich bei Ihnen *zu bewerben* Unterhalt *Ihres* Sohnes! Gestützt auf das, was Sie mir erzählt hatten, schickte ich nach Bridget, und wir sagten ihr beide, wir hätten alle Nachforschungen angestellt und weigerten uns nun absolut, an ihre Geschichten von vor fünf Jahren zu glauben – dass wir sicher seien, dass Sie *nicht* der Vater ihres ältesten Kindes seien. Bridget zum Beispiel glaubte, der Postbote sei sein Vater. Jenny brach in Tränen aus, und da sie nicht auf ihrem Anspruch bestand, war ich zutiefst bewegt und gab ihr zehn Schilling, sagte ihr aber *ziemlich deutlich* , *dass* ich zur Polizei gehen sollte, wenn sie jemals wieder einen solchen Anspruch geltend machen würde . Du hättest hören sollen, wie Bridget dich verteidigt! *So* ein Champion. Wenn Sie eine Zeugin als Zeugin für Ihre Referenzen suchen, sollten Sie *sie anrufen* ! Sie ist laut in deinem Lob.

Oktober .

Es gibt eine Sache, die ich Ihnen sagen möchte; und es ist einfacher, es zu schreiben, als es zu sagen. Deine Mutter ist nicht gestorben, als du drei Jahre alt warst – viel schlimmer: Sie hat mich verlassen – sie ist mit einem Lokführer durchgebrannt, der die Nebenbahn aufspürte. Er schien ein netter junger Kerl zu sein und ich hatte ihn oft im Pfarrhaus, und *das* war die Art und Weise, wie er meine Gastfreundschaft belohnte! Ein Jahr später schrieb er mir und bat mich, mich von ihr scheiden zu lassen. Als ob ein Geistlicher der Kirche von England so etwas tun könnte! Ich hatte angeboten, sie zurückzunehmen – nicht damals – das wäre ein Hohn gewesen –, sondern indem ich Anzeigen in den Zeitungen von Südwales aufgegeben hätte. Aber nach dem Brief ihrer Geliebten – den ich nicht beantwortete – hörte ich nie wieder etwas von ihr ...

[„Verdammt", sagte sich David an dieser Stelle des Briefes – er übte sich darin, auf gemäßigte, Gentleman-Art zu fluchen – „Verdammt! Was auch immer ich tue, es scheint, ich *kann nicht* aus einer ganz anständigen Familie stammen." „..."]

Du bist also ohne die Fürsorge einer Mutter aufgewachsen, obwohl die gute Bridget ihr Bestes gab. Als du ein Kind warst, fürchte ich, habe ich dich ziemlich vernachlässigt. Ich war so enttäuscht und verbittert, dass ich Trost in den Legenden unseres geliebten Landes und in der Bibelauslegung suchte. Du warst ein ziemlich unartiger Junge in der Swansea Grammar School und ein ziemlicher Schlingel im Malvern College – nun, wir wollen das alles nicht noch einmal durchgehen. Ich verstehe deine Zurückhaltung gegenüber der Vergangenheit durchaus. Ich denke wieder einmal, dass die Schuld genauso bei mir wie bei dir lag. Ich hätte mich mehr für deine Beschäftigungen und Spiele interessieren sollen ... wie schade, nebenbei bemerkt, dass du deine Begabung zum Zeichnen und Malen verloren zu haben scheinst! Ich erinnere mich, wie wir einmal gemeinsam über die alten walisischen Legenden und die sehr klugen Zeichnungen sprachen, die du von Nationalhelden und -heldinnen gemacht hast – sie schienen dich ziemlich zu überraschen, als ich sie aus der alten Mappe holte.

Aber was deine Mutter betrifft – denn es ist notwendig, dass du alles weißt, was ich dir sagen kann, falls du Fragen zu deiner Abstammung beantworten musst. Der Name Ihrer Mutter war, wie Sie wissen, Mary Vavasour. Es ist ein gebräuchlicher Name in Südwales, scheint jedoch normannisch-französisch zu sein. Sie kam 1873 als Lehrerin an unsere Schule in Pontystrad. Ihr Vater hatte etwas mit dem Bergbau in Merthyr zu tun. Ich verliebte mich in sie – sie hatte ein süßes Gesicht – und heiratete sie 1874. Du wurdest zwei Jahre später geboren. Bridget war meine Haushälterin gewesen, bevor ich geheiratet habe, und ich habe sie gebeten, hier zu bleiben, damit Ihre Mutter nicht zunächst unerfahren in den häuslichen Künsten wäre. Sie kamen nie gut miteinander aus, und als Mary sich von ihrer Entbindung erholt hatte und bereit schien, den Haushalt zu übernehmen , schickte ich die arme Bridget widerwillig weg und nahm sie erst nach der Flucht Ihrer Mutter zurück. Wie Sie wissen, war Bridget eine zweite Mutter für Sie, obwohl ich fürchte, dass Sie ihr bis in die letzten Tage nie viel Zuneigung entgegengebracht haben.

Oktober.

Meine Augen scheinen sich zu verbessern, anstatt durch die neuen Freuden des Lesens und Schreibens müde zu werden. Das alles verdanke ich Ihnen und dem klugen Augenarzt in Clifton. Dr. Murgatroyd aus Pontyffynon kam neulich hier vorbei und fragte nach Ihrer Rückkehr. Er schien mir mein wiederhergestelltes Sehvermögen fast zu missbilligen, weil ich es durch den Rat anderer Leute erlangt hatte. Er meinte, *er* hätte zu einer Operation raten können, aber er hätte nie geglaubt, dass mein Herz das aushalten würde. Als ich ihm erzählte, dass sie das Anästhetikum mit Sauerstoff vermischt hatten, wurde er ziemlich wütend – und protestierte gegen diese neumodischen Vorstellungen. Aber ich darf meine neugewonnene Energie nicht damit vergeuden, über ihn zu schreiben. Ich möchte meinen Brief sachlich abschließen, damit Sie alles wissen, was Sie über sich und Ihre Position wissen müssen. Möglicherweise müssen Sie jederzeit Fragen beantworten, bevor Sie als Rechtsanwalt zugelassen werden, und ich bin sicher, dass Sie sich mit Gottes Gnade bald von Ihrem schlechten Gedächtnis erholen werden – es freut mich zu hören, dass Ihnen die Dinge in der Vergangenheit klarer werden die Auswirkungen Ihrer Wunde und Ihrer Krankheit – Was habe ich geschrieben? Ich wollte damit sagen, dass Sie die wichtigsten Fakten über Ihre Familie und Ihre Position kennen sollten.

Ich war ein einziger Sohn. Ihr Großvater war ein wohlhabender Bauer und Auktionator. Sie haben entfernte Cousins, Vaughans und Williams, und einige andere namens Price, die in Shrewsbury leben. Ich habe keinem von ihnen wegen Ihrer Rückkehr geschrieben, weil sie nie Interesse an mir oder meinen Anliegen gezeigt haben. Die Leute Ihrer Mutter, ihre Vavasour-Verwandten in Cardiff, schienen mir nicht sehr respektabel zu sein, obwohl ihr Vater für seine Position ein gebildeter Mann war. Er starb – wie ich hörte – bei einem Minenunglück.

Für einen walisischen Geistlichen bin ich nicht arm. Meine Mutter – eine Prince of Ystrwy – wollte, dass ich in die Kirche gehe, und überredete Ihren Großvater, mich zuerst nach Malvern und dann nach Cambridge zu schicken. In Cambridge lernte ich den Vater Ihres Kameraden kennen – ich meine Sam Gardner. Er war in seiner Collegezeit ziemlich wild, und um die Wahrheit zu sagen, ich hatte nie viel Wert darauf, mit ihm mitzuhalten – er hatte so gewalttätige Freunde. Meine Mutter starb, während ich in Cambridge war, und in seinen späteren Jahren heiratete Ihr Großvater erneut – seine Haushälterin – und brachte seine Angelegenheiten ziemlich durcheinander, denn eine Zeit lang war er ziemlich wohlhabend.

Nachdem ich zum Priester geweiht worden war , erwarb er für mich das Advowson dieses Lebensunterhalts. Aus seinem Nachlass kam mir jedoch lediglich eine Summe von etwa elftausend Pfund zugute. Früher brachte mir das etwa fünfhundert Pfund im Jahr ein, und dazu kamen die schwankenden Einnahmen von zweihundertfünfzig Pfund aus meiner Pfründe. Ich habe etwa dreitausend Pfund von meinem Kapital abgezogen, um die Schulden zu begleichen, die Sie gemacht haben, und um Sie an Herrn Praed zu überweisen ; und ich muss zugeben, dass ich meine „Tales from Taliessin “

und „Legends of the Welsh Saints" privat in Cardiff drucken ließ. Ich fürchte, ich habe viel gutes Geld für den Wunsch verschwendet, meine Cymraeg- Studien in gedruckter Form zu sehen.

Nun ja: Da bin ich! mit etwa acht- oder neuntausend Pfund, die übrig bleiben. Ich habe mein Testament nicht geändert und überlasse alles Ihnen, vorbehaltlich einer jährlichen Rente von 50 £ an Ihre treue Nanny. Ich habe eine Änderung für den Fall deines Todes prognostiziert, als du sehr glücklich zurückgekehrt bist. Vielleicht lebe ich noch zehn Jahre. Du hast mir neues Leben eingehaucht. Eine Anklage hätte ich Ihnen jedoch auferlegen wollen; Während du bei mir warst , konnte ich es nicht ertragen, über diese Dinge zu sprechen. Sollten Sie nach meinem Tod zu irgendeinem Zeitpunkt auf Ihre unglückliche Mutter stoßen und sie in einer schwierigen Lage vorfinden, bitte ich Sie, für sie zu sorgen, aber wie viel, überlasse ich ganz Ihrem Urteil. Mittlerweile bin ich hier und verdiene fast 700 Pfund im Jahr. Wie Sie sehen, lebe ich sehr einfach, aber ich spende viel für lokale Wohltätigkeitsorganisationen. Die Leute bekommen jetzt bessere Löhne; Auf jeden Fall sind sie meist äußerst undankbar. Ich glaube, ich wäre glücklicher, wenn ich einen Teil dieser Almosenspenden an Sie weitergeben würde. Sie müssen dieses Vorbereitungsleben sehr teuer finden. Sie müssen sich von mir jedes halbe Jahr 25 Pfund als Taschengeld schicken lassen. Hier ist ein Scheck der South Wales Bank für die erste Rate. Und denken Sie daran: Wenn Sie in Ihrer Karriere Schwierigkeiten haben, *die* mit etwas Geld gelöst werden können, zögern Sie nicht, sich bei mir zu bewerben.

Ihr liebender Vater,
HOWEL VAUGHAN WILLIAMS .

PS: Ich habe fünf Tage gebraucht, um das zu schreiben, aber sehen Sie, wie stabil die Handschrift ist. Es ist mir eine Freude, wieder auf meine eigene Handschrift zu schauen. Und ich habe das Gefühl, dass ich dir alles zu verdanken habe! Ich habe im Hauptteil des Briefes auch vergessen, Ihnen etwas Merkwürdiges zu sagen. Sie wissen, dass wir uns hier am Rande einer interessanten Kalksteinader befinden, die rund um die Kohleflöze verläuft. Ich wage zu behaupten, dass Sie sich daran erinnern, wie Sie sich als etwa fünfzehnjähriger Junge in Griffith's Hole den Knöchel verstaucht haben? Nun, Griffith's Hole entpuppt sich als Eingang zu einer wunderschönen Höhle im Kalkstein. Neulich kam eine Gruppe von Wissenschaftlern hierher, die glauben, dass das majestätische erste Kapitel der Genesis eine babylonische Legende sei! Es scheint, dass sie die Überreste eines antiken Menschen in Griffith's Hole entdeckt haben oder glaubten, sie entdeckt zu haben . Ich lud sie zum Tee ins Pfarrhaus ein und unter ihnen war ein sehr gelehrter Herr, der genauso weise war wie die anderen, aber weniger aggressiv. Er war als „Professor Rossiter" bekannt; Als er die Ähnlichkeit meines Namens mit dem eines „sehr angenehmen jungen Herrn" bemerkte, den er kürzlich in Gower gesehen hatte, stellte sich heraus, dass Sie ein Bekannter von ihm waren. Er findet es sehr schade, dass Sie für die Anwaltskammer arbeiten, und wünscht sich, Sie hätten stattdessen Naturwissenschaften studiert. Auf jeden Fall hofft er, dass Sie ihn eines Tages in London besuchen werden – Nein. 1 Park Crescent. Portland Place.

HVW

Beim Lesen dieses Briefes standen David mehrmals Tränen in den Augen. So viel Vertrauen und Freundlichkeit ließen ihn für einen Moment das Doppelleben, das er führte, bedauern. Wenn es möglich wäre, den Tod des Verschwenders , den er verkörperte, festzustellen, würde er vielleicht zulassen, dass sein „Vater" in diesem neu gewonnenen Glück weiterlebt; aber wenn der echte DVW noch am Leben wäre, müssten einige Anstrengungen unternommen werden, um ihm aus dem Sumpf zu helfen – vielleicht, um ihn zurückzubringen. Er würde versuchen, es durch Frank Gardner herauszufinden.

Einige Zeit bevor Vivie Warren gegangen war, hatte sie in Honoria Frasers vorübergehender Obhut eine ordnungsgemäß ausgestellte Vollmacht zugunsten von David Vavasour Williams zurückgelassen; und im Gegenzug hatte DVW einen weiteren zugunsten von Vivien Warren vollstreckt. Beide Dokumente lagen sicher in dem kleinen Safe, den David in die Wand seines Wohnzimmers in Fig Tree Court einbauen ließ. Auch David hatte nach seiner Rückkehr aus Wales ein Konto in seinem eigenen Namen bei der Temple Bar Branch des C. & eröffnet. C. Bank. Hierin zahlte er nun den Scheck über 25 Pfund ein, den sein Vater als Taschengeld geschickt hatte.

Ein paar Tage später tauchte Vivie Warren im Geiste wieder auf und verfasste einen Brief an Frank Gardners Agenten in Kapstadt. Sie achtete darauf, am Kopf des Briefes keine Adresse anzugeben und ihn an der Victoria Station aufzugeben. Darin sagte sie, dass sie eine Reise ins Ausland antreten würde, bat ihn jedoch, alles in seiner Macht Stehende zu tun, um den Jungen aufzuspüren, der so schwer krank im Krankenhaus von Colesberg gelegen hatte . Hatte er sich erholt, nachdem die Buren Colesberg eingenommen hatten ? Da hatte sie das Gerücht erreicht, dass er nach England zurückgekehrt sei und sogar zurückgekehrt sei. Sie wollte es wissen, und wenn sie sich jemals wieder trafen, würde sie ihm sagen, warum. Wenn er in der Zwischenzeit irgendwelche Neuigkeiten bekäme, würde er sie an *sie richten* , zuständig für Honoria Fraser, Queen Anne's Mansions, St. James's Park; da ihre eigene Adresse vorerst ziemlich ungewiss wäre. Oder es wäre ganz gut, wenn er an Paddy schreiben würde ; aber *nicht* zu seinem Vater, was den alten Geistlichen unten in Wales, den Vivie durch einen unerwarteten Zufall kennengelernt hatte, nur unnötig aufregen würde.

Das erste Ergebnis dieses Briefes ein Jahr später war die Aussage Franks, fast sicher, dass sein Bekannter des Krankenhauses gestorben und begraben *sei* , *während die Buren* Colesberg in Besitz hielten ; und das war in der Tat das Äußerste, was man jemals über das Ende des unglücklichen Sohnes von Howel Vaughan Williams und seiner Frau Mary erfahren hatte, die im Frühsommer 1874 im Sonnenschein und mit guten Aussichten auf Glück geheiratet hatten.

Der neugeborene David Vavasour Williams hatte bis November alle diese Einzelheiten geklärt und sich darauf geeinigt, die sehr bescheidene Miete von fünfundfünfzig Pfund für seine drei Zimmer im Fig Tree Court und fünfundzwanzig Pfund pro Jahr an die Haushälterin zu zahlen, die dies tun sollte „tun" für ihn und einen anderen Herrn auf derselben Etage – einen Herrn, der sehr darauf bedacht war, mit dem neuen Mieter der gegenüberliegenden Räume befreundet zu sein, dessen Annäherungsversuche aber entschieden, wenn auch höflich, in Schach gehalten wurden –, der ebenfalls seine vorläufige Prüfung bestanden hatte (da er konnte nicht zugeben, dass er hinter seiner Kleidung ein dritter Wrangler war), nachdem er seine beiden „Paten" der Anwaltskammer davon überzeugt hatte, dass er eine geeignete Person sei, um sie den Benchers zu empfehlen; Nachdem er sich mit einem Anwalt in einer Kanzlei verabredet hatte und alle anderen wichtigen vorbereitenden Fragen geklärt hatte, beschloss er, den Rossiters in Portland Place einen Nachmittagsbesuch abzustatten und zu sehen, wie das Land dort lag.

Schon jetzt breitete sich in Davids Geist eine seltsame Erregung aus. Das Leben war nicht doppelt, sondern zehnmal interessanter, als es den voreingenommenen Augen von Vivien Warren erschienen war. Es war, als ob sie – er – durch eine magische Tür gegangen wäre, durch den Spiegel gegangen wäre und dieselbe Welt betrachtete, die Vivie seit – sagen wir fünfzehn ? Verschiedene Standpunkte haben sich in den Proportionen, in der Farbe und im Zusammenhang mit den Ereignissen stark verändert. Es war eine Welt, in der alles glatt und einfach war, bevor es den Anschein von Männlichkeit gab. Was für eine Freude, Röcke und Unterröcke loszuwerden! In der Lage zu sein, einem Omnibus hinterherzulaufen und auf ihn zu springen, Tag für Tag denselben Hut zu tragen, der einfach auf ihrem Lockenkopf klebt. Vielleicht nicht, um zwischen ihrem Aufstand und ihrem Zubettgehen ihre Kleidung zu wechseln, es sei denn, sie ging zum Essen. Kein Geschwätz. Keine Notwendigkeit, um einen Gefallen zu bitten . Keine Komplimente. Es stimmt, dass sie sich in Gegenwart von Frauen unbehaglich fühlte, nicht ganz dasselbe, selbst bei Honoria. Aber mit Männern. Was für ein Unterschied! Sie hatte das Gefühl, noch nie zuvor Männer wirklich gekannt zu haben. Die offene Rede, die Schimpfwörter und die Geschichten aus dem Raucherzimmer bereiteten ihr zunächst ein wenig

Unbehagen und lösten gelegentlich ein unbändiges Erröten aus. Dies war jedoch nicht zu ihrem Nachteil. Dadurch wirkte sie jünger und hinterließ einen guten Eindruck bei ihren Lehrern und Bekannten. „Ein netter, bescheidener Junge, frisch vom Land – schade, dass er ihn in die Irre führt – wird seine Unschuld nicht lange bewahren –" war der vage definierte Eindruck, den der Kontakt mit ihr – ich meine, ihm – auf die meisten anständigen männlichen Köpfe machte. Mancher Junge kommt vom Land, um seine Karriere in London zu beginnen, und weiß weit weniger über die Schattenseiten des Lebens als die unglückliche Vivie. der aufgrund knapper Mittel gezwungen ist, ein eher zurückgezogenes Leben zu führen ; dessen Entschlossenheit zu Redlichkeit und Regelmäßigkeit im Leben von den Gesetzgebern, unter denen er sich befindet, respektiert wird.

Aber David hatte beschlossen – er wusste nicht genau warum –, seine Bekanntschaft mit Professor Rossiter fortzusetzen; nachdem er ihm geschrieben hatte, ob er dies tun dürfte (tatsächlich sah er Rossiter häufig durch die Gärten von New Square gehen, um zum Museum des Royal College of Surgeons zu gehen: Er erinnerte sich sofort an ihn, aber Rossiter erwiderte dies nicht, da er abwesend war -gesinnt); und nachdem er eine Karte von „Linda Rossiter" erhalten hatte, in der stand, dass sie den ganzen Winter über donnerstags zwischen 16 und 18 Uhr zu Hause sein würden, ging er an einem dieser Donnerstage und machte deutliche Fortschritte bei der großen Freundschaft seines Lebens.

KAPITEL VI

DIE ROSSITER

Das Haus der Rossiters in Park Crescent befand sich am nördlichen Ende des Portland Place, und sein von hohen Mauern umgebener Garten – die Ställe, die später als Garage dienen sollten – und Michael Rossiters langes Studio-Labor mit Glasdach grenzten an einen davon Ruhige, absolut respektable Straßen im Hintergrund, die nach Ortsnamen aus Devon oder Dorset benannt sind.

Das Haus ist jetzt ziemlich verändert und hat eine andere Nummer, da ein Teil bei einem der Luftangriffe von 1917 zerstört wurde, als die Marylebone Road auf einer Länge von zwanzig Metern mit Glasscherben übersät war. Aber im Winter 1901/02 und danach bis 1914 war es ein bekannter Mittelpunkt des gesellschaftlichen Verkehrs zwischen Gesellschaft und Wissenschaft. Die Rossiters waren recht wohlhabend – er verdiente mit seiner Arbeit als Professor und seinen Büchern gut zweitausend Pfund im Jahr, und ihr Einkommen, das bei ihrer ersten Heirat 5.000 Pfund betragen hatte, war nach zehn Ehejahren durch die Wertsteigerung der Immobilien in der Stadt Leeds auf 9.000 Pfund gestiegen. Mrs. Rossiter hatte zwei Kinder gehabt, die aber beide gestorben waren; ihre Tränen waren getrocknet und sie befriedigte ihren Mutterinstinkt, indem sie drei Möpse hielt, die ihr Mann insgeheim verabscheute. Sie hatte auch einen scharlachroten und blauen Ara und zwei Kakadus und eine Perserkatze; aber letztere mochte oder tolerierte ihr Mann wegen ihrer Farbe oder ihres biologischen Interesses; nur hatte er, wie im Fall der Hunde, etwas dagegen (wenn auch selten wütend, aus Rücksicht auf die Gefühle seiner Frau), dass sie so unordentlich und zur falschen Zeit gefüttert wurden.

Linda Rossiter war Gefahr, ihre Haustiere zu verlieren, da sie ihre beiden Kinder verloren hatte, weil sie Tage der Vergesslichkeit mit wochenlanger verschwenderischer Zuwendung abwechselte. Aber da sie bei der geringsten Einwendung bereitwillig in Tränen ausbrach, erhob Michael im Laufe seiner elf Ehejahre so wenig wie möglich. Ein kluges, taktvolles Stubenmädchen und zwei gute Hausmädchen, ein dem „Professor" ergebener Diener und ein Präparator, der ihn bei seinen Experimenten unterstützte, taten ihr Übriges, um das große Haus einigermaßen ordentlich und vorzeigbar zu halten. Rossiter selbst war zu sehr auf die Sterne, die Zersetzungsgase, die verborgenen Prozesse des Lebens, die Rassenmischung bei Seesternen, mikrobielle Krankheiten bei Menschen, Tieren, Vögeln und Bienen, die Halsdrüsen, die Nebennierenkapseln und den chemischen Ursprung bedacht Ich lege großen Wert auf Ästhetik , Möbel und Hausdekoration. Er war der dritte Sohn eines verarmten nordumbrischen Gutsbesitzers, der sich seinerseits nur für die barbarischeren Feldsportarten interessierte, und als er seine Gedanken von ihnen ablenken konnte, glaubte er, dass der allmächtige Gott irgendwann und an einem nicht näher bezeichneten Ort das englische Bibelwort dafür diktiert hatte Wort, hatte die englische Kirche gegründet und die Funktionen und Grenzen der Frau gewissenhaft vorgeschrieben. Seine Frau – Michael Rossiters zärtlich geliebte Mutter – war an einem vernachlässigten Gebärmuttervorfall gestorben, und die Einrichtung des alten, weitläufigen Hauses in Northumberland in herrlicher Landschaft war im frühen und mittleren viktorianischen Stil für das Auge immer scheußlicher geworden Moden und Ideale traten in den Hintergrund und der moderne Geschmack schüttelte sich von dem ab, was kitschig, flauschig, spießig, schlaff, unordentlich, billig nachahmend, mit Fransen und Quasten und geheimnisvoll war.

bevorzugte aus purem Abscheu vor der Umgebung, in der er zum Mann herangewachsen war, das Unbedeckte, das nackte Holz oder Stein oder Schiefer, den nackten Boden, das Holzsofa oder den Stuhl mit Rohrboden, das massive Sideboard, den nackten Kaminsims und vieles mehr Leimfarbene Wand. Im Großen und Ganzen entsprach ihr Haus in Portland Place einigermaßen dem fortgeschrittenen Geschmack der häuslichen Landschaft von 1901. Aber die von Mrs. Rossiter vorgenommenen Ergänzungen fielen einem sofort ins Auge. Linda erkannte, dass es ihre weibliche Mission war, die Strenge von Michaels Auswahl an Möbeln und Dekorationen zu mildern. Sie führte klapprige und teure Bildschirme ein, die leicht umgeworfen werden konnten; Fotografien in Rahmen, die im Handumdrehen umkippten; Abdeckungen für jede flache Oberfläche, die abgedeckt werden kann – Beistelltische, Flügelplatten. Wenn sie die Klavierbeine nicht mit Rüschen verzierte, platzierte sie mit Quasten verzierte Poufs im Salon, über die jeder kurzsichtige Besucher hinwegfiel, und verdeckte unnötige Klammern mit großen Schleifen aus leicht verfärbtem Band. In den Empfangsräumen wurden mit Futter übersäte Papageienständer dort gelassen, wo sie niemals gesehen werden sollten; und es gab Papageienkäfige mit vergoldeten Drähten; Körbe für die Möpse, ausgekleidet mit schmutzigen Schals; absurde Ornamente, Porzellankatzen mit übertriebenen Hälsen, Alabasterfiguren stereotyper weiblicher Schönheit und Blumentopfständer aus verziertem Bambus. Sie liebte Portières und hätte gern die Kargheit der getäfelten oder bemalten Wände gemildert; nur dass ihr Mann hier standhaft blieb. Sie verspottete unbewusst die wenigen gut ausgewählten, gut platzierten Bilder an den Wänden (die sie unbedingt mit einem „Flock"-Papier bedecken wollte), indem sie sie im selben Raum auf Bambusstaffeleien aufstellte, die zu den mit Bändern geschmückten Blumenständern in Pastellfarben und Buntstiften passten oder *Gouache*-Studien mit dem schlechtesten Geschmack.

Einzig Michaels Bibliothek war frei von ihren Verbesserungen, obwohl sie manchmal mit ihren Arbeitstaschen oder ihrer Arbeit übersät war. Sie hatte vor langer Zeit den schrecklichen Fehler gemacht, dass es Michael bei seiner Arbeit „helfe", wenn sie auch ihre (in der Regel völlig vergebliche) dorthin mitbringe. „Ich sitze einfach schweigend in seinem Zimmer, mein Lieber, und nähe oder stricke etwas für arme Leute in Marrybone – mir wurde gesagt, dass du nicht Mary-le-Bone sagen darfst. Ich denke, es *hilft* Michael zu wissen, dass ich da bin, aber natürlich unterbreche ich ihn nicht bei seiner *Arbeit* .

Tatsächlich tat sie es, verwirrenderweise. Aber zum Glück wurde sie bald schläfrig oder unruhig. Sie gähnte, wie sie glaubte, „hübsch", aber sicherlich laut; oder sie würde sich fragen, „wie die Zeit verging", und natürlich ging ihre Zwanzig-Guinea-Uhr nie, oder wenn sie ging, war sie selten weniger als eine Stunde von der tatsächlichen Zeit entfernt. Oder sie nieste sechsmal hintereinander – kleine, katzenartige Niesgeräusche, die das Gehirn, das gerade dabei war, die Lösung eines Problems zu begreifen, unendlich verstörten. Während der Wintermonate hatte sie leichten Husten. Oh nein, Sie müssen nicht denken, dass ich den Weg zum Tod durch Schwindsucht vorbereite – es war einer dieser „ kiffigen " Hustenanfälle, die hauptsächlich auf Übersäuerung zurückzuführen sind – zu viele süße Dinge in ihrer Ernährung, zu wenig Bewegung. Sie *glaubte,* mit größter Diskretion zu husten, aber für die angeschlagenen Nerven ihres Mannes wären ein paar kräftige Bälge oder ein asthmatisches Keuchen den zappeligen, weißbüschelaffenähnlichen Lauten, die unter einem Spitzentaschentuch hervorkamen, vorzuziehen gewesen. Manchmal hob er den Blick, um scharf zu sprechen; Doch beim Anblick des milden Blicks, der ihm begegnete, wuchs die vollkommene Überzeugung, dass sie eine beruhigende Präsenz in diesem Raum des intensiven Nachdenkens und intensiven Schreibens war – diesem prächtigen Raum mit seiner unvergleichlichen Bibliothek, die er dem Einsatz ihres Reichtums verdankte, seiner Wut Sein Blick wurde weicher und er erwiderte Lächeln für Lächeln.

Obwohl Linda gelegentlich ein wenig unruhig war, vor allem gegenüber Dienern, ein wenig gereizt und verärgert mit einem Gefühl für ihre eigene Würde und Wichtigkeit als reiche Frau, war sie in ihrer Ehe rundum glücklich. Sie hatte es nie eine Stunde lang bereut, war nie von der Überzeugung abgewichen, dass sie und Michael perfekt zusammenpassten – er, groß, stämmig, schwarzhaarig und stark; sie „petite" – sie liebte das französische Adjektiv, seit es in Scarborough von einer kriecherischen Gouvernante auf sie angewendet worden war – petite – sie wiederholte „blond, rundlich" oder besser noch „ potelée " (die Gouvernante hatte es später vorgeschlagen, als sie … kam zum Tee und hoffte, gebeten zu werden, zu bleiben) *Potelée* , blauäugig und rosawangig. Dresdner Porzellan und all die abgestandenen Gleichnisse, die auf eine Art kleine Frau angewendet werden, gegenüber der die moderne Welt intolerant geworden ist.

Deshalb wurde David an einem Donnerstag Ende November 1901 in dieses *Milieu eingeführt. Er war die kurze Strecke vom Bahnhof Great Portland Street zu Fuß gegangen.* Es war ein schöner Tag mit einem roten Sonnenuntergang und einer zitronenfarbenen , dünnen Mondsichel über dem Sonnenuntergang. Die Bäume und Büsche von Park Crescent bildeten einen Hintergrund aus mattblauem Dunst. Die Oberfläche der breiten Straßen war trocken und poliert, sodass seine gepflegten Lackstiefel immer noch als Salonteppiche geeignet waren.

Ein Lakai in sehr schlichter Livree – hier war Michael standhaft – öffnete die massive Tür. David ging zwischen einigen Statuen hin und her, deren Stil für Lindas bescheidenen Geschmack zu offen war, und wurde von einem Butler mit strengem Aussehen übernommen, der ihn als Mr. David Williams in den großen Salon führte.

Er erkannte sofort Rossiter, die mit einer Teetasse und einer Untertasse aufstand, und vermutete, dass es sich bei der flauschigen, stark umhüllten kleinen Dame am Hauptteetisch um Mrs. Rossiter handelte, da sie keinen Hut trug. Darüber hinaus herrschte eine ziemlich beunruhigende Ansammlung von Männern und Frauen aus aller Welt, während er seine Augen fest auf Mrs. Rossiter gerichtet hielt, um sein unmittelbares Ziel zu erreichen.

Rossiter kam ihm auf halbem Weg entgegen, schüttelte ihm herzlich die Hand und stellte ihn seiner Frau vor, die sich mit einem ihrer „süßen" Blicke verneigte. Im Moment interessierte David sie nicht. Sie war viel mehr daran interessiert, Lady Feenix, die die Entdeckungen des Professors über die seltsamen Eigenschaften der Schilddrüse kommentierte, einen Eindruck von Tiefgründigkeit zu vermitteln. Es wurden einige einander vorgestellt – Lady Towcester , Lady Flower, Miss Knipper-Totes, Lady Dombey, Mr. Lacrevy , Professor Ray Lankester, Mr. und Mrs. Gosse – und natürlich verstand David ihre Namen größtenteils nur zur Hälfte, während sie, ohne ihre Gleichgültigkeit zu verbergen, schlossen sie ihm die Ohren („Irgendein Schüler aus seinem Jahrgang, nehme ich an – ziemlich hübsch gekleidet, eher zu gut aussehend für einen jungen Mann"); und Rossiter, der erstens dadurch unterbrochen worden war, dass Mrs. Rossiter ihn gebeten hatte, darauf zu achten, dass Lady Dombey nichts auf ihrem Teller habe, und zweitens durch Davids Eintritt, nahm seine Rede wieder auf. Der Himmel wusste, dass er bei diesen Gelegenheiten nicht reden *wollte , aber die Gesellschaft erwartete es von ihm.* Es waren ganze zwanzig – zweiundzwanzig – Leute da und die meisten von ihnen – alle Frauen – wollten gehen und vier Stunden später sagen:

„Wir waren (ich war) heute Nachmittag im Rossiters , und der Professor war faszinierend" („großartig", „zutiefst interessant", „schockierend, mein Lieber", „skandalös", „verstörend", „aufschlussreich", „mehr") -als-normalerweise-fesselnd-nur-sie- *würde* -immer-unterbrechen-warum- *ist* -sie-so-ein-Dummkopf?") entsprechend der Eigenart des Restaurantbesuchs. „Er sprach mit uns über die Schilddrüse – ich glaube unter uns nicht, dass der arme Bob eine hat – und wie man, wenn man sie vergrößert oder verkleinert, den Charakter der Menschen an die Bedürfnisse der Gesellschaft anpassen würde; und alles über das Blut von Schimpansen." – Ich glaube, er *viviseziert* die halbe Nacht in diesem Studio hinter dem Haus – es ist dasselbe wie unseres; und dann stritten sich Ray Lankester und Chalmers Mitchell über den Blinddarm – Blinddarm , wissen Sie – etwas, das mit Blinddarmentzündung zu tun hat – der Säugetiere , und Alles in allem hatten wir eine tolle Zeit – an ihren Donnerstagen lerne ich *immer etwas.* "

Nun ja: Rossiter fuhr mit der Beschreibung eines Experiments fort, das er gerade durchführte – natürlich ein ziemlich alltägliches, denn es waren mindestens drei Männer anwesend, denen er keine Hinweise vorschnell verraten würde. Ein Experiment zur motorischen Biallaxis von Siebenschläfern.

[Frau. Rossiter hatte sechs Monate zuvor auf einem Basar eine Siebenschläferin in einem Käfig gekauft und nachdem er sie eine Woche lang vergöttert hatte, hatte er alles vergessen. Ihr Mann hatte es halb verhungert gerettet; Sein Assistent hatte es im Labor gefüttert, und sie hatten einige Experimente mit schmerzfreien Medikamenten mit erstaunlichen Ergebnissen durchgeführt.]

Die Aufführung war wirklich interessant und lag völlig außerhalb der Pünktlichkeit der Wissenschaft , wurde jedoch durch Mrs. Rossiters Unterbrechungen in ihrer Kontinuität und Einfachheit getrübt. „Lieber Michael, Lady Dombeys Tasse!" Oder: „Mike, könntest du den Kuchen anschneiden und ihn herumreichen?" Oder, wenn sie ihren Mann nicht unterbrach, begann sie mit deutlich hörbarer Stimme eigene Geschichten und Nebenthemen zu erzählen, über eine neue Häkelmasche, die sie im *Queen gesehen hatte* , oder über ihre Inspektion der East Marrybone- Suppe Küche.

jedoch alle so viel Tee, Kuchen und *Marrons Glacés zu sich genommen hatten* , wie sie wollten – David war so schüchtern, dass er nur eine Tasse Tee und ein Stück Teekuchen zu sich nahm –, teilte sich die große Gruppe in fünf kleinere auf. Die wenigen kamen nach und nach zusammen und ließen jeden Unsinn fallen und diskutierten wie gut über Biologie , während David mit gespannten Augen und fasziniert den Wundern zuhörte, die in den ersten Jahren des 20. Jahrhunderts gerade erst aus den Sezier- und Vivisektionsräumen und chemischen Laboratorien hervorlugten. Dann gingen sie alle einer nach dem anderen weg; Aber als David auch ging, hielt Rossiter ihn durch einen freundlichen Druck auf den Arm zurück – eine Berührung, die einen halb angenehmen, halb unangenehmen Schauer durch seine Nerven jagte.

„Beeilen Sie sich nicht, es sei denn, Sie *haben wirklich* Zeitdruck. Ich möchte Ihnen einige meiner Exemplare und den Ort zeigen, an dem ich arbeite.“

David folgte ihm – nachdem er sich von Mrs. Rossiter verabschiedet hatte, die seine höflichen Sätze akzeptierte – ein wenig stammelnd – mit einer leicht pompösen Einwilligung –, folgte ihm in die Bibliothek und dann durch eine mit Vorhängen versehene Tür ein paar Stufen hinunter in ein großes, bereitgestelltes Studio-Labor (hinter Schirmen) mit Waschplätzen und voller Geheimnisse, mit Schränken und Regalen und weiteren Räumen dahinter und einem Geruch von Chlorkalk kombiniert mit alkoholischen Konservierungsmitteln und undefinierten Chemikalien. Nach einem Rundgang durch dieses Gebiet, an dem David mangels Bildung und Vorstellungskraft nur wenig interessiert war – er – oder – sie hatte bisher nur den Verstand eines Mathematikers – führte Rossiter ihn zurück in die Bibliothek, zog Stühle hervor, David deutete auf Zigaretten – sogar Whisky und Limonade, wenn er wollte – lehnte ab – und begann dann zu sagen, was ihm im Hinterkopf ging : –

„Wir trafen uns zum ersten Mal im Zug, dem South Wales Express, erinnerst du dich? Ich glaube, du hast mir damals erzählt, dass du in diesem verpfuschten Krieg in Südafrika gewesen bist und entweder verwundet oder auf irgendeine Weise krank gewesen bist. Tatsächlich bist du hingefahren So weit zu sagen, dass Sie eine „Kiefernekrose“ hatten, was ich höflich bezweifelte, denn was auch immer es war, es hat keine wahrnehmbare Narbe hinterlassen. Natürlich ist es verdammt unverschämt von mir, Sie überhaupt ins Kreuzverhör zu nehmen oder zu fragen, *warum* Sie waren dort und warum haben Sie Südafrika verlassen? Aber es macht mir nichts aus, zuzugeben, dass Sie bei mir großes Interesse wecken.

„Neulich habe ich – wie Sie wissen – Ihren Vater in Wales kennengelernt – in Pontystrad . Ich habe ihm erzählt, dass ich einem jungen Mann einige dieser Gower-Höhlen gezeigt habe und wie sein Name war – wie der Ihres Vaters, ‚Williams‘. ' Natürlich kamen wir bald zu einer Einigung. Dann sprach dein Vater in *höchsten* Tönen von dir, wie rücksichtsvoll und freundlich du warst – erröte nicht, obwohl ich zugebe, dass es dir gut steht Ratet mal, wie er weiterging. Aber was mich besonders interessierte, war sein nächstes Eingeständnis: Wie anders warst du als Junge – eher als der gewöhnliche Wildhafer – und wie sehr dich eine Abwesenheit in Südafrika verändert hat Ich entschuldige mich dafür, dass Sie selbst eher vage von einer Wunde oder Blutvergiftung oder einer Operation am Kiefer oder am Hals gesprochen haben, das kam mir in den Sinn *Wenn* das Messer oder die Kugel des Feindes in irgendeiner Weise Ihre Schilddrüse beeinträchtigt hätte – Twig, was ich meine? Wenn Ihr alter Mann nicht übertrieben hat und der Unterschied zwischen dem unartigen Jungen, den er nach London geschickt hat – Was war das? 1896? – und der gut erzogene, gute Kerl, der du *jetzt bist*, ist nichts anderes als das, was normalerweise passiert, wenn junge Männer ihre Kubik verlieren, *warum – warum –* nimmst du mich? – Ich frage mich, ob die Veränderung war durch eine Störung der Schilddrüse entstanden. Verstehst du? Und ich dachte, angesichts der Tatsache, wie äußerst interessant diese Forschung geworden ist, hätten Sie mir vielleicht mehr darüber erzählt. Genau das, was dir passiert *ist ;* Wo Sie verwundet wurden, wer sich um Sie gekümmert hat, welche Operation am Hals durchgeführt wurde – nur das Rum-Ding ist, dass es anscheinend keine Narbe gibt – nun: Jetzt helfen *Sie* mir, es sei denn, Sie sind eher geneigt zu sagen: „Was?" Ist *dir das* zum *Teufel egal* ?'"...

David war inzwischen rot vor Verlegenheit und Verwirrung. Aber er versuchte , der Situation gerecht zu werden.

„Mein Charakter *hat* sich in den letzten fünf Jahren verändert, besonders seit ich aus Südafrika zurückgekommen bin. Aber ich bin mir ziemlich sicher, dass das nicht an irgendeiner Operation lag, weder an der Kehle noch anderswo. Ich weiß wirklich nicht, *warum* ich Ich habe Ihnen im Zug diese alberne Lüge erzählt – über eine Kiefernekrose. Tatsache ist, dass ein Freund von mir auf derselben Station, als ich im Krankenhaus war – mich auf die Schippe genommen hat – und gesagt hat, ich würde es bekommen Eines Tages wurde ich vom Wind umgeworfen und dachte, ich wäre erledigt, aber es war wirklich nichts, ich hatte noch eine Dosis Fieber Ich lag im Krankenhaus, und eines Morgens verschwanden die Ärzte und die Buren marschierten ein, und als es mir wieder gut ging, gelang mir die Flucht nach – ähm – Kapstadt und ich kehrte zurück – mit etwas Geld, das mir mein Freund Frank Gardner geliehen hatte." (Zu diesem Zeitpunkt sagte sich die kranke Vivie: „ *Was* für eine Rechnung lege ich vor, damit Frank sie einlösen kann , wenn er zurückkommt – falls er *zurückkommt* .") „Ich weiß nicht, *warum* ich „Erzähl dir das alles, außer dass ich dich am Anfang nie hätte in die Irre führen dürfen, aber *wenn* du ein freundlicher und guter Mann bist" – Davids Stimme brach hier – „Du wirst alles vergessen und meinen Vater nicht verärgern, das kann ich *versichern* Sie, ich habe *nichts* wirklich falsch gemacht – eines Tages – vielleicht –, aber im Moment ist diese ganze südafrikanische Episode nur ein schrecklicher Traum – ich habe mehr gesündigt als gesündigt " (Zu diesem Zeitpunkt waren eher Tränen in der Stimme). „Ich möchte alles vergessen – und mich niederlassen und meinen Vater nicht mehr ärgern. Ich möchte für die Anwaltskammer lesen – das Leben eines Soldaten ist genau das *Gegenteil* von dem, was ich wählen würde, wenn ich ein Free Agent wäre. Aber Sie werden mir vertrauen." Ich, nicht wahr? Du wirst mir glauben, wenn ich sage, dass ich *nichts* falsch gemacht habe, nichts, was du, wenn du alle Fakten wüsstest, als falsch bezeichnen würdest...?"

Die Sprache verstummte hier in Emotionen. Trotz strengster Selbstbeherrschung hob und senkte sich der Busen. Ein paar Tränen liefen über die glatten Wangen – es war ein einschmeichelnder Junge am Rande der Männlichkeit, den Rossiter vor sich sah. Er beeilte sich zu sagen:

„Mein *lieber* Junge! Sag kein weiteres Wort, es sei denn, du willst mich wegen meiner Unverschämtheit, mit der ich diese Fragen stelle, beschimpfen. Ich verstehe *das vollkommen* . Wir werden die ganze Sache als aus unserem Gedächtnis gelöscht betrachten. Machen Sie mit allen weiter für die Anwaltsausbildung." Ihre Macht, wenn Sie einen so unfruchtbaren Beruf ergreifen müssen und nicht mein Schüler in Biologie werden – ich kann Ihnen sagen, dass sich jetzt in dieser Richtung großartige Möglichkeiten ergeben. (Eine Pause.)

„Aber wenn es für Sie von Interesse ist, kommen Sie in Ihrer Freizeit einfach so oft hierher, wie Sie möchten – entweder zum Tee mit Frau Rossiter oder um mir bei der Arbeit an meinen Experimenten zuzusehen. Sie haben mir sehr gefallen, Wenn Sie mir erlauben, das zu sagen, ist ein junger Mann, der für die Bar in London liest, nicht schlechter. Er muss sich zum Beispiel an einem Sonntag ziemlich einsam fühlen Er kann auch – jetzt werde ich wieder unverschämt und väterlich sein – auch unerwünschte Bekanntschaften machen, ob männlich oder weiblich. Fühlen Sie sich nicht einsam, wenn Sie weit weg in Wales sind Auf jeden Fall können meine Frau und ich Sie mit einigen anderen Leuten bekannt machen, die Sie vielleicht gerne kennenlernen würden. Vielleicht stelle ich Ihnen Mark Stansfield, den QC, vor. Kennen Sie übrigens jemanden in London?"

„Oh ja", sagte David lächelnd, wobei alle Tränen bis auf eine auf seiner noch immer geröteten Wange getrocknet waren. „Ich kenne Honoria Fraser – ich kenne Mr. Praed, den Architekten –"

„Der ARA? Natürlich; Sie oder Ihr Vater sagten, Sie seien sein Schüler gewesen. Er. Praed . Ja, ich stelle ihn mir vor. Eher ein Dilettant – skurril – mir gefiel nicht, was ich einmal über ihn gehört habe. Allerdings ist es nicht meine Angelegenheit. Sie ist einfach eine der besten Frauen, die ich kenne. Zumindest habe ich sie heute Nachmittag nicht gesehen Sie hatte eine tolle Freundin – was war das, Vivien? *Natürlich* hieß das Geschäft, das sie irgendwo in *der* Stadt gründete *und Warren* . Sie wollte diese Vivien Warren immer mitbringen. Ich gestehe, sie hätte lieber eine hübsche Frau. Aber sie zieht an seiner Pfeife und steckt sich eine weitere Zigarette an David). „Ging ins Ausland. Kam mir ziemlich mürrisch vor. Jemand, der mit Honoria kam, sagte, sie hätte eine schlechte Mutter, und Honoria hat ihn zu Recht zum Schweigen gebracht. Übrigens, *wo* und *wie* hast du Honoria zum ersten Mal getroffen?"

(David wollte gerade sagen – er war so nervös – „Warum wir zusammen in Newnham waren." Dann beschloss er, es einem anderen Whopper zu erzählen – tatsächlich wurde mir gesagt, dass Lügen unter bestimmten Umständen eine Faszination auslösen – und antwortete): „Vivien Warren war meine Cousine. Sie war eine Vavasour mütterlicherseits – sie stammte aus Südwales – und meine Mutter war auch eine Vavasour –" Und als die verkleidete Vivie das sagte, kam ihr eine Ahnung, dass es eine echte Beziehung zwischen Catharine Warren *gab geborene* Vavasour und die Mary Vavasour, die Davids Mutter war. Ein Anflug von Freude durchfuhr sie bei der Vorstellung, dass ihre Geschichte einigermaßen wahr sein könnte.

„Ich verstehe", sagte Rossiter zufrieden und hatte nun das Gefühl, dass das Interview lange genug gedauert hatte und dass noch Zeit war, einen Blick auf die Nachmittagsarbeit seines Assistenten zu werfen, bevor er sich für das Abendessen anzog ...

„Nun, alter Junge. Auf Wiedersehen. Kommen Sie oft zu uns und schauen Sie mich an – ich muss fünfzehn Jahre älter sein als Sie – Was, *vierundzwanzig* ? Unmöglich! Sie sehen keinen Tag älter aus als ..." zwanzig – in der Tat, wenn Sie mir nicht gesagt hätten, dass Sie in Südafrika waren – Aber wie gesagt, schauen Sie auf mich wie *in loco parentis* , während Sie in London *sind* . Sollen sie dir ein Taxi rufen? Du hast völlig recht. Wo wohnst du? „7 Fig Tree Court, Temple" – Was für eine lustige Ansprache! Gibt es im Tempel noch Feigenbäume, die von Stecklingen oder Schichten stammen, die die armen Templer aus dem Heiligen Land mitgebracht haben?

David kehrte zum Fig Tree Court zurück und studierte Kriminologie. Aber sein Körper und sein Geist waren von den Erlebnissen des Nachmittags begeistert; und die muffigen Aufzeichnungen in Werken mit abstoßendem Einband und dichtem, unsympathischem Druck über Fälle von Fälschungen, Vergiftungen, Körperverletzungen und Grausamkeiten gegenüber Kindern aus dem 19. Jahrhundert konnten seine Aufmerksamkeit ausnahmsweise nicht fesseln. Nach einem Abendessen mit Brot, Käse und Ingwerbier saß er den ganzen Abend in seinem gemütlichen, kleinen Zimmer, das hauptsächlich mit gut gefüllten Bücherregalen ausgestattet war. Der Raum hatte ein leuchtendes Feuer und eine Leselampe mit grünem Schirm. Er saß da und starrte über seine Gesetzesbücher hinaus auf Visionen und weckte Träume, die kamen und gingen. Die Gefahren der Entblößung, die sich vor ihm auftaten, waren in diesen Träumen zu finden, aber es gab auch andere Gedankenbilder, die sein Leben mit einem Farbglanz erfüllten . Wie anders als die tristen Horizonte, die die arme Vivie Warren vor weniger als einem Jahr umgaben! Die arme Vivie, die selbst FitzJohn's Avenue in Hampstead abgelehnt hatte und die – zweifellos aufgrund von Gerüchten über ihre Mutter – von den wenigen Bekannten, die sie in Cambridge gemacht hatte und deren Eltern in South Kensington, Bayswater usw. lebten, längst fallen gelassen worden war Bloomsbury. Hier empfing Portland Place sie in ihrer Gestalt als David Williams mit offenen Armen. Männer und Frauen sahen sie freundlich und interessiert an, und sie konnte ohne dieses schützende Stirnrunzeln auf sie zurückblicken. Nachts konnte sie durch die Stadt spazieren, ins Theater gehen, am Ufer entlang schlendern und die anstößige Aufmerksamkeit von niemandem auf sich ziehen. Sie konnte dorthin gehen, wo sie wollte, um etwas zu essen oder eine Tasse Tee zu trinken, und wann immer sie wollte, das Museum des Royal College of Surgeons besuchen, ohne auf einen „Damentag" warten zu müssen; Halten Sie an, um einer Straßenschlacht beizuwohnen, werfen Sie keine bösen Blicke auf sich, wenn sie im Zug ein Raucherabteil betritt, mischen Sie sich ungehindert, ungehindert, unbemerkt unter die Männerwelt und erregen Sie aufgrund ihrer Jugend und ihres guten Aussehens höchstens eine angenehme Kameradschaft .

Sollte sie das mutige Abenteuer fortsetzen? Tausendmal ja! David sollte kein Gesetz in Vivies Ehrenkodex brechen , niemandem wirklich Unrecht tun ; Aber Vivie sollte das lebenswerteste Leben in London aus der Sicht eines Mannes sehen.

David muss jedoch an jedem Punkt bewaffnet sein und seinen Kurs vor seiner Betrachtung klar abgesteckt haben. Er muss sich in die Geographie Südafrikas vertiefen – warum sollte er Rossiter nicht dazu bringen, ihn als Mitglied der Royal Geographical Society vorzuschlagen? Das *wäre* ein Witz, denn sie würden Frauen nicht als Mitglieder zulassen: Honoria Fraser hatten sie abgelehnt. David muss sich – irgendwo – über die gesamte Geschichte des Südafrikakriegs informieren. Er sollte besser etwas über die Bechuanaland Police Force herausfinden; wie er als Mitglied einer solchen Truppe bis in die Nähe von Colesberg hätte vordringen können ; Wie konnte es sein, dass er so krank geworden war – von einer Wunde würde er sicher nichts mehr sagen –, dass er ins Krankenhaus eingeliefert werden musste? Er muss herausfinden, wie er den Buren hätte entkommen und nach England zurückkehren können, ohne in Schwierigkeiten mit dem Militär oder dem Kolonialamt oder wer auch immer irgendeine Kontrolle über die Mitglieder der Grenzpolizei von Bechuanaland hatte ...

Aber die ganze Südafrika-Episode sollte lieber fallen gelassen werden. Rossiter würde sich nach seinem Einspruch daran machen, es zu vergessen und zu ignorieren. Es muss in den Gedanken des armen alten Vaters unterdrückt werden, weil es relativ unwichtig sei – schließlich war sein Vater ein Einsiedler, der nicht viele Besucher hatte ... Übrigens, er musste daran denken, am nächsten Tag zu schreiben und zu erklären, warum er konnte nicht zu Weihnachten oder Neujahr herkommen ... würde stattdessen einen schönen längeren Besuch in den Osterferien versprechen – ich muss mich an den Vorsatz erinnern, etwas Walisisch zu lernen. Was für ein Ärgernis es war, dass man weder in London noch in Südwales ein Buch über moderne Konversation auf Walisisch kaufen konnte. Die Art Walisisch, die man in den altmodischen Büchern lernte, die alles waren, was man bekommen konnte, war die Sprache der Bibel. Jemand hatte David gesagt, dass man, wenn man am frühen Morgen auf den Smithfield Market ginge, vielleicht die walisischen Bauern und Viehzüchter treffen würde. Fahrer, die in der Nacht aus Wales heraufgekommen waren und in der kymrischen Sprache über ihre Tiere redeten. Aber wahrscheinlich war ihre Sprache so, dass sie Nannie schockieren würde ... Angenommen, Frank Gardner wäre tatsächlich nach England gekommen? In diesem Fall wäre es vielleicht sicherer, sich Frank anzuvertrauen. Er war Harum-Scarum, aber er war ritterlich und er hatte Mitleid mit Vivie. Außerdem war er ein großer Liebhaber von Lerchen. Sollte sie es Rossiter überhaupt erzählen? Nein natürlich *nicht* . Das war nur einer der Vorteile, „David" zu sein. Als „David" könnte sie eine aufrichtige und inspirierende Freundschaft mit Rossiter eingehen, die für sie als „Vivie" völlig unerreichbar wäre. Wie blass erschienen jetzt neben Honorias Kameradschaft die Handgriffe, die herzliche männliche Freimaurerei eines Mannes wie Rossiter. Wie undankbar ist es jedoch, sich selbst ein solches Eingeständnis zu machen ...

Gegenwärtig waren Honoria und Bertie Adams die einzigen Menschen, die von ihrem Streich wussten und wussten oder wussten, was sie vorhatte. Honoria! Was für eine edle Frau, was für eine wahre Freundin. Irgendwie sah sie Honoria jetzt, da sie David war, in einem anderen Licht. Arme Norie! Auch sie hatte ihre wehmütigen Neigungen, ihre Sorgen und Enttäuschungen. Was für eine gute Sache wäre es, wenn ihre Mutter beschließen würde, zu sterben – natürlich würde, könnte, würde sie Norie niemals so etwas sagen –, zu sterben und Honoria freizulassen, um Major Petworth Armstrong zu heiraten! Sie hatte das Gefühl, dass Norie sich immer noch nach ihm sehnte, ihn aber vielleicht zum Teil wegen der Weichtiere ihrer Mutter in Schach hielt Klammern – Nein! Sie würde Lady Fraser nicht einmal verspotten. Lady Fraser war eine der ersten Verfechterinnen der Frauenrechte. Höchstwahrscheinlich war es die Angst vor Vivies Spott und ihrer Enttäuschung, die Norie hauptsächlich davon abgehalten hatte, Major Armstrongs Annäherungsversuche anzunehmen. Nun, wenn sie sich das nächste Mal trafen, würde sie – Vivie – oder besser David – das wieder in Ordnung bringen.

KAPITEL VII

WIEDER HONORIA

7, Fig Tree Court, Temple.
20. *März 1902.*

LIEBE HONORIA ,—

Ich werde Ostern mit meinen Leuten in Südwales verbringen. Bevor ich gehe, würde ich mich sehr über ein langes Gespräch mit Ihnen freuen, bei dem wir uns ungestört und ungestört unterhalten können. Das ist im Büro aus hundert Gründen unmöglich, vor allem jetzt, wo Beryl Claridge mit neuem Eifer früh an die Arbeit geht, während Bertie Adams es für seine Pflicht hält, länger zu bleiben. Es tut mir wirklich, wirklich leid, zu hören, dass deine Mutter wieder so krank ist. Ich würde sie nicht um ein Treffen bitten – selbst wenn es ihr gut genug ginge, um Leute zu empfangen –, weil sie mich nicht kennt und wenn man so krank ist wie sie, ist die Bekanntschaft mit einem Fremden eine schreckliche Sache. Aber wenn Sie, sagen wir mal, eine Stunde Abstand von ihr unterbringen *könnten* – ist es „am Bett" oder kann sie aufstehen ? – und mich in Ihrem eigenen Wohnzimmer empfangen könnten, warum könnten wir das dann voll und kostenlos haben? Ich würde gerne über Ihre und meine Angelegenheiten und über die gemeinsamen Angelegenheiten von *Fraser und Warren sprechen* .

Mit freundlichen Grüßen
DVW

LIEBER DAVID ,-

Kommen Sie auf jeden Fall. Der Wunsch nach einem Gespräch wird von meiner Seite voll und ganz erwidert. Die Mutter versucht in der Regel nachmittags zwischen drei und sechs zu schlafen, dann ist eine Krankenschwester bei ihr.

Mit freundlichen Grüßen
HF

„Mr. David Williams möchte Sie sehen, Miss", sagte ein Kellner, der Honoria an einem Donnerstagnachmittag traf, als sie aus dem Zimmer ihrer Mutter in ihren winzigen Flur trat.

„Zeigen Sie ihn bitte... Ah, *da* sind Sie ja, *David* . Wir müssen beide ziemlich leise reden, da Mutter leicht zu wecken ist. Kommen Sie in mein Arbeitszimmer; zum Glück ist es am anderen Ende der Wohnung."

Sie erreichen das Arbeitszimmer und Honoria schließt die Tür sanft, aber bestimmt hinter sich.

„Wir küssen uns in der Regel nie, da wir schon vor langer Zeit auf solch eine chaotische Form der Begrüßung verzichtet haben; aber unter diesen Umständen würden wir es sicherlich nicht tun, damit wir nicht von den gegenüberliegenden Fenstern aus gesehen werden und denken könnten, wir wären ‚verlobt‘; aber obwohl ich Vielleicht wirkt es ein wenig kühl, Sie zu begrüßen, aber das liegt nur an der Kleidung, die Sie tragen‘ – Sie verstehen doch, nicht wahr –?“

„ Ganz , Liebste. Wir können nicht vorsichtig genug sein. Außerdem haben wir uns schon vor langer Zeit darauf geeinigt, in unseren Manieren modern und hygienisch zu sein.“

„Willst du nicht rauchen?“

„Nun, vielleicht wäre es erholsamer“, sagte David, „männlicher; aber tatsächlich habe ich in letzter Zeit eher mit dem Rauchen aufgehört. Es ist sehr verschwenderisch und meiner Meinung nach hat es nie etwas gebracht.“ Hat auf jeden Fall eine große Wirkung auf die Nerven. Dennoch hat es einem einen angenehm männlichen Geruch verliehen ... Und deiner Mutter: Wie geht es ihr?“

„Sehr schlimm, fürchte ich. Der Arzt sagt mir, dass sie nicht mehr lange durchhalten kann, und so heuchlerisch der Ausdruck auch klingt, ich könnte ihr das nicht wünschen, es sei denn, diese Schmerzen können gelindert werden, und diese schreckliche Atemnot ...“ Ich frage mich, ob eines Tages *Ich* werde so sein, und wenn hinter meinem Rücken eine Tochter sagen würde, sie könne sich nicht wünschen, dass ich noch lange lebe, es sei denn usw., dann werde ich sie *schrecklich vermissen* , wenn sie stirbt ... Armstrong war mehr als Art. Er hat das Herz einer Frau für Zärtlichkeit. Er denkt jeden Tag an ein neues Linderungsmittel, bis ihn die Ärzte völlig verabscheuen. Glücklicherweise verleiht seine Freundlichkeit der Mutter einen flüchtigen Schimmer von Freude. Sie möchte, dass ich ihn heirate – ich weiß es nicht, da bin ich mir sicher ... Obwohl es ihr so schlecht geht, glaube ich nicht, dass ich Interesse am Liebesspiel haben könnte – und ich denke, wir *sollten* uns oberflächlich lieben Übrigens: Wir sind alle so sehr an Konventionen gebunden. Wir versuchen, bei Beerdigungen ein schlechtes Gewissen zu haben, wenn das Wetter oft strahlend ist und die Fahrt nach Brookwood am aufregendsten ist. Und mit der Ehe gehört ja auch das Liebesspiel ... heigh-ho! Was würden Sie sagen, wenn ich Major Armstrong heiraten *würde* ? Haben Sie jemals von einem so lächerlichen Namen wie Petworth gehört? Ich müsste ihn „Haustier“ nennen, und jeder würde denken, ich sei im mittleren Alter sentimental geworden. Wie *können* Eltern so sorglos über Vornamen nachdenken? Er kann die Sache nicht so sehen wie ich; Es ist fast das einzige Thema, bei dem er „verärgert" ist. *Du* bist der Andere, dazu gleich mehr. Er sagt, dass das Petworth-Anwesen den Armstrongs , *seinem* Zweig der Armstrongs, *alles bedeutete* . Wäre das nicht der Fall gewesen, hätten sie jede andere Art von Armstrong sein können – es habe ihn in der Schule und in der Armee immer auf dem Laufenden gehalten, sagt er, sich daran zu erinnern, dass er ein Armstrong aus Petworth war. Sie besitzen dieses arme kleine Anwesen (*ich nenne es)* seit dreihundert Jahren neben den Egmonts und Leconfields , obwohl sie erbärmlich arm waren. Sein zweiter Name ist James – Petworth James Armstrong. Aber er hasst es, wenn man ihn „Jimmy" nennt.

„Natürlich, Liebes, ich mache mir keine Illusionen. Ich bin nicht schlecht anzusehen – tatsächlich bewundere ich manchmal meine Figur ganz schön, wenn ich mich nach dem Bad im Cheval-Glas sehe –, aber ich bin mir ziemlich sicher, dass einer von ihnen Der Grund für Pets Bewunderung für mich war, wie es scheint, mein Einkommen, Mutter hat ein wenig von sich selbst, von einer ihrer Tanten, und wenn der arme Schatz weggenommen wird – obwohl es angesichts dessen einfach schrecklich ist –, *dann nur* , dass sie es hat Ich habe so offen mit Army geredet – ich glaube, „Army" gefällt mir weitaus besser als „Pet" – Nun, ich meine, sie hat versucht, ihm zu sagen, seit er zum ersten Mal hier war, um anzurufen, dass ich, wenn sie weg ist, alles in allem in meinem Leben sein werde Also habe ich die erste Gelegenheit genutzt, um ihn wissen zu lassen, dass *davon* zweitausend pro Jahr für die Arbeit der Firma und für die Sache der Frau im Allgemeinen reserviert werden würden ... Schauen Sie, ich Ich werde nicht mehr lange *weiterplappern* Nehmen Sie sich *so* viel Zeit, wenn sie *de trop sind* ? – wir reden über gewöhnliche Dinge, die man von den *Hausdächern schreien kann* .

„Ich war seit drei Tagen nicht im Büro. Scheint alles in Ordnung zu sein?"

David : „Ganz gut. Bertie Adams versucht dumm, in seinen Augen seine Entschlossenheit zum Ausdruck zu bringen, die Firma und mich durch all unsere Probleme und Abenteuer zu begleiten. Ich wünschte, ich könnte ihm einen diskreten Hinweis geben, nicht so *offensichtlich* diskret zu sein. Wenn ja Wäre ein Sherlock Holmes über den Ort, würde er sofort erkennen, dass Adams und ich ein Geheimnis teilten ... Aber über Beryl –" (Kellner tritt ein ...)

Honoria (zum Kellner): „Oh – äh – Tee für zwei, bitte. Denken Sie daran, es muss Porzellan sein und die Zimmermädchen *müssen* dafür sorgen, dass das Wasser frisch gekocht ist. Und Buttertoast – oder wenn Sie Muffins haben. ..? Na ja, dann Muffins und natürlich Marmelade und Kuchen – würdest du es immer versuchen, ganz leise – hierher –, weil Lady Fraser so leicht aufzuwecken ist. ."

(Der Schweizer Kellner geht hinaus, fest davon überzeugt, dass Honorias Sorge um ihre Mutter in Wirklichkeit auf dem Wunsch beruht, dass die Mutter einen Flirt und einen heimlichen Tee nicht unterbrechen sollte.)

Honoria : „Na, was ist mit Beryl?"

David : „Beryl, würde ich sagen, wird eine großartige Geschäftsfrau werden. Aber dafür und – wie ich finde – eine merkwürdige Spur von Treue zu ihrem schwankenden Architekten („Wie glücklich könnte ich mit beiden sein, nicht" Weißt du, *er* scheint das Gefühl zu haben – gerade jetzt heißt es, er lebe dauerhaft in Storrington mit seiner Frau Nr. 1, die krank ist, das arme Ding) ... aber aus diesem und diesem Grund denke ich, dass Beryl einen Flirt mit ihm genießen würde Sie kann mich nicht ganz erkennen, und meine unerschütterliche Strenge in ihrem Verhalten macht sie manchmal wahnsinnig – oder es könnte so werden, wenn wir beide – Sie und ich – so sehr in den Hintergrund treten muss ein so anstrengendes Leben führen und einen nach dem anderen die wichtigeren Kunden sehen. Natürlich – hier ist der Tee ..."

(Eine kurze Pause, in der der Kellner viel Unnötiges tut, um den Tee auszuschenken, bis Honoria sagt: „Lass mich dich nicht aufhalten. Ich weiß, dass du gerade beschäftigt bist . Ich rufe an, wenn wir etwas wollen.") David fährt fort: „Natürlich komme ich nach sechs, um meinen Teil der Arbeit zu erledigen. In einem Punkt ist Beryl fest; es macht ihr nichts aus, um neun, acht oder halb acht Uhr morgens zu kommen, aber sie *muss* wieder in Chelsea sein." um halb sechs, um ihre Babys zu sehen, sie zu waschen und ins Bett zu bringen. Sie hat ein winziges Häuschen in der Nähe des Trafalgar Square, und zum Glück hat sie eine ausgezeichnete und hingebungsvolle Krankenschwester, einen dieser seltenen Schätze, die Fragen stellen Sie und ein Generalkoch bilden das Unternehmen, bevor Frau Architekt Nr. 1 krank wurde. Claridge... Nun, zum Schluss zu Beryl: Ich denke, Sie – wir – können ihr vertrauen. Sie mag in ihren moralischen Vorstellungen seltsam sein, aber im Finanz- und Geschäftsleben ist sie genauso ehrlich – wie – ein Mann.

„Meine liebe Vivie – ich meine David – was für eine seltsame Aussage von *dir*! Ich nehme an, es ist Teil deiner Verfassung – passt zu der Kleidung und dem Umlegekragen und der kleinen Sicherheitsnadel durch die Krawatte –?"
"

David : „Nein, ich habe es absichtlich gesagt. Männer sind meist hasserfüllte Wesen, aber ich denke, im Geschäftsleben sind sie verlässlicher als Frauen – denken Sie mehr darüber nach, zu lügen oder jemanden im Stich zu lassen. Der Punkt, den Sie begreifen sollten, ist dieser – falls es Ihnen noch nicht aufgefallen ist: dass Beryl eine ungewöhnlich gute Geschäftsfrau geworden ist und außerdem, meine Liebe, Sie *sie* genauso verbessert haben, wie Sie *mich verbessert haben* " (Honoria weist dies mit einer Geste zurück, während sie dasitzt und schaut Ins Feuer). „Beryls Reden werden immer weniger rücksichtslos. Und sie achtet sehr darauf, einen Kunden nicht zu skandalisieren. Sie findet Adams – so erzählt sie mir – zumindest im Scherz oder in seiner Persönlichkeit so streng, dass sie jetzt nur noch über geschäftliche Angelegenheiten mit ihm spricht. und findet, dass er einen großartigen Ersatz hat; und neulich sagte sie zu Miss A. – wie Sie die leitende Angestellte nennen –, dass sie sich schämen sollte, indem sie ein Exemplar der „*Vie Parisienne*" mitbrachte Die Angelegenheit – Sie erinnern sich, Nr. 3875 – war meisterhaft; und Frau G. hat darauf bestanden, 5 Prozent Provision für das zurückgewonnene Eigentum zu zahlen. Und es war Beryl, die dieses Leck in den „Variegated Tea Rooms" herausfand Ich hatte es nicht bemerkt. Ich denke, wir brauchen uns keine Sorgen um Beryl zu machen, besonders wenn ich in Wales bin und Sie sich Ihrer Mutter hingeben – wie Sie es tun sollten Komm *schon*, Honoria –" (Kellner tritt ein. David sagt „Oh, verdammt", halb hörbar. Der Kellner wird in seinem Verdacht bestätigt, aber da er Honoria sehr mag, beschließt er, im Zimmer des Stewards nichts darüber zu sagen. Sie ist so eine nette junge Dame. Er erklärt, dass er gekommen ist, um das Teegeschirr abzuholen, und Honoria antwortet: „Großartige Idee! Jetzt, David, kannst du den ganzen Tisch für deine Rechnungen haben! ")... . „Es kommt *so weit*, *Honoria*", *sagt David und räuspert sich*, *„dass du dich bald nicht mehr mit den Angelegenheiten von Fraser und Warren* belästigen willst , und wenn ich mich wirklich mit dem Anwaltsgeschäft beschäftige, werde auch ich etwas verlangen." Lasst uns also dankbar sein, dass es Beryl so gut geht . Ich glaube eher , dass ihr in diesem Sommer mehr Büroräume besorgen und ihr ein paar verantwortungsbewusstere Frauen zur Seite stellen müsst Major Armstrong.

Honoria : „Natürlich *werde* ich ihn eines Tages heiraten. Ich nehme an, dass ich das am Tag nach meiner ersten Begegnung gespürt habe Er kam verwundet von Ihrem Lieblingsort Südafrika zurück. Michael Rossiter – der „Army" sehr mag – ich glaube, sie waren zusammen in der Schule oder am College – sagte zu Linda, seiner Frau: „Hier ist Armstrong, der es will." Heiraten. Frau muss ein wenig Geld haben, sonst muss er Petworth Manor weiter vermieten, eine der besten Frauen, die ich je getroffen habe – oder es bald sein wird. Lasst uns sie zusammenbringen und ein Match daraus machen."

„ Also werden wir alle zu einem Mittagessen einberufen, mit einer geplanten Vertagung nach Kew – was *Sie* verraten haben – und da ist es. Aber Spaß beiseite, ‚Armee' ist ein Schatz und ich bin mir sicher, dass er mich mittlerweile noch mehr will als mein Geld – und ich will ihn auf jeden Fall, ich werde bald dreißig, und ich sehne mich nach Kindern und möchte nicht, dass sie zu spät im Leben zu mir kommen."

David : „Du hast gesagt, er mag *mich nicht* …"

Honoria : „Oh, das war halber Unsinn. Als wir uns alle letzten Sonntag bei den Rossiters trafen , wurde er sehr eifersüchtig und misstrauisch. Auf die Frage, wer dieser Whipper-Snapper sei – sagte ich, dass man weder peitscht noch schnappt, besonders wenn man freundlich behandelt wird. Dann sagte er: „Wer.“ war dieser junge Madonna-Mann – ein Ausdruck, den er offenbar von Lord Cromer übernommen hatte, der ihn auf jeden Neuankömmling aus dem Auswärtigen Amt anwandte – Armstrong war einst sein Militärsekretär. Ich war überrascht zu hören, dass er Sie für weibisch hielt –. Ich habe von Ihrem Fechten und Reiten gesprochen – ich wollte nur „Hockey“ und „Krocket“ hinzufügen: Dann fiel mir ein, dass sie als weibliche Freizeitbeschäftigungen angesehen werden könnten, weshalb Militärmänner immer einen guten Schwimmer respektieren von ihnen funkelt das Wasser ... Ich wollte gerade erklären, dass Sie der Cousin eines guten Freundes von mir waren und mir in meinem Geschäft geholfen haben, als ein Kommissar aus Quansions in einem Hansom kam und sagte, dass es meiner Mutter sehr schlecht ging wieder schlimm. „Armee“ und ich gingen zurück in die Hansom, aber ich weinte ein wenig und da er ein Gentleman war , drängte er nicht auf seinen Anzug ...“

Betreten Sie Lady Frasers Krankenschwester auf Zehenspitzen. Sagt mit sehr gedämpfter Stimme: „Major Armstrong hat angerufen, Miss Fraser. Er kam, um sich nach Lady Fraser zu erkundigen. Ich sagte, dass es ihr eher etwas besser ginge und sie gut geschlafen hätte. Dann fragte er, ob er Sie sehen dürfe.“

Honoria : „Auf jeden Fall. Würde es Ihnen etwas ausmachen, ihn hier hereinzuführen? Dann erspare ich mir das Klingeln für den Kellner.“

Auftritt Major Armstrong. Beim Anblick von David errötet er und sieht grimmig aus.

Honoria : „Freut mich, dass Sie gekommen sind, lieber Major. Ich habe gehört, dass Mutter ein gutes Nickerchen gemacht hat. Ich muss sofort zu ihr gehen. Sie kennen David Vavasour Williams? – Davy! Sie *müssen* Ihren zweiten Namen wirklich weglassen! Es wird so Es ist ermüdend, es jedes Mal sagen zu müssen, wenn ich dich vorstelle.

Armstrong verbeugt sich steif und David, der mit einem wohlgeformten Fuß in einem ordentlichen Stiefel am Rand des Kamins steht, blickt auf und erwidert die Verbeugung.

Honoria : „Das geht nicht. Ihr seid zwei meiner liebsten Freunde, und doch grüßt ihr euch kaum. Seit meinem fünfzehnten Lebensjahr habe ich immer beschlossen, dass ich mein Leben niemals als Männer und Frauen in einer Romanze verbringen würde – vernachlässigen.“ Missverständnisse schleichen sich immer weiter ein , wo fünfzig Worte sie ausräumen könnten

– oder zumindest habe ich Ihre gebrochenen Sätze nie mit so vielen Worten abgelehnt. Ja – wenn du mich haben willst. Du weißt nur ganz genau, dass ich dich nicht wirklich heiraten kann, solange meine Mutter so krank ist …“

Major Armstrong, sehr rot im Gesicht, in einer Mischung aus Jubel, Mitgefühl und Verärgerung darüber, dass die Angelegenheiten seines Herzens vor einem peitschenden Fremden besprochen werden, sagt: „ *Honoria!* Ist das mein *Ernst* ? Oh …“

Honoria : „Natürlich meine ich es ernst! Und wenn ich mich zurückziehen würde, könnten Sie jetzt eine Klage wegen Bruch des Eheversprechens einleiten, mit David als wichtigem Zeugen. DVW – der übrigens ein Cousin meines *besten Freundes ist* – meine Freundin fürs Leben, ob Sie sie mögen – was Sie tun sollten – oder nicht – Vivie Warren … David liest für die Anwaltschaft und ist nicht nur Ihr Zeuge für das, was ich gerade gesagt habe, vielleicht auch – wenn Sie es aufschieben würden Eure Taten lange genug – seid Euer Rat... Und nun seht mal“, (mit einem Stocken in der Stimme) „Ihr zwei lieben Dinger… Ich habe seit Nächten nicht richtig geschlafen David, mein Lieber, wenn du noch etwas über Geschäfte reden *musst* , bevor du nach Wales gehst, musst du mich morgen besuchen ... Liebste Mutter, ich kann den Gedanken nicht *ertragen* , dass du mich vielleicht nicht mehr siehst ! Glück." (David zieht sich diskret zurück, ohne sich offiziell zu verabschieden, und als er hinausgeht und der Feuerschein aufflackert, sieht er, wie Armstrong Honoria in seine Arme nimmt.)

KAPITEL VIII

DIE BRITISCHE KIRCHE

David hatte während Hilarys Amtszeit bei Mr. Stansfield vom Inner Temple intensiv gelesen; er hatte die Prüfungen mit Bravour bestanden; Er hatte für *Fraser und Warren* knifflige Probleme im juristischen Bereich gelöst und hatte, wie bereits erwähnt, begonnen, sich in die Gesellschaft zu begeben. Tatsächlich wurde er seit den Rossiters -Donnerstagen und Praeds Atelierabenden von einflussreichen Personen aufgenommen, die erfreut waren, ihn geistreich, mit einer bezaubernden Stimme und mit ruhigen, aber unangreifbaren Manieren vorzufinden. Über sein gutes Aussehen gingen die Meinungen auseinander. Einige Frauen bezeichneten ihn als bezaubernd, eher Sphynx-ähnlich, wissen Sie, aber ziemlich faszinierend mit seinen ausgeprägten Augenbrauen, seinen dunklen, geschwungenen Wimpern, den satten, warmen Farbtönen seines Teints, den unergründlichen grauen Augen und der kurzen Oberlippe der Niedergang der Jugend darauf. Andere Frauen gaben ohne Angabe von Gründen zu, dass er keinen Einfluss auf ihre Sensibilität hatte – sie mochten Jurastudenten nicht, sagten sie, auch wenn sie eher literarisch veranlagt waren; Sie mochten auch keine Pfarrer, Ladengänger und Seitenmänner ... und Sonntagsschullehrer. Gib ihnen *männliche* Männer; bekennende Soldaten und Seeleute, Jagdhundreiter, Sportler, Großwildjäger, Wildhüter, Chauffeure – der Chauffeur wurde zu einem neuen Faktor in der Gesellschaft, Bernard Shaws „Übermensch" – Preiskämpfer, Fleischverkäufer – dann wusste man, wo man war war.

Ebenso waren die Menschen in ihrem Urteil über ihn gespalten. Manche mochten ihn sehr, sie konnten nicht genau sagen, warum. Andere sprachen verächtlich über ihn, wie es Major Armstrong getan hatte. Das lag teils daran, dass bestimmte Frauen dazu neigten, ihm nachzulaufen – und daher an der Eifersucht auf den professionellen Damenmörder der militärischen Spezies – und teils an dem vagen Gefühl, dass er rätselhaft sei – Sphynx-ähnlich, wie manche Frauen sagten . Manchmal war er zu schweigsam, besonders wenn die Unterhaltung unter Männern zu anzüglichen Geschichten tendierte; Er war sarkastisch und schlagfertig, wenn er sprach. Und er ließ sich nicht so leicht schikanieren. Wenn er einer unverschämten Person begegnete, zeigte er seine volle Wirkung, der Blick aus seinen grauen Augen war unerschütterlich, als würde er die Herausforderung stillschweigend annehmen, an seiner linken Hüfte hing ein unsichtbares Degen, ein Ausdruck der Körperhaltung was unerschrockenen Mut zum Ausdruck brachte.

Honorias Geschichten über seine Fähigkeiten im Fechten, Reiten, Schwimmen und Ballspielen halfen ihm dabei. Sie waren völlig wahr oder hinreichend wahr – *mutatis mutandis* – und haben sich bewährt, als sie auf die Probe gestellt wurden. David fand es in der Tat gut, während dieser ersten Saison in der Stadt einen Geländewagen zu mieten, um ein wenig im Park herumzufahren – es erhöhte seine Ausgaben in der einen oder anderen Richtung nur um etwa fünfzig Pfund und beeindruckte einige der Bencher, die anfingen, ein Auge auf ihn zu werfen ihn. Ein älterer Richter – ebenfalls Parkreiter – entwickelte ein fast unbequemes Interesse an ihm; lud ihn zum Abendessen ein, stellte ihn seinen Töchtern vor und wollte viel über seine Position und seine Aussichten wissen.

Im Großen und Ganzen war es eine deutliche Erleichterung von seiner öffentlichen Stellung, von dieser zunehmenden Zahl von Stadtbekanntschaften, dieser immer breiter werdenden, mit listigen Fallstricken übersäten Spur, seine Zimmer abzuschließen und über die Osterferien nach Wales zu fahren. Ostern war in diesem Jahr spät – oder das muss für den Zweck meiner Geschichte so sein – und David hatte Glück mit dem Wetter und der Temperatur. Wenn West Glamorganshire im Hochsommer üppig und grandios schön ausgesehen hatte, so hatte es im frühen Frühling, im April, einen exquisiten, wenn auch ganz anderen Charme. Die großen Bäume waren mit smaragdgrünen Blattknospen übersät; Die Kirschen, zahm und wild, die Schwarzdornbäume, die Pflaumen und Birnen in Obstgärten und auf alten, alten, grauen Mauern standen in voller Blüte in jungfräulichem Weiß. Die Apfelbäume zeigten im Laufe der Zeit rosafarbene Knospen. Die Gärten waren voller Mauerblumen – das bewohnte Land roch nach Mauerblumen – lila Fahnen, Narzissen, Hyazinthen. Der Wald war herrlich mit Primeln übersät. Auf den Lichtungen ragten unzählige Speere violetter, halbgeöffneter Glockenblumen empor; das Auge schweifte über eine mit Anemonen übersäte Grasnarbe in diese Richtung; über Büscheln kleinblauer Hundsveilchen in einem anderen. Damenkittel und Schlüsselblumen machten jede Wiese köstlich; und die Ufer der Tieflandbäche waren prachtvoll mit Königsbechern vergoldet. An schönen Tagen waren die Berge in der Ferne blau und violett; blassgrün und grau im Vordergrund. Unter den Aprilschauern und Sonnenstrahlen wurden sie tragisch, verzaubert, schrecklich, paradiesisch. Sogar die Bergbaustädte waren erträglich – in der Frühlingssonne. Hätte der Mensch nichts unversucht gelassen, um Abscheulichkeit auf Abscheulichkeit zu häufen , flache Hässlichkeit auf ekelerregendes Elend, wäre er nicht in der Lage gewesen, das Himmelsgewölbe in seinem klaren Blau zu beeinflussen, alle Rauche und Dämpfe wurden von den Frühlingswinden vertrieben; Es war ihm nicht gelungen, die weiten Ausblicke zu neutralisieren, die sich von den schmutzigen, einstöckigen Behausungen der Bergleute aus boten , das Panorama von Hügeln und Ebenen, von glitzerndem Wasser, hoch aufragenden Gipfeln und smaragdgrünen Lärchenwäldern inmitten der Blaukiefern schwarzgrüne Eiben.

David hatte ihm in früheren Briefen, in denen er sich das Budget seines Vaters anschaute, gezeigt, dass er es sich leisten könne, ein Pony und einen Ponywagen zu behalten. Dieser wartete daher an der kleinen Station auf ihn, zusammen mit dem Gärtner, der ihn fahren sollte. Aber innerhalb einer Woche hatte David, der bereits ein guter Reiter war, unter der Anleitung des Gärtners das Autofahren gelernt und konnte dann mit seinem begeisterten Vater ganztägige Ausflüge unternehmen, um die Schönheiten der Landschaft zu genießen.

Sie hatten einen Weidenkorb mit einem reichhaltigen Mittagessen dabei, das von Bridgets großzügigen Händen zubereitet worden war. Sie hielten irgendwo auf einem Gebirgspass an; Binden Sie das Pony an, setzen Sie sich auf einen karierten Schal, der über einen Felsbrocken geworfen wird, und erfreuen Sie sich an den grünen Bergschultern, die sich vor dem blassblauen Himmel erheben. oder blicken Sie über Schluchten, die der Schweiz nicht unwürdig sind. Oder sie stellten ein Pony und einen Karren in irgendeinem Dorfgasthaus auf und erkundeten alte zinnenbewehrte Kirchen und Friedhöfe mit Grabsteinen aus dem 17. und 18. Jahrhundert , die weitaus geschmackvoller und ansehnlicher waren als die abscheulichen Totendenkmäler des 19. Jahrhunderts. Und immer wieder rezitierte der alte Vater, der immer mehr wie ein Druide aussah, dieses bezaubernde Frühlingslied, den 104. Psalm; oder Fragmente walisischer Poesie, die auf Walisisch sehr gut klingen – wie griechische Poesie zweifellos in richtig ausgesprochenem Griechisch tut, aber bei der Übersetzung ins einfache Englisch in ihren Bezügen zu Erde, Meer, Himmel und Flora besonders kahl und vage sind.

David äußerte einige solcher Meinungen, die seinen Vater, der in der konventionellen Schule der grenzenlosen, unvernünftigen Verehrung der hebräischen, griechischen und keltischen Klassiker aufgewachsen war, ziemlich empörten. Von da an gingen sie zu den großen Problemen über, den unbestimmbaren Problemen des Universums; die schreckliche Kleinheit der Menschen – vielleicht bloße Läuse auf dem struppigen Körper eines schrumpfenden, sterbenden Planeten einer fünftklassigen Sonne, einer von einer Milliarde anderer Sonnen. Der Revd. Howel schaute, wie die meisten christlichen Geistlichen aller Zeiten, natürlich nie in den Mitternachtshimmel und dachte auch nur an die Schrecken und Geheimnisse der Astronomie, einer Wissenschaft, die tatsächlich so modern ist, dass sie erst vor zwei- oder dreihundert Jahren in die Realität umgesetzt wurde vor; und wird bis heute nur von etwa zehntausend Menschen in Europa und Amerika ernst genommen. Wo in diesem unermesslichen Universum – das tatsächlich nur eines von mehreren Universen sein könnte – war Gott zu finden? Ein Gott, der über die Ernährung eines kleinen Wüstenstammes verärgert war, der einst viel Aufhebens um Brandopfer und das Fett von Widdern machte; bei einem anderen lehnten sie Volkszählungen ab; zu einem anderen und späteren Zeitpunkt wollte er ein Menschenopfer, um seinen Zorn zu besänftigen; oder wer die Fauna und Flora der Welt durch eine Überschwemmung ausgewaschen hatte, die keine geologischen Beweise dafür hinterlassen hatte, dass sie stattgefunden hatte. „Hast du jemals an die Dinosaurier gedacht, Vater?" sagte David am Ende einer solchen Tirade – ein Ausbruch von Freidenkertum, der diesen Vater in früheren Jahren möglicherweise zu Zorn und wütendem Protest verärgert hätte, der ihn jetzt aber aus irgendeinem Grund nur noch benommen und geistesabwesend zurückließ. (Es waren die Kolonien, die es geschafft hatten, dachte er, und die Ateliergespräche dieses dilettanten Architekten. Nach und nach würde sich David an der Anwaltskammer hervortun, heiraten, sich niederlassen und die orthodoxe Einstellung der Engländer wieder aufnehmen – oder so er nannte es gern die britische Kirche.)

„Die Dinosaurier, mein Junge? Nein. Was waren sie?"

David: „Die echten Drachen, die Drachen der Blütezeit, die über England, Wales, Schottland, Europa, Asien und Nordamerika – und ich wage zu sagen auch Afrika – schwärmten. Eine der erstaunlichsten Tatsachen dessen, was Sie „Schöpfung" nennen, obwohl vielleicht nur eine von vielen Hautkrankheiten, die den Planeten heimgesucht haben – Nun ja, die Dinosaurier haben sich – so Rossiter – etwa drei Millionen Jahre lang weiterentwickelt und perfektioniert – Dann waren sie auf dem Müll Energie!... "

Vater: „Ah, es ist Rossiter, der dir all diese Ideen in den Kopf setzt, nicht wahr?"

David (errötend); „Oh je, nein! Ich habe früher an sie gedacht (will gerade ,Newnham' sagen, ersetzt aber ,Malvern') – in Malvern –"

Vater (trocken): „Ich freue mich zu hören, dass du über etwas nachgedacht hast – zumindest über etwas Ernsthaftes – inmitten deiner Schwierigkeiten und Schulschwänzen – aber mach weiter, lieber Junge. Es ist mir eine Freude, dich sprechen zu hören." . Es erinnert mich – ich meine deine Stimme – an deine arme Mutter, David, und obwohl alles vorbei ist, glaube ich, dass ich ihr *jetzt vergeben sollte*, wenn sie nur zu mir zurückkäme . Ich bin manchmal *so* einsam, Junge, ich wünschte, du würdest heiraten und dich hier niederlassen – ein nettes Mädchen – und mir Enkelkinder schenken, bevor ich sterbe Für Ihren Anruf bei der Anwaltschaft. Wieso kann man bei einer so klugen Person nicht darauf warten, dass man Ihnen eine Zulage gibt? Wie Sie genannt wurden, konnten Sie dann der Südwales-Runde folgen – nun, erzählen Sie mir von Ihren Dinosauriern. Ich glaube mich zu erinnern, dass Professor Owen sie erfunden hat –, aber *er* hat nie in seinem Glauben gewankt und war der große Gegner dieses unbesonnenen Mannes, Darwin.

Oh, *ich* erinnere mich jetzt an die alten Kontroversen – was für ein Getreuer war der Bischof von Winchester! Sie konnten ihn bei ihren wissenschaftlichen Treffen nicht ertragen – wenn ich mich recht erinnere, gab es eines in Bath, und er brachte sie alle in die richtige Reihenfolge. Was ist mit deinen Dinosauriern? Ich leugne ihre Existenz nicht; Es sind nur die Zeitschätzungen, die so lächerlich sind. Gott erschuf sie und zerstörte sie in der großen Sintflut, wovon ihre fossilen Überreste zeugen …"

David würde jedoch davon absehen, solche vergeblichen Argumente weiterzuverfolgen; Ich bin tatsächlich überrascht über seine eigenen Ausbrüche, außer dass er Unaufrichtigkeit hasste. So neu und beunruhigend für seinen Vater diese Anklänge an das Neue Lernen auch waren, in seinem äußeren Verhalten war er orthodox und äußerst brav. Die geistlichen Übungen des Revd. Howel war dürftig geworden und durch seine nachlassende Sehkraft sehr eingeschränkt. Die Erholung nach der Operation kam im Leben zu spät, um eine Ausweitung öffentlicher oder privater Andachten herbeizuführen. Familiengebete beschränkten sich auf den Erinnerungsvortrag einer Ermahnung, eines Geständnisses und einer Absolution, gefolgt vom Vaterunser und einem Segen. Die Gottesdienste in der Kirche beschränkten sich auf Morgen- und Abendgebete mit der Kommunion am ersten Sonntag im Monat und einer Predigt im Anschluss an das Morgengebet. Es gab niemanden, der Orgel spielte, wenn die Lehrerin nicht erschien – was oft vorkam. David verwandelte jedoch gewissenhaft die normale fünfköpfige Gemeinde – Bridget, die damalige Magd, den Gärtner-Bräutigam, den Küster und einen Bäcker-Kirchenvorsteher – durch seine konstante Anwesenheit in sechs. Während der Hälfte seines Aufenthaltes lockte das Gerücht über seine Anwesenheit und sein gutes Aussehen und seine große spirituelle Entwicklung eine beträchtliche Gemeinde an, hauptsächlich aus jungen Frauen und ein paar verlegenen Jugendlichen; so dass sein Vater gleichzeitig begeistert und verlegen war. Sollte dies eine Wiederbelebung der Kirche sein? Wenn ja, verzeihte er David bereitwillig seine Theorien über die Dinosaurier und seine Zweifel an den unveränderlichen Beweisen der göttlichen Weisheit in der Schöpfungsgeschichte.

Wenn irgendein anderer Gedanke als die tiefe Zuneigung zu diesem lieben alten Mann und die Reue für seine unklugen Ausbrüche des freien Denkens David in dieser Angelegenheit geleitet hatten, dann war es eine völlige Abneigung gegen die Gottesdienste und den Einfluss der calvinistischen Kapelle im Dorf, dem Kleinen Bethel , unter dem Vorsitz von Pastor Prytherch , einem fanatischen Schmied, der Phasen heimlicher Trunkenheit und Episoden von Animalismus mit Orgien der Selbsterniedrigung abwechselte, während derer er – halb eingestehend zu seinen eigenen Verfehlungen – frei und untadelig dieselben Laster dem Mann zuschrieb die

Hälfte seiner überfüllten Gemeinde. Diese Ergüsse –" Pechadur truenus wyf ich ! Arglwydd madden i mi!" – spontane Gebete, Psalmen, die mit schwingendem Körper gesungen wurden, lärmend gesungene Hymnen, Schriftlesungen mit einer Begleitung von Stöhnen, hysterischem Gelächter und zustimmenden Einwürfen und ein ausschweifender Diskurs – der eine ganze Stunde dauerte in der walisischen Sprache; und David verstand bei seinen drei oder vier Besuchen – und man kann sich vorstellen, was für ein Aufsehen sie erregten – der Sohn des Pfarrers – vielleicht selbst kurz davor, *seine* Sünden zu bekennen ! Aber er gelangte bald zu dem Schluss, dass Religion für Religion, die von der englischen – „Nun, Vater, Sie haben recht – den ‚Briten'" ausgedrückte – Kirche in Wales an Vernünftigkeit und Stabilität um ein Vielfaches überlegen war zu den negroiden Ausbrüchen der Calvinisten Tatsächlich waren sie kaum mehr Anhänger des Reformators Calvin als sie Ignatius Loyola waren; Boden von Wales, etwas viel Älteres als das Druidentum, etwas Zeitgenössisches mit den Glaubensvorstellungen der Jungsteinzeit.

Vor achtzehn Jahren war ein Großteil von Wales ebenso vom Whisky versklavt wie noch immer das keltische Schottland, das keltiberische Irland, Lancashire, London und das böse kleine Kent. Vor dem völligen Untergang konnte es nur durch zehnjährige religiöse Erweckungen bewahrt werden, denen etwa drei Monate lang völlige Abstinenz und eine grimmige Enthaltsamkeit folgten.

Ungefähr zu dieser Zeit – während Davids ausgedehntem Frühlingsurlaub in Wales (er hatte viele Gesetzesbücher mitgebracht, um sie zu lesen) – hatte eine der durch die Zeitungen berühmt gewordenen Erweckungsveranstaltungen begonnen. Angeführt wurde es von einem jungen Propheten – einem Fußball-Halbverteidiger oder wie man sie nennt, obwohl ich, der ich Gründlichkeit bevorzuge, beim Fußballspielen meinen ganzen Rücken hingeben würde, um die Hauptlast zu tragen –, der Visionen von Teutonically sah - gezeugte Engel mit Flügeln, die „Stimmen" hörten, in ständiger Kommunikation mit dem Erlöser der Menschheit standen und mit Gott vertraut waren, eine schöne Tenorstimme hatten und emotionale Männer und hysterische, liebeskranke Frauen zu Tränen rührten, ja sogar zum Brüllen rührten durch seine Gebete und Lieder. Seit einigen Wochen beschränkte sich seine Öffentlichkeitsarbeit auf halbverächtliche Absätze in der South Wales Press. Dann nahm ihn der *Daily Chronicle auf*. Ihr bekannter, emotionaler Artikelautor, Mr. Sigsbee, sah in ihm eine „Kopie" und – um ihm gerecht zu werden (denn da stimmte ich ihm zu) – eine Chance, die Rüstung der Hand im Handschuh zu durchdringen – mit den Brennereien der Regierung, also ging er nach Wales, um ihn anzuschreiben. Drei Wochen lang wurde er interessanter als ein Kabinettsminister . In der Tat kamen Kabinettsminister oder solche, die es beim nächsten Mal werden wollten, zu ihm. Einige befürchteten, er könnte ein kleiner Messias werden und Wales in eine offene Revolte führen; andere, dass er den Whiskyhandel zerschlagen und die Einnahmen beeinträchtigen könnte. Mr. Lloyd George wollte bei einem Pro-Boer-Treffen in Aberystwith (oder?) eine Rede halten, traf ihn an einem Eisenbahnknotenpunkt, an dem ein Hof aus ehemaligen Fußballern und reformierten Royals teilnahm , und sagte bei der Anhörung eines Reporters: „Ich muss kämpfen." mit dem Schwert des Fleisches; aber du kämpfst mit dem Schwert des Geistes" – was auch immer das bedeutet haben mag – und ich erhebe keinen Anspruch auf vollständige Genauigkeit der Erinnerung – ich weiß nur, dass ich damals sehr wütend auf die ganze Bewegung war, weil dadurch die Rezension meines neuen Buches im *Daily Chronicle auf unbestimmte Zeit verzögert wurde.* Nun, dieser Evan – bei all solchen Bewegungen ist ein Evan unvermeidlich – Evan Gwyllim Jones – mit den schwarzen Augen, dem üppigen schwarzen Haar, den wunderschönen Gesichtszügen (er war ein hübscher Junge) und der herrlichen Stimme hielt im Freien und in jedem verfügbaren Gebäude Vorträge bei Versammlungen von vier Wänden. Tausende zogen ihre Namen aus dem Fußball zurück , fast zwei Millionen müssen das Versprechen übernommen haben – und zwar nicht nur ein Anti-Whisky-Versprechen, sondern auch einen entschiedenen Verzicht auf den am stärksten verdünnten Alkohol; und ungefähr zweihundertfünfzigtausend bekannten ihre Sünden der Unkeuschheit und schworen, für den Rest ihres Lebens wiedergeborene Galahads zu sein. Es war ein spiritueller Frühjahrsputz, so drastisch und übertrieben wie die so genannten häuslichen Unruhen. Aber es hat Südwales dennoch sehr viel Gutes getan; Und obwohl es sich um eine siebte Welle handelte, ist die Flut an Mäßigkeit, Sparsamkeit, Sauberkeit, körperlich und geistig, im wunderschönen romantischen Fürstentum seitdem auf ein höheres Durchschnittsniveau gestiegen. Evan Gwyllim Jones hat es jedoch übertrieben. Er musste sich von der Welt in ein Heim zurückziehen – manche sagten sogar in eine psychiatrische Klinik. Sechs Monate später tauchte er auf, von seinen „Stimmen" geheilt, viel rundlicher und – vielleicht – die arme Seele – einiger seiner Illusionen und Ideale beraubt; aber er heiratete die Witwe eines Lebensmittelhändlers aus Cardiff, und der *Daily Chronicle* erwähnte ihn nicht mehr.

Die Ansteckung durch seine Versammlungen drang jedoch bis in den Agrarbezirk vor, in dem Pontystrad lag. Fünf Dörfer sind völlig aus den Fugen geraten. Der Schmied-Pfarrer musste vorübergehend in Untersuchungshaft genommen werden. Ziemlich anständig aussehende, ahnungslose Leute gestanden weitaus schlimmere Sünden, als sie jemals begangen hatten. Es entstand eine Aristokratie der Ausgestoßenen. Drei Gasthäuser, in denen kaum Schlimmeres als schlechtes Bier verkauft wurde, wurden entkernt, angesehene Bäuerinnen tranken Eau-de-Cologne statt Schnaps, mehrere überfällige Ehen fanden statt, es gab eine Reihe von

Frühgeburten und die Mitgliedschaft in den Fußballvereinen wurde katastrophal reduziert. Die Aufregung war so groß, dass wenig Arbeit geleistet wurde und die uneheliche Geburtenrate in West-Glamorganshire – die schon immer hoch war – in den ersten Monaten des Jahres 1903 noch höher wurde.

David wurde von den Arbeitgebern, den Bauern, den Leitern der Chemiefabriken, den Bergbau- und Hüttenwerken, den Gutsbesitzern und den Postmeistern angeworben, um die Ordnung wiederherzustellen. Er predigte gegen die Erweckungsbewegung. Nicht ohne mangelndes Mitgefühl, ohne Entschuldigung für die wahren Übel, die sie anprangerten. Er sprach sich mit Nachdruck gegen die Lockerung der Moral aus, empfahl eine frühe Ehe und vor allem *Bildung* ; prangerte den Alkoholkonsum so energisch und überzeugt an, dass er sich noch während seiner Rede dazu entschloss, von nun an auf alles Stärkere als Lagerbier und die leichteren französischen und deutschen Weine zu verzichten. Aber er warf entschieden kaltes Wasser gegen den fantastischen Unsinn, der diese emotionalen Ausbrüche der sogenannten Religion begleitete; lud seine Zuhörer ein, sich – zumindest elementar – mit Astronomie und Biologie zu beschäftigen; hat den Fußball nicht herabgewürdigt, sondern nur ein mäßiges Interesse an solchen sinnlosen Sportarten angeraten; empfahl Freiwilligenarbeit und die Erfahrung mit Gewehren, soweit dies vorzuziehen sei, da wir immer in der Gefahr eines europäischen Krieges oder einer drastischen Wiederbelebung des unverschämten Konservatismus stünden.

Dann richtete er seinen Appell an die Frauen. Er sprach von den Gefahren dieser Hysterie; der Bedarf an besonnenen Hausfrauen in unseren Räten bestand; wie sie sich zunächst für das Wahlrecht qualifizieren und es dann einfordern sollten, nachdem sie bereits das Bürgerwahlrecht erlangt haben. (Hier missbilligten ihn einige der Arbeitgeber , zupften ihn am Arm oder am Saum seiner Kühljacke, und ein Knappe stolperte vom Bahnsteig.) Aber er hielt durch und erwärmte sich für ein Thema, das ihn bisher kaum interessiert hatte. Seine Reden gingen über die Köpfe seines bäuerlichen Publikums hinaus; aber sie waren eine sensiblere Harfe zum Spielen als das durchschnittliche angelsächsische Publikum. Viele Frauen weinten, wenn auch nur höflich, als er ihren Einfluss in einem reformierten Dorf, einem gereinigten Fürstentum, darlegte. Die Männer applaudierten hektisch, denn trotz einiger vorsichtiger Zurückhaltung schienen seine Vorschläge eine Revolte zu versprechen. David spürte den elektrisierenden Nervenkitzel des Redners im Einklang mit seinem Publikum; die aus diesem Grund nach weiteren Triumphen und noch lauteren Reden streben werden. Er führte Brocken Walisisch ein – alles, woran sich sein autotrunkenes Gehirn erinnern konnte (Wie physisch wahr war dieser Spott von Dizzy – „Berauscht von der Überschwänglichkeit seiner eigenen Ausführlichkeit!").

Und das begeisterte Publikum rief zurück: „Du bist der Mann, den wir wollen! Du sollst ins Parlament gehen, Davybach " und vieles mehr. So stellte David in den fünf Dörfern ein nüchternes Leben und einen nüchternen Glauben her, ließ sie aber mit einer neuen, entfachten Begeisterung zurück. Bevor er nach seiner Rückkehr nach London und den Strapazen seines Berufes abreiste, hatte er eine weitere Veränderung vorgenommen. Weil er so gesprochen hatte, wie er gesprochen hatte, und die Herzen emotionaler Menschen berührt hatte, kamen sie zurück zur Kirche seines Vaters, zur „britischen" Kirche, wie David sie jetzt nannte. Das kleine Bethel war leer und der Pastor-Schmied hatte die Anstalt in Swansea noch nicht verlassen. Der Revd. Howel Williams trat auf Sendung. Seine Predigten wurden furchtbar lang und kompliziert, aber für sein walisisches Publikum war das kein Nachteil; obwohl es seinen Sohn innerlich zum Fluchen brachte und ihn mit der bevorstehenden Rückkehr nach Fig Tree Court versöhnte. Der alte Druide fühlte sich inspiriert, die hundert Anwesenden davon zu überzeugen, dass die Kirche, zu der sie zurückgekehrt waren, die Kirche ihrer Väter *war*, und zwar nicht nur aus der Römerzeit, als Glamorganshire sich in einer italienischen Zivilisation sonnte, sondern noch darüber hinaus. Er zeigte, dass die Druiden eher als ante-christlich denn als anti-christlich zu bezeichnen seien – mit einem *i*; und spielte schwerfällig mit diesem Witz. Er bemerkte, dass man im Druidismus – ich weiß sicher nicht, warum, aber es war sein Hobby – eine bemerkenswerte Vorahnung des Christentums hatte; die Idee des Menschenopfers, der Sühne, der Gemeinschaft der Heiligen, des mystischen Weinstocks, den er unbeholfen mit der Mistel identifizierte, und was sonst noch. Er las Teile seiner privat veröffentlichten *Taliessin -Geschichten* . Kurz gesagt , sein rosiges Gesicht und seine erholten Augen strahlten ein solches Glück aus, dass David seine eigenen Verfehlungen in die konventionelle, stereotype Religion keineswegs bereute. Die Church of Britain mochte steif und benommen sein wie die Nachkommen Elisabeths, aber sie war stattlich, sie war respektabel – so wie die große, jungfräuliche Königin äußerlich auch aussah – und es war leicht, mit ihr zu leben. Nur riet er seinem Vater, zwei Dinge zu tun: Niemals länger als eine halbe Stunde zu predigen – selbst wenn das bedeuten würde, eine kleine amerikanische Uhr auf dem Kanzelsims laufen zu lassen; und einen Pfarrer zu bekommen, damit der neue Enthusiasmus nicht abkühlte und sein Vater, der fast siebzig war, sich nicht überanstrengte. Er wies darauf hin, dass er durch die Abgabe des größten Teils des Glebe-Landes und die vorzeitige Überlassung von Davids „Taschengeld" einen jungen und energischen Walisisch sprechenden Pfarrer gewinnen könnte, dessen Rest seines existenzsichernden Lohns – da war er sicher – aus der Stadt stammen würde Diözesanfonds des Bistums St. David.

Der Revd. Howel ließ ihm freien Lauf (dies geschah, nachdem David nach Fig Tree Court zurückgekehrt war), und im darauffolgenden Juni wurde ein treuer junger Pfarrer im Dorf untergebracht, der den Großteil der fortschrittlichen Kirchenarbeit aus den fummeligen Händen des lieben Alten übernahm Pfarrer. Er war ein durch und durch guter Typ, dieser Pfarrer, der von keinerlei Zweifeln geplagt wurde, ein leidenschaftlicher Abschlagspieler , ein Half-Back oder Whole-Back – ich weiß nicht mehr, was – im Football, ein guter Boxer und ein unermüdlicher Organisator. Das kleine Bethel wurde verkauft und schließlich in die Aufbewahrungs- und Trockenkammer eines Saatguthändlers umgewandelt. Der Pfarrer heiratete im Laufe der Zeit die Tochter des Gutsherrn, und ich wage zu behaupten, dass der Pfarrer lange danach die Nachfolge antrat. Howel Vaughan Williams, als dieser starb – aber dieses Datum liegt meiner Geschichte noch weit voraus. Auf jeden Fall – ist es nicht *komisch* , wie diese Dinge zustande kommen? – Davids Maßnahmen in dieser Angelegenheit, die er unternahm, ohne zu wissen, warum, trugen viel dazu bei, Herrn Lloyd Georges spätere Versuche, die britische Kirche in Wales zu zerstören, einzudämmen.

Was hielt Bridget von all dem, von der spirituellen Entwicklung ihres Säuglings, von seiner Identität mit dem bösartigen, zwielichtigen, faulen Jugendlichen, dessen unheimliche Gabe des Designs nach seinem Aufenthalt in Südafrika völlig verloren gegangen zu sein schien? David Vavasour Williams hatte 1896 zur Erleichterung seines Vaters und des ganzen Dorfes, wenn auch sogar zum halb mitleidigen Bedauern seiner alten Amme, sein Zuhause verlassen. Er hatte ein Jahr oder länger in Mr. Praeds Atelier verbracht, um eine Ausbildung zum Architekten zu machen oder ein Szenenmaler. Dann kam er irgendwie mit Mr. Praed nicht klar und meldete sich spontan bei der südafrikanischen Polizei (in der Armee, wie es Bridget vorkam). Er war irgendwie in einen Krieg mit einem südafrikanischen Volk verwickelt, das Bridget „die Wildschweine" nannte; er ist verwundet oder krank im Krankenhaus; man hört kaum etwas davon, man vermutet fast, dass er tot ist. In all diesen fünf Jahren schreibt er kaum jemals an seinen verzeihenden Vater; hält zuletzt ein mürrisches Schweigen aufrecht. Dann, plötzlich im Sommer 1901, kehrt er zurück; Dem ging nur ein Telegramm voraus, für das aber offenbar dieser Herr Praed bürgte ; und gibt bekannt, dass er sein Walisisch und die meisten Ereignisse seiner Jugend vergessen hat, aber ein verändertes Herz und den Wunsch entwickelt hat, früheres schlechtes Benehmen durch ein gegenwärtiges gutes Benehmen auszugleichen, das fast wie ein Wunder erscheint.

Nun ja: Bridget glaubte leicht an Wunder. Vielleicht waren die Gebete seines Vaters erhört worden. Manchmal hat die Vorsehung wirklich guten Menschen einen überwältigenden Segen zuteil werden lassen. David war sicherlich ein Vavasour, wenn sein Aussehen nichts Williamshaftes an sich hatte ... Seine Mutter war nach Mrs. Bridget Evanwys privater Meinung ein Luder gewesen ... War David der Sohn seines Vaters? Hatte sie Mrs. Howel Williams nicht einmal dabei erwischt, wie sie einen jungen Fremden hinter einem Stechpalmenbusch küsste, und war Bridget nicht deshalb tatsächlich weggeschickt worden? Sie war zurückgekehrt, um sich um den hübschen, mutterlosen kleinen Jungen zu kümmern, als sie selbst eine von Kindern enttäuschte Witwe war und das Kind erst drei Jahre alt war. Würde sie sich jetzt jemals gegen ihren Säugling wenden, vor allem, wenn er sich seinem alten Vater als solch ein Sohn zeigte? Nicht sie. Er könnte sein, wer und was er wollte. Er schenkte dem lieben alten Druiden weitere zehn Jahre erneuerten Lebens und seiner alten Nanny den Fortbestand eines komfortablen Zuhauses.

Im Kleinen Bethel sprachen sie viel über einen „Sinnwandel". Vielleicht haben solche Dinge tatsächlich stattgefunden, obwohl Bridget Evanwy , die die walisische Natur gut einschätzt, daran bezweifelt. Sie würde es gerne tun, konnte aber nicht ganz glauben, dass ein Engel vom Himmel Besitz von Davids Körper ergriffen hatte und hierher gekommen war, um eine göttliche Rolle zu spielen; weil David manchmal so seltsam redete – er schien nicht nur an der Existenz einer himmlischen Heerschar zu zweifeln, sondern sogar an etwas Jenseits, das in Bridgets Augen so schrecklich war, dass sie es kaum in Worte fassen konnte, obwohl es in ihrer eigenen walisischen Sprache so irdisch war als „der große Mann" bezeichnet.

Sie würde jedoch um jeden Preis zu David stehen ... und ohne genau zu wissen, warum, beschloss sie, dass sie bei allen künftigen Besuchen sein Zimmer „aufräumen" und sich ausschließlich um ihn kümmern würde. Das „Mädchen" war ein Schwätzer, obwohl sie Mr. David mit ehrfurchtsvollen Augen und äußerst respektvoller Bewunderung ansah, während David seinerseits ihr kaum einen Blick schenkte.

KAPITEL IX

DAVID WIRD AN DIE BAR gerufen

1902 war das Jahr, in dem König Edward gesundheitlich zusammenbrach, aber auch seine endgültige Krönung stattfand. es war das Jahr, in dem Herr Arthur Balfour Premierminister wurde; Es war das Jahr, in dem Motoren in den Londoner Straßen zu wirklich bekannten, vertrauten Objekten wurden und Hansoms (glaube ich) am Vorabend ihrer Verdrängung durch Taxis Taxameter-Uhren einführen mussten. Es war auch das Jahr, in dem der Südafrikakrieg endgültig zu Ende ging und der Stern von Joseph Chamberlain mit seinem Untergang verblasste, und Frau Pankhurst und ihre Tochter Christabel gründeten in Manchester die Women's Social and Political Union.

Im Jahr 1903 erregte die Finanzkontroverse große öffentliche Aufmerksamkeit, das Kriegsministerium wurde erneut reformiert, Frauenröcke fegten immer noch über den Bürgersteig und versperrten den Ballsaal, eine Peeress schrieb an die *Times* , um sich über moderne Manieren zu beschweren, Surrey schlug Something-or -Andere im Oval, und modernes Cricket wurde als langweilig eingestuft.

Im Jahr 1904 wurde der Russisch-Japanische Krieg beendet und *Fraser und Warren* erhielten ein Jahr im Voraus von der Midland Insurance Co., dass sie ihre Räumlichkeiten im fünften Stock der Chancery Lane Nr. 88-90 räumen müssten. Das Geschäft von *F. und W.* war so beträchtlich gewachsen, dass es angesichts der nachlassenden Geschäfte der Midland Insurance Co. unerträglich wurde, den ganzen Tag über den Aufzug in den fünften Stock hinauf- und hinunterfahren zu hören. Die Haushälterin fand es auch merkwürdig, dass ein gut gekleideter junger Herr Tag für Tag nach Feierabend hereinschlich und wieder aufstand, um scheinbar allein im Zimmer von *Fraser und Warrens* Partnern zu arbeiten. *Fraser und Warren* nahmen die Mitteilung über die Hand ihrer Juniorpartnerin, Mrs. Claridge, entgegen. Ihr Geschäft hatte diese ungünstig gelegenen Büros ziemlich überwuchert und ein Umzug ins West End wurde geplant. Mrs. Claridges Plan für Wochenendhäuser war enorm erfolgreich und hatte nicht nur viel Geld in die Kassen von *Fraser und Warren gespült* , sondern auch auf das Bankkonto des klugen Architekten Francis Brimley Storrington.

[Ich finde, dass ich weiter oben in diesem Buch einen absurden Fehler gemacht habe, als ich den allzu verliebten Architekten mit einem Haus in „Storrington" beauftragt habe. Sein Zuhause lag tatsächlich in einer Gartenstadt im Mittelland, die er entworfen hatte, aber sein Name – ein nicht ungewöhnlicher – war Storrington.]

Im Herbst 1902 starb die arme Lady Fraser. Im Januar 1903 heiratete Honoria den ungeduldigen Colonel Armstrong. Im Januar 1904 bekam sie ihr erstes Kind – einen Jungen.

Ende 1904 machte Beryl Claridge Honoria Fraser Vorschläge bezüglich einer Änderung der Verfassung von *Fraser und Warren* . Honoria sollte weiterhin als stille Partnerin an dem Unternehmen beteiligt sein und eine gewisse Stimme in dessen Management und Politik haben. Aber sie sollte sich nicht aktiv an der Büroarbeit beteiligen und „Warren" sollte ganz aus dem Büro ausscheiden. Beryl wies darauf hin, dass es eher eine Farce sei, wenn die mittlere Partnerin – sie selbst sei ein Jahr zuvor zur Juniorpartnerin ernannt worden – Jahr für Jahr ständig und auf mysteriöse Weise abwesend sei und scheinbar mit eigenen Arbeiten im Ausland beschäftigt sei. Darüber hinaus wollte ihr Halbehemann, ein Architekt, der, wenn er nicht in der Firma tätig war, einen zunehmenden Teil des Geschäfts abwickelte, *mehr* über Vivien Warren erfahren. „War sie die Tochter der ‚berüchtigten‘ Mrs. Warren oder war sie nicht? Denn wenn ja …" Er vertrat natürlich einen äußerst tugendhaften Standpunkt. Wie so viele andere Menschen verschlimmerte er die Sünden, zu denen er neigte, indem er streng gegenüber den Missetaten anderer war. *Sein* Fall – sagte er zu Beryl, als sie zusammen bei Chelsea waren – war *sui generis* , ziemlich außergewöhnlich, sie waren wirklich in gewisser Weise vollkommen gute Leute – *Tout savoir c'est tout pardonner usw* .; wohingegen die *Dinge* , *die über Mrs. Warren gesagt* wurden ! … Und obwohl Vivien nichts näher an der Sünde war, als ihre Tochter zu sein, wenn dennoch bekannt oder allgemeiner bekannt wäre, dass *sie* die Warren in *Fraser und Warren war* , warum die Frauen der Wohlhabendere Geistliche zum Beispiel und eine Reihe von Quäkerinnen würden ihre Angelegenheiten aus der Unternehmensleitung zurückziehen. Wenn dagegen nur sein kleiner Berry der Chef werden könnte, wüsste *er* , wo er „großes Geld" herbekommen könnte, um es in die Geschäfte der Firma zu stecken. Die Idee war in Ordnung; ein Verein zur besonderen Führung von Frauenangelegenheiten, der durch und durch ehrlich ist. Am besten sollten sie diesen massigen jungen Angestellten Bertie Adams loswerden und den gesamten Konzern mit fähigen Frauen besetzen. Er selbst hielt sich immer im Hintergrund und gab ihnen von Zeit zu Zeit Ideen, und wenn welche aufgegriffen wurden, erhielt er lediglich seine Honorare und Provisionen.

David Vavasour Williams, der von Norie privat konsultiert wurde, erhob keine Einwände. Er mochte Beryl nicht und scheute sich zunehmend vor seiner eher geheimen Arbeit im fünften Stock der Midland Insurance Chambers; außerdem müsste er , wenn er zur Anwaltschaft berufen würde , jede Verbindung zu *Fraser und Warren beenden* . Die Zustimmung von Vivie wurde durch die von ihr hinterlassene Vollmacht eingeholt. Eine neue Partnerschaftsurkunde wurde erstellt. Honoria bestand darauf, dass Vivien

Warren für dreitausend Pfund aufgekauft werden müsse, wobei dieser Betrag vorübergehend auf das Bankkonto von David Vavasour Williams überwiesen wurde; Sie selbst erhielt weitere dreitausend Pfund und einen kleinen Prozentsatz der künftigen Gewinne sowie einen Anteil an der Leitung der Geschäfte DER WOMEN'S CO-OPERATIVE ASSOCIATION (*Fraser und Claridge*), solange sie ihnen ein Kapital von fünftausend Pfund zur Verfügung ließ.

So kaufte David 1905 mit dreitausend Pfund eine Jahresrente von 210 Pfund für Vivien Warren. Diese Investition würde Vivie davor bewahren, jemals mittellos und abhängig zu werden, und würde folglich dem gleichen Zweck für ihren Cousin und Agenten David V. Williams dienen.

Als er zur C. and C. Bank, Filiale in Temple Bar, ging, um eine Bestandsaufnahme von Vivies Angelegenheiten zu machen, stellte er fest, dass tausend Pfund auf ihr Girokonto eingezahlt worden waren. Als er herausfand, dass der Name des Zahlungsempfängers LM Praed war , eilte er bei der ersten Gelegenheit zu Praeds Atelier. Praed lud eine große Gruppe junger Männer und Frauen zum Tee und zur Ausstellung einiger wilder futuristischer Zeichnungen und einiger ziemlich auffälliger Entwürfe für Bühnenbilder und Buchumschläge ein. David musste seine Fragen notgedrungen im Zaum halten und sich an der ziemlich inhaltslosen Unterhaltung beteiligen, die zwischen jungen Männern mit *düsteren* Gesichtern und hohen Stimmen und Frauen mit ziemlich wilden Augen geführt wurde .

[Zu dieser Zeit fiel David auf, dass die Frauen ein wenig außer Kontrolle gerieten, überanstrengt waren, übermäßig zum Lachen neigten, freudloses Lachen, gierig nach Sinnlichkeit, Sensation, Aufrichtigkeit, Süßigkeiten. Etwas. Selbst wenn sie mit der Heirat eine flüchtige Leidenschaft oder Eifersucht befriedigten, wollten sie bald entheiratet, getrennt, geschieden werden, Männerkostüme anziehen, auf die Amateurbühne gehen und an Sonntagnachmittagen Salome-Rollen spielen, die die meisten Damen auf der echten Bühne hatten hatte sich geweigert; während die Männer, die in diesen Truppen mit ihnen von Restaurant zu Restaurant, von Studio zu Studio, von der Varieté bis zum Café Chantant, von Brighton nach Monte Carlo, von Sandown nach Goodwood umherzogen, zwielichtig, zu gut gekleidet, zu nahezu neutral in Sachen Sex waren, ohne definierte Berufe, die nur unter Spitznamen bekannt sind, Verschwender, Schwätzer, Bankrotteure und Sammler von unnötigem Nippes .]

Doch dieser Mob verließ schließlich Paddys Anwesen und er und David blieben allein zurück.

Praed gähnte und warf fast absichtlich eine Staffelei um, auf der eine halb obszöne Zeichnung einer Sphynx mit geschwollenen Brüsten zu sehen war, die einen schlanken jungen Mann gegen seinen Willen umarmte.

David: „ Praddy ! Warum tolerierst du solche Leute und warum prostituierst du dein Studio für solch ungesunde Kunst?"

Praed : „Mein lieber David! Das ist *in der Tat Satan* , *der* die Sünde tadelt. Warum gibt es hier drei Pläne – einen habe ich gerade umgeworfen – scheußlich, nicht wahr ? Südafrika... Eigentlich sollten wir *eine gewisse* Kontinuität haben, wissen Sie...

„Aber ich stimme Ihnen zu … Ich habe die ganze Geschichte mit diesem Nouvel Art und L'Art Nouveau, mit Aubrey Beardsley und den ekelhaften Neunzigerjahren im Allgemeinen satt – aber was *würden* Sie tun? Wenn Miss Vivie Warren sich dazu herabgelassen hätte Akzeptiere mich als Ehemann , sie hätte vielleicht eine gesunde Atmosphäre in mein Leben gebracht und all das weggefegt … hat mich vielleicht zu einem letzten Ehrgeiz für das Wenige inspiriert, das von meinem Energievorrat übrig geblieben ist … Naja! Was ist der Streit jetzt? Das Leben, das ich führe, die Leute, die hierher kommen?

David: „Nein. Daran bin ich kaum gekommen; obwohl, lieber alter Paddy , ich wünschte, ich hätte Zeit, mich um dich zu kümmern … Vielleicht später … Nein: Ich wollte fragen: Was *hast* du neulich gemeint? indem Sie tausend Pfund auf Vivie Warrens Konto bei ihrer Bank einzahlen? Soweit ich weiß, fehlt es ihr nicht, und Sie können nicht so reich sein, obwohl Sie jedes Jahr drei Millionärshäuser entwerfen Geld, um es auf mein – auf Vivies Konto einzuzahlen?"

Praed : „Nun, wenn Vivie selbst kommt, um mich zu fragen, werde ich es vielleicht sagen; aber ich verstehe nicht, was *dich davon betrifft* . Warum nicht anhalten und speisen – à l'imprévu , aber ich wage zu behaupten, dass meine Haushälterin das kann." Harken Sie etwas zusammen, sonst ist es vielleicht noch nicht zu spät, um eine Pastete zu schicken . Dann können wir über andere Dinge sprechen.

David: „Tut mir leid, lieber alter Junge, aber ich kann nicht zum Abendessen bleiben. Ich gehe nirgendwo anders hin, aber ich habe ein paar Papiere, die ich studieren *muss* , bevor ich ins Bett gehe. Aber ich werde noch eine halbe Stunde anhalten." Auf jeden Fall nicht klingeln und die elektrischen Lampen nicht anmachen. Ich würde lieber im dunklen Studio sitzen und meine Frage stellen.

Praed : „Das ist *meine* Sache: Das habe *ich* nicht! Ich werde Vivie keinen Penny geben oder leihen, bis sie zustimmt, mich zu heiraten. Was den Rest angeht, nimm es und sei dankbar. Du wirst sicher nicht noch mehr bekommen und

Ich weiß zufällig, dass es einen „sauberen Ursprung" hat, wie man es nennen würde."

David: „Du meinst, es kommt nicht von diesen ‚Hotels'?"

Praed: „Na ja, jedenfalls nicht direkt. Seien Sie kein romantischer Idiot, kein lästiger Idiot, und machen Sie mir deswegen keinen Ärger. Ich stelle mir vor, dass eine gewisse Person gehört haben muss, dass *Fraser und Warren* aufgeklärt wurden und nicht in der Lage waren. Ich ertrage den Gedanken nicht, dass es Ihnen dadurch schlecht geht ... Ich weiß nicht, dass Sie einen Anteil am Kaufgeld haben ..."

David entschloss sich jedenfalls vorerst, die Aufstockung seines Kapitals zu akzeptieren – vielleicht kann man das Prinzip *zu* weit treiben; oder wenn man sich erst einmal ins Geschäft stürzt, hört man auf, ganz so hochmütig zu sein. Jedenfalls war für Davids bürgerliches Gemüt nichts so schrecklich wie die Not und die damit einhergehende Ohnmacht. Wie viele Monate oder Jahre würden noch vor ihm liegen, bis er Honorare und ein berufliches Einkommen erzielen könnte? Außerdem wollte er Bertie Adams als Angestellten in seine Dienste nehmen. Ein Anwalt brauchte einen Gerichtsschreiber, und David konnte unter seinen besonderen Umständen nur jemanden engagieren, der mehr oder weniger mit seinem Geheimnis vertraut war.

So erfüllte Bertie Adams seinen drei Jahre lang gehegten Wunsch – er hatte die ganze Zeit über das Gefühl, dass er wahr werden würde. Und als David im Ostersemester 1905 in die Anwaltskammer berufen wurde – was er mit der ganzen herrschaftlichen Zeremonie eines Call-Abends im Inner Temple tat –, wurde am Fig Tree Court mehr Bewegungsspielraum gewonnen, und Bertie Adams wurde dort als Gerichtsschreiber eingesetzt an Herrn David Vavasour Williams, der im dritten Stock Wohnräume und im zweiten Stock ein ziemlich großes Büro und ein kleines Privatzimmer hatte. Berties Mutter hatte jahrelang sowohl für Honoria als auch für Vivie in ihren jeweiligen Wohnungen „gewaschen" und für David, nachdem er nach Fig Tree Court gezogen war. Ein umfangreicher Douceur an die „Haushälterin" hatte dies erleichtert, denn in dem Teil des Tempels, in dem sich der Feigenbaumhof befindet, nennen die Bewohner ihre Ministerinnen nicht „Wäscherinnen", sondern „Haushälterinnen". Merkwürdigerweise wurden die Rechnungen immer der abwesenden Vivie Warren übergeben, aber Mrs. Adams bemerkte keine Diskrepanz zwischen der Bezahlung durch ihren Sohn oder einer unverheirateten Dame, die im Tempel unter dem Namen David Williams lebte.

Als Angestellter eingesetzt und von seinem Arbeitgeber angewiesen, einer der schönen Töchter der Haushälterin (Mrs. Laidly) den Hof zu machen, mit der Absicht zu heiraten und sich in einem abgelegenen Anwesen niederzulassen, Bertie Adams (der wie David seine Zeit zwischen 1901 und 1901 gut verbracht hatte). und 1905 und war jetzt ein versierter und brauchbarer Rechtsanwaltsgehilfe) machte sich bald an die Arbeit, um sich mit anderen Beamten in diesem Bürogehilfen anzufreunden und seinem Herrn kleine Aufträge und geringe Chancen für die Verteidigung unverteidigter Fälle zu verschaffen, in denen es um unglückliche Frauen ging.

Aber bevor wir uns mit Davids Anwaltslaufbahn befassen, die – selbst als brillanter Junior – natürlich erst in den ersten Monaten des Jahres 1906 richtig begann, werfen wir einen Blick auf die Art und Weise, wie er die dazwischenliegende Zeit verbracht hat zwischen seiner Rückkehr aus Wales im Mai 1902 und dem Verbringen seines langen Urlaubs im Jahr 1905 als Esquire, der nach dem Common Law of England zur Anwaltschaft ernannt wurde und berechtigt war, eine angemessene graue Perücke und ein graues Kleid zu tragen.

Er hatte im Jahr 1900 damit begonnen, Latein, normannisches Französisch – das in juristischer Hinsicht so stark genutzt wird – und englische Geschichte zu studieren. Im Sommer 1901 hatte er sich durch eine dieser damals bekannten Ausflüchte zwei Zimmer im Fig Tree Court, Inner Temple, zur Untervermietung durch ein Mitglied des Gasthauses gesichert. Nachdem er sich im Herbst desselben Jahres über seine Abstammung und seine Finanzen geklärt hatte, wandte er sich an die zuständigen Behörden mit der Absicht, als Mitglied des Inneren Tempels aufgenommen zu werden, was bedeutete, dass er eine Erklärung ausfüllen musste, dass er, David Vavasour Williams aus Pontystrad , Glamorgan, britischer Staatsbürger, 24 Jahre alt, Sohn des Revd. Howel Vaughan Williams, Clerk in Holy Orders, aus Pontystrad in der Grafschaft Glamorgan, wollte als Student der Honourable Society of the Inner Temple aufgenommen werden, um als Rechtsanwalt zugelassen zu werden oder als Anwalt zu praktizieren ; und dass er weder direkt noch indirekt eine Bescheinigung beantragen oder abholen würde, um direkt oder indirekt als Plädoyer, Förderer oder Zeichner für Gerechtigkeit zu praktizieren , ohne die besondere Erlaubnis der Richter der besagten Honorable Society of the Inner Temple.

Darüber hinaus erklärte David mit weniger Sicherheit, aber vielleicht im Rahmen der nackten Wahrheit, dass er weder direkt noch indirekt in der Eigenschaft eines Anwalts, Rechtsanwalts, Siegelschreibers oder in etwa dreizehn anderen spezifischen Rechtspositionen gehandelt habe ; dass er kein Wirtschaftsprüfer, Wirtschaftsprüfer oder Wirtschaftsprüfer war („Gut gemacht, dass wir die Struktur der Firma geändert haben", dachte er), Grundstücksmakler, Sachverständiger, Patentanwalt, beratender Ingenieur oder auch nur Angestellter einer solchen Firma Offizier. Was ihn angesichts dessen, was er für *Fraser und Warren* getan *hatte* , ziemlich erschauern ließ , aber es bestand kaum ein Risiko, dass irgendjemand es herausfinden würde – und schließlich erklärte er, dass er weder im Handel tätig sei noch ein unentschuldeter Insolvenzverwalter sei.

Der nächste und schwierigste Schritt bestand darin, zwei separate Zertifikate von zwei verschiedenen Rechtsanwälten mit jeweils fünfjähriger Berufserfahrung zu erhalten, die belegen sollten, dass er das war, was er zu sein vorgab. Dies erforderte viel Nachdenken und war einer der Gründe, warum er nicht wie versprochen nach unten ging und Weihnachten und Neujahr bei seinem Vater verbrachte.

Stattdessen schrieb er an Pontystrad und erklärte, wie wichtig es sei, dass er rechtzeitig als Student zugelassen werde, um im Hilary-Semester mit der Arbeit beginnen zu können. Kannte sein Vater eine solche Koryphäe des Rechts oder zwei solche Koryphäen? Sein Vater bedauerte, dass er nur einen einzigen Anwalt kannte, der seit über fünf Jahren als Anwalt tätig war: den angesehenen Sohn eines alten Freundes aus Cambridge. An ihn schrieb er und wagte es, sich an sich selbst zu erinnern, umso eifriger, als dieser Sohn eines alten Freundes selbst Waliser war und sich bereits dadurch hervorgetan hatte, dass er ins Parlament eingezogen war, der walisischen Partei gedient hatte, ein Buch über die walisische Geschichte geschrieben und eine sehr reiche Dame geheiratet hatte.

Als nächstes wandte sich David an Rossiter, was – wie wir gesehen haben – zur Folge hatte, dass ihm Mr. Stansfield vorgestellt wurde. So erhielt er von Herrn Price und Herrn Stansfield die beiden Bescheinigungen, dass „David Vavasour Williams mir durch ein Empfehlungsschreiben von Revd. Howel Williams" (oder „Professor Michael Rossiter, FRS") vorgestellt wurde und wurde von mir gesehen; und dass ich, Mark Stansfield, Rechtsanwalt, King's Counsel" (oder „John Price, Rechtsanwalt, Mitglied des Parlaments") „den besagten David Vavasour Williams für einen Gentleman halte." von Seriosität und einer angemessenen Person, um als Student der Honourable Society of the Inner Temple im Hinblick auf die Berufung als Rechtsanwalt zugelassen zu werden.

Kopien der Empfehlungsschreiben waren den beiden Zertifikaten beigefügt. Diese wurden natürlich nicht ohne mehrere Besuche bei den ahnungslosen Bürgen erlangt; oder zumindest eine an Mr. Price in Paper Buildings, für den es genügte, dass David behauptete, Waliser zu sein und ein großes Interesse an der walisischen Sprache und ihren indodeutschen Verwandtschaften zeigte, und drei oder vier an Mr. Mark Stansfield, KC, einer der nettesten, freundlichsten und gebildetsten Menschen, die David je getroffen hatte, und es schmerzte ihn zutiefst, ihn getäuscht zu haben. Stansfield hatte eine hohe

Meinung von Rossiter. Die Tatsache, dass er David empfahl, reichte völlig aus, um seine „Garantie" zu sichern. Aber ansonsten fühlte er sich stark zu diesem eher schüchternen, ernsten, gutaussehenden jungen Kerl mit den ruhigen Augen und der scharfen Intelligenz hingezogen. Er ließ ihn essen und zu Mittag essen; zog ihn heraus – soweit David es für klug hielt – und war überrascht, dass David noch nie an einer Universität gewesen war („Nur an Malvern – und dann habe ich bei einem Architekten in London studiert – Wer? Mr. Praed , ARA – aber dann Ich bin eine Weile gereist, und danach hatte ich mehr denn je das Gefühl , dass ich in die Bar gehen wollte", sagte David mit einem bezaubernden Lächeln, das sein junges, sonst so biederes Gesicht erhellte. Stansfield stimmte zu, dass David kommen und mit ihm lesen sollte, und erleichterte ihm in vielerlei Hinsicht den Fortschritt so materiell und so freundlich, dass der geizige junge Waliser mehr als einmal daran dachte, die Nachahmung aufzugeben; und hätte dies vielleicht auch getan, wenn nicht dieser äußerst geschätzte Stansfield im letzten Jahr von Davids Studienjahr an einer Lungenentzündung gestorben wäre .

Selbstverständlich wurde die Vorprüfung problemlos und schnell bestanden. David übersetzte seinen Teil von Caesars Kommentaren und beantwortete hervorragend die Fragen über Alfred den Großen, die anglonormannischen Könige, die Verfassungen von Clarendon, die Magna Charta und Mortmain, Heinrich den Achten und die Reformation, den Bürgerkrieg und das Protektorat Cromwell, den Gesetzentwurf der Rechte und der Heiligen Allianz. Er zahlte sein Honorar und seine Kaution; Er aß in jedem Semester die erforderlichen sechs Abendessen – oder mehr, je nachdem, wie ausgezeichnet und bequem er sie fand –, besuchte alle Vorlesungen, die ihn interessierten, und bestand die entsprechenden Nebenprüfungen mit angemessener oder sogar hoher Punktzahl; und bestand schließlich seine „Call-to-the-Bar"-Prüfung mit erträglichem Erfolg; jedenfalls hat er bestanden. Ein Freund des verstorbenen Stansfield – dessen Tod immer eine der Narben in Vivies Erinnerung war – stellte ihn einem der Masters of the Bench vor, der seine „Berufungspapiere" unterzeichnete. Er gab noch einmal eine Erklärung ab, in der er feststellte, dass er kein Ordensbeamter, kein Anwalt, kein Siegelschreiber usw. usw., kein zugelassener, eingetragener oder professioneller Buchhalter sei ; und noch einmal, dass er, wenn er zur Anwaltschaft berufen würde, niemals Mitglied der verabscheuten Berufe werden würde, die immer wieder aufgezählt werden; und wurde gebührend gewarnt, dass er ohne besondere Genehmigung der Meister der Bank des Inneren Tempels nicht „unter der Anwaltskammer" praktizieren dürfe – was auch immer das bedeuten mag (ich wage zu behaupten, dass es sich um eine unauffällige Prozedur handelt, die nur in Zeiten der Knappheit erlaubt ist).). Dann, nachdem sein Name zwölf Tage lang in allen Sälen der vier Gasthöfe „durchleuchtet" worden war und er fürchtete und zitterte, dass jemand auftauchen und Einspruch erheben könnte, erhielt er schließlich am 22. April (falls am 22. April) seine Berufung in die Anwaltskammer (in diesem Jahr war es an einem Sonntag, dann am darauffolgenden Montag) und wurde beim Term Dinner „gerufen", wo er mit den Masters Wein trank. Er erinnerte sich, an dem großen Tisch auf dem Podium neben den üblichen rotgesichtigen Generälen und schnurrbärtigen Admiralen, affektierten Staatsmännern und seinem geliebten Freund Michael Rossiter – der die Wissenschaft vertrat – ein noch finstereres Gesicht gesehen zu haben. Dies war der bekannte Philanthrop und Rennpferdezüchter Sir George Crofts, Bart., Abgeordneter eines Bezirks von Norfolk. Ihre Blicke trafen sich und blickten einen Moment lang neugierig ineinander. Sir George fragte sich, wo zum Teufel er dieses Gesicht schon einmal gesehen hatte, diese grauen Augen mit den dunklen Wimpern. „Gott! Er erinnert mich an Kitty Warren! Nun, ich werde verdammt sein" (er war es schließlich) „Ich frage mich, ob das alte Mädchen einen Sohn hatte, der genauso gut war wie diese hitzige Vivie?!"

Michael flüsterte einem der Meister ein oder zwei Worte zu, und David wurde sofort aufgefordert, die Benchers und ihre angesehenen Gäste in die innere Kammer zu begleiten, in die sie sich für Wein und Nachtisch zurückzogen. Rossiter machte Platz für ihn, und er musste mit den Benchers ein Glas Portwein trinken. Jeder war sehr zuvorkommend. Rossiter sagte: „Ich war eine Art Pate für ihn, wissen Sie. David! Sie müssen mir Ehre machen und sich beeilen, Seide anzunehmen und Richter zu werden." Crofts stand von seinem Platz neben einem Bischof auf. („Verdammt noch mal! Ich bin gern respektabel , aber warum *setzen* sie mich immer neben einen Bischof oder einen Archidiakon? Das verdirbt alle meine besten Geschichten.") Er kam – seinen Stuhl hinter sich her ziehend – zu Rossiter herüber und sagte: „Sagen Sie mal! Wollen Sie mich unserem jungen Freund hier vorstellen?" Er wurde ordnungsgemäß vorgestellt. „Hm, Williams? *Das* sagt mir nicht viel. Aber irgendwie erinnert mich Ihr Gesicht schrecklich an – an – jemanden, den ich einmal kannte. Hatten Sie jemals eine Schwester?" „Nein", sagte David.

Er bemerkte, dass Crofts in den vergangenen acht Jahren stark gealtert war. Er darf jetzt nicht älter als – 58 sein? Aber er war sehr beleibt geworden und litt offensichtlich unter Blutdruck, ohne es zu wissen. Er entfernte sich ein wenig, und David hörte, wie er mit einem Meister über Lady Crofts sprach, die für die Saison nach London gekommen war, und wie sie sich beide große Sorgen um seinen Jungen machten: „Ja, er hatte zwei Kinder, einen Jungen und einen." Mädchen , segne sie – Der Junge war an Masern erkrankt und erholte sich nicht ganz so schnell, wie sie es erwartet hatten, obwohl wir nicht ohne sie wären , oder? " Der Bencher stimmte aus Höflichkeit zu, obwohl er in Wirklichkeit ein alter Junggeselle war und Kinder oder alles unter einundzwanzig Jahren verabscheute.

Nach seinem Anruf wurde David eine Rechnung in Höhe von 99 £ vorgelegt. 10 *s*. Als sein Vater davon erfuhr, bestand er darauf, ihm einen Scheck über 150 Pfund aus seinen Ersparnissen zu schicken, und fügte hinzu, dass es ihn zutiefst betrüben würde, wenn dieser nicht angenommen und nichts weiter darüber gesagt würde. Wie bald würde David herunterkommen, um Südwales erneut im herrlichen Frühlingsgewand zu sehen?

[Viele dieser schönen Erinnerungen aus diesem Rückblick auf die Jahre zwischen 1901 und 1905 stammen aus Vivies Gehirn, als sie 1913 auf einem harten Bett liegt und über die vergangenen Tage nachsinnt, als sie trotz gelegentlicher Ängste und Sorgen überglücklich war. Oh, „Krone der Trauer, die Erinnerung an glücklichere Tage!" Sie erinnerte sich an die Artikel, die sie im Gemeinschaftsraum oder in der Bibliothek des Gasthofs schrieb; wie gut sie von den Herausgebern der Tages- und Wochenzeitschriften aufgenommen und bezahlt wurden; was für ein Spaß sie waren, wenn sie zum Beispiel eine Debatte in der *Saturday Review anregte* : „Sollten Frauen als Anwältinnen zugelassen werden?" Oder einen Appell in den *Daily News* , die Behinderungen der Frauen zu beseitigen. Wie der arme Stansfield vor seinem Tod sagte, er habe noch nie einen jungen Mann mit einem zärtlicheren Herzen für Frauen getroffen, und ihm riet, zu heiraten, solange er noch jung und feurig sei. Sie erinnerte sich an Davids gesellschaftlichen Erfolg in den großen Häusern im West End. Wie er in die Gesellschaft hätte gehen und mehr, viel mehr glänzen können, wenn er nur Klugheit und Kosten bedenken musste; die neugierigen Frauen, die sich in ihn verliebten und die er sanft und taktvoll auf Abstand halten musste. Sie erinnerte sich an die eifrigen Diskussionen in der Temple Debating Society oder bei den „Moots" von Gray's Inn, ihre Erfolge dort als Rednerin und Denkerin; wie junge Studenten glühende Freundschaften mit ihr schlossen und ihr zukünftigen Erfolg im Parlament prophezeiten, sie versprach, sie in das Kabinett aufzunehmen, das David bilden sollte, wenn ihn eine Wählerschaft an die Macht brachte und die altmodischen alten Schurken jener Zeit in die Schwebe der verdienten Ausgrenzung schickte.

Sie sah und hörte erneut die amüsierte Freude von Honoria Armstrong über ihren Erfolg und die latente Eifersucht des überheblichen Colonel Armstrong, wenn sie zu oft kam, um Honoria in der Sloane Street zu sehen: Und sie erinnerte sich – Oh Gott! *Woran* sie sich erinnerte – die enge Verbindung mit ihrem „Paten" Michael Rossiter in diesen drei unbezahlbaren Jahren; Rossiter, die ihren Geist geformt hat – es würde nie eine andere Wendung nehmen –, die geduldig mit ihrer Dummheit und Gereiztheit war; ein älterer Bruder, ein robuster, aber taktvoller Chaffer; ein Verbanner von zu viel Sensibilität, eine ständige Ermutigung zu Anstrengung und Erfolg. Sie wusste, dass Rossiter mit dem Instinkt ihrer Frau unschuldig in sie verliebt war, glaubte aber die ganze Zeit, dass er sein Verlangen nach einem Sohn stillen würde, den er ausbilden konnte, einem Jünger, der ihm nachfolgen könnte: denn er glaubte immer noch an David, als er es gewesen war Er war als Rechtsanwalt zugelassen und hatte eine Zeit lang mit Themis geflirtet, wollte aber dennoch seine großen und wachsenden Fähigkeiten in den Dienst der Wissenschaft stellen .

Und Mrs. Rossiter damals: Vivie lächelte bei dem Gedanken an ihre unbestimmte Eifersucht. Sie war bestrebt, höflich zu einem jungen Mann zu sein, von dem Michael so viel schätzte. Sie hatte Verständnis für sein Bedauern darüber, dass sie keine Kinder hatten, aber warum konnte er nicht mit einem der Söhne ihres Cousins Bennet aus Manchester oder mit Sophys Sohn aus Northallerton oder mit einem der Kinder seines eigenen Bruders oder seiner eigenen Schwester zusammenkommen? Wie um alles in der Welt hat er diesen jungen Mann aus Südwales kennengelernt? Aber sie war fest entschlossen, in keiner Weise von ihrem Mann getrennt zu werden, und so saß sie so oft und so lange sie konnte mit ihnen in der Bibliothek. Das Studio-Labor mit seinem schrecklichen Geruch nach Chemikalien konnte sie nicht ertragen; Sie hatte auch eine gewisse Angst davor, dass dort eine Vivisektion stattfinden könnte – Michael hatte natürlich eine Lizenz, obwohl er viel zu zartherzig war, um fühlende Wesen zu foltern. Dennoch machte er seltsame Dinge mit Fröschen, Ratten, Ziegen und Affen; und ihre Angst war, dass sie eines Tages bei einem dieser Opfer für die Wissenschaft einbrechen und einen verwandelten Michael sehen könnte, blutbefleckt, ein Messer schwingend und gefährlich, wenn er bei seiner Suche nach einer Entdeckung unterbrochen würde.

Aber da die langen Gespräche und Konferenzen der beiden Freunde – die im Alter eigentlich gar nicht so weit voneinander entfernt waren, wie einer von ihnen dachte – meist in der Bibliothek stattfanden, assistierte sie bei einem großen Teil davon. Anders wäre es Rossiter nicht ergangen, obwohl sie für David manchmal übermäßig lästig war. Ihr Mann betrachtete sie bei diesen Gelegenheiten schon lange als Laienfigur. Auf ihre flachen Bemerkungen, ihre inkonsequenten Plattitüden, ihr Gähnen und ihre ganz durchsichtigen Signale, dass es Zeit für den Besucher sei zu gehen, antwortete er selten. Manchmal nahm David ihre Hinweise an und ging: Er hatte nicht das Recht, sich für irgendjemanden zu langweilen . Manchmal erwachte Michael jedoch endlich zu Bewusstsein für die verärgerte kleine Präsenz und sagte: „Was? Süße? *Du* bist noch wach. Trab ab ins Bett, mein Junge, sonst verlierst du die Rosen auf deinen Wangen."

Die Rosen auf Mrs. Rossiters Wangen begannen zu dieser Zeit ein wenig ekzematös und von fester Qualität zu sein. Dennoch warf sie zwar ein wenig den Kopf hin und her, als sie ihre „Arbeit" aufnahm und aus der großen, schweren Tür huschte, die David öffnete, doch sie freute sich über den Gedanken, dass Michael sich um ihren Teint kümmerte und sich um ihre Ruhe kümmerte.

Und Vivies Augen schwammen ein wenig, als sie an den Tod von Mark Stansfield dachte und an die echten Tränen, die über die Wangen seiner Schüler flossen, als sie an einem rauen Februarmorgen von der Haushälterin seiner Gemächer erfuhren, dass er bei Tagesanbruch gestorben war. „Nie hat ein besserer Mensch gelebt", waren sie sich einig. Und sie hatten Recht.

Und sie lächelte wieder, als sie an einige dieser Schüler dachte, die jungen Hunde von damals, die Liebhaber von Schauspielerinnen niederen Ranges – vielleicht Ballettmädchen; von den Lerchen, die sich manchmal innerhalb und außerhalb der biederen Bereiche des Tempels abspielten. Sie waren harmlose Lerchen; aber solche, vor denen sie sich diskret zurückziehen musste. Sie spielte Rasentennis mit ihnen, sie fechtete überraschend gut; aber sie hatte sich aus klugen Gründen geweigert, sich den „Devil's Own" – den Gasthäusern der Hoffreiwilligen – anzuschließen; und obwohl durchgesickert war, dass sie eine gute Schwimmerin war – die ermüdende, impulsive Honoria hatte es ins Ausland verbreitet –, lehnte sie es entschieden ab, ihre Fähigkeiten im Schwimmen unter Beweis zu stellen. Ihre Kollegen waren nicht so jung wie die Studenten, die sie zu Newnhams Zeiten kennengelernt hatte: Sie waren im Durchschnitt zehn Jahre älter. Ihre Sprache ließ David manchmal erröten, aber sie hatten mehr Diskretion und Zurückhaltung als der Universitätsstudent, und sie respektierten seinen Wunsch, sich gelegentlich in sich selbst zurückzuziehen und auf ihre lauteren Vergnügungen zu verzichten, ohne seine Kameradschaft in Frage zu stellen.

An diesem Punkt ihrer lächelnden Erinnerungen öffnete die Wärterin klirrend die Tür und knallte eine Tasse Kakao und ein Stück Schwarzbrot hinein; und gab einige Befehle in einer so martinetartigen Äußerung von sich, dass sie schwer zu verstehen waren. (Seien Sie nicht beunruhigt! Sie wird nicht hingerichtet, weil sie die Benchers des Inner Temple im Jahr 1905 getäuscht hat; sie sitzt nur wegen eines Suffragistendelikts im Gefängnis.]

Ich kann dieses Kapitel nicht irgendwie beenden, ohne die Geschichte von Beryl Claridge mehr oder weniger zu Ende zu lesen. Sie bereitete meiner Frau große Sorgen – sie las diese Kapitel nacheinander, als sie meine Schreibmaschine verließen. „War es klug, sie hereinzubringen?" „Nun, aber meine Liebe, sie war eher ein gewöhnlicher Typus der Neuen Frau im frühen 19. Jahrhundert." "Ja aber-"

Natürlich bestand die latente Angst darin, dass sie am Ende respektabel enden könnte. Und das tat sie. Im Jahr 1906 starb die erste Frau Storrington in Ware (in Ware hatte der Ehemann des Architekten sein rechtmäßiges Zuhause). Sie litt seit langem an einer schrecklichen Form der Anämie , die nach der Geburt ihres vierten Kindes immer schlimmer wurde. Sie verschwand langsam, das arme Ding; und ungefähr zu der Zeit, als David von einem triumphalen Weihnachts- und Neujahrsfest in Pontystrad zurückkehrte , hatten der Pfarrer und seine junge Frau eine äußerst entzückende Party veranstaltet carrée und David hatten die ganz leicht protestierende Bridget unter dem einheimischen Mistelzweig geküsst – Mrs. Storrington atmete ihren letzten Atemzug aus, während ihr treuloser, aber schon lange vergebener Francis in Qualen vergeblicher Trauer an ihrem Bett kniete.

Nun: Sie starb und wurde begraben, und ihre vier Kinder im Alter von neun bis sechzehn Jahren schluchzten sehr und trauerten um die geliebte Mama, ohne den geringsten Verdacht („das war besser so", hatte sie immer gedacht), dass Papa ihre Brunnen vergiftet hatte seit er in Cambridge genau in dem Jahr, in dem die langbeinige Claribel geboren wurde, mit diesem Luder zusammenkam. Ein paar Monate nachdem die arme Dame (unter einem wirklich schönen, von ihrem Mann entworfenen Ehrenmal) auf den Ware Churchyard gebracht worden war – nein, es war auf dem Ware Cemetery; Papa stellte ihnen allen eine sehr lebhafte und gutaussehende Witwe vor, Mrs. Claridge, die ebenfalls vor Jahren eine Trauer erlitten hatte und mit zwei perfekten Kindern im Alter von vier und fünf Jahren zurückkam, zu denen Claribel instinktiv ein Gefallen fand (die Älteren schnüffelten). ein wenig, ich mag „Kinder" nicht).

Dann, etwa zur Weihnachtszeit 1906, erzählte Papa ihnen, dass Mrs. Claridge ihn glücklich machen würde, indem sie käme, um sich um seine mutterlosen Kinder zu kümmern; würde seine Frau sein. Francis, der Älteste, stapfte durch den Garten von Ware und schwor, dass er in den Ferien nach Rugby zurückkehren würde; Elspeth, das hagere Mädchen von vierzehn Jahren, und Agnes, ein verträumtes und liebenswertes Kind, weinten sich in den Armen des anderen in den Schlaf. Claribel war jedoch durchaus einverstanden. Und ob es ihnen gefiel oder nicht, im Januar 1907 fand die Hochzeit statt – beim Standesbeamten – und Beryl kam für kurze Zeit nach Ware und brachte die entenhafte Margery und den bezaubernden Podge mit. In weniger als einem Monat hatte Beryl alle ihre Stiefkinder für sich gewonnen, außer Francis, der bis Ostern durchhielt, aber durch die Körbe, die sie ihm nach Rugby schickte, zur Treue gezwungen wurde –; Innerhalb von drei Monaten waren sie alle in ein viel größeres Haus am Chelsea Embankment umgezogen . Vater – Beryl wählte „Dad" etwas aus der unteren Mittelschicht – Vater war irgendwie mit einem großen Unternehmen in Kontakt gekommen, dessen Leiterin Mutter war. Zusammen verdienten sie jede Menge Geld. Francis würde nach Sandhurst gehen, Elspeth auf eine Abschlussschule in Paris (ihr

Ziel), und die anderen würden die schönen Monate des Jahres ausgelassen mit Margery und Podge an der Küste von Sussex verbringen.

Auch im Jahr 1907 wurde ihnen bewusst, dass ihre neue Mutter nicht allein auf der Welt war. Eine stattliche Dame, deren Augen einmal viel geweint zu haben schienen (sie sollten leider noch viel mehr tun, denn drei ihrer tapferen , hübschen Söhne wurden im Krieg getötet, und *das* tötete schließlich den armen alten Dekan von Thetford). , der an zugigen Orten eine anmutige spanische Mantilla aus schwarzer Spitze trug, kam, um sie zu besuchen, nachdem sie nach Garden Corner am Chelsea Embankment gezogen waren. Es stellte sich heraus, dass sie die Mutter von Mrs. Beryl war und durchaus geneigt war, sowohl ihre Großmutter als auch die von Margery und Podge zu sein. Aber ihr Mann, der Dekan, war – wie es schien – ein zu großer Invalide, um in die Stadt zu kommen.

Die zweite Mrs. Storrington, eine Frau mit grenzenloser Energie, die den ganzen Tag mit Sekretärinnen arbeiten und die ganze Nacht tanzen konnte, veranstaltete in der Saison glänzende Partys in ihrem großen Haus in Chelsea. Aber sie lud Herrn David Vavasour Williams, diesen aufstrebenden jungen Anwalt, der als Verfechter der Anliegen freundloser Frauen so berühmt geworden war, nie zu ihnen ein.

KAPITEL X

DER SHILLITO-FALL

Im Herbst 1905 machte die Idee einer vollen Staatsbürgerschaft unter Frauen rasche Fortschritte. Es lag das Gefühl in der Luft, dass Balfour bald zurücktreten oder aufs Land gehen müsse, dass ein liberales Ministerium die Macht übernehmen würde und dass es sich als Liberaler kaum weigern könne, das Wahlrecht zu seinem Vorteil zu erweitern, weder aus Vernunft noch aus irgendeiner Logik der weiblichen Hälfte der Gemeinschaft. Diese Idealisierer der Liberalen Partei, die 1894 wirklich definitiv aufgehört hatte, liberal zu sein, erlebten ein böses Erwachen. Annie Kenney und Christabel Pankhurst wagten es, so zu tun, als wären sie Männer, und fragten Sir Edward Gray bei seinem Treffen in Manchester im Oktober 1905, ob eine liberale Regierung den Frauen Stimmen geben würde, sollte sie bei der nächsten Wahl an die Macht kommen. Von der Plattform aus hatten sie keine Antwort; Aber das männliche Publikum erhob sich zu Hunderten, schlug diesen kühnen Ludern ins Gesicht, kratzte und schlug sie (das war die Rolle der Jungen) und trieb sie blutend und zerzaust auf die Straße . Wegen des Versuchs, die Gründe für ihre Ausweisung zu erklären, wurden sie von der Polizei festgenommen und am nächsten Morgen ins Gefängnis gebracht, nachdem sie sich geweigert hatten, die ihnen rechtswidrig auferlegten Geldstrafen zu zahlen.

Dieser Vorfall machte großen Eindruck auf die Zeitungsleser, da zu diesem Zeitpunkt der Presseboykott gegen die Frauenwahlrechtsbewegung noch nicht eingesetzt hatte. Es gab David viel Anlass zum Nachdenken und er traf Honoria Fraser und mehrere seiner Männer und Frauen Freunde hatten sich der Frauenwahlrechtsbewegung angeschlossen und waren entschlossen, dass die neue liberale Regierung sich der Angelegenheit nicht entziehen sollte; Ein Thema, bei dem viele Parlamentsmitglieder als prinzipiell einverstanden erklärt worden waren. Aus diesem Grund hatten sie die uneingeschränkte Unterstützung vieler Frauen erhalten, die der Liberalen Partei treu geblieben waren.

Anfangs war die neue Regierung natürlich zu sehr damit beschäftigt, die Brote und Fische des Amtes zu verteilen und die Adelstitel, Baronetwürde, Ritterwürde, Gouverneursämter, Privatsekretärsämter und Beförderungen unter den Beamten zu verteilen, was – um es nicht zu genau auszudrücken – notwendig war drauf – wurden durch große und kleine Beiträge zur Partytruhe gekauft.

[Ein solches Verfahren scheint untrennbar mit unserem gegenwärtigen Parteisystem verbunden zu sein. In dieser Hinsicht sind die Konservativen nicht besser als die Liberalen; und es ist immer möglich, dass die Labour

Party, wenn sie an die Macht kommt, auf andere Weise dazu neigen wird, diejenigen zu belohnen, die die Grundlage für den Krieg gelegt haben. Das Unterhaus achtete im letzten Gesetz, das die Bedingungen für die Wahlen von Parlamentsmitgliedern revidierte, darauf, viele Wege offen zu lassen, auf denen das Geld zum Kern der Dinge vordringen könnte.]

Aber schließlich waren alle derartigen Angelegenheiten geklärt, und das Kabinett konnte sich der stetigen Forderung der weiblichen Anführer der Wahlrechtsbewegung stellen; eine Forderung, dass den Frauen der britischen Inseln auf jeden Fall unverzüglich *ein gewisses Maß an Wahlrecht gewährt werden sollte.*

Wir alle wissen, wie diese Forderung von den führenden Männern der Liberalen Partei und den prominenteren Liberalen unter ihren Anhängern im Repräsentantenhaus aufgenommen wurde; mit Ausflüchten, Schweigen, Spott, wütenden Weigerungen, voreiligen Versprechen, die heute gegeben wurden (als die Minister Angst hatten) und morgen gebrochen wurden; mit einer ganzen Reihe diskreditierender ironischer Tricks des parlamentarischen Verfahrens; bis der Betrachter sich schließlich über unseren britischen Schleim gewundert und dankbar dafür empfunden haben muss; überrascht, dass so wenig tatsächlicher Schaden angerichtet wurde (abgesehen von den Leichen der Suffragisten), dass kein Innenminister, kein Polizeiinspektor oder Richter, kein leichtfertiger Redner von vermeintlichen Franchise-Gesetzen ermordet, verprügelt, geteert und gefiedert wurde, entführt, beschnitten oder sogar mit Schlamm bespritzt. (Ich gebe hier das wachsende Verständnis des Problems wieder, wie es sich in Vivies Kopf unter dem Hut und der Weste von David Williams formte.)

Honoria blieb ihrem alten Entschluss treu und widmete weiterhin den größten Teil der zweitausend Dollar, die sie jährlich für die Sache der Frau bereitgestellt hatte, der Finanzierung der neuen Wahlrechtsbewegung. und nebenbei brachte sie Wasser auf Davids Mühle, indem sie ihn vielen in Not geratenen Frauen und verhafteten Suffragistinnen als Anwalt empfahl. In den Jahren 1906, 1907 und 1908 erlangte er zunehmende Bekanntheit durch seine Plädoyers vor Gericht für Frauen, die mit unerschrockenem Mut und unter großen körperlichen Schmerzen und sogar unter der Gefahr des Todes die Briten gewaltsam auf diesen schwerwiegenden Mangel aufmerksam gemacht hatten Gemeinwesen, das Vorenthalten der normalen Rechte steuerzahlender Bürger gegenüber erwachsenen Frauen.

Wo die Suffragistin arm war , verlangte sie kein Honorar, oder eine kleine Gebühr wurde von einer Suffragistenvereinigung bezahlt. Aber er erlangte durch sein Engagement viel Ruhm; bis 1908 war er sowohl außerhalb als auch innerhalb der Gerichtshöfe und Polizeistationen eine ziemlich bekannte Persönlichkeit. Seine Plädoyers waren manchmal so bewegend, so leidenschaftlich, dass – *so* Mrs. Pankhurst – „stämmigen Polizisten im Gericht die Tränen über die Wangen liefen", als er den Mut, das makellose Privatleben, die selbstlose Hingabe an eine edle Sache dieser Frauen beschrieb, die für die Rechte ihres Geschlechts kämpften – reich und arm, alt und jung. Geschworene schreckten vor dem Urteil zurück, das ein Richter mit verbitterter Miene verhängte; Richter wichen der Ausführung der geheimen Anordnungen des Innenministeriums aus; Polizisten – denn die meisten von ihnen sind anständige Kerle – gaben ihre Posten bei der Polizei auf, anstatt die drakonische Politik des Innenministers auszuführen.

Aber natürlich verlor er gleichzeitig viele Freunde und Freundschaften in den Inns of Court. Es gab sogar Stimmen, dass ihm die Zulassung entzogen werden sollte – nachdem dieses Eintreten für die Sache des Wahlrechts drei Jahre lang deutlich geworden war. Er hätte es sein können, wenn er nicht andere Konkurrenten gehabt hätte, die über seine Fähigkeiten und seine Position hinausgingen; Fürsprecher wie Lord Robert Brinsley, der berühmte Sohn des Marquis von Wiltshire. Wenn Williams die Zulassung entzogen würde, warum müssten sie dann den gleichen Weg mit einem Brinsley einschlagen, der ebenfalls weibliche Gesetzesbrecher verteidigte und für ihre verfassungsmäßigen Rechte kämpfte? Und natürlich war ein *solches* Vorgehen undenkbar. Doch wo ein Brinsley ungehindert und gefahrlos über diese unruhigen Gewässer segelte , wäre der arme David oft nahe daran gewesen, an den Felsen abzustürzen. „Wenn man den Kerl reden hört", sagte ein wütender KC in der Bibliothek im Inneren Tempel, „man könnte meinen, er sei selbst eine Frau!" „Egad", sagte sein Bruder KC – ja, er sagte wirklich „ Egad", der Eid ruht immer noch in den Inns of Court – „Egad, er sieht aus wie einer. Er hat keine Haare im Gesicht und ich glaube, er hat keine." rasieren."

Es gab natürlich noch andere Aufträge, die er innehatte, sei es zur Bezahlung oder aus Liebe zur Gerechtigkeit; junge Frauen, die ihre Babys getötet hatten (gegenüber diesen war er alles andere als sentimental; er verteidigte nur dort, wo die Frau Anspruch auf Mitleid oder Milderung des unwirklichen Todesurteils hatte); Handlungen wegen Versprechensbruchs, bei denen der Frau grobes Unrecht zugefügt wurde; Zugehörigkeitsfälle im gehobenen Leben – oder der dem gehobenen Leben am nächsten kommende Fall, der einen Anspruch auf die Vaterschaft des Mannes erhebt. Er war ein tödlicher Ankläger in Fällen, in denen Frauen von ihren männlichen Verwaltern ausgeraubt oder auf andere Weise verletzt wurden, wobei die Frau damals benachteiligt war und die Ehegesetze ungerecht waren.

Auf die eine oder andere Weise muss David mit der eifrigen Hilfe und der geschäftsmäßigen Betreuung seiner Interessen durch seinen Angestellten Albert Adams zwischen 1906 und dem Herbst 1908 durchschnittlich dreihundert pro Jahr verdient haben. Da er Adams 150 Pfund pro Jahr zahlte und ihm bestimmte Nebenleistungen gewährte und innerhalb seines eigenen festen Einkommens (aus seiner Rente und seinen Investitionen) von 290 Pfund pro Jahr lebte, bedeutete dies einen Gewinn von etwa 500 Pfund. Dieser Betrag wurde durch die Gebühren und das besondere Geschenk, das er für die Verteidigung von Lady Shillito erhielt, sprunghaft auf 1.500 Pfund erhöht.

Der „Shillito-Fall", eine Anklage wegen Mordes, wurde im Wintergericht des North-Eastern Circuit im Januar oder Februar 1909 verhandelt. Ich wage zu behaupten, dass Sie es jetzt ganz vergessen haben: Lady Shillito änderte ihren Namen, heiratete erneut (Vielleicht liest sie diesen Roman sogar elf Jahre später im reiferen Alter von vierzig Jahren und wird durch die Wiederbelebung akuter Erinnerungen aus ihrer wohlgenährten Apathie aufgeschreckt.

Es gab vorher und nachher nicht wenige ähnliche Fälle, in denen vergleichsweise junge, schöne Frauen ihre älteren, anstößigen Ehemänner auf clevere, freche Art ermordeten und natürlich mangels Beweisen oder mit einer kurzen Haftstrafe davonkamen. (Sie wurden im Gefängnis immer weitaus zärtlicher behandelt als Suffragetten, und die durchschnittliche Wärterin verehrte sie und erwirkte für sie viele kleine Erleichterungen, bevor der Innenminister nachgab und sie freiließ.) Heutzutage der Krieg und die dringenden Notwendigkeiten des Lebens Die Hungersnot in der Kohle, die Hungersnot in der Milch und die Eisenbahnstreiks haben solchen Fällen ihr ganzes oder fast jedes Interesse genommen. Ich könnte durchaus glauben, dass Frauen in ähnlichen Umständen weiterhin ihre älteren Ehemänner ermorden, und die Ärzte, Gerichtsmediziner und Verwandten auf „seiner" Seite sind sich stillschweigend einig, angesichts viel schwerwiegenderer Befürchtungen keinen Aufruhr zu machen.

Ich kann auch verstehen, warum diese Fälle mit schönen Frauen und alten Ehemännern vor den fünfziger Jahren des letzten Jahrhunderts kaum eine Rolle auf unserer Insel spielten. Erst als die chemische Analyse ihren heutigen Perfektionsgrad erreicht hatte, konnte das Vorhandensein der subtileren Gifte im Magen und Darm nachgewiesen werden, und die junge und schöne Frau konnte aufgrund der belastenden Beweise eines analytischen Chemikers angeklagt und für schuldig befunden werden.

Es war Rossiter, der David die Führung von Lady Shillitos Verteidigung sicherte . Arbella [2] Shillito war seine Cousine zweiten Grades, eine gebürtige Rossiterin, und hätte Michael am liebsten selbst geheiratet, nur dass er zu diesem Zeitpunkt nicht an eine Heirat dachte, und als seine Gedanken sich in diese Richtung drehten – genau am Tag danach, wie es geschah waren – er traf jedes Jahr Linda Bennet und ihre Tausenden. Aber er hatte eine halb humorvolle Vorliebe für diese hübsche junge Frau.

Arbella, enttäuscht über Michael – obwohl sie damals nur ein Mädchen war –, beschloss als nächstes, dass sie für Geld heiraten musste. Als sie einundzwanzig war, lernte sie Grimthorpe Shillito kennen, einen überaus reichen Mann aus Newcastle-on-Tyne, dessen Gießereien große Kanonen und viele andere Dinge aus Eisen und Stahl in Kombination mit Säuren und Gehirn herstellten. Grimthorpe war schon mit vierzig ein neugierig aussehender Mensch; im Aussehen eine Mischung aus Julius Cäsar, mehreren Dogen von Venedig mit unangenehmen Gesichtszügen und Voltaire im mittleren Alter. Sein Aussehen war nicht allein seine Schuld und erhielt zweifellos für seinen moralischen Charakter eine schlechtere Definition, als er verdiente. Er war viel gereist, um sich der Metallurgie und Chemie zu widmen; Mit vierzig sah er die Aussicht auf eine Adelswürde aufkommen, die ihm entweder aufgrund seiner außergewöhnlichen Entdeckungen und Erfindungen in der Verwendung von Stahl zuteil wurde oder die leicht aus seinem immensen Reichtum erworben werden konnte. Was nützt ein Adelsstand, wenn er mit Ihrem Leben endet? Er war nicht ohne Eitelkeiten, obwohl er einer der zynischsten Männer seiner zynischen Zeit war.

Daher kam er zu dem Entschluss, ein junges, üppiges Geschöpf von anständiger Herkunft zu heiraten, dessen Aussehen für eine Adlige geeignet war, und entschied sich für Arbella Rossiter.

Nach ein oder zwei Schlucken und mehreren *Bewegungen* hinter seinem Rücken akzeptierte sie ihn. Es folgte eine brillante Trauungszeremonie, die von einem Bischof und einem Erzdiakon durchgeführt wurde. Und dann wurde Arbella verschleppt, um in Blaubarts Schloss zu leben, das er an der Küste Northumbriens besaß.

In den drei Jahren nach ihrer Heirat schenkte sie ihm zwei Söhne, mit denen er zufrieden war, zumal sich sein Gesundheitszustand zu diesem Zeitpunkt ein wenig verschlechterte. Am Ende ihrer vierjährigen Ehe mit diesem zynischen, italienisch geprägten Tyrannen hatte Arbella die Nase voll von ihm und dachte immer zärtlicher an einen gewissen Subalternen der Kavallerie, den sie einst mit 500 Pfund im Jahr nicht heiraten wollte. Dieser Subaltern war aus dem Südafrikakrieg zurückgekehrt, ein Colonel und immer noch äußerst gutaussehend. Sie hatten sich auf einer Gartenparty wieder getroffen und sich erneut ineinander verliebt. Wenn nur ihre lästige alte Borgia sterben würde – war der Gedanke, der Arbella allzu oft in den Sinn kam, als sie jetzt in die „Dreißiger" ihres Lebens eintrat und sich kaum Sorgen um die Beständigkeit ihres Colonels machte, wenn sie bald „ *un peu trop mûre* " würde ."

Zu dieser Zeit bemerkte sie, dass Grimthorpe Shillito mehrmals nach London reiste, um einen Spezialisten aufzusuchen. Er klagte über

Verdauungsstörungen, war ziemlich dünn und kahlköpfiger als je zuvor und konnte mit Essen und Appetit kaum zufrieden sein.

Das war ihre Chance. Wäre sie verurteilt worden, hätte sie gesagt, dass er sie durch seine Grausamkeiten dazu getrieben habe: Das ist möglich. – Sie konsultierte den Hausarzt, der sich um den Haushalt von Blaubarts Schloss kümmerte; schlug vor, dass Sir Grimthorpe (sie hatten ihn gerade zum Ritter geschlagen) für ein Strychnin-Tonikum der bessere sein könnte; Sie hatte irgendwo gelesen, dass Strychnin Wunder bei Männern mittleren Alters bewirkte, die in ihrer frühen Männlichkeit ein eher geschäftiges Leben geführt hatten.

Der Hausarzt, der sie nicht mochte und verdächtigte, was Sie oder ich nicht getan hätten, aber Ärzte denken an alles, gab vor, ihr zuzustimmen; und versorgte sie mit kleinen Fläschchen mit *Aqua Destillata* mit Chinin gewürzt . Er selbst war über Sir Grimthorpes Zustand verwirrt, aber ein wenig beleidigt, dass er nicht persönlich konsultiert wurde.

Tatsache war, dass Sir G. eine sehr schlechte Meinung von seinen diagnostischen Fähigkeiten hatte und da er von Natur aus verschwiegen und im Allgemeinen geflucht war, zog er es vor, einen Londoner Spezialisten zu konsultieren. Er war damals nicht Sir Grimthorpe , der Spezialist war sich nicht ganz sicher, dass es sich um Leberkrebs *handelte* , und inmitten seiner Vielzahl von Beratern konnte er sich, sofern er nicht wachgerüttelt wurde, nicht genau an den Fall eines Mr. Shillito von irgendwo oben in der Welt erinnern Norden.

Aber Shillito grübelte ernsthaft über die sorgfältig gehüteten Worte des Spezialisten über „Wucherungen, die möglicherweise bösartig sind, gleichzeitig aber – so schnell lässt sich das nur schwer sagen lassen – vielleicht harmlos sind, aber natürlich auch nur schwere, unterdrückte Gelbsucht sein könnten.“ Als die Schmerzen begannen – er hasste den Gedanken an Operationen und wusste, dass jede Operation an der Leber das schreckliche, unausweichliche Ende bestenfalls für ein Jahr oder ein paar Monate abwenden konnte –, als die Schmerzen begannen, war er völlig lebensmüde geworden ; Also stellte er ein subtiles Gift zusammen – er war ein großer Chemiker und hatte – nur seine Frau wusste nichts davon – einen Schrank, der eine Vielzahl mineralischer, pflanzlicher und saurer Gifte enthielt; und bewahrte den Entwurf in einem geheimen Schließfach in seinem Schlafzimmer auf. In der Zwischenzeit wurde Arbella, der schließlich ein Mensch war, beim Anblick seiner Folterungen gefoltert. Sie hatte das Gefühl, sie müsse es beenden, sonst würden ihre Nerven nachgeben. Sie verdreifachte, sie verfünffachte die mit Chinin verbitterte Dosis *Aqua Destillata* . Eines Nachts, als die Nachtschwester schlief („ihre Augen ausruhen“, wie sie es nannte), schlich sich der elende Mann aus seinem Bett ins Nachtzimmer und küsste seine beiden Jungen. Dann holte er schnell das Fläschchen aus seinem Versteck, trank den Inhalt und starb in einer schrecklichen Minute.

Als die Nachtschwester aufwachte, war er von einer schrecklichen *Starre gequält*. Auf dem Nachttisch lag das Fläschchen mit den Resten des Tranks. Sie hatte bemerkt, dass Lady Shillito in den letzten ein oder zwei Tagen viel Aufhebens um den kranken Mann machte und ihm Dosen einer farblosen Medizin aufdrängte. *Was wäre, wenn sie sich eingeschlichen hätte, während die Krankenschwester schlief, und einen tödlichen Trank neben das Bett gelegt hätte?* Daraufhin argumentierte sie (als sie Zeit hatte, darüber nachzudenken), dass sie *nicht* geschlafen, sondern lediglich ihre Augen ausgeruht hatte. Und sie war sich jetzt sicher, dass sie, während sie die Kugeln geschlossen hatte, gehört hatte – was tatsächlich der Fall war, nur dass es Sir Grimthorpe selbst war –, wie sich jemand in den Raum schlich.

Sie teilte dem Arzt ihren Verdacht mit. Letzterer wusste, dass sein Patient nicht an den Folgen gestorben war, die er ihm verschrieben hatte, kam aber zu dem Schluss, dass Lady Shillito, um mit der Sache fertig zu werden, eine heftige Dosis vorbereitet hatte, die sie woanders erhalten hatte; und bestand auf einer Autopsie mit einem Kollegen, dem er seinen Verdacht mehr als nur andeutete. Gemeinsam fanden sie das Strychnin, nach dem sie suchten – nicht sehr viel, aber den Anteil, den Shillito mit weniger nachweisbaren Medikamenten kombinierte, um den Sterbeprozess zu beschleunigen – und übersahen die Anzeichen von Krebs in der Leber völlig.

Das Ergebnis war, dass sich Lady Shillito bei der Untersuchung „in einer sehr unangenehmen Lage" befand und verhaftet und später wegen Mordes an ihrem Ehemann angeklagt wurde.

Im Glauben an ihre Schuld nahm sie all ihre Entschlossenheit zu Hilfe, gab nichts zu und bat Michael Rossiter und andere um Rat. So wurde David in das Geschäft hineingezogen.

[Aber das klingt nicht sehr glaubwürdig, werden Sie sagen. „Wenn der Ehemann das Gefühl hatte, dass er die Qualen des Krebstodes nicht ertragen konnte, warum hinterließ er dann nicht eine Nachricht, in der er dies mitteilte, und jeder hätte es verstanden und wäre ganz ‚nett' darüber gewesen?" Das kann ich wirklich nicht sagen. Vielleicht wollte er ihr Ärger hinter sich lassen; Vielleicht erriet er den Grund, warum sie eine Tagesschwester für unnötig hielt und darauf bestand, ihm seine Tagesmedikamente mit ihren eigenen schönen Händen zu geben. Vielleicht hoffte er auf ein offenes Urteil. Vielleicht hatte er nicht ganz recht mit seinen Gedanken. Ich habe Ihnen die Geschichte so erzählt, wie ich sie in Erinnerung habe, und mein Gedächtnis ist nicht perfekt. Persönlich hat mir Grimthorpe immer ein bisschen leidgetan. Es ist gut möglich, dass all diese

Andeutungen über seine „Seltsamkeit" von seiner Frau erfunden wurden, um sich zu entschuldigen. Ich weiß nur, dass die Wissenschaft großen Nutzen aus seinen Forschungen zog und dass er beiden Zweigstellen des British Museum einige unschätzbare Sammlungen vermachte. Jemand erzählte mir einmal, dass er irgendwo ein Herz habe und eine Schwester, die viel jünger war als er selbst, sehr geliebt habe und erst nach ihrem frühen Tod begonnen habe, „queer" und geheimnisvoll und kahlköpfig zu sein. Ich denke auch, dass er im letzten Jahr seines Lebens sehr verbittert darüber war, dass er nicht den erwarteten Adelstitel erhalten hatte; Nach den Mühen und Unannehmlichkeiten, die er auf sich genommen hatte, um Erben für diese Auszeichnung zu gewinnen, ist dieser armselige kleine Versuch der Unsterblichkeit, den ein Premierminister zu verleihen, in der Macht liegt.]

Die Grand Jury hat eine echte Rechnung gegen Lady Shillito eingereicht. David hatte den Fall vom Morgen der Untersuchung an untersucht, also von dem Moment an, als Rossiter von den drohenden Schwierigkeiten erfahren hatte. Letzterer betrachtete Cousine Arbella zwar als ein ziemlich amüsantes Luder, einen interessanten Typus in der modernen Psychologie (obwohl ihr Typus eigentlich so alt ist wie etwa die Hallstadt- Zeit), aber er hatte nicht den Wunsch, sie wegen Mordes verurteilt zu sehen. Darüber hinaus interessierte er sich immer mehr für diesen klugen David Williams, dass er am liebsten sein Vermögen gemacht hätte, indem er ihm zu einem sensationellen Erfolg als Anwalt verholfen hätte, in einem jener Fälle, die, wenn sie erfolgreich durchgeführt werden, den Weg zur Richterbank ebnen. Deshalb bestand er darauf, dass David Williams für die Verteidigung eingewiesen und gut bezahlt wurde , damit er seine ganze Zeit der Untersuchung des Rätsels widmen konnte. David hatte eine schwierige Aufgabe. Im November 1908 reiste er in den Norden, beriet sich mit Lady Shillitos Anwälten und ausführlich mit der seltsam ruhigen, ironisch entschlossenen Lady Shillito selbst. Die Beweise waren zu stark gegen sie, als dass er hätte verhindern können, dass sie vor Gericht gestellt und in einigermaßen komfortablen Räumen im Gefängnis von Newcastle untergebracht werden könnte, oder als dass die Grand Jury keine echte Anklageschrift finden könnte. Doch zwischen diesen Phasen des Prozesses und dem eigentlichen Mordprozess im Februar 1909 arbeitete David hart und sammelte (mit Rossiters Hilfe) schlüssige Beweise, um die Unschuld seiner Mandantin an der Tat zu beweisen, deren sie sich schuldig glaubte. Um sie so zu bestrafen, wie sie es verdiente, erlaubte er ihr, sich für schuldig zu halten, bis er begann, sie zu verteidigen .

Die Aussicht auf einen Tod am Galgen beunruhigte Lady Shillito nicht im Geringsten. Sie war sich völlig sicher, dass ihre Schönheit und ihr Stand im Leben im Falle eines Schuldspruchs dazu führen würden, dass die Todesstrafe in eine Gefängnisstrafe umgewandelt würde, die sie auf der

Krankenstation verbringen würde. Dennoch würde das ihr Leben ziemlich endgültig ruinieren. Sie würde eine gebrochene Frau aus dem Gefängnis entlassen, die trotz ihres Reichtums – falls sie überhaupt einen besaß – kein unglaublich treuer Colonel im Alter von fünfundvierzig oder fünfzig Jahren heiraten würde. Deshalb verfolgte sie die Verhandlungsöffnungszeiten mit trockenem Mund.

Mit Hilfe von Rossiter und vielen und detaillierten Recherchen kam David der Konsultation in Harley Street auf die Spur, der Warnung vor möglichem Krebs. Er fand in Sir Grimthorpes Labor genügend Strychnin, um eine Armee zu töten. Der Hausarzt (der die Sache nicht zu einer Tragödie führen wollte) teilte ihm unter vier Augen mit, dass er Arbella zwar voll und ganz für die Tat halte, sie aber – soweit es die Rezepte des Arztes betraf – sicherlich nichts von ihm erhalten habe hätte ihren Mann töten können, selbst wenn sie die Dosis verzehnfacht hätte.

Lady Shillito erschien auf der Anklagebank und war bei ihrem Prozess so gekleidet wie Maria, die Königin von Schottland. und wurde von einer Krankenhausschwester mit Aufbau- und Karminativa betreut. Die Jury zog sich nur für eine Viertelstunde zurück und verkündete das Urteil „ *Nicht schuldig*". Das Gericht war von Beifall erfüllt, und der Richter äußerte sich sehr scharf zu einem solchen Verstoß gegen den Anstand, den er in früheren Annalen unserer Gerichtshöfe offenbar nicht kannte. Lady Shillito fiel in Ohnmacht und die Krankenschwester machte große Aufregung, und der Richter schickte in seinem Privatzimmer nach Mr. Williams und lobte ihn großzügig für seine hervorragende Führung des Falles. „ Natürlich *hatte* sie vor , ihn zu vergiften; aber ich stimme völlig mit der Jury überein, sie hat es nicht getan. Er hat ihr die Mühe erspart Mich."

Und im Laufe des Essens sprach Seine Lordschaft herzlich mit Mr. Williams über die glänzenden Aussichten, die ihm bevorstanden, wenn er diese dummen Suffragettenfälle fallenlassen würde.

David kehrte mit Rossiter nach London zurück und schwieg die ganze Zeit. Sein Begleiter glaubte, er sei sehr müde, und vermied es, ein Gespräch anzuregen, sondern umgab ihn mit ruhiger, väterlicher Fürsorge. In King's Cross angekommen sagte Rossiter: „Gehen Sie nicht weiter in Ihre Gemächer. Mein Motor ist hier. Er kann Ihr Gepäck mit meinem zum Portland Place transportieren. Sie können sich waschen und ausruhen und sich unterhalten, wenn Sie ausgeruht sind; und nachdem wir gegessen und geredet haben, wird der Motor vorbeikommen und Sie zurück nach Fig Tree Court bringen.

Mrs. Rossiter war da, um sie zu begrüßen, und während David sich wusch, ausruhte und sich für das Abendessen vorbereitete, lachte sie über ihren großen Ehemann und stellte endlose und manchmal sinnlose Fragen über den Prozess und das Urteil. „Glaubte Michael, dass sie es wirklich getan *hatte* ? Sie konnte alles über eine Frau glauben, die sich offensichtlich die Haare färbte und ihre Augenbrauen verbesserte. (Natürlich sagte Michael, dass er es nicht tat, oder die Fragen, warum und wie War die Verteidigung von Arbella durch Herrn Williams so wunderbar, wie es in den Abendzeitungen hieß? Warum hätte er nicht direkt nach Hause gehen und sich *dort ausruhen können* ? zu sich selbst bei seiner Rückkehr, und diesen lästigen, melancholischen jungen Mann nicht dabei zu haben, den Abend mit ihnen zu verbringen ... wirklich, *einige* Leute hatten *kein* Taktgefühl ... konnten *nicht sehen, dass sie de trop* waren . Warum hat Mr. Williams nicht einen netten Mann geheiratet? Mädchen und sich ein Zuhause zu schaffen? Blödsinn! Auswärts essen und den Abend mit anderen Leuten verbringen, warum hat er sich nicht „allgemeiner" verhalten? Sie war nicht *immer* in ihren Ehemann vertieft. Natürlich verstand sie, dass sie, während Arbellas Schicksal auf dem Spiel stand, den Fall gemeinsam studieren und lange Gespräche über Gifte im Laboratorium führen mussten ...!" (Dieses letzte abscheuliche Wort bereitete Frau Rossiter große Sorgen. Manchmal gelang es ihr, so viele Vokale wie möglich zu unterdrücken; ein anderes Mal verspürte sie den Drang, ihnen umfassendere Werte zu geben und es „ laboratorry " zu nennen.) Und so weiter, eine Stunde lang oder so, bis das Abendessen angekündigt wurde.

Während dieser Mahlzeit saß David schweigend da, unter Mrs. Rossiters Mischung aus freudlosen Schmähungen: „Wir werden Sie jetzt dazu bringen, Lady Shillito einen Heiratsantrag zu machen, nachdem Sie ihr das Leben gerettet haben! Ich gehe davon aus, dass ihr Mann sein Testament nicht geändert hat, da sie ihn nicht vergiftet hat." , und sie muss mit ziemlichen 30.000 Pfund belohnt worden sein ... Man sagt jedoch, dass sie ein toller *Flirt ist* ..." Indiskrete Fragen: „Wie viel werden Sie mit diesem Fall verdienen?" Dachte, die Anwälte hätten das alles auf ihren Akten vermerkt? Und hat sie Ihnen nicht von Zeit zu Zeit „Auffrischungen" gegeben? War es, sie im Gefängnis zu sehen? tragen, als sie vor Gericht gestellt wurde?" Und inkonsequente Bemerkungen: „Ich erinnere mich, dass meine Mutter – sie starb, als ich erst vierzehn war – immer davon geträumt hat, dass ihr wegen Mordes der Prozess gemacht würde. Das hat sie sehr beunruhigt, weil sie, wie sie sagte, keiner Fliege hätte etwas zuleide tun können. Was tun? Träumen *Sie* , Mr. Williams? Ich träume bestimmt von so *lustigen* Dingen, aber ich vergesse fast immer, was sie waren, aber ich habe mich nur an einen Traum erinnert Bevor Michael nach Newcastle ging, um sich Ihnen anzuschließen ... ging es um Meerjungfrauen? Nein. Es ging um *Sie* – war das nicht lustig? Und Sie schienen als Meerjungfrau verkleidet zu sein – nein, es muss eine Meerjungfrau gewesen sein *Mann* – und du hast versucht, Michael den Felsen hinaufzulaufen, und es schien dir furchtbar wehzutun. Natürlich weiß ich, woher das alles kam – nicht Du findest sie hübsch? Das finde ich; aber manchmal geht es um ziemlich alberne Dinge, Spieße und Luzifer-

Streichhölzer ... und ich hatte den Nachmittag im Zoo verbracht. Michael ist natürlich ein Kerl, und ich nutze sein Ticket und fühle mich dort immer ganz zu Hause ... und an diesem Tag hatte ich im Zoo einen der Seelöwen gesehen, der versuchte, auf seinem Schwanz zu laufen ... Oh, *wie* Ich lachte! Aber warum ich den Seelöwen mit dir und den Meerjungfrauen assoziiere, kann ich nicht sagen, aber wie der arme Papa immer sagte: „Träume sind lustige Dinge" ..."

Davids Antworten waren kaum zu hören, und auf die dringenden Bitten seiner Gastgeberin, er möge dieses Gericht probieren oder sich das nicht entgehen lassen, antwortete er überhaupt nicht. Er hatte tatsächlich das Gefühl, dass seine Halsmuskeln ihn nicht schlucken ließen, und wenn er seinen Mund weit genug öffnete, um eine aufeinanderfolgende Rede zu halten , würde er in Tränen ausbrechen. Ein großes Verlangen, das Vivie bisher kaum kannte, erfasste ihn, an einen einsamen Ort zu fliehen, zu weinen und zu weinen und einem beispiellosen Anfall von Hysterie freien Lauf zu lassen. Er konnte Rossiter nicht ansehen, obwohl er wusste, dass Michaels Augen auf seinem Gesicht ruhten, denn wenn er versuchte, auf den ernsten Blick mit einem beruhigenden Lächeln zu antworten, würden seine Lippen zittern und die Tränen würden fließen.

Endlich, als der Nachtisch erreicht war und die Dienerschaft – *spüren* sie in solchen Momenten nicht telepathisch, dass jemand, der am Tisch sitzt und Brot krümelt, sie meilenweit weg wünscht und ihre stillen Dienste verabscheut? – sich für eine kurze Ruhepause zurückgezogen hatte, bis sie mit Kaffee wieder auftauchte, stand David auf und stammelte etwas von Unwohlsein – ob sie das Auto bestellen und ihn fahren lassen würden? Und während er sprach und versuchte, mit ruhiger, „gesellschaftlicher" Stimme zu sprechen, sahen seine schmerzenden Augen die elektrischen Lampen, das schimmernde Silber, Mrs. Rossiters rosiges, albernes Gesicht und ihre krausen kleinen flachsblonden Locken, Rossiters bärtiges Gesicht mit seinem ehrlichen, besorgten Blick, das sich in einem schwindelerregenden Wirbel im Kreis drehte. Er griff wie üblich vergeblich nach unwirklichen Stützen und fiel ohnmächtig in Rossiters Arme.

Dieser trug ihn mühelos in die kühle Bibliothek und legte ihn auf eine Couch. Frau Rossiter folgte voller Ausrufe, vergeblicher Fragen und Vorschlägen zu unanwendbaren oder ungeeigneten Abhilfemaßnahmen. Rossiter schenkte ihr kaum Beachtung und begann, Davids Kragen und Krawatte abzunehmen und die Vorderseite seines Hemdes zu öffnen, um eine Hand auf das Herz zu legen. Plötzlich blickte er zu seiner Frau auf und blickte sich um, und sagte mit einer Bestimmtheit, die keine Fragen zuließ: „Gehen Sie und sehen Sie zu, dass eines der Gästezimmer hergerichtet, ein Feuer angezündet und so weiter gemacht wird. Erledigen Sie dies *schnell* und in der Zwischenzeit." Überlassen Sie ihn mir. Ich habe hier Restaurationsmittel zur Hand.

Mrs. Rossiter schwieg voller Ehrfurcht, rief das Hausmädchen und das Stubenmädchen herbei und behinderte sie so weit wie möglich bei der Aufgabe, ein Zimmer herzurichten.

Unterdessen seufzte das Unterbewusstsein David sehr und weinte bald in krampfhaften Schluchzern, dann öffnete er die Augen und sah, wie sich das Tourbillon wirbelnder Elemente in Rossiters ernstes, hübsches Gesicht niederließ – ja, aber eine Schwerkraft, die irgendwie von Liebe durchdrungen war , eine Liebe, die sich nicht schämt, sich zu zeigen – und sich mit großer Sorge über ihn beugt. Das Geheimnis war erraten, bekannt; und während sie einander mit den Augen festhielten, als ob die Welt bei dieser Entdeckung völlig verloren wäre, trafen sich ihre Lippen in einem Kuss, und für eine Minute waren Vivies Arme um Michaels Hals gelegt, für nur einen unvergesslichen Moment, einen Moment, den sie glaubte fröhlich gestorben, um durchlebt zu haben.

Sie wurden bald geöffnet, denn scharfe kleine hochhackige Schritte auf dem gefliesten Flur und das Klirren von Schmuckstücken kündigten die Rückkehr von Mrs. Rossiter an.

Vivie wurde wieder zu David, ließ aber die frohen Tränen der Erleichterung zurück, die über Davids Wangen liefen.

Mrs. Rossiter hielt dies für eine sehr seltsame Art und Weise für einen Anwalt, seinen Sieg in einem großartigen Fall vor dem Strafgericht zu feiern, und wandte sich zärtlich von dem Anblick eines zerzausten und offensichtlich tränenreichen jungen Mannes ab, der einen Arm herabhängen ließ und den anderen nachlässig weggeworfen hatte über die Rückseite der Ledercouch. „Mr. Williams' Zimmer ist fertig, Michael", sagte sie primitiv. „In Ordnung, Liebes; danke. Ich werde Williams ins Bett helfen und sein Gepäck hochschicken lassen. Morgen wird es ihm ganz gut gehen, wenn er einschlafen kann. Du brauchst dir nicht mehr die Mühe zu machen, Liebling. Geh hinein in den Salon und ich werde mich gleich zu Ihnen gesellen.

Rossiter gab dem ziemlich zittrigen, fröstelnden und mit den Zähnen klappernden David einen Arm, bis er ihn ins Schlafzimmer kommen und auf dem Schlafzimmersofa liegen sah. Dann zog er einen Stuhl heran und sagte mit leiser, aber deutlicher Stimme:

„Schau her. Ich weiß, dass du mir eine Erklärung geben willst. Na ja! Das kann warten. Noch ein bisschen von dieser Sorte und du bekommst Gehirnfieber. Schlaf, wenn du kannst, und iss das ganze Frühstück auf, das Linda dir raufschickt Stehen Sie morgen um elf Uhr auf, und wenn Sie in der Lage sind, mit meinem Motor loszufahren, kehren Sie in Ihre Gemächer zurück. Wenn Sie wieder einen normalen Puls haben, schreiben Sie mir alles, was Sie sagen möchten Lesen Sie es, aber ich ... Ich werde es später verbrennen oder es Ihnen unter Verschluss zurückschicken. Aber zum jetzigen Zeitpunkt könnte es für uns beide einfacher sein, wenn unsere Kommunikation nur schriftlich und nicht mündlich erfolgt Ziemlich hohe Ansprüche gestellt; und wir sind beide Menschen, wie prinzipiell sie auch sein mögen. Wenn Sie schreiben, registrieren Sie den Brief ... Gute Nacht ...“

Das Folgende ist wahrscheinlich das, was Vivie an Michael schrieb. Er verbrannte den langen Brief, als er ihn gelesen hatte, machte aber Auszüge in ein Notizbuch. Aber ich kann mir mehr oder weniger genau vorstellen, wie sie ihren Fall vortrug; wie sie ihn in der Einsamkeit zweier Abende selbst tippte; wie ihr Nervenzusammenbruch tatsächlich zum Grund dafür wurde, alle Kunden abzuwehren und sich allen Anrufern zu verweigern.

„Ich bin nicht David Vavasour Williams. Ich bin Vivien Warren, die Tochter einer Frau, die eine Reihe verrufener Privathotels auf dem Kontinent betreibt. Ich hatte keinen bekennenden Vater, noch hatte meine Mutter, die ebenfalls unehelich war. Sie war wahrscheinlich der Tochter eines Leutnants Warren, der auf der Krim getötet wurde, und der Name *ihrer* Mutter war Vavasour. Meine Großmutter war wahrscheinlich – ich kann mich in dieser undokumentierten Vergangenheit nur mit Wahrscheinlichkeiten und Möglichkeiten auseinandersetzen – eine Waliserin aus Cardiff, und es würde mich nicht wundern, wenn Ich war eine Art Cousin des Mannes, den ich verkörpere.

„Er war der Dummkopf , der einzige Sohn eines walisischen Pfarrers, eines Schülers von Praed , der nach Südafrika ging und im Krieg starb oder getötet wurde. “

„Du hast meinen Adoptivvater kennengelernt. Er ist fest davon überzeugt, dass ich der böse Sohn bin, der verlorene Sohn, der zurückgekehrt und gebessert wurde. Er hat mich so sehr liebgewonnen, dass es ihm wirklich neues Leben eingehaucht zu haben scheint. Ich habe ihm dabei geholfen.“ Bringen Sie seine Angelegenheiten in Ordnung, und ich denke, ich kann sagen, dass er durch diesen Ersatz eines Sohnes durch einen anderen gewonnen hat, obwohl der neue Sohn eine Tochter ist, habe ich nichts von seinem Geld genommen, außer kleinen Summen, die er mir aufgedrängt hat! Ich habe selbst etwas Geld, das ich in Honorias Firma verdient habe, denn ich war der „Warren“ ihres „Fraser and Warren“. Sie kannte mein Geheimnis die ganze Zeit, hat es nicht ganz gebilligt, wurde aber von mir in meinem Entschluss, zu zeigen, was eine Frau – vielleicht in Verkleidung – in der Anwaltskammer leisten kann, übertrieben.

„Michael! Ich habe vor zwölf Jahren angefangen – und das Schreckliche ist, dass ich jetzt in Wahrheit *vierunddreißig bin!, den Mann zu erobern, und ein Mann hat mich erobert! Ich wollte zeigen, dass die Frau in allen Berufen und besonders in der Rechtswissenschaft mit dem Mann konkurrieren kann. Das kann sie* also – habe ich das nicht durch das, was ich getan habe, gezeigt? Aber es ist ein Kampf auf Augenhöhe. Ich habe erkannt, dass, wenn manche Männer schlecht – verdorben – sind, andere, wie Sie, überaus gut sind. Ich liebe Sie, wie ich nie gedacht hätte, dass ich jemanden lieben könnte. Ich kann mir nicht zutrauen, niederzuschreiben, wie sehr ich Sie liebe: Es würde sich beschämend lesen und wäre ein zu großer Verzicht auf mein oberstes Prinzip der Selbstachtung.

„Ich werde die ganze DVW-Sache aufgeben. Sie hat uns in eine falsche Beziehung gebracht, die mich verärgerte und Sie verwirrte. Außerdem war die Tarnung sehr dürftig. Nur diese beiden treuen Seelen, Honoria Fraser und Albert Adams, waren sich dessen bewusst." des Geheimnisses, aber es wurde erraten und fast richtig erraten, in bestimmten Kreisen war ich noch nie in meinem Leben ohnmächtig geworden – aber ich hätte es woanders als in tun können Euer liebes Haus, nach der Anstrengung, die ich unternommen habe, um diese wertlose Frau zu retten – sie war deine Cousine, weshalb ich so hart für sie gekämpft habe – Wie oft wird die Gerechtigkeit nicht durch die Liebe abgelenkt, woanders könnte ich! Als ich überanstrengt war, bekam ich einen hysterischen Anfall, und meine Verkleidung wäre von weniger barmherzigen Augen durchdrungen worden. Dann wäre die Enthüllung und ihre Konsequenzen gekommen – schädlich für Dich (*ich* hätte keine Rolle spielen sollen), für meinen armen alten Mann. Vater' unten in Wales – den ich aufrichtig liebe – an Paddy, an Honoria …

„Lassen Sie mich dankbar sein, dass ich so problemlos davongekommen bin! *Somme toute*, ich hatte eine herrliche Zeit, habe die Welt aus der Sicht des Mannes gesehen – und ich kann Ihnen versichern, dass es aus seiner Sicht ein lustiger Ort zum Leben ist in- *Er* kann den Strand auf und ab gehen und erhält keine Beleidigung.

„Nun, um Ihre Ängste zu lindern, möchte ich Ihnen sagen, dass Herr David Williams, der berühmte junge Rechtsanwalt an der Strafkammer, nach einem kurzen Besuch in Südwales, um sich von den Strapazen dieses Prozesses zu erholen, ins Ausland gehen wird, um gegen den Weißen zu ermitteln Miss Vivien Warren glaubt insgeheim, dass die Schrecken dieses Sklavenhandels in der britischen Frauenwelt stark übertrieben sind. Das Leben vieler dieser jungen Frauen ist in ihrem Heimatland so schlimm, dass sie es nicht noch schlimmer machen können Aber Mr. David Williams vertritt einen eher höheren Standpunkt und ist auf jeden Fall entschlossen, der Wahrheit auf den Grund zu gehen, obwohl er Bedenken hinsichtlich seiner alten Mutter hat und gerne wissen würde, was Es geht dieser alten Dame derzeit so, und ob sie über die Reform hinaus ist. Miss Warren hat überhaupt Momente des Zweifels an der makellosen Vollkommenheit ihres eigenen Lebens: ob der Weg der Pflicht im Jahr 1897 nicht eher in die Richtung verlief ein ernsthafter Versuch, eine Tochter ihrer eigensinnigen Mutter zu sein und sie dann zurückzugewinnen, anstatt wie der männliche Typ der Neuen Frau, für die anwendbare Mathematik alles und menschliche Zuneigungen sehr wenig sind, auf die Seite zu gehen. Ich nehme an, die Wahrheit, die alltägliche Wahrheit, ist, dass sich Vivien Warren ziemlich spät im Leben auf die altmodische Art verliebt hat – wie die Natur sich über uns lustig macht! – und die Dinge jetzt etwas anders sieht. Auf jeden Fall werden David und Vivie, zu einer Persönlichkeit verschmolzen, für längere Zeit ins Ausland gehen ... aus deinem Leben verschwinden, mein Liebster, denn das ist besser so. Linda hat jedes Recht auf dich und Science ist eine eifersüchtige Geliebte. Darüber hinaus hat die arme, ausgestoßene Vivie ihren eigenen bitteren Stolz. Sie ist entschlossen zu zeigen, dass eine Frau einen starken Charakter und eine unerschütterliche Nüchternheit im Verhalten entwickeln *kann* , selbst wenn sie aus einer so zweifelhaften Abstammung wie meiner stammt, selbst wenn sie keinerlei religiösen Glauben hat. Ich weiß, dass du mich liebst, ich rühme mich dieses Wissens, aber ich weiß, dass auch du stärker an die Prinzipien des richtigen Verhaltens gebunden bist, weil du wie ich keine Scheintheologie hast ...

„Michael! *Warum* werden wir so gefoltert? Warum dürfen wir nicht lieben, wo wir wollen? Ist diese Disziplin für die Verbesserung der Rasse notwendig? Ich weiß nur, dass Ihre große Karriere in der Wissenschaft , wenn wir gegen diese menschlichen Gesetze und Konventionen versündigen würden.“ – und noch einmal: Warum in der Wissenschaft ? Ich weiß nur, dass, wenn ich fallen würde, so viele Menschen die Genugtuung hätten zu sagen: „ *Was* habe ich gesagt?“ *So* wird die Frauenbewegung enden „Glauben Sie mir! Irgendwie kriegen sie einen Mann, und dann verschwinden sie.“

„Ich glaube, ich habe es schon einmal gesagt – ich wollte es jedenfalls sagen, um Sie zu beruhigen: Mir geht es in finanziellen Angelegenheiten gut. Ich habe eine lebenslange Rente und einige nützliche Ersparnisse. Ich werde Bertie Adams ein Jahr geben.“ Gehalt; und wenn Sie das Gefühl haben, lieber Freund, *müssen Sie* Ihre Hand ausstrecken, um mir zu helfen, und *ihm* stattdessen helfen, eine andere Position zu bekommen, und für seine Klasse ist er genauso gut wie ich Wenn Sie nichts tun können, können Sie sicher sein, dass Vivie es tun wird, auch wenn sie sich unreines Geld von ihrer bösen alten Mutter leihen muss, um Bertie Adams vor finanziellen Sorgen und seiner hübschen jungen Frau zu bewahren Kind, auf das sie so stolz sind...

„Ich muss diesen riesigen Brief irgendwo zu Ende bringen, obwohl ich nicht aufhören werde, Ihnen zu schreiben. Ich könnte nicht – ich würde jeden Halt am Leben verlieren, wenn ich es täte. Für Korrespondenz und um Dinge zu Ende zu bringen, werde ich noch einige Zeit ‚David Williams‘ sein. Sie kennen seine Adresse in Wales? Pontystrad Vicarage, Pontyffynon , Glamorgan, falls Sie sie vergessen haben. Er wird bis April dort sein und dann seine Auslandsreise beginnen und Ihnen in Abständen vom Kontinent schreiben. Was Vivie betrifft, so glaube ich, dass sie erst im Herbst wieder zum Leben und Handeln zurückkehren wird und *dann* wird sie alles zum Laufen bringen. Sie wird die ganze Energie ihrer enttäuschten Liebe in die Sache der Frauen stecken und ihnen irgendwie die Stimme verschaffen ...!"

Früh in der Entstehungsgeschichte des Buches. Ich ernannte eine Jury aus Matronen, um jedes Kapitel zu beurteilen, bevor es an die Presse ging, und um zu entscheiden, ob es für die Beschränkungen der Umlaufbibliothek geeignet war und ob es den drei Personen, die wir als repräsentative Leser ausgewählt hatten, echte Bedrängnis oder Verwirrung bereiten würde von anständiger Belletristik: Admiral Broadbent, Lady Percy Mountjoye und die alte Mrs. Bridges (Mrs. Bridges soll einen Herzinfarkt erlitten haben, nachdem sie DIE GAY- DOMBEYS GELESEN HATTE – ich wollte nicht, dass sie noch einen erleidet). Diese Jury aus aufgeschlossenen Frauen aus aller Welt entschied, dass Rossiters Antwort auf Vivies sehr langen Brief nicht das Licht der Welt erblicken sollte. Er selbst wäre wahrscheinlich – wenn er gewusst hätte, dass wir über seine Angelegenheiten sprechen – für diese Entscheidung dankbar gewesen; denn zwölf Stunden, nachdem er es geschrieben hatte, schämte er sich zutiefst über seinen vorübergehenden Verstoß gegen seine hohen Prinzipien, beschämt darüber, dass die Frau in dem Fall sich als treueres Metall hätte erweisen sollen. Er beschloss, soweit unsere schlechten menschlichen Vorsätze etwas wert sind, seiner ergebenen Linda und seiner Karriere in der biologischen Wissenschaft unbeugsam treu zu bleiben. Er wusste nur zu gut, dass es mit den großen Theorien, an deren Aufstellung er arbeitete, vorbei sein würde, wenn er beim Ehebruch ertappt würde. Die Royal Society würde sie verurteilen. Außerdem muss ein so guter Vorsatz wie Vivies, auf den Höhen zu leben, respektiert werden.

Gleichzeitig ist es sicher, dass er in den nächsten drei Monaten seine Experimente durcheinander brachte, seine Argumente durcheinander brachte, gegenüber einem Kollegen im Rat der Zoologischen Gesellschaft die Beherrschung verlor, die Möpse trat – und sogar die unerträglichsten zwei von ihnen dazu brachte wurden von seinem Assistenten vergiftet – und logen, indem sie ihren Tod auf andere Ursachen zurückführten. Er versprach der weinenden Linda stattdessen einen Pom; Er sagte: „Hölle!" als der Ara sie mit lauten Schreien unterbrach. In seinem Artikel über die Ductless Drüsen für die *Encyclopaedia* ließ er allerlei Druckfehler durchgehen *Scotica* verlor er in seinen Vorlesungen an der London Institution und am University College immer den Faden seines Diskurses; und er verbrachte zu viel seiner wertvollen Zeit damit, sehr lange Briefe zu allen möglichen Themen an David Williams zu schreiben.

David – oder Vivie – antwortete viel lakonischer. Erstens hatte er – sie – bei der einen großen Rede, aus der ich so frei zitiert habe, das Wort ergriffen; im zweiten wollte sie diese Feuer nicht schüren, damit sie nicht vulkanisch würden und ein glückliches Zuhause und eine großartige Karriere zerstörten. Sie schrieb einmal: „Wenn Sie jemals in Schwierigkeiten stecken würden; wenn zum Beispiel Linda vor mir sterben würde, würde ich vom Ende der Welt zu Ihnen zurückkehren, und selbst wenn ich rechtmäßig mit dem Prinzen von Monaco verheiratet wäre." ; komm zurück und diene dir als Arbeitskraft, als Zielscheibe für deinen Verstand, als kranke Krankenschwester. Aber in der Zwischenzeit musst du das Spiel spielen.

Und so tat er es, nachdem dieser dreimonatige Wahnsinn vorbei war. Es war nicht immer einfach. Lindas Hingabe war rührend. Sie bemerkte – auch wenn sie es kaum zugab –, dass ihr Mann die Gesellschaft „dieses" Mr. Williams vermisste, in dem sie nie etwas besonders Auffälliges sehen konnte und der jetzt auf einer Reise ins Ausland reiste, die es auch sein würde Es ist schwierig, sie näher zu beschreiben, und sie hätte *ihrer* Meinung nach von einem weitaus älteren Mann, dem Vater einer erwachsenen Familie, aufgegriffen werden sollen. Sie strebte danach, Williams als intelligente Begleiterin in der Bibliothek und sogar im Labor zu ersetzen. Sie gab Wohltätigkeits- und Spionagetätigkeiten in Marylebone und viele ihrer Ausflüge in die Gesellschaft auf, um häufiger mit dem lieben Professor zusammenzusitzen, und war ein wenig beunruhigt über sein Stöhnen, das offenbar nicht durch ihre Bemerkungen oder Handlungen provoziert worden war. Doch im Laufe der Monate konzentrierte sich Rossiter immer mehr auf seine Arbeit, und Frau Rossiter bemerkte, dass er für 300 Pfund pro Jahr einen neuen Assistenten engagierte, der sich um seine umfangreiche Korrespondenz kümmerte. Mr. Bertie Adams schien ein netter junger Mann zu sein, obwohl er manchmal auch von etwas geplagt wurde, das seinem Blick Melancholie verlieh. Aber er hatte eine gute kleine Frau, die kam, um ihm in Marylebone ein Zuhause zu bieten. Da Mrs. Rossiter eine freundliche Frau war, besuchte sie sie und war völlig mit ihrem einzigen Kind beschäftigt, das sie häufig zum Tee einlud und das sie viel interessanter fand als den neuen Pom. „Aber es hat so einen lustigen Namen, Michael; ich meine, lustig für ihre Stellung im Leben. Es ist ein Mädchen und sie nennen es ‚ Vivvy ‘, was die Abkürzung für Vivien ist. Ich sagte Mrs. Adams, dass sie Tennysons ‚ *Idyllen von* ‘ gelesen haben muss." *der König* ; aber sie sagte: „Nein, sie war keine große Leserin: Adams war es, und es war der Name einer Dame aus einer Geschichte, die ihm im Kopf geblieben war, und das, da der Name ihrer Mutter Susan und seiner Jane war, es hatte ihr nichts ausgemacht.""

----

[2] Eine alte nordumbrische Variante von Arabella.

KAPITEL XI

DAVID GEHT INS AUSLAND

zu Ostern 1909 nach Pontystrad zurückkehrte. Es war ein frühes Ostern in diesem Jahr, ob es Ihnen gefällt oder nicht; Es passt also besser zu meiner Geschichte, denn dann kann David Ende April in Brüssel eintreffen und hat sich dennoch vor seiner Abreise während einer längeren Abwesenheit um eine Menge notwendiger Dinge gekümmert.

Zunächst widmete er sich in einem ziemlich stürmischen und regnerischen März-April ein paar Wochen lang der Freude des alten Pfarrers. Sein Vater war voller Verwunderung und Jubel über die ehrenvolle Publizität, die sein Anwaltssohn erlangt hatte. „Du wirst Richter sein, Davy; auf jeden Fall ein KC, bevor ich tot bin! Aber heirate, Junge, *heirate*. *Das ist* es, was du jetzt tun musst. Heirate und schenke mir Enkelkinder." Der stämmige Pfarrer hielt David insgeheim für etwas krankhaft in seiner leidenschaftlichen Hingabe an die Sache der Frau, und dieser weiße Sklavenhandel war völlig verrottet. Er hatte ausreichend in den schlechten Städten der Südwalisischen Küste gearbeitet und eine Einführung in die unterentwickelten Teile von Birmingham und London erhalten, um skeptisch gegenüber der Existenz dieser armen, verblendeten Jungfrauen zu sein, die aus ihren bescheidenen, respektablen Häusern gelockt und vertrieben wurden Shakespeare lockt Prostituierte, Prostituierte und Tyrannen in ein unreines Leben. Wenn sie diese Orte im Ausland besuchten, geschah das wahrscheinlich in der Hoffnung auf größere Gewinne, besseres Essen und eine strengere medizinische Versorgung. Die meisten dieser Gedanken behielt er jedoch für sich und seine Frau, die Tochter des Gutsherrn; Da sie irgendwie dachte, David *hätte sie* heiraten sollen , war sie ein wenig sentimental gegenüber ihm und hielt ihn für einen Galahad.

Die alte Nannie blieb wie immer wehmütig verwirrt und fürchtete sich halb vor der Lösung des Rätsels, falls es jemals käme.

Nach London und Fig Tree Court zurückgekehrt – das er bald verließ – besorgte David über seine und ihre Bankiers einen Pass für sich selbst und einen weiteren für Miss Vivien Warren, vierunddreißig, britische Staatsangehörige usw., die auf dem Kontinent reiste, eine Dame unabhängiger Mittel. Er ordnete alle Geldangelegenheiten von David und Vivie neu, lagerte den unentbehrlichen Teil von Vivies und seinem eigenen Eigentum in Honoria Armstrongs Haus in Kensington und hinterließ Bertie Adams eine Kiste mit einer kompletten Herrenausstattung; verabschiedete sich als „David Williams" und „Onkel David" von Honoria und ihren beiden Babys sowie von dem immer noch unfreundlich aussehenden Colonel Armstrong (der das „Onkel"-Geschäft sehr verärgerte, was vielleicht der

Grund dafür war, dass Honoria aus einer gesunden *Taquinage heraus* blieb es auf); und rief zu einem Abschiedsgespräch mit dem lieben alten Praddy – er schien etwas zittrig und von seinem Stubenmädchen etwas zu sehr dominiert zu werden . Als er ging, hatte Honoria gesagt: „Versuchen Sie, irgendwo im Ausland gegen Vivie anzutreten, und sagen Sie ihr, dass ich nicht glücklich sein werde, bis sie zurückkommt und wieder unter uns wohnt. ‚Armee' sehnt sich danach, *sie* kennenzulernen." ('Armee' sah nicht so aus.) "Jetzt Pettums ! Winken Sie Onkel David mit Handipens . Er macht sich auf den Weg . 'Armee' Schatz, würden Sie sie bitten, nach einem Taxi zu pfeifen? Ich weiß, dass David nicht laufen will den ganzen Weg zurück zum Tempel in diesen schönen Knopfstiefeln.

Praed erzählte ihm alles, was er über die Lage der Warren Private Hotels wissen wollte; vor allem das, wo Vivies Mutter in der Rue Royale in Brüssel wohnte.

Eines Morgens tauchte in diesem Lokal eine gut, aber schlicht gekleidete englische Dame auf, die kaum ihrem Alter entsprach (vierunddreißig), und schickte eine Karte an die Besitzerin, Mme. Varennes. Diese Karte wurde von einem flämischen Mädchen mit kräftigen Gesichtszügen genau gescannt und mit ihr nach oben in eine *Wohnung* im ersten Stock gebracht. Sie las:

Miss Vivien Warren

und bemerkte vage die Ähnlichkeit der beiden Namen Varennes und Warren und die Tatsache, dass das Etablissement, in dem sie ein lukratives Gehalt verdiente, eines der „Warren"-Hotels war.

Kurz darauf wurde Vivie eingeladen, mit dem Aufzug in den ersten Stock zu fahren, und wurde in ein prächtig eingerichtetes Schlafzimmer geführt, das durch eine offene Tür einen Blick auf ein hübsches Boudoir oder Wohnzimmer dahinter und noch einmal darüber hinaus gewährte die Platanen eines großen Boulevards, die sich in zartgrüne Blätter verwandeln. Eine bemalte Frau mittleren Alters in einem *Descente de Lit* , das in seiner Opulenz zu den Vorhängen und Möbeln des Zimmers passte, hatte auf einem Sofa gelegen, Schokolade getrunken und eine Zeitung gelesen. Sie erhob sich zitternd, als sich die Tür hinter Vivie schloss, taumelte ihr entgegen und rief ziemlich theatralisch: „Meine *Tochter* ... komm zurück zu mir ... nach all den Jahren!" (ein paar Tränen liefen über die geschminkten Wangen).

„Mach weiter, Mutter", sagte Vivie, stützte sie auf und fühlte sich oh! so rein und rein und frisch und gesund im Gegensatz zu dieser erschöpften Frau des Vergnügens. „Legen Sie sich wieder auf Ihr Sofa und machen Sie mit Ihrem *Petit Déjeuner weiter* – was sicherlich ziemlich spät ist? Als ich durch das Hotel ging, waren Anzeichen und appetitliche Gerüche zu erkennen, dass die größere Mahlzeit bevorstand. Jetzt legen Sie sich einfach hin, bis Sie sich anziehen wollen –" Wenn du willst, helfe ich dir beim Anziehen" (schweres Schlucken, um einen kleinen Schauer der Abscheu zu unterdrücken). „Ich habe es nicht eilig. Ich bin nach Brüssel gekommen, um mich eingehend mit der Angelegenheit zu befassen. Ich wohne vorerst im Hotel Grimaud."

Descente de Lit aufgab : „Warum hörst du nicht hier auf, Liebling? Lach nicht! Es gibt *viele* , die es tun und es nicht eine Minute lang ahnen." Es ist nicht wie jedes andere Hotel; aber nach allem, was ich sehe und höre, sind heutzutage *alle* Hotels ziemlich gleich, ob sie nun meinen Namen tragen oder nicht. Natürlich könnte ein Mann es ziemlich schnell herausfinden. Aber keine Frau, die nicht selbst im Geschäft war. Warum wir eigentlich anständige Frauen *dazu ermutigen , hierher zu kommen, wenn wir* nicht unter Druck stehen. Sie geben dem Ort einen besseren Ton, wissen Sie? Die meisten Herbsttage bleiben hier und bleiben stehen und merken nichts. Sie kommen hierher und unterhalten sich mit mir, und einmal sagten sie, sie mochten ausländische Herren mehr als ihre eigenen Landsleute: „Ihre Manieren sind so *umgänglich* ." Warum es zum Teil durch solche Leute geschah, dass ich hin und wieder zu hören bekam, was *Sie* War bis zu. Oh, ich war nicht lange von dieser David-Williams-Sache fasziniert. Paddy hat dich nicht verraten – als ich dir diese tausend Pfund geschickt habe – Gott, ich war froh, dass du sie behalten hast! Aber was mich faszinierte, war Ihr Porträt im *Daily Mirror* vor ein paar Jahren als „der brillante junge Anwalt, Mr. David Vavasour Williams". Irgendwie schien das „Vavasour" ganz gut zu passen, aber was du wolltest mit meinem – ähm – Mädchennamen, mit dem echten *Namen meiner Mutter* , bevor sie bei deinem Großvater lebte – Nun, wie ich schon sagte, ich habe das Ganze bald durchschaut Trickkiste – Aber *was für* ein Spaß! Schlagen Sie alles, was Sie denken Das habe *ich* je getan. Was hast du mit deinen Klamotten gemacht? Noch einmal zu Vivie zurückgekehrt ?— "

Vivie : „Ich erzähle dir alles rechtzeitig. Aber ich möchte trotzdem lieber nicht hier bleiben. Ich habe ein ruhiges Hotel in der Nähe des Bahnhofs gefunden. Ich werde dich besuchen kommen, wenn du es mir leicht machen kannst." aber was mir am liebsten wäre, wenn du nur von diesem schrecklichen Ort entkommen könntest, wäre, dass du *mich besuchen würdest* . Warum solltest du dir nicht zwei Wochen Urlaub gönnen und mit mir nach Löwen fahren? oder nach Spa ... oder an einen anderen ruhigen Ort, wo wir nach Herzenslust alles besprechen können?

Mrs. Warren : „Keine schlechte Idee. Tu mir viel Gutes. Ich fühlte mich furchtbar niedergeschlagen, Vivie, als du kamst. Ich war nicht ganz überrascht über dein Kommen, Liebling, denn Paddy hatte mir eine Art Geschenk gegeben." Ein Hinweis darauf, dass Sie auftauchen könnten, aber irgendwie kamen alle Diplomaten hierher, obwohl im Geschäft alles gut läuft

– wir hatten selten eine so arbeitsreiche Zeit wie während dieses letzten humanitären Kongresses der Mächte – hauptsächlich die alten, die alten und angesehenen – Oh, wir *alle* mögen Seriosität – und doch war ich nie so deprimiert, dass meine Mädels so oft hierher kamen und mich weinen sahen … „Kommentar, Madame", sagten sie immer, „ pourquoi. " Pleurez vous ? Tout va Si gut! *Quelle* clientele, et pas chiche – Ich nehme an, Sie verstehen Französisch? Betrachten Sie diese Reise in das Land jedoch als *erledigt* . Ich packe jetzt zusammen und am Nachmittag geht es los. Und nicht in eines Ihrer dürftigen Hotels oder Dorfgasthöfe. Warum ich mein *eigenes* Land und mein *eigenes Auto* habe . Villa de Beau-séjour, etwa eine Meile hinter den schönen Buchenwäldern von Tervueren . Ist nicht so weit von Löwen entfernt, also kann ich dich eines Tages dorthin schicken – Ah! Wenn ich mich nicht irre, gibt es jemanden , den Sie gerne in Löwen sehen würden! Du warst schon immer jemand, der Dinge herausfindet , und vielleicht erzähle ich dir, jetzt, wo du zu mir zurückgekehrt bist, mehr als das, was ich getan hätte, als du so steif und stolz dagestanden hast und ich nicht in der Lage war, mich damit auseinanderzusetzen Saum deines Rocks.... Wie ich schweife. Angenommen, das Alter naht " (schaudert). „Über diese Villa de Beau-séjour ... Es war einst ein Bauernhaus, und auch jetzt noch ist es der Bauernhof, von dem ich mir Eier, Milch und Butter und das Obst besorge Gemüse für dieses Hotel. *Er* hat es mir gegeben – wissen Sie, wen ich mit „ *Er* " meine? ... an einem Ort wie diesem sollte man nicht zu laut reden ... Man sagt, es geht ihm im Moment ziemlich schlecht, er wird wahrscheinlich nicht mehr lange leben. Ich war vor Jahren einmal seine Geliebte – zumindest war ich mehr eine Vertraute als alles andere. *Wie* er immer über meine Geschichten lachte! 'Que Tu es un „ drôlesse ", pflegte er zu sagen. Ich habe nie ein Blatt vor den Mund genommen, und das hat uns nicht geschadet. Gott segne dich, er war nicht so schlimm, wie sie ihn darstellten, lange nach all dem Wirbel um die Schwarzen. Wie gesagt, er gab mir die Villa de Beau-séjour und pflegte zu sagen, wenn ich mich benehmen würde, würde er mich vielleicht eines Tages zur „Baronne de Beau-séjour" machen. Wie hat dir das gefallen? Eine Art morganatische Königin? Ich schätze, ich hätte ein gutes Management in die Leitung dieser Orte gesteckt. Aïe ! Wie sie ihn betrogen haben , und er hielt sich immer für einen so scharfsinnigen Geschäftsmann! Als dieses Vaughan-Flittchen ..."

Vivie : „Sehr gut. Wir gehen zur Villa Beau-séjour. Aber erzähl mir nicht zu viele deiner Erinnerungen, sonst verlasse ich dich vielleicht doch und gehe zurück nach England. Während ich bei dir bin, musst du mir etwas geben Rouge und Patschuli und die Art von Gesprächen, die damit einhergehen, wenn ich hier draußen bin und versuche, meine Pflicht zu erfüllen, sind immer unangenehm Diese Seite deines Charakters, als du helfen kannst, macht mich krank, Mutter ..."

[Mrs. Warren – oder Madame Varennes – winselt ein wenig, wird aber bald munterer, klingelt nach ihrer Zofe, um sich anzuziehen und die Vorbereitungen für ihre Abreise zu übernehmen. Sie notiert sich die Adresse von Vivies Hotel und verspricht, sie dort um drei Uhr mit dem *Auto abzuholen* . Vivie verlässt sie, steigt die mit reichem Teppich ausgelegten Treppen hinunter – der Aufzug wird von einer abscheulich hübschen, kleinen, molligen Soubrette bedient, die als Page verkleidet ist – und geht auf die Straße hinaus. Mehrere herumlungernde Männer starren sie eindringlich an, entscheiden aber, dass sie zu englisch, zu schlicht gekleidet und ein bisschen zu alt ist, um sich mit ihr anzulegen . Diese letzte Überlegung ist für Vivies Intelligenz offensichtlich und sie denkt mit einem wehmütigen Lächeln darüber nach, halb belustigt , halb bedauernd. Sie wird in aller Ruhe eine vollständige Beschreibung der Szene für Michael schreiben.]

Diejenigen, die nach uns kommen, werden nie begreifen, wie herrlich das Reisen ins Ausland vor dem Krieg war, vor jenem Krieg, der die verdammende Dora in allen Ländern Europas, insbesondere in Frankreich, Belgien, der Schweiz, Italien und Holland, an die Macht brachte. Sie werden es nicht für möglich halten, dass der Erhalt eines Reisepasses (als bloßes Mittel zur schnellen Feststellung der Identität bei einer Bank oder einem Postamt) eine einfache Transaktion war, die über einen Bankier oder ein Reisebüro durchgeführt wurde, bei der Briefmarken beigefügt und bezahlt wurden ein oder zwei Schilling; dass es keine Frage von *Visa* gab, die endlose Demütigungen und knochenbrechende Verzögerungen mit sich brachten, das Warten in Vorzimmern und leeren Wohnungen von ärmlicher, trostloser Hässlichkeit, die sich immer in den abscheulichsten Teilen einer Stadt befinden. Doch in einem Punkt waren sich die Außenämter Europas einig, und zwar darin, dass ihre Leibeigenen des Glebe, nachdem sie sich wieder auf den Hals des Volkes gesetzt hatten, nicht durch das Land reisen sollten, es sei denn unter Umständen, die hasserfüllt, ermüdend, ungesund und demütigend waren Länder, die einst schön und großzügig waren und es heute nicht mehr sind.

Also: Vivie, die noch nie bewusst im Ausland war (obwohl sie später erfuhr, dass sie tatsächlich in Brüssel geboren war), begann, alle Freuden des Reisens in einem fremden Land zu erleben. Am nächsten Morgen erwachte sie mit den ländlichen Freuden der Villa Beau-séjour, einer absurden Schlossvilla zwar, die aber an einen bezaubernden flämischen Bauernhof angeschlossen war; mit Kühen und Schweinen, Gänsen und Enten, dickem Geflügel und weißen Tauben, mit Pappelgruppen und Weißdornbüschen und wilden Kirschbäumen, die das kleine Anwesen mit dem herrlichen Wald von Tervueren verbanden . Da waren die freundlichen, superintelligenten großen Hunde, wie Bastard-Bernardinen oder Mastiffs, die die kleinen Karren zogen, die die Produkte der Farm zu den Märkten oder nach Brüssel brachten. Es gab fröhliche flämische Landdiener und üppige Milch- oder Geflügelfrauen, ihre Frauen; Keiner von ihnen war sich besonders bewusst, dass Madame Varennes irgendetwas Unwürdiges an sich hatte. Sie erinnerten sich vielleicht vage daran, dass sie einst unter dem Schutz der Hohen gelebt hatte, aber das trug in ihren Augen eher zu ihrem Ansehen bei. Sie war eine englische Dame, die aus geschäftlichen Gründen und möglicherweise aus *der Haute Politique* beschloss, in Belgien zu leben. Sie war eine freundliche Geliebte und eine großzügige *Gönnerin* . Vivie als ihre Tochter war sich ihres Respekts sicher und gewann durch ihr höfliches Verhalten auch ihre Sympathie.

„Weißt du, Viv, altes Mädchen", sagte Mrs. Warren eines Tages, „wenn du deine Karten gut ausspielst, könnte dieser hübsche Ort dir gehören, nachdem ich gegangen bin. Warum nicht? Suchst du dir irgendwo einen anständigen Ehemann und lässt den ganzen Blödsinn über die Suffragetten hinter dir? Er muss nicht allzu viel über mich wissen, verstehst du ? Und wenn man die Dinge vernünftig betrachtete, würde man eines Tages einen Topf voll Geld holen; und solange ich lebte, würde ich dir ein gutes Taschengeld zahlen –"

„Es nützt nichts, liebe Mutter" – unwillkürlich sagte sie „Liebes": Ihr Herz hungerte nach Zuneigung, Wales verließ schnell ihre Sphäre, Davids Geschäft musste bald in diesem Viertel aufgelöst werden und wohin sollte sie sonst gehen? „Solange Sie mit diesen Hotels weitermachen , kann ich keinen Penny anrühren. Ich hätte diese Tausend nicht behalten sollen, nur Paddy versicherte mir, dass es ,sauberes' Geld sei."

Frau W .: „So war es. Ich habe bei Monte gewonnen. Ich spiele jetzt nicht mehr oft, ich hasse es, Geld zu verlieren. Aber wir hatten eine großartige Saison in Roquebrune und eines Tages setzte ich mich an die Tische, a Es schien, als ob ich nicht verlieren könnte . Als ich aufstand und ging , sagte ich mir : „Das soll an mein kleines Mädchen gehen: Ich schicke es über Paddy ." er wird es auf ihre Bank einzahlen. Dann werde ich mir keine Sorgen um sie machen.""

„Mutter! Was für ein seltsames Geschöpf du bist! Solch eine Mischung aus Gut und Böse – denn ich nehme an, es *ist* schlecht, ich fühle es irgendwie *schlecht* , der Handel mit Frauenkörpern, wie man es sensationell ausdrückt. Mir gegenüber warst du immer kompakt." der Freundlichkeit; du hast alle Vorkehrungen getroffen, um mich gut erziehen zu lassen, ohne jegliche Unreinheit zu kennen; du hast mir die Freiheit gelassen, zu heiraten, wen ich mochte ... aber ... aber ... du bist geblieben zu dieser schrecklichen Karriere ..."

„Nun, Vivie. Das habe ich. Aber hast du dir große Mühe gegeben, mich davon abzubringen? Außerdem, *ist* es schrecklich? Ich werde nicht viel für Berlin und Buda-Pest oder sogar Wien versprechen, weil ich noch nicht dort war.“ Diese Anweisungen gelten schon seit langem, und die Deutschen geraten regelmäßig außer Kontrolle und arbeiten auf etwas hin, wenn Sie sich die Warren Hotels an diesen Orten ansehen, werden Sie vielleicht viel dagegen einzuwenden haben . Aber Sie können nicht sagen, dass die Orte, die ich hier und in Roquebrune betreue , so schlecht sind? *Ich* werde Sie nicht davon abhalten, sich um sie zu kümmern , wenn sie krank werden, und wenn sie ermutigt werden, gut zu heiraten . Ich nenne diese beiden Orte sogar – ich habe mein Pariser Haus in diesen zehn Jahren aufgegeben – ich nenne sie sogar meine „Heiratsmärkte“. Ah! Und ich habe in meiner Zeit nicht wenige *Punkte an anständige Mädchen vergeben, die einen guten Ehemann in der Kundschaft* gefunden haben . Warum sie nicht mehr als das sind, was man als Hotels bezeichnen könnte, die ein bisschen toller sind als das, was andere Hotels sind Ich habe in all meinen zwanzig Jahren als Brüsseler Manager noch nie einen Streit mit der Polizei gehabt ... Und was den ganzen Mist über den Weißen Sklavenhandel angeht, über den Sie so aufgeregt zu sein scheinen ... Nun, ich sage nicht, dass es nichts gibt . darin.... Antwerpen, Hamburg, Rotterdam – da würde man einige lustige Geschichten hören ... aber nur, wenn man als David Williams in seiner Männerkleidung auftreten würde – Meine Güte! Sie sagen mir, dass dieser Ort in Südamerika – Buenos Aires – eine normale Hölle ist. Aber ... Gott segne meine Seele ... unsere jungen Damen würden es mit allem aufnehmen, wenn man sie dazu zwingen würde Sie müssen sich meiner Obhut entziehen. Die Zeit, in der wir unser Roquebrune -Etablissement für den Sommer schließen, rückt näher, und die Mädchen werden alle in ihre Häuser in den Bergen zurückkehren und sich mit neuer Milch ernähren . Wenn Sie jedoch vor Mitte Mai dorthin gehen, werden Sie die Dinge so sehen, wie sie in der Saison sind. Und außerdem werden Sie dort jede Menge absolut respektable Leute sehen, die hier anhalten . Natürlich sind die Preise hoch. Aber schauen Sie sich den Luxus an! Was dieser böse Bax immer „Alle Annehmlichkeiten eines Zuhauses“ nannte. Er mochte diesen Witz. Ich habe gehört, dass er sich zu Hause mit seinem alten Niederländisch niederlässt . Ich muss sagen, sie ist furchtbar gut zu ihm. *Ich* konnte es nicht lange ertragen . Ich verliere nicht oft die Beherrschung , aber bei ihm war es so, nachdem er von Paul Dombey geleckt wurde, ich ihm ein Tintenfass an den Kopf warf und ihn dreizehn oder vierzehn Jahre lang nicht gesehen habe. Er verkaufte alle seine Anteile an den Warren Hotels, als er eine Pleite machte.

„Nun, Mutter, ich werde mich umschauen. Ich bin wirklich froh, dass du die deutschen und österreichischen Schrecken hinter dir hast, auch wenn du die Schuld dafür tragen musst, sie überhaupt organisiert zu haben. Ich werde mich gleich um David kümmern Williams' Kleidung und sehen, was ich davon sehen *kann . Aber wenn Sie möchten, dass ich eine Tochter für Sie bin, werden Sie die erste und beste Gelegenheit nutzen, Ihren Namen aus diesen – ach ! – diesen* Hinterlassenschaften des 19. Jahrhunderts zu entfernen. Sie werden die

Warren Hotels' Company auflösen und die beiden Häuser, die Sie hier und in Roquebrune haben , jetzt in anständige Orte verwandeln, in denen keine Unanständigkeit geduldet wird.

Mrs. Warren : „Ich werde darüber nachdenken und es nicht sagen, da ich Ihnen nicht nachgeben werde. Ich habe das hektische Leben satt und bin stolz auf Sie und ... und ... (weint) ... Ich schäme mich , wann immer ich dich ansehe. Obwohl ich nie das getan habe, was ich *schlecht nenne* , habe ich schon so manchem lahmen Hund über den Zaun geholfen ins Leben gerufen – fast das einzige Mal, dass ich jemals verliebt war – vor vielen Jahren – warum, Mädchen, du musst es sein – mit fünfunddreißig auskommen – lass mich sehen ... (Muscheln). Im Winter 1973/74 war ich mit einem jungen Anwalt aus London in Ostende ... von dem ich Ihnen einmal erzählt habe, der Theaterstücke schrieb, und wir sind nach Brüssel gereist, weil er geschäftlich mit der belgischen Regierung zu tun hatte . Er ließ mich gerade ziemlich allein, wenn auch ziemlich offenherzig, wissen Sie? Eines Tages ging ich durch eine der ärmeren Straßen, in denen die Leute sehr flämisch waren , und schaute zu mir auf Eine alte Tür – keine Ahnung, warum – ich glaube , ich fand sie malerisch – erinnerte mich an Paddys Haus Zeichnung . Und eine alte Frau kommt und sagt auf Französisch: „Madame est Anglaise?" Damals konnte ich kaum ein Wort Französisch, aber ich sagte „ Oui ". Dann möchte sie, dass ich nach oben komme, aber ich dachte, es sei eine Falle. Soweit ich es jedoch erkennen konnte, war dort ein junger Ire, sagte sie, der sehr fieberkrank dalag und anscheinend keine Freunde hatte.

„Nun: Ich habe mir die Adresse notiert und bin am nächsten Tag mit dem Concierge des Hotels, in dem wir wohnten, dorthin gekommen, und unter seinem Schutz gingen wir nach oben. Mein Gott! Es war ein schrecklicher Ort – und dein armer Vater – denn er *war es* Dein Vater hat herumgewühlt und tobte, mit brennenden Wangen und großen Augen, genau wie deiner, also haben wir mit Hilfe dieses Concierges eine anständige Unterkunft gefunden – sie waren nicht so besonders! Dann ging es um eine Infektion, sonst glaubten sie nicht, dass Typhus ansteckend sei – ich brachte ihn mit einem Krankenwagen dorthin, engagierte eine Krankenschwester, und nach zwei Wochen erholte er sich. Es stellte sich heraus, dass er ein Seminarist – ich glaube, sie nannten es – aus Irland war wollte in Löwen für das Priesteramt ausgebildet werden – damals kamen viele Iren dorthin. Und irgendwie überkam ihn ein Anfall von Frechheit – er war erst zwanzig – und er dachte, er würde gerne etwas davon sehen Also hatte er sein College verlassen und war ein bisschen in Brüssel und Ostende . Dann wurde er von diesem Fieber gepackt .

„Sein Name war Fergus O'Conor und er sagte immer, er stamme von den echten alten irischen Königen ab, und er sei eine Art Fenianer. Ich meine, er hat immer etwas Schreckliches gegen die Engländer angestellt und gesagt, er würde niemals ruhen." Bis sie aus Irland vertrieben wurden, war er so gutaussehend – nun, ich habe noch nie jemanden wie ihn gesehen, es sei denn , Sie sind das, was er ist, wenn Sie sich als David Williams verkleiden war, als ich mich in ihn verliebte.

„Und das tat ich. Und als mein Anwaltsfreund – Mr. FitzSimmons – mich darüber aufzog und wollte, dass ich – nachdem er sein Geschäft erledigt hatte – mit ihm nach London zurückkehrte, weigerte ich mich. Damals war ich etwas frei in meiner Rede Ich glaube, ich habe „Geh zur Hölle" gesagt. Aber er lachte nur und hinterließ mir fünfzig Pfund.

„Nun, ich habe sechs Monate mit diesem jungen Studenten zusammengelebt. Wir hatten eine schöne Zeit, bis er anfing, melancholisch zu werden – teilweise auch aus Geldmangel. Er versuchte, Journalist zu werden ."

„Dann holte ihn die Kirche zurück. Es kam zu einer gewaltigen Veränderung in ihm, und zwar genau zu der Zeit, als *Sie* War Komm mit. Eines Nachts wachte er schweißgebadet auf und sagte, er sei für immer verdammt. „Unsinn", sage ich , „das sind die Krebse; Du solltest diese Biskuitsuppe niemals essen ...'

„Aber er meinte es ernst. Er ging zurück nach Löwen – wohin ich dich in ein oder zwei Tagen bringen werde – und ich nehme an, sie zwangen ihn, alle möglichen Bußen zu leisten, bevor sie ihm die Absolution erteilten. Aber er blieb dabei. Mit der Zeit wurde er Priester und betrat eines dieser Ordenshäuser. In Löwen hält man viel von ihm. Ich habe ihn ein- oder zweimal gesehen, aber ich kann es nicht ertragen, ihm in die Augen zu sehen – sie sind so etwas wie deines – Gib mir das Gefühl, ein normaler Jezebel zu sein. Als er mich verließ, hatte ich nicht mehr viel Geld übrig, also habe ich, bevor ich um eine Rückreise nach England gebeten habe, in dem Hotel angerufen, in dem du warst Ich habe mich neulich gefunden und dort, wo mein Anwalt wohnte, eine kleine, wirklich freundliche Frau kennengelernt . Sie sagte zu mir: „Sehen Sie hier." Ich werde mich um dich kümmern und dich in der Arbeit unterstützen. Und wenn du wieder in der Lage bist, kommst du vorbei und hilfst mir in meinem Geschäft für so lange aus.' Und so wurde das erste der Warren Hotels gegründet und dort wurden Sie geboren ... im Oktober achtzehn – fünfundsiebzig –"

(Vivie schauderte ein wenig, aber die Gedanken ihrer Mutter waren so in die Vergangenheit vertieft, dass sie es nicht wahrnahm.)

Mrs. Warren : „ Hast du deine Tante Liz jemals gesehen ?"

Vivie erzählte ihr von den düsteren Erfahrungen, die bereits in Kapitel I angesprochen wurden.

Frau Warren: „Nun, sie hat *mich völlig* im Stich gelassen , seit sie diesen Kanon geheiratet hat. Und ich habe sie respektiert. Es ging ihr gut , ihre Vergangenheit war tot und erledigt. Glaubst du, ich *wollte* sie belästigen? Ich nicht. Es hängt so sehr davon ab, wie man geboren und erzogen wurde . Wenn Liz das Kind eines angesehenen Ehepaares gewesen wäre, das ihr einen guten Start ins Leben ermöglichen könnte, wäre sie wahrscheinlich von Anfang an davongelaufen . Keine Ahnung, wie es mir geht. Und doch, wüsste ich, wäre dein Vater nicht eine Art junger Gott gewesen, mit dem Kopf in den Himmel und ohne regelmäßiges Einkommen? Hätte mich geheiratet und wäre nett zu mir gewesen ... Ich hätte den Rest meines Lebens eine ehrliche Frau sein sollen ...

„Was denkst *du* über Moral? Du scheinst nicht viel Vertrauen in die Religion zu haben, aber du hast immer einen hohen Standpunkt vertreten – und irgendwie bin ich froh, dass du das getan hast –, wenn es um Dinge geht, die mir nie wichtig zu sein schienen." Uns werden diese Leidenschaften und Wünsche gegeben – und es tut mir nicht weh, uns zu verlieben ! – und dann sagt uns der Klerus, obwohl es schreckliche Humbugs sind, dass wir unsere Gelüste verleugnen müssen ..."

Vivie: „Im Großen und Ganzen haben die Geistlichen Recht mit dem, was sie predigen, auch wenn sie die falschen Gründe angeben. Wir müssen versuchen, unsere Leidenschaften zu regulieren, sonst werden sie uns beherrschen und das, was wirklich gut in uns ist, unterdrücken. Meine Lösung für dieses Problem, die ich bin." Ich habe es satt, darüber zu diskutieren... Aber lassen Sie uns damit Schluss machen – meine Lösung ist, dass der Staat und die Gemeinschaft ihr Möglichstes tun sollten, um frühe Ehen zu fördern, zu subventionieren, zu belohnen und sie gleichzeitig auf angemessene Weise zu erleichtern Wenn Sie diese beiden Mittel anwenden, würden Sie die Prostitution weitestgehend ausrotten, was ich für absolut schrecklich halte. Vielleicht ist es so, dass die irische Askese in meiner Verfassung scheitern könnte . Nun ja, nach Ablauf von zehn Jahren dürften diese auflösbar sein, wenn man für die Kinder angemessen gesorgt hätte, wenn sie wüssten, dass ihre Partnerschaft nach einiger Zeit und ohne Skandal aufgelöst werden könnte, wenn die Zeit dafür gekommen wäre Wenn Sie andererseits die Bindung nicht für immer binden würden, würden junge Menschen – vor allem, wenn sie sich nicht um die Mittel kümmern müssten – ohne Zögern oder Verzögerung heiraten. Ich sollte das nicht nur fördern, sondern ich sollte jeder Frau eine hohe Prämie dafür geben, dass sie ein lebendes Kind zur Welt bringt ... Jetzt reden wir über etwas anderes. Wann bringst du mich nach Löwen?"

Ein paar Tage später reisten sie nach Löwen, und Vivies neu erwachte Sinne für das Schöne in der Kunst schwelgten in der prachtvollen Architektur, von der später im Krieg große Teile zerstört wurden.

Sie gingen unter den Ebenen durch eine schmale Straße zwischen Klostergebäuden und erblickten eine hagere, stattliche Gestalt eines Oberpriesters eines großen Ordens. "Dort!" sagte Frau Warren; „Das ist er, das ist dein Vater." Sie beschleunigten ihre Schritte und waren bald neben ihm. Er ließ seine großen, grauen Adleraugen einen Moment lang verächtlich auf das Gesicht von Mrs. Warren blicken, die ganz zitterte und dem Blick nicht standhalten konnte. Vivie warf er kaum einen Blick zu, als er auf eine Tür zuging, die ihn umhüllte, obwohl die Augen, die sie geerbt hatte, ihm unerschütterlich begegnet wären.

David Williams besuchte pflichtgemäß Antwerpen, Rotterdam, Hamburg, Berlin, Wien und Budapest. Vieles von dem, was er sah, widerte ihn an, ja, empörte ihn sogar, aber er fand nur wenige seiner Landsfrauen, die gefangen gehalten wurden und darum schrien, von einem Leben in Schande erlöst zu werden. Nach seiner Rückkehr nach England im Herbst 1909 veröffentlichte er die Ergebnisse seiner Beobachtungen; sie hatten jedoch nur sehr geringe Auswirkungen auf die öffentliche Meinung auf dem Kontinent.

Allerdings verwandelte Mrs. Warren ihre beiden Betriebe zu gegebener Zeit in Hotels, die nach und nach einen begründeten Anstandscharakter erlangten und mit der Zeit zu den Hotels zählten, die ruhige, fleißige Menschen von erstklassigen Reisebüros empfohlen wurden. Ihre Namen wurden jeweils von Hotel Leopold II in Hotel Edouard-Sept und von The Homestead, Roquebrune in Hotel du Royaume -Uni geändert. Mrs. Warren oder Mme. Varennes zog sich vollständig aus der Geschäftsführung zurück, arrangierte jedoch, dass sie die prächtig eingerichtete *Wohnung im ersten Stock des Hotel Edouard-Sept in Brüssel, wo Vivie sie im späten Frühjahr 1909 gesehen hatte*, für sich selbst behielt. Sie erhielt weiterhin eine gewisse Einnahmen aus diesen beiden hervorragend geführten Gasthöfen.

Von Vivie dazu gezwungen, spendete sie große Spenden an Wohltätigkeits- und Bildungseinrichtungen, die sich auf das Wohlergehen von Frauen auswirken, und richtete einen Fonds in Höhe von zehntausend Pfund zur Förderung des Frauenwahlrechts in Großbritannien ein, der Vivie zur Verfügung stehen sollte. Aber trotz dieser Opfer für *die Bienséance* blieb sie eine Dame mit beträchtlichem Vermögen.

Sie widersetzte sich jedoch allen Einladungen, sich in England niederzulassen. „Nein, Liebes; ich habe mich an fremde Sitten gewöhnt. Ich hasse meine eigenen Leute; sie sind so verdammte Heuchler; und die Küche entspricht nicht meinem Geschmack, ich bin an das Beste gewöhnt.“

Aber sie verzichtete auf Brandy, außer als ganz gelegentliches *Getränk* nach dem postprandialen Kaffee. Sie färbte ihre Haare nicht mehr und benutzte nur noch sehr wenig Rouge und keinen Duft außer Lavendel. Ihr Haar nahm eine warme weiße Farbe an und die Kleidung à la Pompadour ließ sie so aussehen, wie sie wahrscheinlich im Herzen war – eine ziemlich anständige Sorte.

KAPITEL XII

VIVIE KOMMT ZURÜCK

Honoria Armstrong, treu in Freundschaft und Zielen wie nur wenige Menschen (obwohl ihre Liebe zu ihrem lieben, wilden, blauäugigen, struppigen Schnurrbart, kampferprobten, tyrannischen Ehemann nie im Geringsten nachließ) , bereitete sich auf Vivies Rückkehr im Herbst 1909 vor, indem sie ihr ein nettes kleines einstöckiges Haus in einer Seitenstraße von Kensington sicherte ; eines jener Häuser – das heute zweifellos von Millionären bewohnt wird, die keinen großen Haushalt, sondern nur ein Dach über dem Kopf wollen –, die aus dem frühen 19. Jahrhundert übrig geblieben sind, als Kensington sich von einem Dorf zu einer Villenstadt entwickelte. Die breite, ruhige Straße, die nach unserer verstorbenen lieben Königin benannt ist, hat auf einer Länge von etwa einer Viertelmeile nichts als diese kleinen freistehenden oder Doppelhaushälften (,, *Cottages ornés* “) , einstöckige Villen mit einem Atelier dahinter, oder zweistöckige Reihenhäuser ; und kurz vor dem Krieg pflegten Bauspekulanten mit hungrigem Blick nach links und rechts auf den Bürgersteigen auf und ab zu gehen und in ihrer Fantasie all diesen verschwendeten Platz aufzukaufen, diese hübschen Stucknester abzureißen und an ihrer Stelle hoch in die Luft ragende Wohnburgen zu bauen. Ich nehme an, dieser Bezirk wird der Zerstörung seiner anmutig blühenden Bäume und lebhaften Gärten und seinem Flair eines opulenten Dorfes nicht mehr lange entgehen können; er wird mit dem Rest von Kensingtonia mit seinen riesigen, schönen Gebäuden mithalten und bei den Menschen sehr begehrt sein, die ihr Leben – bis sie Selbstmord begehen – der unerlaubten Liebe und den Siegesbällen in der Albert Hall widmen. Doch im Jahr 1909 – wären wir doch alle wieder im Jahr 1909! – war es ein so schöner Teil Londons, wie ihn sich eine geschäftige, energische, nüchterne alte Jungfer, die der Bewegung angehörte, aber dennoch den Rückzug von zu Hause und die nach Flieder duftende Privatsphäre mochte, nur wünschen konnte: für die absurde Miete von 50 Pfund im Jahr, die verhältnismäßig niedrigen Gebühren und den Bedarf an nur einem fleißigen, anständigen Suffragetten-Hausmädchen sowie der monatlichen Unterstützung durch eine Putzfrau mit fortschrittlichen Ansichten.

Dort bezog Vivie im November des angegebenen Jahres ihren Wohnsitz. Honoria wohnte nicht weit entfernt, übernächste Tür zu den Parrys am Kensington Square. Sie – Vivie – war sich bewusst, dass Colonel Armstrong sie nicht ganz mochte, sie nicht „einordnen“ konnte, das Gefühl hatte, dass sie nicht „eine von uns“ war, und dass sie trotz Honorias vielen Einladungen ein- und auslief und sich nicht darum kümmerte, Schatz alte „Armee“, die anfangs *immer* so war, genau wie ihr Chow – sie übte beträchtliche Diskretion hinsichtlich ihrer Besuche im Armstrong-Haushalt aus, obwohl sie im Allgemeinen an Honorias Wahlrechtstreffen teilnahm, die immer dann stattfanden, wenn der Colonel nach Aldershot oder Hythe gerufen wurde.

Zu diesem Zeitpunkt – Ende 1909 – war Honoria Mutter von vier liebenswerten, gesunden und glücklichen Kindern. Im darauffolgenden Juni (1910) würde sie ihr fünftes Kind zur Welt bringen und dann vielleicht damit aufhören. Über diese Zeit sagte sie oft, indem sie dabei Holz berührte: „Könnte eine Frau glücklicher sein?" Sie war so glücklich, dass sie an Gott glaubte, ging manchmal nach St. Mary Abbott oder St. Paul in Knightsbridge – die Musik war so fröhlich – und spendete größtenteils für fröhliche Wohltätigkeitsorganisationen sowie für das Wahlrecht. Kurz vor Weihnachten 1909 schaute sie sich um und betrachtete ihr Glück: Könnte das jemand? einen zufriedeneren Ehemann haben ? Natürlich war er ein Mann und hatte dumme männliche Vorurteile, aber ohne sie wäre er nicht so liebenswert. Ihre Kinder – zwei Jungen und zwei Mädchen – könnten Sie größere Lieblinge finden, wenn Sie eine Woche unter den wohlerzogenen Kindern verbringen würden , die rund um den Round Pond spielen? Solche *natürlichen* Kinder mit wirklich originellen Bemerkungen und untrainierten Ideen; kein künstlicher Peter Pans, der wehmütig nicht erwachsen werden wollte; keine sklavischen kleinen Nachahmer der in Mode befindlichen Kindergeschichten, die so tun, als würden sie Indianer spielen – obwohl jeder wusste, dass Indianer sich heutzutage wie alle anderen Bürger der Vereinigten Staaten und Kanadas kleideten, im Kongress saßen und politische „Anziehungen" pflegten oder verkauften Patentarzneimittel; oder wer „Gute Jagd" und andere Mowgli-Schibboleths zu mystifizierten Verwandten aus den Landstädten der Mitte des 19. Jahrhunderts sagte; noch Kinder, die die Katze neckten oder den Koch störten oder Marmelade stahlen oder irgendetwas anderes taten, was veraltet war; oder lehnte Sullivans Musik zugunsten von Debussys oder Scarlatinis *Tiraliras* aus dem 17. Jahrhundert ab ; oder sie trugen eine Brille und mussten ihre Vorderzähne in Goldklammern stecken. Nur kläräugige, gutmütige, gutaussehende, schelmische und spontan natürliche und einigermaßen eigenwillige Kinder, die ihre Eltern vergötterten und sich nicht offen über die Elishas lustig machten , die sie aufsuchten.

Dann waren da Honorias Freunde. Ich habe in Kapitel II eine Art Liste von ihnen zusammengestellt – was, wie man mir sagte, erheblichen Anstoß erregt hat, nicht wegen der Einträge, *sondern* wegen derer, die weggelassen wurden. Aber das muss ihnen nichts ausmachen: Wenn die Protestierenden nach meinen Maßstäben nette Leute waren, können Sie sicher sein, dass Honoria sie kannte. Aber von all ihren Freunden war ihr keiner lieber und näher – abgesehen von ihrem Ehemann – als Vivie Warren – eine Freundin der Freunde, eine tapfere Kameradin mit den unerschrockenen Augen. Und irgendwie war Vivie (seit sie sich in Michael Rossiter verliebt hatte) zehnmal lieber als zuvor: Sie war verständnisvoller; sie hatte einen helleren Blick, einen viel größeren Sinn für Humor ; sie war zärtlicher; sie mochte Kinder wie nie zuvor in vergangenen Jahren und wurde bald von den vier Kindern am Kensington Square als „Tante Vivie" adoptiert (auch sie – die beiden älteren – hatten eine vage Erinnerung an einen Onkel David, der ihnen in grauer Vorzeit Spielzeug und Süßigkeiten gebracht hatte). Tante Vivie und Mummie veranstalteten in dem langen, schmalen Garten hinter dem Haus die unterhaltsamsten Suffrage-Treffen; oder sie taten sich mit Lady Maud Parry zusammen und sprachen mit trällernder Alt- oder Mezzosopranstimme (mit dem willfährigen Tenor oder Bariton eines gefangenen Mannes) zwischen den beiden Gärten. Oder sie beschlagnahmten den Square Garden unter dem Vorwand einer riesigen Gartenparty, bei der alle gleichzeitig über ihre Ansichten zum Suffrage-Thema sprachen und lachten.

Ja: Honoria war damals glücklich, wie sie es fast ihr ganzes Leben lang gewesen war, außer als ihr Bruder und ihre Mutter starben. Was fehlte ihr zum Glück? Nichts, was diese Welt im beginnenden 20. Jahrhundert geben kann ... nicht einmal ein sehr gutes Pianola oder einen Motor. Ich habe das Gefühl, dass es fast unfair war (in meiner Wut über die Ungleichbehandlung durch die Mächte im Jenseits). Sollte General Sir Petworth Armstrong nicht im großen Desaster des weltweiten Krieges sterben? Ich werde es später sehen. Und doch habe ich das Gefühl, dass dieser Kern des reinen Glücks am Kensington Square – oder im Petworth Manor – für die kleine Welt, die sich um die Armstrongs drehte , wie ein guter Heizkörper in einem kalten Haus war. Es erwärmte manche kühle Natur zur Fruchtbarkeit; Es heilte so manche Narbe, es erhellte so manches bescheidene Leben, wie das von Bertie Adams' fleißiger Mutter als Wäscherin, oder das des verkrüppelten Kindes des Wildhüters in Petworth oder das des neuesten, kleinsten Vorstadtangestellten von *Fraser und Claridges riesigem* Betrieb im Brompton Straße. Es hat das eigensinnige Leben eines jungen Subalternen auf den Kopf gestellt, der kurz vor dem Scheitern stand, der aber nach ein oder zwei Gesprächen mit dieser fröhlichen Mrs. Armstrong einen ganz anderen Weg einschlug und eine anständige Ehe schloss. Es ging mit vielen gesellschaftlichen Aktivitäten zum Wohle einer Person einher, die ihre Zwillingsschwester hätte sein können – Suzanne Feenix –, nur dass Suzanne zwanzig Jahre älter und vielleicht ein oder zwei Zentimeter kleiner war. Liebe Frau! Bei meiner Erinnerung blitze ein Kuss auf Ihre astrale Wange auf – den ich in Wirklichkeit nie zu salutieren gewagt hätte, so groß war meine Ehrfurcht vor Colonel Armstrongs Muskeln –, wie zu jedem vernünftigen Zeitpunkt vor oder nach der Geburt Ihres letzten Kindes im Juni 1910 , Sie stehen in der Halle Ihres sonnigen Hauses aus dem 18. Jahrhundert , mit dem goldenen und grünen Schimmer des Kensington-Gartens im Rücken, und sagen mit Ihren frohen Augen und Ihrem schönen Mund: „Kommen

Sie zu unserer Wahlrechtsparty? *Was für* ein Spaß! Wir haben Mrs. Pankhurst hier und die Polizei wagen es nicht, uns zu überfallen; sie haben solche Angst vor der „Armee". Natürlich ist er weg, aber er weiß *genau*, was ich tue. Er hat *ziemlich* nachgegeben. Jetzt, Michael, gehst du Sir Harry und Lady Johnston zu den Vordersitzen ..."

(Ich schaute mich nach der eher düsteren Präsenz von Michael Rossiter um, aber es war sein kleiner goldhaariger Patensohn, den sie meinte.)

Ihr General soll vor den Kriegen sicher zurück sein, mit einer Wunde, die nur Ehre bringt, einer angemessenen Anzahl wohlverdienter Auszeichnungen und einem Ruf für eine etwas bessere Strategie, als Aldershot normalerweise hervorbringt; und er wird sein gesundes Leben neben dem Ihren ausleben und immer noch Glück spenden, selbst unter einer Labour- Regierung: bis, wie Burton seine Liebesgeschichten aus Tausendundeiner Nacht zu beenden pflegte, „der Zerstörer der Freude und der Zerstörer der Gesellschaften zu ihnen kam." "

Honoria verhielt sich gegenüber der Wahlrechtsbewegung in etwa so, wie in den älteren Tagen der Laxheit des Zweiten Kaiserreichs wohlhabende Menschen sich dem Militärdienst durch Einberufung entzogen, indem sie einen Stellvertreter bezahlten, der ihren Platz in der Kampflinie einnahm. Wegen ihres Mannes und der Kinder, die sie gerade bekommen hatte oder bekommen würde, stürzte sie sich nicht in den körperlichen Kampf; Dennoch finanzierte sie die Sache weiterhin mit dem von ihrem Bruder vorgesehenen Geld. Mit ziemlichem Bedauern schaute sie von einem Motor, einem Balkon, einer Frontscheibe oder dem sicheren Sockel einer riesigen Statue aus zu, während ihre Kameraden, die körperlich und sozial weniger zu riskieren hatten, mit ihrer Willensstärke, ihren trainierten Muskeln, ihrer Beweglichkeit mithalten konnten. Scharfsinn und weiblicher Charme (selten ohne Wirkung) gegen die rohe Gewalt und Unerschütterlichkeit der Polizei.

Der Kampf wurde in den ersten Monaten des Jahres 1910 immer hitziger und erbitterter. Auch Vivie hielt sich eher im Hintergrund und wollte nicht öffentlich und effektiv streiken, bis sie sicher war, aus welchem Grund sie ihr Leben und ihre Freiheit gefährdete. Dennoch wurde sie zu einer Ressource von zunehmender Bedeutung für die Sache des Wahlrechts. Es war bekannt, dass sie einen klugen Anwalts-Cousin hatte, der sich aus Gründen, die er selbst am besten kannte, in letzter Zeit im Hintergrund gehalten hatte – aus gesundheitlichen Gründen, sagten einige; eine unglückliche Liebesbeziehung, sagte ein anderer. Aber seine Broschüre über den weißen Sklavenhandel auf dem Kontinent zeigte, dass er immer noch am Werk war. Man ging davon aus, dass Vivie in ihren Rechtskenntnissen ihrer Cousine völlig ebenbürtig war, obwohl sie nicht zur Anwaltszulassung berechtigt war. Ein Fall nach dem anderen wurde ihr vorgelegt, in der Hoffnung, dass sie den Fall, wenn sie ihn nicht lösen könne, dem Urteil ihrer Cousine unterbreiten könne. Auf diese Weise wurde eine hervorragende Rechtsberatung geleistet, die die Beamten des Innenministeriums von einer Zwickmühle in die nächste trieb.

Doch als Vivie im Frühjahr 1910 auf fast zwölf Monate weiblichen Lebens zurückblickte (abgesehen von Davids Kontinentalreise im Sommer), kam sie zu dem Schluss, dass es ihr nicht gefiel, eine Frau zu sein, soweit Frau im Jahr 1910 und für drei oder vier gekleidet war vor hundert Jahren.

Als „David" war dies mehr oder weniger ihr Kostüm gewesen: ein Unterhemd (zwei, bei sehr kaltem Wetter), eine Hose, die bis zum Knöchel reichte, und gut sitzende Wollsocken an den Füßen. Ein Hemd, tagsüber manchmal ganz aus einem Stück mit Umlegekragen; im schlimmsten Fall mit einem separaten Kragen und einer hindurchgeführten Krawatte. Hosenträger, die das untere Kleidungsstück der Hose wirklich stützten und hielten; eine ziemlich hoch zugeknöpfte Weste (keine Lungenentzündungsbluse) – zwei Westen, wenn sie wollte, oder ein elegantes Unterkleid, das unschuldig in der einzelnen Weste zugeknöpft war, um die Notlüge einer zweiten Innenweste zu suggerieren. Über der Weste ein Mantel oder eine Jacke. Auf dem Kopf ein Hut, der in dreißig Sekunden auf den Kopf passte (unter Berücksichtigung von Davids Haarschopf). Schnür- oder Knopfstiefel, vielleicht mit höchstens sechs Knöpfen; Handschuhe mit einem Knopf; Gamaschen – wenn David sehr elegant sein wollte – mit drei Knöpfen. Darüber ein warmer, bequem sitzender Mantel oder ein Regenmantel. Wenn man sich (als Mann) wirklich zum Töten anziehen würde, könnte es eine halbe Stunde dauern; Und sei es nur, um Ihren Geschäften nachzugehen und nicht besonders für Geckenhaftigkeit aufzufallen, zwanzig Minuten. Um sich all dessen zu entledigen und sich in Pyjamas und damit ins Bett zu begeben: zehn Minuten. Doch als Vivie wieder zu sich selbst zurückkehrte und durch die Welt von 1909–1910 ging und lediglich als unauffällige, bescheidene Frau durchgehen wollte, musste sie *Stunden* damit verbringen, sich an- und auszuziehen, und das war es, was sie tragen und so viel davon verschwenden musste ihre Zeit beim Anpassen und Entfernen: –

Als nächstes die Haut, Merino-Kombinationen, unhandliche Kleidungsstücke, die man nur mit der Ausbildung eines Schlangenmenschen anziehen kann, ohne dass sich Vorder- und Hinterbeine verheddern. Die „ Combies " waren speziell mit einer Unzahl kleiner, kaum sichtbarer Knöpfe zugeknöpft, die immer wieder angenäht und ersetzt werden mussten und sich ärgerten, wenn sie im Knopfloch blieben. Oft mussten die „ Combies " (ich kann den vollständigen Namen wirklich nicht immer wieder schreiben) auch hier und da mit kleinen weißen Bändern zusammengebunden werden, die sich gerne verknoteten (kein Wunder, dass die durchschnittliche Frau ein hitziges Gemüt hat!). Wenn die „ Combies " in die Wäsche gingen, mussten all diese Bänder herausgenommen, speziell gewaschen, speziell gebügelt und auf raffinierte Weise wieder an ihren Platz gefädelt werden.

Neben den Kombinationen kam im weiteren Verlauf das Korsett, eine äußerst ernste Angelegenheit. Dieses äußerst teure Folterinstrument bestand hauptsächlich aus Seide (die leicht ausfranste) und Walknochen. Viele gute Frauen der Mittelschicht sind dreihundert Jahre lang in dem Glauben zu Grabe gegangen, dass der allmächtige Gott die zahnlosen Wale der Familie *Balænidæ* speziell zu dem Zweck erschaffen hat, Frauen mit der einzig möglichen Zutat für ein Korsett zu versorgen; und dreihundert Jahre lang waren tapfere Seeleute der niederländischen, britischen und baskischen Nation in ein wässriges Grab gegangen, um den Frauen dieses unverzichtbare Hilfsmittel zur Korrektur der Kleidung zu verschaffen. Aber diese Filamente der verhornten Gaumenfortsätze sind unliebsam. Obwohl sie in Seide oder Baumwolle gehüllt sind, durchbrechen sie nach den heftigen Bewegungen einer Suffragette oder einer Putzfrau die zurückhaltende Hülle und dringen unter der fünften Rippe in den Körper ein oder drücken nach vorne auf den Oberschenkel. Deshalb sieht man in einem Omnibus oft, dass das Gesicht einer Frau starken Schmerz ausdrückt und ihre Lippen den Ausruf „ Aïe , Aïe " ausstoßen. Dann musste dieses verdammte Korsett hinten und vorne mit rosa Bändern geschnürt werden und beide Schnürungen erforderten ungewöhnliche Geschmeidigkeit der Arme und Tastsinn in den Fingerspitzen; und wenn das Korsett in die Wäsche ging, mussten die Bänder herausgezogen, gewaschen, gebügelt und wieder eingefädelt werden.

An der Vorderseite des Korsetts hingen zwei elastische Hosenträger, die noch auf ihre Beute warteten. Aber zuerst mussten die seidenen oder gestrickten Kniehosen angezogen werden, die bei den Frauen des Jahres 1910 die jämmerlich lächerlichen Unterhosen der viktorianischen Zeit ersetzten. Dann klammerten sich die Hosenträger mit einer Anordnung aus Nickel und Gummi an die Ränder der Strümpfe, die kein *Mann* wegen ihrer Unzulänglichkeit geduldet hätte, sondern die er dem Verkäufer ins Gesicht geschleudert und wegen Körperverletzung angeklagt hätte. In Zeiten der Not, bei öffentlichen Versammlungen, gaben die Hosenträger die Strümpfe frei und diese rollten um die Knöchel der verlegenen Verfechterin der Frauenrechte („Wer frei sein will, muss selbst zuschlagen" und zuerst die Modistin erwürgen, dachte Vivie).

Dann war da noch das Leibchen, das das Korsett verdeckte und mit Sicherheitsnadeln „festgesteckt" werden musste. Die Knickerbocker greifen möglicherweise nicht auf die Hilfe einer Zahnspange zurück; sie müssen aber durch ein Gummiband gehalten werden. Über dem Leibchen kam im Jahr

1910 eine Bluse, schäbig und locker um den Taillenverschluss; und schließlich ein Humpelrock, der hauptsächlich mit Sicherheitsnadeln gehalten und unten so ausgeschnitten ist, dass die freie Bewegung der Gliedmaßen so weit wie möglich behindert wird.

Tagesstiefel hatten oft bis zu einundzwanzig Knöpfe – und, wohlgemerkt, keine *Scheinknöpfe* , wie ich immer dachte, aus Überheblichkeit; aber jeder Knopf erforderte den Zugang in ein praktisches Knopfloch. Oder die Stiefel selbst waren bloße Schuhe, über die viele geknöpfte Gamaschen gezogen waren. Alle Stiefel hatten hohe Absätze und die Frau ging so, dass sie ihren gewölbten Spann stark belastete, damit sie sich nach und nach einen „Plattfuß" für eine chirurgische Behandlung zuziehen konnte.

Wer soll die Hüte von 1910 beschreiben – und davor und danach – bei allen außer den allerärmsten Frauen? Sie waren riesig; und das Gleiche galt für die Hutschachteln; und sie konnten nur am Kopf festgehalten werden, indem Hutnadeln durch Haarsträhnen geführt wurden.

Ich werde nicht die Abendkleider darstellen, die ein freundlicher Ehemann manchmal in einer Stunde schließen muss, mit „Druckknöpfen" und Haken und Ösen; und die arme Vivie hatte keinen Ehemann und war auf ihr Suffragettenmädchen angewiesen, denn sie durfte auf keinen Fall altmodisch aussehen, sonst könnte die Sache der Frau bei den Empfängen von Mrs. Pethick Lawrence Schaden nehmen.

Was die Nachtausrüstung betrifft: Natürlich schlief Vivie als Free Agent in Davids Pyjama . Sie hatte vor langer Zeit die gordischen Knoten ihrer mit Bändern und Gürteln versehenen Nachthemden zugunsten des indischen Kleidungsstücks abgetrennt. Aber können Sie sich nach diesem wahren Vortrag über die einfachsten Formen einer anständigen Frauentracht in den Jahren 1909-1910 und auch heute noch wundern (ein Vortrag aus einem Aufsatz über *Frauenkleidung* , den David bei einer der letzten Gelegenheiten hielt, bei denen er beim Debating auftrat? (Gesellschaft des Inneren Tempels – und geprüft von meiner Matronenjury) – können Sie sich wundern, dass Vivie es kaum ertragen konnte, das Leben eines Mannes in der Kleidung von David Williams aufzugeben? Wie sie sich geschworen hat – fruchtlos, denn jetzt ist sie (auf eine stille Art) eine der am besten gekleideten Frauen der Stadt –, dass sie eines Tages Frauen in ihrer Tracht wie in ihrer Staatsbürgerschaft das Wahlrecht gewähren würde? Dies wird niemals geschehen, bis die Modisten von Paris in einem großen Volksaufstand erdrosselt und auf der Place de la Concorde verbrannt werden.

Bei der Wahl im Jahr 1910 (Januar) war Michael Rossiter als Abgeordneter für eine der Midland-Universitäten zurückgekehrt. Seine Wissenschaft hatte sicherlich unter seiner unterdrückten Liebe zu Vivie gelitten, einer Leidenschaft, die ihn heimlich quälte, für die er jedoch keine Ruhepause zu verlangen wagte. Er meinte, es sei an der Zeit, dass *echte* Männer der Wissenschaft ins Parlament einziehen, um der völligen Misswirtschaft in den öffentlichen Angelegenheiten Einhalt zu gebieten, die seit 1900 stattgefunden hatte. Er nahm sich vor, eine Reihe brillanter Reden zu halten (er war wirklich ein bewundernswerter und fließender Redner). über Anthropologie, Chemie – Chemie sollte sogar für Städter attraktiv sein, weil sie so viel Geld einbringt – Ethnologie, Hygiene, Geographie, Wirtschaftsbotanik, regionale Zoologie, Keimkrankheiten, Landwirtschaft usw. usw.; *und* die absolute Notwendigkeit, der Frau die gleichen Wahlprivilegien zu gewähren wie dem Mann. Er hatte immer eine gute Neigung dazu, aber als er erkannte, dass David Vivie war , wurde er fast zu einem verbitterten Suffragisten.

Der Sprecher sorgte dafür, dass er bei den Versorgungsabstimmungen wenig Spielraum für seine Anthropologie, Wirtschaftsbotanik, Chemie, Hygiene usw. hatte: Aber er erlitt einige schlimme Schläge für die Sache der Frau und war tatsächlich so seltsam erbittert, dass Minister aussahen hat ihn böse behandelt und dafür gesorgt, dass er nicht in den Ausschuss für das Vermittlungsgesetz aufgenommen wurde; jene amüsante Farce, mit der das liberale Ministerium 1910 das Wahlrechtsdilemma abzuwenden versuchte.

Rossiter und Vivie trafen sich selten, außer bei öffentlichen Empfängen. Hin und wieder kam er zu Wahlrechtsversammlungen, wenn sie sprechen wollte; und wie gut sie damals sprach! Wie real kam ihr das alles vor! Wie gut sie aussah (sogar mit 36) und wie nahe sie den Tränen und einem Zusammenbruch war; während seine Augen brannten; und als er nach Hause kam, war die arme kleine Linda verzweifelt über ihren armen, verstörten Michael, der in Zehntausend im Jahr weder Glück noch Zufriedenheit finden konnte, großer Ruhm als Haupterfinder der Blutdrüsen und der Mann, der eine taxonomische Klassifizierung herausgegeben hatte der *Bovidae* , die sogar *mich zufriedenstellte* .

Was für eine grausame Kraft ist die Liebe! Oder liegt die Grausamkeit in den Disziplinargesetzen des Menschen? Hier waren zwei Personen, die hervorragend als Partner geeignet waren und schon in der Blüte ihres Lebens darauf vorbereitet waren, Nachkommen zu zeugen, die der Nation Ehre machen würden, die im Leben nichts mehr verlangten, als einander in den Armen zu liegen – und danach zweifellos auch wären entstanden und hätten die wunderbarsten Leistungen in der Induktionswissenschaft, in der Stickerei oder in der Mathematik vollbracht. Und sie tobten innerlich, verloren ihren Appetit, schliefen sehr schlecht, verzichteten aber auf Drogen, verfolgten Irrlichter in der Politik und verschwendeten die besten Jahre ihres Lebens ... aus Pflichtgefühl, jenem Pflichtgefühl, das es gibt machte den nordischen Weißen zur dominierenden Rasse auf der Erde. „Wir leiden individuell, aber wir gewinnen gemeinsam", sagte sich Rossiter.

Im Mai 1910 starb König Edward, und all diese Gladiatoren, Männer und Frauen, erklärten bereitwillig einen Waffenstillstand im Wahlkampf, um in dem ermüdenden Konflikt eine dringend benötigte Ruhe zu finden. Sobald die politischen Aktivitäten wieder aufgenommen wurden, wurde das Vermittlungsgesetz mit der Energie der Liberal Whips ausgehandelt (nicht wahr?). Zumindest in dieser Sitzung kam es zu nichts. Vivie nahm dies als Entscheidung. Sie erklärte offen, dass weder das Unterhaus noch das Oberhaus eine Abstimmung vornehmen würden, bis sie der Legislative durch eine völlige Störung der öffentlichen Angelegenheiten entzogen worden wäre, was einer Revolution am nächsten kommt, die Frauen ohne Gewehre und Kanonen herbeiführen könnten.

In der Zwischenzeit weigerte sie sich, sich von Ministern oder liebenswürdigen Vermittlern täuschen zu lassen. Stattdessen beschloss sie, vielleicht zum letzten Mal, die Kleidung und den Status von David Williams wieder aufzunehmen, nach Wales zu gehen und bei ihrem Vater zu bleiben, der langsam starb.

Die Briefe, die der Pfarrer von Zeit zu Zeit an DV Williams, Esq., unter der Obhut von Michael Rossiter, Esq., FRS, geschrieben und die normalerweise von Bertie Adams weitergeleitet wurden, hatten David mitgeteilt, wie sehr der Revd. Howel Williams war seit dem kalten Frühjahr 1909 gescheitert, und im kälteren Frühjahr 1910 hatte er ein- oder zweimal nur knapp die Grippe überlebt. Im Juli 1910 starb er an Herzversagen. Dennoch bescherte ihm die Rückkehr seines geliebten David einen Hauch neuen Lebens, ein wenig Röte auf den Wangen und etwas Geschwätzigkeit.

Er konnte es kaum ertragen, seinen geliebten Sohn aus den Augen zu lassen, abgesehen von der geringsten nötigen Schlafspanne; und oft schlief David sitzend in einem Sessel im Schlafzimmer des Pfarrers. Der Revd. Howel sagte nichts mehr über Enkelkinder; oft sprach er – mit feinerem Gespür – nicht wie ein Sohn, sondern wie eine geliebte Tochter. Schließlich starb er eines Nachts im Schlaf, hielt Davids Hand und sah so unbeschreiblich glücklich aus , dass der Betrüger sich innerlich seiner Betrügerei wie einer der besten Taten seines wechselvollen Lebens rühmte.

Das Testament wurde natürlich nicht geändert und David erbte den gesamten Besitz seines „Vaters". Davon bezahlte er 500 Pfund für den Sohn des Bergmanns – oder vielmehr Jennys –, der wahrscheinlich der Nachkomme der knabenhaften Liebe des echten David Williams *war* . Er gewährte der armen, erschütterten alten Nannie eine stattliche Rente; und den Rest des Geldes, nachdem er alle Kosten beglichen hatte, gab er für die Ausstattung eines Gemeindehauses für Spiele und Studien, gesellschaftliche Treffen und politische Diskussionen aus, zusammen mit der Bereitstellung eines jährlichen Stipendiums von hundert Pfund für den Pfarrer oder Pfarrer der Gemeinde Wer sollte diese Halle leiten: Sie sollte ein bleibendes Denkmal für Reverend Howel Vaughan Williams sein, der in der walisischen Überlieferung so bekannt war.

Nachdem er alle diese Angelegenheiten zu seiner Zufriedenheit und sicherlich auch zur Zufriedenheit des Pfarrers geklärt hatte. Cadwalladr Jones (der durch einen klugen Anstoß und finanziellen Druck seitens des Sohnes des verstorbenen Pfarrers die Nachfolge als Pfarrer von Pontystrad antrat), kehrte David Ende 1910 nach London zurück, legte seine Kleidung ab und legte seine Persönlichkeit ab. Es wurde bedauert, dass er ins Ausland gegangen sei, um seine Gesundheit zu pflegen, die durch seine unglaublichen Anstrengungen im Shillito-Fall ernsthaft beeinträchtigt war. Er ließ seiner Cousine Vivie die Freiheit, sich für die Sache des Wahlrechts einzusetzen, selbst bei äußerster Militanz.

KAPITEL XIII

DIE WAHLBEWEGUNG

Der Vermittlungsentwurf, der etwas mehr als einer Million Frauen die parlamentarische Abstimmung ermöglichen sollte, hatte seine zweite Lesung am 12. Juli 1910 mit einer Mehrheit von 110 Stimmen bestanden; trotz des erbitterten Widerstands des Premierministers, des Schatzkanzlers, des Innenministers, des Präsidenten des Handelsausschusses und des Sekretärs für die Kolonien. Die Argumente des Ministerpräsidenten dagegen waren erstens, dass „Frauen Frauen waren" – das war natürlich eine bedauerliche Tatsache – und dass „das Gleichgewicht der Macht in ihre Hände fallen könnte, ohne dass die physische Gewalt nötig wäre, um ihre Entscheidungen durchzusetzen usw. usw." ."; und schließlich „dass in der Macht der ultimative Reiz liegt" (eher eine gefährliche Aufstachelung für die aufrichtigen Militanten). Der Schatzkanzler nahm eine subtilere Haltung ein als die unverhohlene, mürrische Feindseligkeit seines Führers.

Seine damaligen Argumente erinnerten mich an eine Episode in Ostafrika vor dreißig Jahren. Ein gewisser unabhängiger Häuptling duldete die Anwesenheit einer mutigen Gruppe missionarischer Pioniere auf seinem Territorium. Das Christentum interessierte ihn nicht, aber er mochte die Handelswaren, die die Missionare mitbrachten, um Lebensmittel zu kaufen und die Arbeit beim Bau einer Station zu bezahlen. Diese Handelswaren bewahrten sie in einem Lagerhaus aus Flechtwerk und Lehm auf. Doch gegen die listigen Einbruchsversuche der Einheimischen war dieser provisorische Bau nicht gefeit. Die Missionare gingen schließlich zum Häuptling (der schamlos in die gestohlenen Kalikos gekleidet war) und forderten Wiedergutmachung. „In Ordnung", sagte der Potentat, der ein verärgertes Reich in Ehrfurcht versetzte, „ *Aber* Sie haben keinen Beweis dafür, dass es meine Leute *sind* , die einbrechen und stehlen. Sie erwischen einfach einen auf frischer Tat, und *dann* werden Sie sehen, was ich tue." Wird schon."

So saßen die sportlichen Missionare aus Oxford und Cambridge Nacht für Nacht unter einer gewissen Tarnung, und schließlich wurde ihre Geduld durch die Gefangennahme eines nackten Negers mit öliger Haut belohnt, der aus einem Tunnel auftauchte, den er unter den Fundamenten des Ladens gegraben hatte. Dann trugen sie ihn zum Yao-Häuptling.

„ *Jetzt* wissen wir, wo wir sind", sagte der Chef. „Sie haben Ihre Beschwerde bewiesen. Wir werden ihn nach dem Mittagessen auf dem Marktplatz verbrennen lassen. Ich nehme an, Sie haben einen Lunchkorb mitgebracht?"

"Ach nein!" sagten die entsetzten Propagandisten: „ *So* eine Strafe wollen wir nicht ..."

„Sehr gut", sagte der Häuptling, „dann köpfen wir ihn..." „Nein! Nein!"

„Ihn kreuzigen?" – „Nein! Nein!" – „Ihn über einem Ameisennest festnageln?" „Nein! Nein!"

keine vernünftige Bestrafung willst , soll er freikommen." Und frei ging er.

Ebenso war der damalige Schatzkanzler in Sachen Wahlrechtsmaßnahmen so schwer zufriedenzustellen, dass keines der vorgeschlagenen Gesetze demokratisch, weitreichend und überwältigend genug war, um seine Zustimmung zu gewinnen. Er war daher gezwungen, das Schlichtungsgesetz zu torpedieren und sich das halbe Brot zu schnappen, das besser war als gar kein Brot. Er sprach und stimmte gegen diese vorläufigen Maßnahmen zur Frauenwahl, zweifellos nicht ohne Augenzwinkern, und war Hand in Hand mit Lulu Grandcourt, deren Widerstand gegen das Wahlrecht der Frauen und ihre allgemeine Einstellung gegenüber diesem Geschlecht so erbittert waren, dass Lord Aloysius Brinsley (der wie sein Bruder Robert ein überzeugter Suffragist war) ihn daran erinnern musste, dass er, Lulu Grandcourt, sich schließlich dazu herabgelassen hatte, von einer Frau geboren zu werden, und vielleicht sogar von einer geschlagen worden war.

Der Sprecher hatte anlässlich der zweiten Lesung des Vermittlungsgesetzes und bei einem späteren Aufwerfen derselben Frage angedeutet, dass alle möglichen Hindernisse auftauchen könnten, um die Frauenwahlrechtsmaßnahme im Ausschuss zu scheitern; Hindernisse, die offensichtlich nicht als gefährlich für Maßnahmen betrachtet werden müssen, die männliche Interessen berühren. Daher stimmten viele der Abgeordneten zaghaft für die zweite Lesung des Vermittlungsgesetzes, um mit ihren Wahlkreisen gut zurechtzukommen, hofften jedoch darauf, dass der Premierminister die Sache durch einen geschickten Einsatz von parlamentarischem Jiu-Jitsu zum Stolpern bringen würde. Sie wurden von ihrem idealen Politiker nicht enttäuscht. Nachdem der Gesetzentwurf seine zweite Lesung mit großer Mehrheit bestanden hatte, wurde er an einen Ausschuss des gesamten Repräsentantenhauses weitergeleitet, was für jede Maßnahme, die Gesetz werden will, scheinbar fatal ist.

So erschöpfte sich der schale Sommer 1910 in Vorwürfen und in der Hoffnung, dass die neueren liberalen Staatsmänner ehrliche Männer seien, die ihre Versprechen hielten, und nicht nur – wie Vivie in einer der vielen Reden sagte, die sie in Schwierigkeiten brachten – „Bridge". -Spieler, in erster Linie Golfspieler, wenn sie nicht Bridge spielen konnten, oder Spekulanten an der Börse, Champagnertrinker, die bei ihren Lucullus-Banketten, ob öffentlich oder privat, dazu neigten, zu essen, bis sie manchmal vor Verdauungsstörungen ohnmächtig wurden.

Mein! Aber sie war in ihren Reden im Hyde Park und bei ihren Treffen in Albert Hall verbittert gegen diese Bande von Scheinliberalen, die den Reformimpuls des Landes, das unter der Chamberlain-Ära entstanden war, aufgegriffen hatten, um sich mit finanzieller Unterstützung an die Macht zu bringen große amerikanisch-deutsch-jüdische Internationalisten, die in jenen frühen Jahren des 20. Jahrhunderts bereit waren, ihr Geld auf das britische Freihandelsimperium zu setzen, wenn sie dessen Politik leiten könnten.

[Hätten sie die vollständige Führung erhalten , die sie suchten, hätten sie diesen verheerenden Krieg höchstwahrscheinlich abwenden können, indem sie Deutschland unverblümt gesagt hätten, es müsse die Finger von Frankreich und Belgien lassen; sie könnten auch dafür gesorgt haben, dass das Kriegsministerium reformiert *wurde* und die britische Armee bereit war, Lord Haldanes Versprechen zu erfüllen; denn es besteht kein Zweifel, dass sie Fähigkeiten besaßen, auch wenn sie die Instrumente, mit denen sie arbeiteten, verachteten.]

Aber wie gesagt, Vivie war eine bittere und äußerst effektive Rednerin. Sie spornte viele warmherzige Menschen wie mich zum Handeln an, wie Rossiter (der 1910–1911 in Schwierigkeiten geriet – wenn auch vertuscht –, weil er einem Außenminister eine Ohrfeige verpasste, der sich abfällig über die Suffragistinnen und ihre Beweggründe äußerte).). Dennoch scheine ich jetzt, wie einige andere, in meiner Vorkriegsbegeisterung für die Sache der Frau oder später in meinem Entsetzen über die deutsche Behandlung Belgiens festzustecken.

Wo ist der Schnee von gestern; Wo ist die Feindseligkeit, die in den Jahren zwischen der Ablehnung des Vermittlungsgesetzes und dem Frühjahr 1914 zwischen den desinteressierten Reformatoren, die Frauen das Wahlrecht gewähren wollten, und den liberalen Ministern, die so hartnäckig und skrupellos gegen eine so rationale Vollendung der repräsentativen Regierung kämpften, aufkam? ? Neulich warf ich einen Blick auf eine Zeitung und sah, dass Sir Michael und Lady Rossiter mit den Grandcourts , Prinzessin Belasco, Sir Abel Batterby , dem großen Polizeichirurgen, der für sein Können und seine Diskretion bei der Zwangsernährung zum Ritter geschlagen wurde, im Ritz gegessen hatten George Bounderbys (GB war der giftige Privatsekretär eines ehemaligen Schatzkanzlers und übertrug ihm die meisten seiner Anti-Wahlrechtsmanöver); und als ich kurz darauf Vivien Rossiter traf, sagte ich: „Wie *konntest* du?“ „Wie konnte ich was?“ „Essen Sie mit den Menschen, die Sie einst gehasst haben.“ „ Oh , ich weiß nicht, es ist alles vorbei und erledigt; wir haben die Abstimmung und irgendwie scheine ich nach diesen Jahren in Brüssel keine Hassgefühle und nur noch wenige Lieben mehr zu haben“ –

Dies ist jedoch eine Vorwegnahme. Ich füge diesen Protest nur ein, weil es den Anschein hat, als drückte ich eine Bitterkeit aus, die die Protagonisten nicht mehr empfinden, einen Triumph über den Sieg ihrer Sache, der bei ihnen lediglich ein Gähnen hervorruft.

Wo ist Mrs. Pankhurst? Irgendwie dachte man, sie würde nicht ruhen, bis sie im Kabinett wäre. Und Christabel? Und Annie Kenney? Sie ist vielleicht mit einem Unterstaatssekretär verheiratet und betrachtet „direkte Maßnahmen" mit wachsender Missbilligung.

Und die Pethick Lawrences? Jemand hat mir neulich erzählt, sie hätten fast vergessen, wie es sich anfühlt, zwangsernährt zu werden.

Aber im November 1910 haben wir alle – wir, die wir überzeugte Reformer, echte Liberale und keine Wölfe im Schafspelz waren – sehr zu Herzen genommen, was am 18. dieses Monats geschah, als der damalige Premierminister verkündete, dass ... Nachdem die Konferenz zwischen dem House of Lords und dem House of Commons über die Veto-Frage gescheitert war, hatte er Seiner Majestät geraten, das Parlament aufzulösen. Dies bedeutete, dass das Vermittlungsgesetz *endgültig* erledigt war; während die Erklärung des Premierministers zum künftigen Programm der Liberalen Partei im Falle ihrer Rückkehr an die Macht jede Erwähnung eines Gesetzes über das Frauenwahlrecht ausschloss.

Am Black Friday, dem 18. November, war Vivie bei dem Treffen in Caxton Hall anwesend, als Frau Pankhurst den dort versammelten Suffragistinnen die Position erläuterte. Die Aufzählung ihres Unrechts glühte in ihrem Blut, und sie gehörte zu den prominenten 450 Freiwilligen, die sich meldeten, um Mrs. Pankhurst, Dr. Garret Anderson und Susan Knipper-Totes (die beiden letzten, gebrechlichen alten Damen) bei ihrem Einsatz zu begleiten vorgeschlagen, zum Parlament zu marschieren, um von ihrem Recht Gebrauch zu machen, eine Petition einzureichen.

Die Frauen begaben sich in kleinen Gruppen zum Parliament Square, um die Buchstaben des Gesetzes einzuhalten. Manche wie Vivie trugen Transparente mit erbärmlichen Sprüchen – „Wo ein Gesetz ist, ist auch ein Weg", „Der Wille der Frauen schlägt Asquiths Geschick" und so weiter ... Sie wünschte, sie hätte diesen Mottos mehr direkte Aufmerksamkeit geschenkt, aber vieles davon Das Verfahren war spontan in die Wege geleitet worden und es wurden kaum Vorbereitungen getroffen. Es war kurz vor vier Uhr an einem schönen Novembernachmittag, als die vierhundertfünfzig Frauen ihre Bewegung in Richtung Parliament Square begannen. Eine rote Sonne versank hinter dem House of Lords, das Blau der nebligen Gebäude und Straßenöffnungen wurde durch die zitronengelben Lichter der neu angezündeten Lampen verstärkt. Die Alleen, die zum Parlamentsgebäude führten, waren voller Menschen, und Fahrzeuge mussten von den Straßen umgeleitet werden. Die Männer in der beobachtenden Menge bedeckten die Bürgersteige und Insel-„Schutzhütten" und überließen die Straßen den kleinen Gruppen kämpfender Frauen und der großen Truppe – tausend oder mehr – der gegnerischen Polizei.

Damals hieß es, die damalige Regierung habe erkannt, dass sie durch ihr Handeln oder Nichthandeln im Unterhaus diese Bewegung von Frau Pankhurst provoziert hatte, und habe deshalb eine Politik entwickelt, um ihr zu begegnen. Da es am Vorabend einer Parlamentswahl ungünstig sein könnte, wenn viele Frauen – vielleicht Liberale – auf dem Weg zum Unterhaus, um eine Petition abzugeben oder eine Delegation zu eskortieren, verhaftet würden, sollte die Polizei stattdessen angewiesen werden, die Suffragistinnen mit Gewalt zurückzuschlagen, um ihnen eine Kostprobe jener „Furchtbarkeit" zu geben, die später zu einer so bekannten Waffe im preußischen Arsenal wurde . Einige sagten auch, die Regierung habe erwartet, dass die Menge, die sich ungehindert auf den Bürgersteigen bilden durfte, die Menge der groben Männer und Jungen – Küstenarbeiter aus Lambeth, Hafenarbeiter von den Lastkähnen auf dem dämmlosen Westminster-Ufer, Laufburschen, Soldaten, Matrosen, heimkehrende Angestellte, Lagerarbeiter, die Londoner Klamotten, wenn ein Krawall im Gange ist –, dass diese Menge sich durch die Brutalität der Polizei (in Uniform und Zivil) in Rage bringen und den Frauen, die lauthals um das Wahlrecht buhlen, wirklich eine Lektion erteilen würde; dass sie ihnen eine Lektion erteilen würde, was der aufgebrachte Mann tun kann, wenn die Frau die Grenzen der häuslichen Zügellosigkeit überschreitet. Es könnte einige Tote geben (und das war auch der Fall) und viele Verletzte, aber die Behandlung, die sie erfuhren, würde einen derartigen Eindruck auf Mrs. Pankhursts Anhänger machen, dass sie schließlich die Sinnlosigkeit erkennen würden, ihre mickrige Kraft mit der Muskelkraft des Mannes zu messen. Gewalt, wie der Premier gerade gesagt hatte, muss der entscheidende Faktor sein.

Doch leider vertrat die große Männerschar bei diesen Berechnungen eine ganz andere Meinung. Der Tag war vorbei, als Männer und Jungen einer erklärenden Suffragette zuriefen: „Geh nach Hause und pass auf dich auf." Biby ." Diese Arbeiter und Müdeleier , diese Faulenzer und Verschwender verstanden jetzt, dass Frauen mit einem Mut, der selten an einen Mann heranreicht, für die Sache aller schlecht regierten, schlecht verwalteten, betrogenen und ausgebeuteten Menschen beiderlei Geschlechts kämpften. Die Masse der Männer sind *in* der Masse ritterlich und bewundert Mut, Geduld und Beharrlichkeit. Anstatt der Polizei dabei zu helfen, die Frauen zur Vernunft zu bringen, begann sie, sich auf die Seite der geprügelten, brutalen und blutenden Suffragetten zu schlagen.

Zum Glück, bevor die eigentlichen Kämpfe begannen, und zweifellos als politischer Schachzug eines Polizeiinspektors, begleitete Mrs. Pankhurst die beiden gebrechlichen alten Damen – Dr. Garret Anderson und Susan Knipper-Totes – Verfechter der Abstimmung, als das Frauenwahlrecht noch außerhalb der praktischen Politik lag – hatten die Stufen des Strangers-Eingangs zum Unterhaus erreicht. Von diesem Standpunkt aus konnten einige der älteren Anführer der Deputation den vier- oder fünfstündigen Kampf auf und um den Parliament Square, die Abtei, die Parliament Street und die Great George Street miterleben, der den Black Friday zu einem der wichtigsten Ereignisse machte. würdige Tage in der britischen Geschichte – allerdings wird es *noch* lange dauern, bis es in die Schulbücher aufgenommen wird.

Während hier so etwas wie Panik die gesetzgebende Kammer signalisierte und die Minister des Kabinetts wie aufgeregte Kaninchen ein- und ausliefen und schließlich in ihren Privaträumen Zuflucht suchten, wurde hier der entscheidende Kampf zwischen physischer und moralischer Gewalt in der Wahlrechtsfrage ausgetragen. Die Frauen waren so *exaltées* , dass sie bereit waren, für ihre Sache den Tod ins Auge zu fassen. Die Polizei war so genervt, dass sie Rot sah und einige vor Sexwahn verrückt wurden. Im Detail war es ein schreckliches Schauspiel. Männer mit Schaum im Schnurrbart packten Frauen an den Brüsten, rissen ihre Kleidung auf und begingen rabiate Unanständigkeiten. Oder, wenn sie nicht sexsüchtig waren, verdrehten sie ihre Arme, drehten ihre Daumen nach hinten, um sich zu verrenken, schlugen mit Fäusten auf blasse Gesichter ein und bedeckten sie mit Blut. Sie rissen mit gleicher Rücksichtslosigkeit goldenes Haar oder dünne graue Locken aus. Berittene Polizisten wurden herbeigerufen, um die Menge einzuschüchtern, die zu diesem Zeitpunkt, ob nun Suffragistin und Frau oder neutral, unverbindlich und männlich, der Polizei zu Fuß sehr zu schaffen machte. Die vierhundertfünfzig Frauen des ursprünglichen Impulses waren auf mehrere Tausend angewachsen. Die Dämmerung hatte sich längst zu einer Nacht vertieft, die von Bogenlampen und dem goldenen Glanz großer Gaslampenbündel erhellt wurde. Damit die Polizei besser sehen konnte, was sie tat und wer ihre Angreifer waren, wurden Leuchtraketen angezündet . Aber die Frauen zeigten den Pferden gegenüber völlige Gleichgültigkeit; und die Pferde taten mit der außerordentlichen Nachsicht, die das Pferd einem verzweifelten Menschen entgegenbringen kann, ihr Möglichstes, um nicht auf kleinen Füßen und ausgestreckten Händen herumzutrampeln.

Hier und da behauptete sich die Menschheit. Ein Polizist – ohne Helm, sein helles, blondes Gesicht zerkratzt und blutend – hatte in wahnsinniger Wut eine junge Frau im Halbdunkel niedergeschlagen. Er trug sein bewusstloses Opfer in den Schutz eines Winkels oder Klosters und richtete seine Bullaugenlaterne auf sie. Sie war ein wunderschönes Geschöpf, privat

Kellnerin in einem Teeladen. Ihr Hut war verschwunden und ihr Haar fiel ihr über ihr hängendes Gesicht und ihre schlanken Schultern. Der von Reue überwältigte Polizist rief aus und erwähnte dabei den Namen des Innenministers: „-- verdammt, das ist nicht der Job für einen anständigen Mann." Unter seiner Obhut lebte die Suffragette wieder auf. Er begleitete sie nach Hause, trat aus dem Polizeidienst aus, heiratete sie und lebte, glaube ich, seitdem glücklich, wenn er nicht im Krieg getötet wurde.

Vivie hatte etwa zwei Stunden lang gekämpft, um die Bezirke des Repräsentantenhauses zu erreichen, mit oder ohne ihr Banner. Wahrscheinlich ohne, denn sie hatte seinen Stab frei als Verteidigungswaffe eingesetzt und ihre früheren Fähigkeiten im Fechten kamen ihr dabei zugute. Aber schließlich wurde sie von zwei Polizisten gepackt, von denen einer ein älterer Mann und der andere ein Polizist in Zivil war, den mehrere Zuschauer wegen seiner Freude an unnötigen Brutalitäten hervorgehoben hatten.

Diese Männer begannen, sie zu „bestrafen", und unwillkürlich schrie sie auf, mit einer Mischung aus Schmerz und empörter sexueller Revolte. Ein Mann, der unentschlossen am Rand einer Straßenhütte stehen geblieben war, kam ihr zu Hilfe. Er versetzte dem grauhaarigen Polizisten einen Schlag, der ihn ins Wanken brachte, und packte dann den Mann in Zivil am Mantelkragen. Es kam zu einem Kampf, der damit endete, dass der Streithelfer mit solcher Wucht auf den Bordstein geschleudert wurde, dass er vorübergehend fassungslos war. Plötzlich wurde er mit baumelnden Absätzen mitgeschleift, während Vivie, die in einer Sprache beschrieben wurde, die meine Jury aus Matronen mir nicht erlauben würde, sie zu wiederholen, neben ihm hergeschleppt wurde, wobei ihr fast die Kleider vom Leib gerissen wurden, zu einer Polizeistation, wo sie sich befanden unter Arrest gestellt. Sobald sie wieder zu Atem gekommen und vollständig bei Bewusstsein waren und das Blut von aufgeschnittenen Köpfen, Nasen und Lippen abgewischt hatten, blickten sie einander scharf an. „ *Vielen* Dank ", sagte Vivie, „es *war* nett von dir." „Das reicht", sagte ihr Verteidiger, „die Stimme wollte mich überzeugen, aber irgendwie dachte ich die ganze Zeit, es *wäre* Vivie. Kennst du mich nicht? Frank Gardner!"

Während sie darauf warteten, dass die Formalitäten abgeschlossen und sie in die Zellen gebracht wurden, in denen sie die Nacht verbringen sollten, erzählte Frank Vivie kurz, dass er als wohlhabender Mann von einem kurzen Urlaub aus Rhodesien zurückgekehrt sei und seine Frau und Kinder auf seine Rückkehr warten ließ. Als er hörte, dass es an diesem Abend wahrscheinlich zu einem ungewöhnlichen Streit über die Frage des Wahlrechts kommen würde, schlenderte er vom Strand herunter, um zu sehen, was los war, und wurde von der Überzeugung heimgesucht, dass er Vivie mitten im Konflikt begegnen würde. Aber als er ihr zu Hilfe eilte , war seine Handlung instinktiv, der Impuls eines jeden Mannes mit echtem Blut, eine Frau zu verteidigen, die brutal misshandelt wurde.

Am nächsten Morgen wurden sie dem Richter vorgeführt . Michael Rossiter saß als Zuschauer vor Gericht und war fieberhaft darauf bedacht, Vivies Geldstrafe zu bezahlen, eine Kaution zu bekommen oder ihr auf jede erdenkliche Weise zu Hilfe zu kommen. Er schien ziemlich verwirrt zu sein, als er sah, wie Frank Gardner mit ihr angeklagt wurde. Doch plötzlich traf der Staatsanwalt des Polizeichefs ein und teilte dem erstaunten Richter mit, dass es der Wunsch des Innenministers sei, dass alle Gefangenen auf der Anklagebank freigelassen würden, darunter auch Vivie und Frank Gardner. Jedenfalls würde die Anklage keine Beweise vorlegen.

So wurden sie freigelassen, ebenso wie jede neue Gruppe von Gefangenen, die nach ihnen gebracht wurden. Vivie fuhr mit einem Taxi zu ihrem Haus in der Victoria Road; Frank zurück in sein Hotel. Beide hatten versprochen, sich zum Mittagessen in Rossiters Haus am Portland Place zu treffen.

Bisher hatte Vivie es unterlassen, den Park Crescent Nr. 1 zu betreten. Sie und Mrs. Rossiter hatten sie seit Davids Ohnmachtsanfall und Hysterie im Februar 1909, also vor fast zwei Jahren, nicht mehr gesehen. Warum sie jetzt ging, wusste sie logischerweise kaum. Es war unklug, die Beziehungen zu Rossiter zu intensivieren, der seine Fürsorge für sie viel zu deutlich in seinem Gesicht erkennen ließ. Die Vorstellung von Linda Rossiter in ihrer weiblichen Form wäre peinlich und würde diese gute Dame zweifellos zu Fragen und Spekulationen veranlassen.

Dennoch hatte sie das Gefühl, sie müsse Rossiter sehen – Schreiben war immer gefährlich und unangemessen – und mit ihm diskutieren; Ich bitte ihn, ihr nicht seine eigenen Lebenschancen zu verderben und sich nicht in der Politik und in persönlichen Animositäten um sie herum zu verlieren, was er wahrscheinlich tun würde. Die Leute sprachen bereits von ihm als einer Parallele zu —— und —— und —— (Sie können die Lücken selbst mit den Namen großer Männer der Wissenschaft füllen, die zu wirkungslosen, streitsüchtigen, isolierten Parlamentsmitgliedern geworden sind); Er sagte, es sei ein großer Verlust für die Wissenschaft und kein Gewinn für die Legislative.

Was Frank Gardner anbelangt, so war sie ebenfalls gespannt auf ein langes Aufklärungsgespräch mit ihm. Abgesehen davon, dass ihr Leben sie an Überraschungen und unerwartete Begegnungen gewöhnt hatte, war es erstaunlich genug, dass Frank und sie, die sich dreizehn Jahre lang nicht gesehen oder die Hände berührt hatten, sich auf diese Weise in einer dichten, kämpfenden Menschenmenge vor den Häusern in einem gefährlichen Handgemenge trafen des Parlaments. Sie musste die Dinge nach dem Mittagessen so arrangieren, dass Frank ihr einstündiges Gespräch mit Rossiter nicht verhindern konnte und dennoch die lange Erklärung erhielt, die er selbst verdiente. Eine Idee. Nachdem sie die Rossiters verlassen hatte, rief sie Paddy an und lud sich und Frank zum Tee in sein Studio ein .

Mrs. Rossiter war an unerwartete Gäste beim Mittagessen gewöhnt. Vertraute Leute kamen vorbei, oder der Professor hielt einen Kollegen oder Schüler fest und ließ ihn zum Essen Platz nehmen, das immer für vier Personen zubereitet und serviert wurde. Deshalb war sie nicht sonderlich überrascht, als ihr Mann fünf Minuten vor eins in dem kleinen Salon erschien und nach der Bitte darum bat, den Ara und den Kakadu für einmal in ein Hinterzimmer zu bringen – da sie ein längeres Gespräch unmöglich machten, verkündete sie das erwartete er sofort – ah! Da war die Klingel – zwei Personen, mit denen Linda sicher gerne Bekanntschaft machen würde. Der eine war Kapitän Frank Gardner, der eine große Ranch in Rhodesien besaß, und – äh – der andere – oh nein! keine Beziehung – war Miss Warren …

„Was, eine der Warrens aus Huddersfield? Also, ich nie! Und wo hast du sie aufgegabelt? Seltsam, dass sie mir nicht geschrieben hat, dass sie in die Stadt kommt! Ich könnte –“

„Nein, das ist eine Miss Vivien Warren –“

„Vivien? Wie merkwürdig, warum das der Name des kleinen Mädchens der Adams ist –“

„Eine gewisse Miss Vivien Warren“, fuhr Rossiter geduldig fort, „eine bekannte Frauenrechtlerin, die …“

"Oh Michael! *Keine* Suffragette!", jammerte Mrs. Rossiter und stellte sich vor, wie gleich Gift und Galle über den überlebenden Mops geschüttet und die Möbel allgemein beschädigt würden - doch in diesem Moment verkündete der Butler: "Captain Frank Gardner und Miss Warren."

Gardner ging es gut, ein schlanker, soldatenaussehender Mann, braun von der afrikanischen Sonne, mit angenehm funkelnden blauen Augen, einem dicken Schnurrbart und lockigem Haar, das oben nur ein wenig dünn war. Sein Gesicht war ziemlich vernarbt von afrikanischen Abenteuern und zeigte nicht viel besondere Spuren seiner Auseinandersetzung mit der Polizei in der letzten Nacht. An der Stelle, an der er auf den Bordstein gefallen war, hatte er am Hinterkopf eine Schnittwunde, die aber sauber verklebt war, und einer Gastgeberin wendet man sich nicht oft ab, jedenfalls nicht beim ersten Kennenlernen.

Aber Vivie war offensichtlich in den Kriegen gewesen. Sie hatte – ehrlich gesagt – ein blaues Auge, eine aufgerissene und geschwollene Lippe und ihre normalerweise wohlgeformte Nase war ein wenig geschwollen und gerötet. Aber auch ihre Augen funkelten, obwohl das verletzte blutunterlaufen war.

„Es tut mir leid, Frau Rossiter, Ihnen so vorgestellt zu werden. Ich weiß nicht, *was* Sie von mir denken werden. Es ist das erste Mal, dass ich in einen wirklich schlimmen Streit geraten bin … Wir haben es versucht." um zum Unterhaus zu gelangen, aber die Polizei hat eingegriffen und uns die vollen Privilegien eines Mannes gewährt, was ihre Fäuste betrifft – der ein alter Freund von mir ist –, sonst hätte ich es leider nicht tun sollen kam genauso günstig davon wie ich. Und Ihr Mann kam freundlicherweise zum Polizeigericht, um unseren guten Charakter zu bezeugen, und lud uns dann zum Mittagessen ein.

Mrs. Rossiter : „Warum erinnert mich Ihre Stimme an jemanden , der früher oft hierher kam – einen Mr. David Williams. Ich nehme an, er ist kein Verwandter?"

Vivie (während Frank Gardner ein wenig erstaunt aussieht): „Oh – mein Cousin. Ich wusste, dass du ihn kennst. Er hat oft mit mir über dich gesprochen. Ich werde dir nach und nach von David erzählen, Frank."

Bei diesem Austausch der Vornamen glaubt Frau Rossiter, die Situation zu verstehen: Sie sind verlobt, und zwar schon seit der Rettung gestern Nacht. Aber was für *außergewöhnliche Menschen holt* der liebe Professor doch auf! Haben *sie* kanallose Drüsen, fragt sie sich?

Rossiter, der sich mit diesem Dialog beschäftigt hat, meint, das Mittagessen sei fertig, also gehen sie in den kleinen Speisesaal, den „Frühstücksraum". Frau Rossiter war immer sehr stolz darauf, einen *kleinen* Salon (sonst „me boudwor ") und ein *kleines* Esszimmer zu haben. Es bereitete den Weg für größere Pracht auf großen Partys und ermöglichte es einem auch , mit ein paar Freunden gemütlicher zusammen zu sein .

Beim Mittagessen:

Mrs. Rossiter an *Frank Gardner* , schelmisch: „Ich nehme an, Sie sind nach Hause gekommen, um zu heiraten?"

Frank : „Oh nein! Ich bin kein Bigamist, ich habe bereits eine Frau und vier Kinder und werde sehr froh sein, wieder bei ihnen zu sein . Ich kann das englische Klima nicht besonders gut ertragen, nachdem ich mich so an den südafrikanischen Sonnenschein gewöhnt habe. Nein. Ich bin auf einer Geschäftsreise nach England gekommen und habe meine alte Liebe mit den Kindern auf der Farm in der Nähe von Salisbury zurückgelassen – wir haben eine nette englische Gouvernante, die ihr hilft, auf sie aufzupassen . In ein oder zwei Jahren hoffe ich, sie herüberzubringen, damit sie die alte Heimat sehen, und vielleicht müssen wir die Älteste in die Schule schicken: Kinder laufen in Südafrika so wild herum. Was Miss Warren betrifft, sie ist eine alte Freundin von mir und eine sehr liebe. Ich hatte sie seit – seit – dreizehn Jahren nicht gesehen, als der Klang ihrer Stimme – sie hat eine dieser Stimmen, die man nie vergisst – der Klang ihrer Stimme gestern aus dieser bestialischen Menge von Gladiatoren heraufdrang, und ich fand sie, wie sie von zwei Polizisten verprügelt wurde. Ich habe ziemlich viel ausgemacht, obwohl ich Ich hatte meine Fäuste zehn Jahre lang nicht benutzt. Dann wurde ich selbst niedergeschlagen, verbrachte eine Nacht in einer Polizeizelle und fühlte mich ziemlich krank und war richtig wütend, weil ich keine Fragen stellen konnte. Dann kam endlich der Morgen, ich wusch und putzte mich – die Polizisten sind schließlich keine schlechten Kerle, und die meisten von ihnen schienen sich für das, was sie letzte Nacht getan hatten, furchtbar zu schämen – Dann traf ich Vivie im Gericht und auch Ihren Mann. Er vertraute mir und ich bin ihm schrecklich dankbar. Ich habe eine liebe alte Mutter unten in Kent – Margate, wissen Sie das nicht – mein Vater lebt noch, Vivie! – und sie wäre schrecklich aufgewühlt gewesen, als sie hörte, dass ihr Sohn die Nacht in einer Polizeizelle verbracht hatte und wegen Aufruhrs bestraft werden sollte , aber glücklicherweise sagte der Innenminister, dass wir nicht bestraft würden … Aber Professor Rossiters Auftritt war eine großartige Sache. Abgesehen davon, dass er Abgeordneter ist, das muss ich *Ihnen nicht sagen* , Mrs. Rossiter, hat er einen weltweiten Ruf. Oh, wir lesen Ihre Bücher, Sir, draußen in Südafrika, das kann *ich* Ihnen sagen – also – ähm – und hier sind wir – und ich monopolisiere das Gespräch.“

Vivie saß ihrem alten Liebhaber gegenüber und nahe bei dem Mann, der sie jetzt mit einer so kaum verhohlenen Leidenschaft liebte, dass seine Hand vor ihrer bloßen Nähe zitterte. Sie fühlte sich seltsam hocherfreut, seltsam fröhlich und neigte manchmal zum Lachen, als sie ihr verletztes und geschwollenes Gesicht im gegenüberliegenden Spiegel erblickte, und dennoch glücklich in dem Wissen, dass sie trotz der dreizehn Jahre der Trennung ihre wiederholte Ablehnung seiner frühen Liebe, ihr Trotz seines ramponierten Aussehens empfand Frank immer noch zärtliche Gefühle für sie und erinnerte sich noch immer an den Klang ihrer Stimme. Ihr Mund war zu wund und geschwollen, um das Essen angenehm zu machen. Sie machte wenig mit ihrem Essen, fühlte sich aber jung und voller schwuler Abenteuer. Mrs. Rossiter, ein wenig überwältigt von all den Informationen, die Gardner ihr mitgeteilt hatte, und auch ein wenig irritiert über das tanzende Leuchten in Vivies Augen, richtete ihre Fragen auf sie.

Frau Rossiter : „Ich nehme an, Sie sind die Miss Warren, die so viel spricht. Ich sehe Ihren Namen oft in den Zeitungen, besonders in „ *Votes for Women* “ , die der Professor aufnimmt. Ist es nicht komisch, dass einem Mann so viel am Herzen liegt? Bekommen Frauen die Stimme? Ich bin sicher *nicht zufrieden* damit, *meinen* Einfluss durch *ihn* auszuüben , besonders jetzt, wo er im Parlament ist, und ich bin auch *sehr zufrieden damit* Ich bin damit beschäftigt, unterwegs zu sein und mich in der Politik zu engagieren. Ich überlasse das alles gerne den Männern.

Vivie : „Ganz richtig. An deiner Stelle sollte ich zweifellos das Gleiche tun; aber du siehst, ich habe keine Männer. Da ist meine Mutter, aber sie lebt lieber im Ausland, und da es ihr gut geht, kann sie Bedienstete dafür einstellen Schau nach ihr." (Dieser Hinweis auf Reichtum beruhigte Mrs. Rossiter ein wenig, die glaubte, die meisten Suffragetten seien Abenteurinnen.) „Da ich also keine Bindungen habe , ziehe ich es vor, mich allgemein in den Dienst von Frauen zu stellen. Wenn sie das Stimmrecht haben und anderes." Privilegien von Männern, dann kann ich mich natürlich um meine privaten Interessen und Beschäftigungen kümmern – mathematische Berechnungen, Versicherungsrisiken –"

Frau Rossiter : „Es ist *außergewöhnlich* , wie ähnlich Ihre Stimme der Ihres Cousins ist. Wenn ich meine Augen schließe , könnte ich denken, er wäre wieder zurück. Nicht", (fügte sie hastig hinzu), „dass er zweifellos nicht *viel* zu tun hat." Sehen Sie ihn jetzt jemals? Warum hört man ihn nicht mehr als Anwalt? *Aber* als er das letzte Mal hier war, wurde er ohnmächtig bleib die ganze Nacht hier.

„Und dennoch hatte er seinen Fall gewonnen und seinen – was sagen Sie? Zum Glück wurde sie freigelassen; ich meine, die Jury sagte „nicht schuldig", obwohl ich – aber das ist weder hier noch da, und seitdem ist sie mit Colonel Kesteven verheiratet – möchten Sie nicht etwas Fasan? Nein? Ich erinnere mich, *dass* Ihr Cousin einen sehr schlechten Appetit hatte, besonders wenn einer seiner Fälle lief – wie er den armen Michael ermüdete – Mr. Rossiter! abends, und ich wusste, dass der Professor seine Vorlesungen vorbereiten musste, aber Hinweise auf Mr. David wurden verschwendet.

Rossiter brach ein:

„Was möchten Sie nun am Nachmittag tun, Miss Warren? Und Gardner? Sie haben übrigens den ersten Anspruch auf unsere Gastfreundschaft. Sie sind gerade aus Afrika angekommen und das einzige, was wir bisher für Sie getan haben, ist, Sie in einen schändlichen Streit zu verwickeln."

Frank : „Also, *ich* würde gern einen Blick in den Zoo werfen. Ich bin durchaus bereit, meinen Schilling zu zahlen und keine weiteren Umstände zu machen, aber wenn Vivie auch dorthin geht , könnten wir alle zusammen hingehen. Danach werde ich einen alten Bekannten von mir und Vivie wieder besuchen, den Architekten Praed – lebt, wenn ich mich recht erinnere, irgendwo in Chelsea –"

Vivie: „Im Hans Place. Ich habe nicht besonders Lust, in den Zoo zu gehen. Ich sehe so seltsam aus, dass ich die Affen vielleicht überreizen würde. Ich denke, ich würde gerne einen erholsamen Besuch im Royal Botanic versuchen. Das tue ich." Sie lieben ihre Sammlung seltsamer Sukkulenten – Dinge, die wie Steine aussehen und plötzlich prächtige Blumen hervorbringen."

Frau Rossiter: „Wir gehören sowohl zur Botanik als auch zum Zoo. *Ich* könnte Sie nach dem Mittagessen dorthin bringen."

Rossiter: „Du vergisst, mein Lieber, du musst diesen Basar im Rathaus von Marylebone eröffnen –"

Linda: „Oh ja? Sicherlich. Aber es ist Lady Goring, die die Eröffnung macht, ich bin *viel* zu nervös. Ich habe trotzdem versprochen zu kommen. Würde Miss Warren Lust haben, mit mir zu kommen?"

Vivie: „Das hätte mir sehr gefallen: Ich liebe Basare; aber in diesem Moment denke ich mehr an diese Sukkulenten ... und mein ramponiertes Gesicht."

Rossiter: „Ich werde Ihre Entscheidung für Sie treffen. Wir werden *alle* in Lindas Motor zum Zoo fahren. Gardner soll sich die Tiere ansehen und dann den Weg zum Hans Place finden. Ich werde Miss Warren zum Botanic begleiten, Und dann komm und hol dich im Rathaus ab, Linda.

Diese Aussage schien alle zufrieden zu stellen , und so machten sie sich nach einem Kaffee, einem Rundgang durch das Labor und den letzten Experimenten auf den Weg in den Zoo, wobei ihnen mindestens eine Stunde Tageslicht zur Verfügung stand.

Rossiter und Vivie waren endlich allein im bezaubernden Kreis des Botanischen Gartens. Sie gingen langsam zum großen Palmenhaus und von dort über kurvenreiche Eisenstufen zu einer Nische, die einem Baumschutzgebiet in Neuguinea ähnelte, zwischen Palmenstämmen und extravaganten Aroidgewächsen.

„Jetzt Michael", sagte Vivie – trotz ihres verletzten Gesichts sah sie in ihrem grauen Kostüm, dem grauen Hut und den grauen Wildlederhandschuhen sehr elegant aus , und er musste große Selbstbeherrschung üben, denken Sie daran, dass er den meisten vom Sehen her bekannt war Gärtnern und an die allgegenwärtige Sekretärin, um sie nicht an seine Seite zu drängen: „Nun Michael: Ich möchte ein ernstes Gespräch mit Ihnen, ein Gespräch, das noch weitere achtzehn Monate dauern wird – das ist ungefähr die Zeit, die vergangen ist, seit wir hatte unser letztes – Du hältst den Pakt, den wir geschlossen haben, *nicht ein.*

"Was war das?"

„Warum du mir versprochen hast, dass deine – deine – Liebe – Nein! Ich
werde dieses Wort nicht missbrauchen – deine Freundschaft für mich sollte
dein Leben, deine Karriere nicht ruinieren oder Linda unglücklich machen.
Und doch erfüllt sie alle drei Aspekte. Das hast du Seit Sie ins Parlament
eingezogen sind, haben Sie in ständiger Aufregung gelebt, und jetzt werden
Sie noch mehr Wahlkampf betreiben, um wieder zurückzukommen. Und das
ist für uns weitaus wichtiger, als das zu bekommen Abstimmung. Die ganze
Franchise-Aufregung ist auf einer viel niedrigeren Ebene. Sie hält mich
davon ab, zu viel über Sie nachzudenken. Außerdem genieße ich diese
Auseinandersetzungen mit der Autorität. Ich *finde es* auch wirklich eine
schreckliche Schande, dass in den meisten Karrieren und im Franchise diese
Vorliebe für Männer gezeigt wird. Aber machen Sie *sich keine* allzu großen
Sorgen, wenn ich wirklich denke, dass Sie sich so sehr um mich kümmern
Es hat Sie von *unserer Religion und der wissenschaftlichen Forschung* abgebracht .
Ich bin nach Brüssel zu meiner Mutter gegangen und dort geblieben. Das
würde ich wirklich tun; Und das werde ich wirklich tun, wenn Sie nicht
aufhören, mir von Sitzung zu Sitzung zu folgen und über die Wahlrechtsfrage
im Repräsentantenhaus verrückt zu werden. Stimmt es, dass Sie neulich
einen Kabinettsminister geschlagen haben? Herr. --?"

Rossiter : „Ja, es ist wahr, und er hat danach gefragt. Wenn ich unvernünftig
bin, was sind *sie* ? ——, —— *und* ——? Warum haben sie so ein bitteres
Gefühl gegen Ihr Geschlecht? Hatten sie keine Mütter, nein Liebste, keine
Schwestern, keine Ehefrauen? Wenn ich euch nie getroffen hätte, *wäre* ich,
glaube ich, immer noch einer gewesen, als ich zusehen musste, was meine
Mutter unter meinem Vater litt und wie er ihr ganzes Geld an sich riss. Ich
nehme an, es war vor dem Gesetz über das Eigentum verheirateter Frauen –
und ich habe es ihr wegen ihrer Kleidung, ihrer kleinen Annehmlichkeiten,
ihrer Bücher oder sogar wegen angemessenen medizinischen Rats
missgönnt. Und um zu hören, wie diese liberalen Kabinettsminister –
wohlgemerkt *liberal* – *über Frauen reden*, oft mit den schmutzigen Phrasen der
Straße – Nun, er bekam einen Schlag auf die Kinnlade und beschloss, den
Vorfall als unbedeutend zu behandeln … seine Privatsekretärin hat es
irgendwie geflickt, aber ich habe kein Bedauern ausgedrückt …

„Nun, Liebling, ich werde versuchen, zu tun, was du willst. Ich werde
versuchen, dich aus meinen Gedanken auszuschließen und zu meinen
Experimenten zurückzukehren, wenn ich nicht auf den Plattformen oder im
Repräsentantenhaus bin. Ich denke, ich werde hineinkommen." Noch
einmal: Es geht nur ums Geld, und dank Linda werde ich mich bestimmt
nicht aus der Politik zurückziehen, egal wie desillusioniert ich auch sein mag.
Das liegt daran, dass die anständigen, ehrlichen und gebildeten Männer diese
Gesetzgebung zurückziehen und die Verwaltung werden den hartgesottenen
Schurken überlassen … und den Ungebildeten … und den Spinnern. Aber

machen Sie es mir nicht *zu* schwer ... Halten Sie sich von Hungerstreiks fern
– wenn ja von der Polizei behandelt werden – Ah! *Warum* war *ich nicht* dort,
anstatt im Haus? Ich war froh zu hören, dass er verheiratet war.

Vivie : „Oh, du brauchst nicht eifersüchtig auf den armen Frank zu sein. Und
er wird bald wieder in Südafrika sein. Du brauchst auf niemanden *eifersüchtig*
zu sein . Ich gehöre ganz dir – im Geiste – für alle Zeiten. Jetzt wir muss
gehen: Es dämmert und wir wären unwiederbringlich ruiniert, wenn wir in
diesem heruntergekommenen alten Palmenhaus eingesperrt wären.
Außerdem soll ich Frank in Praddys Atelier treffen, um ihm die Geschichte
der letzten dreizehn Jahre zu erzählen.

Als sie weggingen: „Weißt du, Michael, ich hoffe immer noch, dass wir
Freunde werden, ohne Liebhaber zu sein. Ich frage mich, ob Linda mich
mögen würde?“

In Praeds Atelier. Lewis Maitland Praed sieht älter aus. Er muss jetzt –
November 1910 – etwa achtundfünfzig oder neunundfünfzig sein. Aber er
hat immer noch eine gewisse Eleganz, das Aussehen eines kleineren Leighton
an sich. Frank ist schon seit einer halben Stunde dort und der Teetisch ist
sozusagen entjungfert. Vivie nimmt eine Tasse, einen Muffin und ein Marron
Glacé entgegen. Dann sagt er: „Jetzt, lieber Praddy , rufe deine Herrin herbei,
mein Herr sens du mot , und räumen Sie diesen Teetisch ab, damit wir ein
ungeheuer langes und ungestörtes Gespräch führen können. Ich muss Frank
eine Zusammenfassung von allem geben, was ich in den letzten dreizehn
Jahren getan habe. Unterdessen ist Frank, davon bin ich überzeugt, dass Ihre
Akte so tadellos und normal ist, dass man sie vor jedem Stubenmädchen
erzählen könnte , Sie beginnen, während sie den Tee wegnimmt, am Herd
herumfummelt und ihre Dienste bis zum Äußersten in Anspruch nimmt zu
einem Herrn, der ihr Sklave geworden ist.

Das Stubenmädchen kommt herein und wirft mehr als einen forschenden
Blick auf Vivies verletzte Gesichtszüge, erfüllt ihre Pflichten jedoch
fachmännisch.

Frank : „Meine Geschichte? Na ja, im Großen und Ganzen ist sie eine
glückliche – sehr glückliche. Sobald der Krieg vorbei war, machte ich mich
in Rhodesien an die Arbeit und fand einen perfekten Standort für eine Vieh-
und Obstfarm. Die BSA Co. war gut zu mir, weil ich Cecil Rhodes und Dr.
Jim gekannt hatte; und 194 ging es mir gut, sie hatten mich zum
Friedensrichter ernannt und einige meiner Bergbauaktien hatten sich als
Trumpf herausgestellt. Dann wurde Westlock Generalgouverneur und Lady
Enid hatte ein nettes Mädchen als Gouvernante für ihre Kinder mitgebracht.
Sie war die Tochter eines Pfarrers in Hertfordshire in der Nähe der Brinsley-
Anwesen. Nun, ich will nicht sagen – ich bin die reine Wahrheit – dass ich
mich sofort in sie verliebt habe, denn ich glaube nicht, dass ich mich jemals

sofort in ein anderes Mädchen als dich verliebt habe, Vivie. Aber ich hatte das Gefühl, dass dies die Frau war, die ich wollte, da es hoffnungslos war , dich zu bitten, mich zu heiraten. Sie war gut genug, um mich zu akzeptieren und die Westlocks waren furchtbar nett und machten alles einfach. Lady Enid ist ein echter Schatz – und nebenbei bemerkt ist sie auch eine große Suffragistin. Nun, wir haben 1904 in Pretoria geheiratet und haben jetzt vier Kinder: einen kräftigen jungen Frank, eine galoppierende Vivie – oh, ich habe Muriel alles erzählt, sie ist die Art von Frau, die man … Und die anderen beiden heißen Bertha nach meiner Mutter und Charlotte nach Mrs. Bernard Shaw. Ich habe dir, Vivie, eine Zeitung mit der Ankündigung meiner Hochzeit geschickt – hast du sie jemals bekommen?"

Vivie : „Niemals. Aber ich habe gerade eine grundlegende Veränderung durchgemacht, von der ich dir gleich alles erzählen werde."

Frank : „Na dann. Ich bin zu einem eiligen Besuch nach England zurückgekommen. Erinnerst du dich, Praddy ? Aber du warst in Italien und ich konnte Vivie nirgendwo finden. Ich habe dort angerufen, wo dein Büro war – Fraser und Warren – wo Wir trennten uns 1897 – und es gab keine Fraser und Warren mehr. Vielleicht hätte ich es herausgefunden, aber ich war ein bisschen verärgert und dachte, du hättest mir vielleicht eine Zeile über mich geschrieben Ich habe an Miss Fraser geschrieben, aber der Brief wurde vom Dead Letter- *Büro* zurückgeschickt . " Vorgestern erzählte mir jemand aus Southhampton alles über den erwarteten Streit zwischen den Suffragetten und der Polizei. Ich dachte, ich würde selbst nachsehen, was das bedeutete. Keine Ahnung, wie weit die Sache gegangen war Die Polizei könnte eine Art Rohling sein, ich weiß nicht, warum, dass die liebe alte Viv bis zum Hals in der Menge stecken würde und ein oder zwei Frauen herausgeholt hätte. Lady Feenix – so hieß es – holte ein paar davon ab und verstaute sie in ihrem Motor. Und dann hörte ich einen Schrei, der nur in Vivies Stimme stecken konnte – die liebe alte Viv – (beugt sich mit leuchtenden Augen vor, um ihre Hand zu drücken) und … da sind wir. Wie geht es den blauen Flecken?

Vivie : „Oh, sie tun ziemlich weh, aber es ist so *eine Freude* , Freunde wie dich und Paddy und Michael Rossiter zu haben, dass es mir egal ist, *was* ich durchmache …"

Frank : „Aber ich sage, Viv, über diesen Rossiter-Mann. Er scheint dir furchtbar im Stich gelassen zu sein...?"

Vivie (errötet im Feuerschein): „Tatsächlich? Es ist nur Freundschaft. Ich sehe sie wirklich nicht oft, aber er kam mir einmal in einem kritischen Moment zu Hilfe. Und jetzt, da Paddys allmächtiges Stubenmädchen uns definitiv verlassen hat, ich werde es dir sagen *meine* Geschichte."

Das tut sie, zwischen fünf und halb sechs, fast ohne Unterbrechung durch den gebannten Frank – der sagt, dass es jeden Roman, den er jemals gelesen hat, auf den Kopf stellt, und dass sie daraus einen Roman machen sollte – mit einem Happy End – oder von Praed der manchmal etwas schläfrig ist. Dann um halb sieben sagt der praktische Frank:

„Seht mal, Leute , ich könnte bis Mitternacht weiterzuhören, aber was ist mit etwas Abendessen los? Ich wage zu sagen, bei Paddy Das Stubenmädchen könnte sauer werden, wenn wir sie kurzfristig bitten würden, ein Abendessen für drei zu besorgen. Warum kommen Sie nicht vorbei und speisen mit mir im Hans Crescent Hotel? In der Nähe. Ich besorge mir einen ruhigen Tisch und dort können wir unser Gespräch beenden. Morgen muss ich nach Margate gehen, um die liebe alte Frau zu sehen, und es kann eine Woche dauern, bis ich wieder oben bin.

Sie begeben sich in die erwähnte Gaststätte.

Bei Kaffee und Zigaretten appelliert Vivie an Frank: „Nun, Frank, du kennst meine ganze Geschichte. Erzähl mir zuerst, was wirklich aus dem echten David Williams geworden ist, dem jungen Mann, den du im Krankenhaus kennengelernt und über den du mir geschrieben hast?“

Frank : „ Über mein Leben weiß ich nicht. Ich habe nie ein Wort über ihn gehört, nachdem ich das Krankenhaus selbst verlassen hatte. Du weißt, dass es während des Aufstands in der Kapkolonie in die Hände der Buren gefallen ist. Ich erwarte den ‚echten‘ David.“ Williams, wie Sie ihn nennen, starb an vernachlässigten Wunden oder an Typhus – oder er erholte sich und begann zu trinken, oder er ging aufs Land und wurde von den Eingeborenen auf den Kopf geschlagen, weil er sich mit ihren Frauen in Verbindung gesetzt hatte – ich schätze, was ist los mit dem schlimmen Unsinn? willst du, dass ich das tue? Ich schwöre vernünftigerweise alles.

Vivie : „Ich möchte, dass du das tust. Lauf einen Tag vor deiner Rückkehr nach Afrika, nach Südwales, nach Pontystrad – es ist nicht weit von Swansea – und besuch das Pfarrhaus unter dem Vorwand, nach dem du gekommen bist, um dich zu erkundigen David Vavasour Williams, den Sie einst in Südafrika kannten. Sie werden wahrscheinlich sagen, dass sie ihn schon so lange nicht mehr gesehen haben, aber ich wage zu behaupten, dass Sie von ihm hören können Das ist eine dumme Idee von mir, aber was ich manchmal befürchte, ist, dass, wenn sich herausstellt, dass *ich* David Williams war, irgendein Vaughan oder Price oder ein anderer Williams das Testament des alten Mannes in Frage stellen und es in die Kanzlei bringen lassen könnte Geld, das ich der armen alten Bridget Evanwy und dem Gemeindehaus weggenommen habe , das ich gestiftet habe, das ist alles, wenn ich das Geld meines vermeintlichen Vaters nicht so entsorgt hätte, wie es ihm meiner

Meinung nach am besten gefallen hätte. Es ist mir egal, ob sie herausfinden würden, welchen Streich ich den Benchers gespielt habe, verstehen Sie?

Frank : „Ich verstehe."

Den nächsten Tag verbrachte Vivie klugerweise im Bett, heilte ihre Wunden und ruhte ihre Gliedmaßen aus, die nach der geistigen Aufregung schrecklich schmerzten. Honoria kam vorbei und hörte zu, applaudierte, bedauerte, lachte und stimmte zu.

Am folgenden Dienstag nach dem Black Friday ging es ihr jedoch gut genug, um an einem weiteren Treffen der WSPU in Caxton Hall teilzunehmen und ein weiteres zweideutiges, kniffliges und vielschichtig zu interpretierendes Versprechen des damaligen Premierministers zu hören. Frau Pankhurst wies auf die Unbestimmtheit dieser Zusicherungen hin und kündigte an Ort und Stelle ihre Absicht an, in die Downing Street zu gehen und um eine genauere Formulierung zu bitten. Vivie und viele andere folgten dieser unerschrockenen Dame. Ihr Besuch kam unerwartet, die Polizeikräfte waren klein und die Suffragetten waren zwei der Kabinettsminister ausgeliefert. Sie begnügten sich damit, ihre Opfer zu schütteln, zu drängen und zu erschrecken, ohne sie sonst zu verletzen, bevor sie gerettet und in Taxis gebracht wurden.

KAPITEL XIV

MILITANTIK

The Lilacs,
Victoria Road, SW 31.
Dezember 1910.

LIEBER MICHAEL ,-

Universität gut zurückgekommen sind . Ich befürchtete sehr, dass Ihr Eintreten für die Sache der Frau sich negativ auf Sie ausgewirkt hätte. Aber diese neueren Universitäten sind liberaler gesinnt.

Ich halte mein Versprechen, Sie über alle wichtigen Schritte zu informieren, die ich unternehme. Daher möchte ich Sie hiermit *streng vertraulich* über meinen neuesten Trick informieren. Für die effektive Organisation meiner speziellen Zweigstelle der WSPU-Aktivitäten brauche ich ein Büro. „The Lilacs" ist viel zu klein, und außerdem schrecke ich davor zurück, dass mein kleines Heim überfallen oder zu häufig besucht wird, selbst von Komplizen. Ich habe neulich erfahren, dass die alten Büros von Fraser und Warren im obersten Stockwerk von 88-90 Chancery Lane leer stehen. Die Midland Insurance Co., die fast das gesamte Gebäude belegte, hat ausgeräumt, und der Block soll einer Vielzahl kleiner Unternehmen überlassen werden. Nun: Ich habe unsere alten Räume gesichert! Einfach großartig, mit den beiden Safes, die Honoria vor unzähligen Jahren in die Wände eingebaut und so geschickt versteckt hat, dass es für die Polizei schwierig wäre, sie zu finden und zu überfallen, wenn es keinen Verrat gibt. Die Midland Insurance Co. verhielt sich Fraser und Warren gegenüber nicht gut, daher sagte Beryl Storrington bei ihrer Räumung nichts über die Tresore, die der Firma nicht aufgefallen waren. Honoria behielt die Schlüssel und übergibt sie mir jetzt.

Die WSPU hat – ebenfalls unter einem Pseudonym – weitere Büros auf derselben Seite des Weges, Nr. 94, oberstes Stockwerk , bezogen . Wir stellen fest, dass wir über die Feuerleiter über die dazwischen liegenden Dächer gelangen und die Brüstung vor dem „Partnerzimmer" im Gebäude 88-90 erreichen können. Ich werde das kleine Zimmer neben dem Büro der Partner wieder als Schlafzimmer bzw. „ermüdendes" Zimmer nutzen, in dem ich bei Bedarf Kostümwechsel vornehmen kann. Ich habe die neuen Ämter im Namen von Herrn Michaelis [3] aus einem besonderen Grund übernommen; und mit einigen Modifikationen von Davids Kostüm bin ich persönlich erschienen, um sie in Besitz zu nehmen. Normalerweise betrete ich Nr. 94 als Vivie Warren verkleidet. Für Sie mag das alles sehr albern klingen, als würde man eine Verschwörung spielen. Doch diese Vorsichtsmaßnahmen scheinen notwendig zu sein. Die Regierung beginnt, den Suffragismus ernst zu nehmen, und eine ganze Abteilung bei New Scotland Yard wurde eingerichtet, um unsere Aktivitäten zu bewältigen.

Ein Grund, warum ich diesen Brief schreibe – einen Brief, den Sie hoffentlich verbrennen werden, nachdem Sie seinen Inhalt gelesen und notiert haben – besteht darin, Sie zu bitten, mir für eine Weile die Dienste von Bertie Adams als Schreiber zur Verfügung zu stellen. Selbstverständlich werde ich darauf bestehen, sein Gehalt zu zahlen, solange ich ihn beschäftige, und ihn für alles zu entschädigen, was er in meinem Dienst erleiden könnte – der der WSPU, in der es mir jetzt ziemlich gut geht. Zusätzlich zu den Mitteln, die mir die WSPU zur Verfügung stellt, habe ich die Zinsen auf die zehntausend Pfund meiner Mutter, und sie würde mir mehr geben, wenn ich darum bitten würde. Sie ist von der Idee, ihre unrechtmäßig erworbenen Gewinne für das Wahlrecht der Frauen auszugeben, durchaus begeistert! (Ich werde sie für etwa eine Woche besuchen, wenn es nicht ganz so kalt ist.)

Welches Geschäft werde ich speziell im Büro von Herrn Michaelis im obersten Stockwerk von 88-90 erledigen? Ich werde es dir sagen. Scotland Yard beschäftigt sich mit uns, den Suffragisten, und versucht, so viel wie möglich herauszufinden, was unserem persönlichen Charakter, unserer Erziehung, unserer Abstammung, unseren Geschäften und unseren Beziehungen abträglich ist; ob wir einen Fälscher in der Familie hatten, ob ich die Tochter der „berüchtigten" Mrs. Warren bin, ob Mrs. Canon Burstall wirklich meine Tante ist und ob sie nicht dazu gebracht werden konnte, ihren privaten Einfluss auf mich zu nutzen, um mich zu behalten ruhig, für den Fall, dass sich herausstellte, dass Kate Warren ihre Schwester war und dass sie Kate zu einem Leben führte, mit dem sie ihren schändlichen Lebensunterhalt verdiente. Ich habe ein oder zwei verdeckte Andeutungen von Tante Liz erhalten, die mir versprach, Beziehungen aufzunehmen, *wenn* ich mich nur benehmen würde! Scotland Yard hatte bereits den traurigen Triumph, dass ein oder zwei unserer prominentesten Arbeiter aus den Reihen ausscheiden mussten, weil sie nicht ordnungsgemäß verheiratet waren oder erst nach der Geburt des ältesten Kindes geheiratet hatten; oder war einmal wegen einer Kleinigkeit „in Schwierigkeiten geraten" oder hatte einen Sohn oder eine Schwester gehabt, die, obwohl sie jetzt aufrecht und wohlhabend war, einst in den Fängen des Gesetzes gestanden hatte.

Jetzt ist es meine Idee, den Spieß umzudrehen. Ich selbst bin vor einem echten Gerechtigkeitsgericht tadellos. Mein Charakter als David Williams war übrigens ein großartiges Abenteuer. Ich habe mich nur von der harmlosen Betrügerei zurückgezogen, um Sie nicht zu kompromittieren, und Sie sind jetzt in der Politik so weit fortgeschritten, dass Ihnen die Enthüllung – falls sie zustande käme –, dass Sie von mir und meinem „Vater" getäuscht wurden, keinen Schaden mehr anrichten würde. Aus mehreren Gründen weiß ich ziemlich gut, dass die Benchers sich nicht lächerlich machen würden, wenn sie die Geschichte meines erfolgreichen Einzugs in ihre Zitadelle in öffentlicher Sitzung erzählen würden. Tatsächlich habe ich über einen falschen Kanal die Zusicherung erhalten, dass nichts mehr gesagt wird, wenn ich diesen Charakter (von DVW) nicht wieder aufnehme. Was muss ich dann befürchten? Meine Mutter *ist bien rangée* . Sie führt ein äußerst respektables Leben. Wenn sie sie herausfordern, kann sie mit einigen der pikantesten Skandale der letzten dreißig Jahre kontern.

Mein eigenes sorgfältiges Studium der Kriminologie und die eifrigen Forschungen von Albert Adams in derselben Richtung; Die Anekdoten meiner Mutter über das Leben von Staatsmännern, Polizeirichtern, Staatsanwälten, Richtern und Presseredakteuren – von denen viele ihre Gastfreundschaft im Ausland genossen haben – haben mir zahlreiche Hinweise gegeben, in welche Richtung ich meine Forschungen fortsetzen sollte. Folglich wird das Büro von Herrn Michaelis die Kriminalpolizei der WSPU sein. Ich spüre instinktiv, dass ich den Ton angreife und dass Sie das missbilligen werden ... aber wenn wir mit sauberen Händen kämpfen wollen, *que Messieurs les Assassins beginnend* ! Wenn Scotland Yards Verleumdungen und berüchtigte Verleumdungen als Waffe einsetzt , werden wir unsere vergifteten Pfeile in der Waffenkammer rosten lassen .

Wie *abscheulich* das alles ist! *Warum* treiben sie uns in diese Extreme? Ich weiß bereits genug, um die Charaktere einiger unserer öffentlichen Männer zu verunglimpfen. Dennoch weiß ich, dass ich dadurch das Lebensglück treuer Ehefrauen, gläubiger Schwestern oder Töchter oder strahlender Kinder ruinieren würde. Vielleicht werde ich es auch nicht tun, wenn es hart auf hart kommt. Aber irgendwie, denke ich, werden sie David Williams und Kate Warren in Ruhe lassen, wenn sie vermuten, dass ich über dieses Wissen verfüge.

Manchmal, wissen Sie, wache ich mitten in der Nacht im Lilacs oder in meinem neu gestalteten Schlafzimmer bei 88-90 auf und wünschte, ich wäre mit dieser ganzen Wahlrechtsangelegenheit, diesem ganzen vergeblichen Kampf gegen den vorherrschenden Mann Schluss – und weg mit dir auf einer pazifischen Insel. Dann wird mir klar, dass wir in unserem neuen Zuhause große Kakerlaken und unzählige Sandflöhe haben müssten, dass wir Lindas Herz hätten brechen und die Sache des Wahlrechts genauso zurückwerfen sollen, wie Parnells Ehebruch die Home Rule verschoben hätte; und vor allem, dass ich bereits fünfunddreißig bin und bald sechsunddreißig sein werde und dass es nicht mehr lange dauern würde, bis Sie im komfortliebenden mittleren Alter nach dem wohlgeordneten Leben von Nr. 1, Park Crescent, Portland, seufzten Ort!

Im Großen und Ganzen denke ich, dass der vernünftigste Weg, den ich verfolgen kann, darin besteht, diesen Kampf um die Abstimmung entschlossen fortzusetzen. Mit der Abstimmung muss die Öffnung des Parlaments für Frauen einhergehen. Ich bin noch nicht zu alt, um eines Tages Innenminister zu werden. Da sich das Hauptpostamt bereits für meine Korrespondenz interessiert und es sich hierbei wirklich um einen „entscheidenden" Brief handelt, vertraue ich ihn nicht der Post an, sondern rufe damit bei Nr. 1 an und übergebe ihn persönlich Ihrem Butler. Ich erwarte von Ihnen, dass Sie es vernichten, wenn Sie seinen Inhalt gelesen haben – wenn Sie so weit gehen.

Mit freundlichen Grüßen
VIVIE .

Rossiter las diesen Brief etwa eine Stunde nach seiner Zustellung, runzelte deutlich die Stirn und machte sich Notizen in einem seiner Notizbücher. Dann riss er die Schreibmaschinenblätter in vier Teile und legte sie auf das Feuer. Nachdem er überzeugt war, dass die Flammen sie erfasst hatten, ging er mit mürrischer Miene nach oben, um sich für das Abendessen umzuziehen: Linda gab Freunden und Verwandten ein Silvesterdinner und er musste mit gespielter Herzlichkeit die Rolle des Gastgebers spielen.

Durch die Perversion des Schicksals entging ein Teil des maschinengeschriebenen Briefes der Verbrennung, außer am Rand. Ein Luftstoß aus dem Schornstein oder der geöffneten Tür, als Linda den Raum betrat, hob es von der Asche und legte es auf den Kamin. Linda hatte sich früh für die Party angezogen, war wegen der verschlossenen Tür von Michaels Umkleidekabine ein wenig verletzt gewesen und mit einer vagen Absicht in sein Arbeitszimmer gekommen, vielleicht um zu sehen, ob das Feuer hell brannte: um unnötige Wege nach oben zu vermeiden Sie würden ihre Gäste heute Abend im Arbeitszimmer empfangen und von dort ins Esszimmer gehen. Aber das Feuer war mürrisch geworden, wie es bei Bränden manchmal der Fall ist, selbst wenn die Schornsteine in Ordnung sind und erstklassige Kohle vorhanden ist. Sie bemerkte das verkohlte Stück Papier, das unordentlich auf dem Herd lag und auf dessen Oberseite sich Schreibmaschinenschrift befand. Als sie es aufhob, las sie am verbrannten Rand:

Ria hat die Schlüssel behalten und sie mir jetzt übergeben.

Die WSPU hat - ebenfalls unter einem Decknamen - weitere

auf der gleichen Seite des Weges, Nr. 94, oberstes Stockwerk . Wir

Über die Feuerleiter gelangen Sie über den dazwischenliegenden Weg

erreichen Sie die Brüstung vor dem "Partnerzimmer" am

ding. Ich werde das kleine Zimmer noch einmal nutzen

      tners ' Büro als Schlafzimmer oder eher "ermüdendes" Zimmer, w

wenn nötig, Effekt Änderungen der Kostüme. Ich habe tak

      ces im Namen von Herrn Michaelis aus besonderem Grund

     Einige Modifikationen von Davids Kostüm habe ich auf S

   nehmen Sie an, sie zu besitzen. Normalerweise betrete ich Nr. 94
gekleidet

Labyrinth. Für Sie mag das alles sehr albern klingen, wie Pla

"Labyrinth!" Dieser Name stach deutlich hervor. Bedeutete es die Suffragette Vivien Warren, die manchmal hier gewesen war und an deren Abenteuern ihr Mann so unziemlich interessiert zu sein schien? Eine der großen Damen, die Anti-Suffragistinnen waren und Mrs. Rossiter bereits in ihren Salons angelockt hatten, hatte Miss Warren mit großer Missbilligung als Tochter einer höchst berüchtigten Frau bezeichnet, von der ihre Ehemänner wegen ihrer schockierenden Art nichts hören wollten Vergangenheit. Und David, David muss natürlich dieser lästige David Williams sein, der angeblich ein Cousin von Vivien Warren ist, in diesen Anspielungen aber in Wirklichkeit wie eine Verkleidung wirkt, mit der diese kühne Frau die Menschen täuschte. Und „Herr Michaelis?" Könnte das ihr eigener Michael sein? Das schamlose Gepäck! Bei dem Gedanken verschluckte sie sich. War es eine Verschwörung, in die sie ihren Mann hineinlockten, der als Mann der Wissenschaft durch seine Begeisterung für das Wahlrecht ohnehin schon ziemlich kompromittiert war? Früher sprachen die Leute fast mit Ehrfurcht von Michael, er war so klug, er machte so wunderbare Entdeckungen. Nun, seit er Politiker geworden war, hatte er viele Feinde, und mehrere hochrangige Damen sprachen von ihm, selbst wenn sie hörte, mit Verachtung und schnitten *ihr* ohne Gewissensbisse ab, obwohl sie zehntausend im Jahr hatte. Dennoch war sie zutiefst davon überzeugt, dass Michael der ehrenwerteste aller Männer war. Doch warum all dieses Geheimnis? Die WSPU? Diese Buchstaben standen für eine mehr als gewöhnlich bösartige Suffrage Society. Sie hatte die Briefe oft in „Votes for Women" gesehen...

Ihre Gedanken wurden durch das Geräusch der Schritte ihres Mannes im Flur unterbrochen. Hastig steckte sie das halbe Blatt verkohltes Papier in ihre Corsage und wischte die verbrannten Reste von ihren Schnürsenkeln ab; Dann drehte er sich um und tat so, als sei er gerade dabei, den Schreibtisch aufzuräumen, als Michael hereinkam.

Rossiter: „Linda! Sicherlich bringe ich meine Papiere nicht in Ordnung – oder besser gesagt: Unordnung? Ich dachte, du wüsstest viel zu gut mit meinen Vorlieben und Abneigungen um das zu tun! … Warum, was ist los?"

Linda: „Oh nichts. Ich wollte nur sehen, ob sie dein Feuer gemacht haben. Ich – ich – habe nichts angerührt."

(Rossiter schaute ängstlich auf das Gitter, war aber erleichtert, als er nichts als verbrannte, verschrumpelte Papierquadrate sah. Er stocherte heftig im Feuer und zerstörte auf jeden Fall die Überreste von Vivies Brief.)

Rossiter: „Ja, es ist nicht sehr fröhlich. Sie müssen es erhellen, während wir beim Abendessen sind; aber da wir danach in den Salon gehen, brauchen wir hier kein großes Feuer. Da! Danach sieht es besser aus." Ich warf ein paar Papiere darauf, um eine Flamme anzuzünden, kurz bevor ich mich anzog. Was für kalte Hände und was für gerötete Wangen!"

Linda: „Oh Michael! Du wirst mich immer lieben, nicht wahr? Ich – ich weiß, ich bin nicht schlau, nicht halb klug genug für dich. Aber ich *versuche*, dir zu helfen, so gut ich kann. Ich – ich – " (schluchzt.)

Rossiter (wirklich verzweifelt): „ *Natürlich* liebe ich dich! Was für eine dumme Idee hast du dir ausgedacht?" (Er fragt sich besorgt: „Der ganze Brief war doch sicher verbrannt, bevor sie hereinkam?") „Komm! Nimm dich zusammen. Sei dieses Kleides würdig. Es ist so schön."

Linda: „Ich dachte, es würde dir gefallen. Ich erinnere mich, dass du gesagt hast, dass Blau immer zu mir passt." (Tupft sich mit einem kleinen Spitzentaschentuch über die Augen.)

Es beginnen laute Doppelklopfen zu ertönen. Die Gäste für das Abendessen werden bald bekannt gegeben. Linda und Michael nehmen sie herzlich entgegen. Rossiter verdrängt – wie es so mancher öffentlicher Mann tut und tun muss – sein eitles Bedauern, seine Reue, seine Angst und seine müde Sehnsucht nach dem Unerreichbaren irgendwo in seinem Hinterkopf, wo diese Gefühle erst wieder aufleben, wenn er um drei Uhr morgens wach liegt Morgen; und bereitet sich darauf vor, ein halbes Dutzend herzliche Männer und dralle Frauen zu unterhalten, die sich leicht von ein wenig löffelweiser Wissenschaft beeindrucken lassen. Linda ist bald von dem Fetzen Papier in ihrem Busen abgelenkt und widmet ihre ganze Aufmerksamkeit ihren Cousins und erwachsenen Schulfreunden aus Bradford und Northallerton, die sich freuen, das neue Jahr inmitten der Fröhlichkeit Londons zu begrüßen.

Doch bevor sie in dieser Nacht nach ihrem Dienstmädchen klingelt und sich auszieht, schließt sie das verbrannte Fragment in einer Geheimschublade ihres Schreibtisches ein.

Das im Dezember 1910 wieder an die Macht gekommene Ministerium musste in der ersten Hälfte des Jahres 1911 Pläne schmieden, um die Suffragistinnen mit Versprechungen zu beruhigen und sie von öffentlichen Protesten abzuhalten, die die Krönungsfeierlichkeiten hätten beeinträchtigen können. So durften verschiedene Schlichtungsgesetze dem Unterhaus vorgelesen werden und in zweiter Lesung mit großer Mehrheit angenommen werden. Dann wurden sie an einen Ausschuss des gesamten Hauses verwiesen und verliefen im Sande. Den oft getäuschten Frauen wurde immer noch die Hoffnung auf eine Lösung vorgehalten, denn sie konnten kaum glauben, dass britische Minister solche Versprechen brechen und Lügen verbreiten würden. Im November 1911, als es keinen Grund mehr für weitere Heuchelei gab, gab die Regierung bekannt, dass sie ein Gesetz über das Wahlrecht für Männer in Erwägung ziehe, das die kleinliche Frage, ob ein Teil der Frauen das Wahlrecht genießen sollte oder nicht, völlig außer Kraft setzen würde. Dieses neue Wahlgesetz sollte sich zwar nur auf Männer beziehen, doch könnte es nach Ansicht der Regierung so abgeändert werden, dass auch Frauen zugelassen würden.

[Wahrscheinlich hatte sich die Regierung zuvor davon überzeugt, dass der Sprecher aufgrund einer ungeschriebenen parlamentarischen Verfahrensordnung eine solche Änderung als verfassungswidrig ausschließen würde. Das hat er jedenfalls 1913 getan.]

Der Zorn der oft getäuschten Frauen flammte sofort in Groll auf, als die Bedeutung dieses Tricks erkannt wurde. Angeführt von Mrs. Pethick Lawrence trat eine Gruppe von mehr als tausend Frauen und Männern ein (und einige der mutmaßlichen Männer waren, wie Vivie, Frauen in Männerkleidung, da sie sich dadurch beweglicher bewegen und auch der Identifizierung entgehen konnten). Whitehall und Parliament Street mit Hämmern und Steinen bewaffnet. Sie brachen so viele Fenster wie möglich an den Fassaden der Regierungsbüros und in den Residenzen der Staatsminister ein. Vivie wurde überall von Bertie Adams beschattet, obwohl sie ihm keinen Befehl gegeben hatte, sich der Menge anzuschließen, sondern ihn vielmehr angefleht hatte, sich um seine eigenen Angelegenheiten zu kümmern und nach Hause zu gehen. „Das *ist* meine Sache", hatte er kurz und ausnahmsweise souverän gesagt, und sie gab nach. Obwohl Vivie aus eigenen Gründen weder Hammer noch Stein bei sich trug und als eine der Hauptorganisatorinnen der militanten Bewegung vom Innenrat der WSPU aufgefordert worden war, so lange wie möglich dem Gefängnis fernzubleiben, konnte sie nicht anders, als die Mutigsten anzufeuern und am mutigsten in der milden Gewalt ihres Protests. Für die wütende Polizei schien sie nur ein unverschämter junger Mann zu sein, der es kaum wert war, verhaftet zu werden, wenn sie den zweihundertdreiundzwanzig Haupttätern mit Glasbrecherwaffen in der Hand kaum Herr werden konnte. So begnügte sich ein Polizist damit, mit seinem ganzen Gewicht auf ihren Füßen zu marschieren und seine Ellbogen heftig in ihre Brust zu stoßen.

Sie fiel vor Schmerz fast in Ohnmacht; in der Tat wäre sie in die Menge gefallen, wenn nicht Adams dazwischengegangen wäre, der sie hinaus zur Ecke der Parliament Street trug, wo er sich auf eines der vielen Taxis stürzte, die am Rande der schreienden, schwankenden Menge herumkrochen, ganz sicher ein Fahrpreis entweder von der Polizei oder flüchtenden Suffragisten. Er war sich sicher, dass irgendein Polizist die verkleidete Vivie nicht völlig unbemerkt gelassen hatte – tatsächlich hatte Bertie halb geglaubt, die Worte über dem Lärm zu verstehen: „Das ist David Williams", sagte er dem Taxifahrer, er solle am Ufer entlang zum Tempel fahren. Als sie den nächsten Zugang auf dieser Seite des Fountain Court erreicht hatten, hatte sich Vivie so weit von ihrer Ohnmacht erholt, dass sie herauskam und, schwer auf Berties Arm gestützt, langsam durch die Verwinkelungen des Tempels und hinaus auf die Fleet Street hinkte Sergeant's Inn. Dann machten sie sich mit neuen Anstrengungen und weiteren Stopps auf den Weg zur Chancery Lane 94.

Jemand saß hier oben mit eingeschaltetem elektrischem Licht und war bereit für alle Entwicklungen im Zusammenhang mit der WSPU-Arbeit an diesem Abend. Ihr – zum Glück war es eine Frau – übergab Bertie seinen angeschlagenen Häuptling und machte sich dann auf den Heimweg zu seinem kleinen Haus in Marylebone und einer fragenden und nicht allzu zufriedenen Frau. Die Frauenrechtlerin, die für das oberste Stockwerk im 94. Stock zuständig war, wusste zum Glück etwas von Erster Hilfe, war geschickt und voller Mitgefühl. Vivies – oder Mr. Michaelis' – Schnürstiefel wurden vorsichtig ausgezogen und die armen, gequetschten und blutenden Zehen mit warmem Wasser gewaschen. Der Kragen wurde abgenommen und das Hemd aufgeknöpft, wodurch ein schrecklicher Bluterguss am Brustbein sichtbar wurde, wo der Ellbogen des Polizisten sie getroffen hatte – allerdings besser dort, obwohl er fast das Brustbein gebrochen hatte, als auf beiden Seiten, wie ein solcher Schlag hätte verursachen können Krebs. So wie es war, spuckte Vivie Blut, als sie hustete.

Eine Tasse heißes Bovril und eine Stunde Ruhe auf einem langen Stuhl, und sie war, in der Tat äußerst gespannt, bereit, das letzte Abenteuer zu wagen: einen Ausflug über die Dächer und über Feuerleitern auf und ab auf die Brüstung ihrer eigenen besonderen Behausung. die alten Büros von Fraser und Warren, Nr. 88-90. Das große Fenster des Partnerzimmers öffnete sich für ihre Manipulationen – es war vor ihrer Abreise nach Caxton Hall sorgfältig unverriegelt gelassen worden; und mit der vorsichtigen und geschickten Unterstützung ihrer Suffragettenhelferin fand sich Vivie – oder

Mr. Michaelis – schließlich in dem gemütlichen kleinen Schlafzimmer wieder, das sie hauptsächlich in ihrer männlichen Gestalt kannte.

Hier sollte sie mehrere Wochen lang liegen bleiben, bis die Füße und die Brust wieder geheilt und gesund waren. Durch den normalen Eingang kam eine Suffragettenchirurgin hierher, um zu heilen, und Vivies Angestellte, die als Sekretärin fungierte; während Adams im Vorzimmer in Mr. Michaelis' Angelegenheiten tippte oder lange und geheimnisvolle Besorgungen machte. Hierher kam auch die kleine Magd von den Lilacs und brachte benötigte Wechselkleidung, Briefe und Nachrichten von Honoria. Ein kräftiger junger Mann mit frischer Haut fuhr mit dem Aufzug Nr. 94 zur Wohnung oder zum Büro von „Algernon Mainwaring" und hüpfte dann den gewundenen Weg zwischen den Schornsteinen entlang und kurze Eisenleitern hinauf und hinunter, bis auch er dort ankam Er betrat die Brüstung, trat durch das geöffnete Fenster ein und zeigte sich als großer WSPU-Anführer, gekleidet wie Vivie als Mann, aber in Wirklichkeit eine dralle junge Frau, die nur darauf wartete, die Abstimmung zu gewinnen, um sich für ihren jungen Mann – den Vertrauensmann – einzusetzen eine große Familie mit Kindern gründen. Von diesem Anführer erhielt Vivie in aller Bescheidenheit die strengsten Anweisungen, vorerst keine behindernde Arbeit mehr zu verrichten, sich den Fängen der Polizei und dem Risiko, ins Gefängnis zu gehen oder zu viel Aufmerksamkeit der Polizei zu erregen, in der Chancery Lane 88–90 fernzuhalten. „Sie sind derzeit unser Gehirnzentrum . Unsere Büros für Shows und Razzien durch die Polizei befanden sich in Clifford's Inn und befinden sich jetzt in Lincoln's Inn. Aber die wirklich wertvollen Informationen, die wir besitzen, sind ... nun, Sie wissen, wo sie sind : Wände können Ohren haben ... Ihre Zeit für eine öffentliche Aussage ist noch nicht gekommen ... wir werden Sie schnell genug informieren, wenn es soweit ist, und *Sie* werden nicht mit der Wimper zucken, da *bin ich mir* ganz sicher ..."

In der Tat, obwohl Vivies Intelligenz und Erfindungsreichtum, ihre Kenntnisse des Strafrechts, der Anwälte und der städtischen Wirtschaft, ihre umfassende Bildung, ihre Französischkenntnisse (die durch die häufigen Reisen nach Brüssel verbessert wurden – wo sie tatsächlich sicher bei ihrer Mutter deponierte) (die einen Teil der Gelder und die bemerkenswerteren Dokumente der Suffrage-Sache aufbewahrte) und ihr Besitz an Geldvorräten waren nicht zu verachten: Als Aushängeschild war sie von zweifelhaftem Wert. Da war immer diese Mutter im Hintergrund. Wenn Vivie wegen eines schwerwiegenden Wahlrechtsverstoßes vor Gericht stünde, würde der Staatsanwalt mit Sicherheit die „berüchtigte Mrs. Warren" aufs Korn nehmen und den weißen Sklavenhandel hineinziehen, um eine Jury zu verwirren und die militante Seite in Misskredit zu bringen Grund für das Wahlrecht. Natürlich, wenn die wahre Geschichte von Vivie vollständig bekannt wäre, würde sie aus einem solchen Konzert triumphieren ...

Dennoch ... werfen Sie viel Schlamm hinein, und ein Teil davon bleibt hängen ... Und was *war* ihre vollständige, wahre Geschichte? ? Selbst in der reinen Leidenschaft des Freiheitskampfes dieser jungen und mittleren Frauen wedelte in Momenten der Mattigkeit, Entmutigung und Untäuschung gelegentlich die Zunge des Skandals. In solchen Momenten könnte eine schwächere Schwester mit einem vulgären Geist oder einem Geist mit vulgären Zügen auf das große Interesse hinweisen, das ein angesehener Mann der Wissenschaft, der Abgeordneter und wütende Suffragistin geworden war, an Vivie hegte. Oder indecorum würde in den Beziehungen zwischen dieser rätselhaften Frau, die scheinbar dazu neigt, Männerkostüme anzuziehen, und dem stämmigen Angestellten, der sie so treu betreute und sie in der Nacht von Mrs. Pethick Lawrences temperamentvollem Überfall nach Hause gebracht hatte, angedeutet werden.

So sehr, dass Vivie mit einem Seufzer, sobald sie genesen war, gern nach Bertie schicken und ihm mit unwiderruflicher Entschlossenheit mitteilen wollte, dass er zu seiner Arbeit mit Rossiter zurückkehren müsse und dorthin würde sie von Zeit zu Zeit besondere Anweisungen senden, wenn er könnte ihrem Geschäft in irgendeiner Weise helfen.

Dies geschah im Januar 1912. Vivies Füße waren nun geheilt und die Chirurgin war überzeugt, dass sie darauf gehen konnte, ohne die zurückgesetzten Knochen zu verschieben. Der leichte Bruch im Brustbein hatte sich durch einen magischen Prozess der Natur selbst repariert. So legte unsere misshandelte Heldin eines Tages die Invalidenkleidung von Michaelis ab und legte die einer gut gekleideten Frau von 1912 an, einschließlich eines dicken Schleiers. In dieser Kleidung ging sie von der Brüstung zur Feuerleiter (in Erinnerung an die Qualen, die ihr diese Gymnastik im vergangenen November zugefügt hatte), und von der Feuerleiter zum Dach von Nr. 92 (angrenzend an das Dach von 94) und weiter die Schornsteine, in die oberste Etage von 94 und so weiter bis zur Straße, wo ein Taxi wartete, um sie zu den Lilacs zu bringen.

(Übrigens hatte die WSPU, um Scotland Yard zu täuschen, dem Namen „Algernon Mainwaring, 5th Floor" die Bezeichnung „Hygienische Korsettmacherin" hinzugefügt, als Erklärung – möglicherweise – dafür, warum so viele Frauen ihren Weg fanden bis zum obersten Stockwerk von Nr. 94.)

Bei den Lilacs angekommen, führte Vivie für kurze Zeit das Leben einer gewöhnlichen jungen Frau aus der wohlhabenden Mittelschicht, die sich ernsthaft für die Wahlrechtsfrage interessierte, aber nicht militant war. Sie nahm an mehreren Wahlrechtsparteien oder öffentlichen Versammlungen von Honoria oder Mrs. Fawcett teil und sprach gelegentlich gut. Außerdem reiste sie 1912 zweimal nach Brüssel, um den Kontakt zu ihrer Mutter aufrechtzuerhalten. Mrs. Warren hatte ein oder zwei leichte Warnungen erhalten, dass ein Leben voller Vergnügen die stärkste Konstitution untergräbt. [4] Sie lebte nun hauptsächlich auf ihrem Bauernhof, der Villa Beau-séjour, und bewohnte nur noch gelegentlich ihre *Wohnung* in der Rue Royale. Sie muss im Frühjahr 1912 etwa neunundfünfzig Jahre alt gewesen sein und begann, „ soigner son salut " zu sagen, das heißt, Bilanz über ihr vergangenes Leben zu ziehen, sich dafür bei sich selbst zu entschuldigen und zu überlegen, wie sie wofür vernünftigerweise büßen könnte sie hatte Unrecht getan. Ein oder zwei Jahrzehnte zuvor hätte sie sich der Religion zugewandt, unweigerlich der attraktivsten und logischsten Form, der Religion, die von der Heiligen Römisch-Katholischen und Apostolischen Kirche dargelegt wurde. Sie hätte einem nachsichtigen Beichtvater ihre Vergangenheit gestanden, leicht oder sehr *gazée , wäre begnadigt worden und hätte einer kirchlichen Wohltätigkeitsorganisation oder einem Werk der Frömmigkeit eine stattliche Summe gespendet.* Aber sie hatte ein skeptisches Alter überlebt und hatte großen Respekt vor ihrer klugen Tochter empfunden. Vivie sollte ihre spirituelle Leiterin sein; und Vivies Idee, die ihr bei ihrer Versöhnung vor drei Jahren vorgelegt wurde, schien der praktischste Weg zu sein, Frau dafür wieder gut zu machen, dass sie in der Vergangenheit mit der wirtschaftlichen und physiologischen Schwäche von Frauen Geld verdient hatte. Sie hatte sich damals eine Geldstrafe von zehntausend Pfund auferlegt; und von ihrem verbleibenden Kapital von fünfzig oder sechzigtausend (alles zusammen mit dem, was sie ihrer Tochter sonst noch besaß) würde sie mehr zahlen, wenn Vivie es als weitere Wiedergutmachung verlangte. Dennoch empfand sie den Besuch der Kirchen als beruhigend und spendete viel und oft den sanft bettelnden Kleinen Schwestern der Armen, wenn diese ihre Runden in der Stadt oder in den Vororten machten.

„Was denkst du über Religion, Viv, altes Mädchen?", sagte sie eines Tages zur Osterzeit 1912, als Vivie zwei herrliche Wochen in der Villa Beau-séjour verbrachte.

„Persönlich", sagte Vivie, „hasse ich alle Religionen, soweit ich Zeit hatte, sie zu studieren. Sie verbinden sich mit unbestrittenen ethischen mehr oder weniger absurden Theorien über Leben und Tod, die Eigenschaften der Materie, des Menschen, Gottes usw Das Universum, die Naturgesetze, die Nahrung, die wir essen sollten, die Beziehungen der Geschlechter, die Qualität des wöchentlichen Ruhetages verdrängen sie nach und nach unbestreitbare Ethik und sind bereit, Folter, Tod oder soziale Ächtung anzuwenden Unterstützung dieser absurden Theorien und Erklärungen über Gott und den Menschen" – fuhr Vivie fort, obwohl die Aufmerksamkeit ihrer Mutter auf ein entkommenes Geflügel gewandert war, das katastrophal in den Saatbeeten scharrte – „Solche Theorien und Erklärungen, merken Sie sich – *hören* Sie zu. Mutter, da du die Frage gestellt hast ..."

„Ich höre zu , Liebling, aber du redest wie ein Buch und ich weiß nicht, was einige deiner Worte bedeuten – Was ist Ethik?“

„ Nun, ‚Ethik‘ bedeutet ähm – ‚Moral‘; es kommt von einem griechischen Wort, das ‚Charakter‘ bedeutet.“

Frau Warren : „Sie reden wie ein Buch –“

Vivie : „Das tue ich manchmal, wenn ich mich an etwas erinnere , das ich gelesen habe. Aber jetzt habe ich den Faden verloren ... Was ich zum Abschluss bringen wollte, war ungefähr so: ‚Solche Theorien und Erklärungen wurden mehrere Hundert formuliert, oder ...‘ Vor mehr als zweitausend Jahren, in Zeiten, in denen der Mensch über sich selbst, seine Umgebung, die Erde und das Universum kaum etwas wusste, sind sie bis heute als heilige Offenbarungen erhalten geblieben, auch wenn sie den Vorstellungen nicht überlegen sind und Fetischriten eines Wilden.' Alle diese Antworten stammen aus dem kleinen Buch von Professor Rossiter (*Home University Library* , „The Growth of the Human Mind“).

Mrs. Warren : „Rossiter! Ist das der Mann, der Ihnen gefällt?“

Vivie : „Sagen Sie es nicht so grob. Zwischen uns besteht eine großartige Freundschaft. Wir gehören zu einer späteren Generation als Sie. Ein Mann und eine Frau können jetzt Freunde sein, ohne ein Liebespaar zu werden.“

Frau Warren : „Machen Sie *weiter* ! Belügen Sie mich nicht. Männer und Frauen sind die gleichen wie damals, als ich jung war. Es tut mir trotzdem leid, liebes Mädchen. Da sind Sie, Sie werden im mittleren Alter und sind nicht verheiratet Irgendein gutherziger Kerl , der dir im Alter drei bis vier Kinder schenken könnte. Willst du dich in einen Kerl verlieben , der schon eine Frau hat? *Da* steckt Eisen drin Dein Blut, das in diesem stolzen Priester steckt, dein Vater. Ich weiß, dass du dir lieber die Seele baumeln lassen würdest , um eine gute Zeit mit dem Professor zu haben. Meiner Meinung nach ist Liebe genauso schlecht wie Religion Es tut mir leid !“

Vivie : „Wenn du meinst, dass es für das gleiche intensive Glück und noch intensiveres Unglück verantwortlich ist , dann hast du vermutlich recht. Mir geht es *elend* , Mutter, und es ist eine gewisse Erleichterung für mich, das zu sagen. Wenn ich es werden könnte .“ Ehrlich gesagt, die Frau von Michael Rossiter. Ich fürchte, ich sollte Suffrage den Vortritt lassen. Aber da ich nicht kann, ist dieser Kampf um die Stimme das Einzige, was mich noch weitere zehn Jahre lang dafür kämpfen lässt Jahre, und zu diesem Zeitpunkt haben möglicherweise bestimmte physiologische Veränderungen in mir stattgefunden, und meine Gefühle gegenüber Rossiter werden sich beruhigt haben.

(Hier fuhr Mrs. Warren fort, der Geflügelfrau ziemlich unharmonisch auf Flämisch etwas zuzurufen und zu fragen, warum sie zuließ, dass die Houdans die Saatbeete verderben.)

Mrs. Warren fährt fort: „Nun, es ist klar, dass Sie die Tochter Ihres Vaters sind. ' Er hätte so weitergemacht – *hat* weitergemacht – genauso. ' Ich und ich passten wirklich gut zueinander. Ich würde Ich muss ihn wirklich lieben , und ich habe mich bis auf die Knochen für ihn eingesetzt , und ich hätte bestimmt irgendwie meinen Lebensunterhalt verdient Ich hätte ein paar tolle Bücher geschrieben und viel Geld verdient . Aber nein, diese abscheuliche Religion kommt mit ihrer Angst vor dem Höllenfeuer und geht zu den Priestern und den letzten zehn Vor etwa zwei Jahren ist sein Stolz verstummt und er denkt, dass er als Oberhaupt seines Ordens eine schreckliche Persönlichkeit ist Ein normaler alter Verschwörer, der die Iren dazu auffordert, etwas gegen England zu unternehmen ... *Ist das übrigens vor zehn oder zwanzig Jahren nicht* ein Scherz? 'd 'a bin 'mein Frieden mit Gott.' ich weiß nicht Nichts über Gott – ich kann sowieso nicht sehen, dass ich am Ende eines Teleskops bin. Aber ich *kann* dich sehen , Vivie, und es gibt niemanden , den ich mehr respektiere Was die Hotels angeht, lasse ich mich von ihrem Aussehen nicht mehr so leicht einschüchtern wie früher. Daher macht es mir ab und zu Spaß, mit dem Auto nach Löwen zu fahren, dort herumzuschlendern und zuzusehen, wie er zum Spazierengehen herauskommt und so tut, als würde er ein Brevier oder ein heiliges Buch lesen . Ich weiß, es ärgert mich ...

„Nun, wenn es keine hohen Prinzipien gäbe, könnten er und ich uns genauso gut bewerben wie wir und eine große Familie gründen würden. Und es gab nichts , was mich daran hindern könnte, mich zu heiraten , wenn das alles wäre, was er wollte. “ Ich muss mich damit wohlfühlen. Aber sehen Sie, er hatte ein Leben, das mir geradezu steril vorkam, und ich – nun ja, ich war nicht *wirklich* glücklich, bis wir es vor drei Jahren geschafft haben“ (beugt sich vor und küsst Vivie etwas zaghaft).

„Jetzt bist du da und verbrennst dich selbst, weil deine hohen Prinzipien es nicht zulassen, dass du dich ein einziges Mal mit diesem Rossiter-Spiel beschäftigst ... Du hast zu viel davon Stolz , sich ihm an den Kopf zu werfen . Aber wenn er dich so sehr liebt, wie du mich liebst , warum fragst du ihn nicht? Eine Reise? *Ich* würde jetzt noch einmal zur Sorbonne oder zu einem dieser wissenschaftlichen Institute gehen Du wirst es bald leid sein , besonders jetzt, wo du in die Jahre gekommen bist , und vielleicht würdest du dich danach ruhig niederlassen, oder wenn nicht Reg'lar hat sich entschieden : „ *Ich bin* , warum gibst du dieses Wahlrechtsgeschäft nicht auf und lebst ein bisschen mit mir hier?“ Es gibt viele aufrechte, anständige belgische Männer in guten Positionen, die gerne eine englische Frau hätten. *Sie* würden nicht allzu schüchtern sein, wenn es um mein Geld geht ...“

Vivie: „Geh hinter mich, Satan! Mutter, du solltest solche Vorschläge nicht machen. Verstehst du nicht, wir müssen alle irgendwo eine Religion haben. Irgendein Prinzip, dem wir uns opfern. Rossiter wäre entsetzt, wenn er könnte Hören Sie, seine Geliebte ist die Wissenschaft, außerdem ist er seiner Frau wirklich ergeben und würde nichts tun, was ihr schaden könnte. Sollten wir mit Sicherheit herausgefunden werden, wäre Michaels Karriere ruiniert.

„Meine Religion, obwohl ich ihr manchmal überdrüssig bin und mich darüber lustig mache, sind die Rechte der Frauen: Frauen müssen genau die gleichen Rechte wie Männer haben, keinerlei Disqualifikation allein aufgrund ihres Frauenseins. Haben Sie diese abscheulichen Briefe der Times in der Times *gelesen* ? Der Chirurg, der Hebamme Sir Wrigsby Blane, erklärte, dass die Forderung nach der Abstimmung auf Unmoral beruhte, und behauptete, dass Frauen einmal im Monat, bis sie fünfzig waren, und für mehrere Jahre *nach* ihrem fünfzigsten Lebensjahr nicht für ihre Handlungen verantwortlich seien , aufgrund dessen, was er vage „physiologische Prozesse" nannte. Was für ein giftiger Blödsinn! Du weißt genauso gut wie ich, dass es in den meisten Fällen kaum oder gar keinen *Unterschied* macht Wein oder Bier oder Whisky, wenn sie umwerben, wenn sie einer unerlaubten Liebe nachgehen, wenn sie nach fünfzig durch dieses, jenes und andere innere Probleme oder Funktionswechsel ein wenig seltsam werden. Was ist daran wahr? Das eine Geschlecht gilt gleichermaßen für das andere. Die meisten Männer und Frauen zwischen zwanzig und sechzig wissen genau, was sie wollen, und im Allgemeinen wollen sie etwas Vernünftiges. Wir erlassen keine Gesetze für die Freaks, die Unausgeglichenen, die Ungewöhnlichen Beschränken Sie das Wahlrecht in diesen Fällen, beschränken wir es sowohl für Männer als auch für Frauen – Aber sehen Sie nicht gleichzeitig, was für einen Text ich dieser bösartigen Kreatur liefern würde, wenn ich mit Michael nach Paris fliehen und das Geringste tun würde? falscher Schritt ... obwohl er keinen Einfluss auf das Hauptargument hatte ?... "

bonne à tout faire unterbrochen, die verkündet, dass *le déjeuner de Madame est servi* , und die beiden Frauen, die Bücher und Schals zusammensuchen, gehen in die fröhliche kleine *Saile -à- manger* der Villa Beau-séjour.

Als Vivie nach ihren Osterferien nach London zurückkehrte, stürzte sie sich mit zusätzlichem Elan in den Kampf um das Wahlrecht. Die vierzehntägige gute Ernährung, die ruhigen Nächte und entspannten Tage unter dem Dach ihrer Mutter hatten ihr viel Gutes getan. Sie war nicht ganz so dünn, die dunklen Ringe unter ihren grauen Augen waren verschwunden, und sie fand nicht nur in sich selbst, sondern sogar in den mittelalten ihrer Kollegen einen entzückenden Geist der Wildheit in ihrer wachsenden Revolte gegen die liberalen Führer. Besonders im weiteren Verlauf des Jahres 1912 bemerkte Vivie , welch enormes Wohl die Wahlrechtsbewegung den britischen Frauen gebracht hatte und noch tat. Es entstand eine großartige Kameradschaft zwischen Oben und Unten. Heldinnen wie Lady Constance Lytton mischten sich als Schwester mit ebenso heldenhaften Putzfrauen, Fabrikmädchen, Schreibmaschinenfrauen , Kellnerinnen und Krankenhauskrankenschwestern. Ärztinnen der Naturwissenschaften, der Musik und der Medizin gingen auf die Straße und unternahmen die mutigsten Aktionen, um ihre Rechte vor einer Öffentlichkeit zu vertreten, die sie nun ernst zu nehmen begann. Debütantinnen, die nicht mehr vor Angst zitterten, als sie die königliche Präsenz betraten, machten ihren Souverän bescheiden, aber hörbar auf die Ungerechtigkeit von Mr. Asquiths Haltung gegenüber Frauen aufmerksam, während Prinzessinnen des Blood Royal Schwierigkeiten hatten, nicht zu applaudieren. So manch eine zahme Katze hatte den Kamin und die Umgebung einer verrückten alten Mutter verlassen (die genug Leute hatte, die sich um ihre selbstsüchtigen Bedürfnisse kümmerten) und war, zunächst benommen, in eine Welt aufgetaucht, die ihr unbekannt war. Sie hatten ihre Häkelnadeln, ihre Häkelnadeln und Modeartikel, ihre Kirchenkalender und Bücher aus der „Girl's Own Library" weggeworfen und lasen und sprachen über soziale, sexuelle und industrielle Probleme, die es zu bewältigen und zu lösen gilt. Farbe kam in ihre Wangen, Sicherheit in ihre verblassten Manieren, Vernunft und Sensibilität in ihre Reden; und was auch immer danach geschah, sie wurden nie wieder in das Gefängnis der viktorianischen Jungfrauen zurückgepfercht. Sie lernten grobes Kochen, geschicktes Konditoreihandwerk, Maschinenschreiben, Radfahren und vielleicht Jiu-Jitsu. „Die Jungfrauen kamen, sie redeten, sie sangen, sie lasen; bis sie, nicht schön, anfing, Licht zu sammeln, und sie, die da war, ihre frühere dreifache Schönheit erlangte", sang der größte Dichter und der Dichter-Prophet vor sechzig Jahren in einer Prophezeiung der Emanzipation der Frau. Viele Frauen haben das längere, glücklichere und nützlichere Leben, das ihr ab 1910–1911–1912 zuteil wurde, direkt der Wahlrechtsbewegung zur Befreiung der Frau zu verdanken.

Darüber hinaus waren die Krisen von 1912 nicht so akut, dass sie den Kampf so bitter vergifteten, wie es in den beiden folgenden Jahren der Fall war. Es gab immer eine gewisse Hoffnung, dass das Ministerium die Verabschiedung einer Änderung des Franchise-Gesetzes zulassen würde, die das Prinzip des Frauenwahlrechts in gewissem Maße bestätigen würde. Es stimmt, dass die Suffragetten eine gewisse Lebendigkeit bewahrten. Die WSPU wagte es nicht, in ihrer Militanz nachzulassen, aus Angst, die Minister könnten denken, der Kampf lasse nach und die Frau sei ihrer Ansprüche bereits überdrüssig. Das gepriesene Gesetz zum Männerwahlrecht war von einem Quäkerminister eingebracht worden, der gegen das Frauenwahlrecht war, und seine zweite Lesung war von einem ebenso antifeministischen Außenminister vorgeschlagen worden – dies geschah im Juni/Juli 1912; und kein Mitglied des Kabinetts hatte sich erhoben, um auch nur ein Wort zugunsten der Forderungen der Frauen zu sagen. Dennoch könnte im

Ausschuss etwas getan werden, in der Herbstsitzung – falls es eine gäbe – oder im folgenden Jahr. In den Reihen der Suffragisten brodelte es eher, als dass es zu einer alarmierenden Explosion kam. Im März, bevor Vivie nach Brüssel ging, hatte Mrs. Pankhurst eine Razzia in der Bond Street und der Regent Street sowie in den Clubs von Piccadilly durchgeführt, bei der Fenster eingeschlagen wurden. zwei ältere Chirurginnen von großem Rang und eine Doktorin der Musik. Aus Rache hatte die Polizei die WSPU-Büros in Clifford's Inn durchsucht, ein Ereignis, das schon lange vorhergesehen und in der benachbarten Chancery Lane verhindert worden war .

Die Irish Nationalist Party hatte ihre ausgeprägte Feindseligkeit gegenüber dem Wahlrecht von Frauen in jedem irischen Parlament zum Ausdruck gebracht, und so hatten einige impulsive irische Frauen Gegenstände auf nationalistische Abgeordnete geworfen, ohne sie zu verletzen. Herr Lansbury hatte dem Premierminister im Unterhaus die klare Wahrheit gesagt und ihm wurde der Zutritt zu diesem Plenarsaal verweigert, in dem die Wahrheit so selten willkommen ist.

Im Juli erwachte die schlummernde Bewegung gegen die Zahlung von Steuern durch wahllose Frauen zu richtiger Aktivität, und es gab viele lächerliche und erbärmliche Szenen, oft von Vivie und Bertie Adams organisiert, bei denen Hausrat verkauft und von Freunden zur Befriedigung aufgekauft wurde die Ansprüche eines Steuereintreibers. Im Herbst organisierten Vivie und andere Mitglieder der WSPU große Pilgerfahrten – die Märsche der Brown Women – von Schottland, Wales, Devon und Norfolk nach London, zu einem Ziel in der Downing Street oder Whitehall, einer Haustür, die bereits jeden Zentimeter hatte Sein Raum war von Polizistenstiefeln bedeckt. Diese gehörten zu den erfreulichsten Veranstaltungen und lösten bei der Bevölkerung von Stadt und Land große gute Laune aus. Es handelte sich um ausgedehnte Picknicks von zehn Tagen oder zwei Wochen. Das stetige Marschieren von sechzehn bis zwanzig Meilen pro Tag tat den Frauen gut; das *Essen unterwegs* war reichlich vorhanden und wurde mit großem Appetit gegessen. Die Pilger bei ihrer Ankunft in London waren in ihrer körperlichen Fitness eine Rechtfertigung für den Anspruch der Frau auf gleiche Privilegien wie der Mann.

Vivie beteiligte sich nach ihren Osterferien immer aktiver an diesen Manifestationen des normalerweise gut gelaunten Aufstands. Als Vivien Warren war sie den Behörden und der Bevölkerung kaum bekannt, wurde es aber bald aufgrund ihres auffälligen Aussehens, ihrer ausdrucksstarken Stimme und ihrer rednerischen Begabung. Alle Künste, die sie als David Williams gelernt hatte, zeigte sie nun, indem sie sich in der Albert Hall, in Manchester, in Edinburgh und Glasgow für die Sache der Frau einsetzte. Gräfin Feenix nahm sie auf, lud sie zu Dinnerpartys ein, wo sie sich neben Staatsmännern im Amt wiederfand, die zunächst mürrisch und nervös waren

– jeden Augenblick einen persönlichen Angriff erwartend –, aber allmählich auftauten, als sie in ihr eine gute Gesprächspartnerin, eine kluge Frau, fanden die Welt, schick gekleidet. Immerhin war sie eine dritte Streiterin in Cambridge gewesen, was fast eine Garantie dafür war, dass ihr späteres Leben nicht unregelmäßig verlaufen konnte, entsprechend den männlichen Maßstäben in England, wie das Leben einer unverheirateten Frau aussehen sollte. Sie missbilligte die Gewalt der Militanten in dieser Phase.

Aber sie war Proteanerin. Ein Großteil ihrer Arbeit, der gesetzlose Teil davon, war in der Gestalt und Kleidung von Herrn Michaelis organisiert. Einige ihrer Briefe an die Presse wurden von Edgar McKenna, Albert Birrell, Andrew Asquith, Edgmont Harcourt, Felicia Ward, Millicent Curzon, Judith Pease, Edith Spenser- Churchhill , Marianne Chamberlain oder Emily Burns unterzeichnet; und es handelte sich um Plädoyers für die Gewährung des Wahlrechts, die von den empörenden Söhnen oder Töchtern, Tanten, Schwestern oder Ehefrauen großer Staatsmänner kamen, die für ihre Opposition gegen die Sache der Frauen bekannt waren. Die WSPU verfügte über reichlich Geld, und es kostete nicht viel, Visitenkarten mit solchen Namen eingravieren zu lassen und sie mit der Privatadresse der großen Persönlichkeit zu versehen, die damit verärgert werden sollte. Eine solche Karte als Beweis für Treu und Glauben würde dem plausibel formulierten Brief beigefügt. Die *Times* wurde selten aufgegriffen, doch diese dreisten Täuschungen waren oft mit großem Erfolg verbunden, insbesondere in den wichtigen Organen der Provinzpresse. Redakteure und Unterherausgeber haben sich selten die Mühe und die Zeit genommen, das „*Who's Who*" oder eine Peerage zu durchforsten, um den Verfasser des Briefes zu identifizieren, in dem das Vote for Women beansprucht wird. Es wurde keine echte Namenskombination angegeben, so dass Fälschungen vermieden wurden; Aber die Öffentlichkeit und der ahnungslose Herausgeber hatten den Eindruck, dass der Sohn, die Tochter, der Bruder, die Schwester, die Ehefrau oder die Schwiegermutter des Premierministers, des Kolonialsekretärs, des Innenministers, des Präsidenten des Handelsausschusses oder einer prominenten antisuffragistischen Frau dies nicht taten überhaupt mit den antifeministischen Ansichten seines Vaters, seiner Mutter, seines Bruders oder Ehemanns einverstanden ist. Wenn der Politiker dumm genug war, zu antworten und zu protestieren, war er im Allgemeinen im Nachteil; Die Öffentlichkeit hielt es für einen guten Witz und niemand (in der Provinz) glaubte seinen Erklärungen.

Vivie belästigte im Allgemeinen Minister auf der Bühne und Parlamentskandidaten, die als Frauen der unteren Mittelschicht verkleidet waren. Es wäre unklug gewesen, dies in der Gestalt eines Mannes zu tun, da es sonst zu Streitigkeiten kommen und ihr Geschlecht aufgedeckt werden sollte. Obwohl sie, um einer vorzeitigen Verhaftung zu entgehen, selbst nicht an den genialsten – und aus der Sicht der Ausdauer heroischen – blinden Passagieren weiblicher Unterbrecher auf den Dächern, Dachböden, unzugänglichen Orgelböden oder Musikgalerien öffentlicher Säle teilgenommen hat, hat sie Viele dieser Überraschungen haben wir im Vorfeld organisiert. Es war Vivie, die einmal auf die brillante Idee kam, die Polizei bei der Festnahme von Mrs. Pankhurst oder Annie Kenney zu verwirren. Da sie wusste, wann die Polizei zu dem Gebäude kommen würde, in dem die eine oder andere dieser Damen aufsehenerregend wieder auftauchen würde, hatte sie zuvor vierzig weitere Frauen versteckt, die genauso gekleidet und verschleiert waren wie die Justizflüchtling. Als also die Truppe der Polizisten Einlass verlangte, rannten einundvierzig Frauen, praktisch nicht voneinander zu unterscheiden, auf die Straße, und die verwirrten Lakaien des Gesetzes hoben ihre Helme, kratzten sich verwirrt am Kopf und gaben zu, dass „die Wimmen da waren ." Diesmal waren sie etwas zu viel für uns.

In ihrem Schlafzimmer im Alter von 88-90 Jahren bewahrte sie eine Ausrüstung mit Theaterverkleidungen auf; sehr natürlich aussehende Schnurrbärte, die sich leicht auftragen ließen und bis auf die Anwendung des richtigen Lösungsmittels fest haften blieben; getönte Brillen; Perücken mit glaubwürdigem Aussehen; verschiedene Anzugsstile, verschiedene Arten von Damenkleidern. Manchmal saß sie als hübsche, beeindruckende Matrone von fünfundfünfzig Jahren mit einem Pompadour-Konfekt und einem Schildpatt -*Gesicht in Zügen* , unterhielt sich mit Staatsministern oder ständigen Beamten auf dem Weg zu ihren Landsitzen und sagte: „ *Schreckliche Kreaturen* ." !" falls sich jemand auf die Aktivitäten der Suffragetten bezog. Mit dieser Tarnung entlockte sie manchmal beträchtliche Informationen, obwohl sie in Wirklichkeit auf dem Weg war, die Auflösung der öffentlichen Versammlung des Staatsmannes, die Untersuchung diskreditierender Umstände, die seinen Rückzug aus dem öffentlichen Leben erzwingen könnten, oder einfach nur die Niederbrennung seiner Erschießung zu organisieren Kasten.

Dieses Leben hatte seine Risiken und Gefahren, aber es stimmte mit ihrer Gesundheit überein. Es war aufregend und lenkte sie von Rossiter ab.

Rossiter seinerseits erlebte im selben Jahr 1912 ein Nachlassen seiner Geistesspannung. Er war berührt von dem schwachen Misstrauen seiner Frau gegenüber seiner entfremdeten Zuneigung und von ihrer hartnäckigen Entschlossenheit, ihm als Begleiter und Helfer zu genügen; und ein wenig beschämt darüber, dass er sich schon in mittleren Jahren – er war siebenundvierzig – in eine Frau verliebt hatte, die in den Dreißigern selbst gut aufgehoben war. Es gab Zeiten, in denen die Wolke seiner Leidenschaft für Vivie zerrissen war und er leidenschaftslos auf den Rest seines Lebens blickte – er konnte höchstens auf weitere zwanzig Jahre geistiger und körperlicher Aktivität und Energie hoffen. War das eine allzu kurze

Zeitspanne, um mit einer senilen Erneuerung sexueller Sehnsucht ausgefüllt zu werden? Er schämte sich für die Gedanken, die ihn so beschäftigt hatten, seit er David Williams auf die Couch seiner Bibliothek gelegt hatte und feststellte, dass es Vivie Warren war, die die Arme um seinen Hals gelegt hatte. Es tat ihm nicht leid, dass ihn die Liebe zu einer Frau, die er nicht besitzen konnte, ins Parlament geschickt hatte. Es begann ihm dort Spaß zu machen. Er hatte sich selbst gefunden und die feige Angst vor dem Sprecher verloren, die die meisten neuen Mitglieder lähmt. Er wusste, wann er sprechen und wann er schweigen sollte; und als er ungeahnte Gaben von bissigem Sarkasmus sprach, kamen ihm kluge Charakterisierungen und überzeugende Verachtung des ungebildeten Ministertyps zu Hilfe. Seine Zunge spielte mit seinen Opfern, die nicht über seine große Erfahrung mit der Realität verfügten, vage diskursiv waren, oberflächlich betrachtet wie die meisten Anwälte, ohne Sinn für Gleichnisse und Tropen wie die meisten Geschäftsleute oder stumpfsinnig wie die meisten von den feinen Blumen der öffentlichen Schulen, verdummt mit den Klassikern und der Geschichte der heiligen Schriften. Er wusste, dass er ohne einen radikalen Regierungswechsel kein Minister sein konnte; aber das kümmerte ihn wenig. Dank seiner Frau war er reich und gewann seinen Einfluss und seinen europäischen und amerikanischen Ruf als großer Entdecker und tiefgründiger Denker zurück. Es machte ihm Spaß, das Ministerium wegen seiner Unaufrichtigkeit im Wahlrecht zu pulverisieren und seine Verachtung gegenüber dem Politiker zum Ausdruck zu bringen, der nur wegen seines Geldeinflusses in der Gemeinde, im Landkreis oder in den Abonnementslisten des Chief Whip gewählt wurde. Obwohl sein Puls immer noch etwas schneller schlug, wenn er Vivies Hand bei einem Empfang von Lady Feenix oder einer Dinnerparty bei den Gorings hielt – Vivie hatte als Kind einer „gefallenen" Frau ein vorgeschriebenes Recht auf Zutritt zu Dianas Kreis – er hatte nicht die geringste Absicht, mit ihr durchzubrennen, seine Karriere zu entzweien, gerade als er die letzten Höhen zur Zitadelle des Ruhms erklimmen könnte: entweder als Politiker des neuen Typs, der Art von Hochschulbildung, oder als einer der Giganten der induktiven Wissenschaft. Außerdem machten Dr. Smith-Woodward und Mr. Charles Dawson im Jahr 1912, wenn ich mich nicht irre, die Entdeckung der Überreste eines affenähnlichen Mannes im Kies von Mid-Sussex; und die Hunde der Anthropologie gingen mit vollem Geschrei auf eine neue Fährte, Rossiter an erster Stelle im Rudel.

Frau Rossiter ließ sich im selben Jahr immer mehr zu Diskussionen gegen das Wahlrecht in den Häusern von Adligen oder willensstarken, einflussreichen Damen verleiten, die mit Adligen und Potentaten die einfachsten Beziehungen hatten. Sie ärgerte sich immer noch über die Haltung ihres Mannes in der Politik und glaubte, dass dies hauptsächlich auf ein unerklärliches Interesse an Vivien Warren zurückzuführen sei, bei der sie zu glauben begann, dass sie dieselbe Person wie „David Williams" sei.

Wenn sie nur die „Anti"-Argumente beherrschen könnte – sie klangen so überzeugend aus den Lippen von Miss Violet Markham oder Mrs. Humphry Ward oder einem höflichen King's Counsel mit den Überresten von Hammelkotelett-Schnurrhaaren –, wenn sie Michael von diesem Störenfried entwöhnen könnte Unsinn – er könnte „Militanz" als Rechtfertigung für seinen Sinneswandel anführen...! Alles, was die Autorität verlangte, soweit sie Hinweise von großen Damen interpretieren konnte, war Neutralität, die Rückkehr von Professor Rossiter auf die Wege der reinen Wissenschaft, auf dem niemand seine herausragende Stellung bestritt. *Dann* könnte er die Ritterschaft erhalten, die längst überfällig war; Besser noch, seine nächsten großen Entdeckungen in der Anatomie könnten ihm den Adelsstand einbringen, den er reichlich verdiente und den ihr Reichtum unterstützen würde. Dann konnte er sich auf seinen Rudern ausruhen und mit seinen mehr oder weniger unangenehmen Nachforschungen aufhören; Sie könnten einen Platz auf dem Land einnehmen und von diesem viel zu großen Haus, das fast außerhalb der Grenzen des London der Gesellschaft lag, in eine wirklich gut ausgestattete Wohnung in Westminster umziehen und einen rundum angenehmen Lebensabend verbringen.

Honoria sah Vivie in dieser Zeit nicht mehr so oft wie zuvor. Ihr kriegerischer Ehemann verbrachte einen Großteil des Jahres 1912 zu Hause, da er ein Hounslow-Kommando hatte. Ihm war klar geworden – irgendein boshafter Mensch hatte es ihm gesagt –, wer Vivies Mutter gewesen war, und er sagte Honoria mit einem Tonfall der Endgültigkeit, dass der „Tante Vivie"-Unsinn fallengelassen werden müsse und Vivie nicht ins Haus kommen dürfe. Höchstens, wenn sie ihren Freund aus College-Tagen treffen *muss* – oh, er war durchaus bereit, an ihre persönliche Anständigkeit zu glauben, obwohl seltsame Geschichten darüber im Umlauf waren, dass sie sich als Mann verkleidet und ein paar sehr üble Dinge für die WSPU getan hätte – Wenn sie sie dennoch sehen *musste*, dann an öffentlichen Orten oder bei ihren Freunden, bei Lady Feenix, wenn sie wollte. Nein. Er hat die Sache des Wahlrechts nicht angegriffen. Seiner Meinung nach konnten Frauen wählen und willkommen sein: Sie konnten nicht noch dümmer sein als die Männer, und wahrscheinlich waren sie weniger korrupt. Er selbst erinnerte sich nie daran, in seinem Leben gewählt zu haben, also ging es Honoria nicht schlechter als ihrem Mann. Aber er zog die Grenze zwischen den Freunden seiner Kinder und der Tochter eines ...

Hier legte Honoria ihre dicke Hand auf seinen borstigen Mund, um nichts zu hören, was sie nicht verzeihen konnte. Er küsste es und irgendwie konnte sie den hohen Ton, den sie ursprünglich beabsichtigt hatte, nicht ertragen. Sie sagte einfach: „Sie würde sich darum kümmern" und begegnete der

Schwierigkeit, indem sie ihre Wahlrechtspartys für eine Weile aufgab und stattdessen Lady Mauds besuchte; wo man nicht nur die arme Vivie kennengelernt hat, sondern – wäre sie in London gewesen und garantiert reformiert und *rangée gewesen* – hätte man vielleicht auch Vivies Mutter kennengelernt; sowie die Herzogin von Dulborough – Amerikanerin und ausgesprochen stimmberechtigt – die Putzfrau aus Little Francis Street, die Frau des Buchhändlers, die „Mutter der Dienstmädchen" aus Derry und Toms; und dieser sehr kluge Chemiker, der Juliet Duffs Nase geflickt hatte, als sie bei Princes' auf das Eis fiel – sie würden beide dort sein. Honoria sagte nichts zu Vivie und Vivie sagte zu Honoria nichts über die Hemmung, aber zusammen mit ihrer irrationalen Eifersucht auf *Eoanthropos Dawsoni* und ihre Verärgerung über die zunehmende Zufriedenheit mit den Dingen, wie sie waren, auf Seiten Rossiters machten sie in ihrer Militanz ein wenig rücksichtsloser.

Und Paddy ? Wie erging es ihm in diesen Zeiten? Praed hatte das Gefühl, dass er zunehmend nicht mehr im Bilde war. Er war in den Sechzigern noch nicht weit weg, vielleicht höchstens einundsechzig. Aber raus aus der Bewegung. In seiner Blütezeit kümmerten sich die Menschen seiner Gruppe – die gebildete obere Mittelschicht und einige Rekruten aus dem Adel – nur um Kunst in irgendeiner Form – abgedrehte Musik, deren Themen nie offensichtlich genug waren, um gesummt zu werden, die Androgyne Poesie der Neunzigerjahre, Morbiditäten aus dem Gelben Buch und Scharlachrote Sünden, die Sie für sich selbst verleugnet haben, um Unannehmlichkeiten mit der Kriminalpolizei zu vermeiden, die aber freimütig Leuten zugeschrieben wurden, die nicht im Raum waren; die Zeichnungen von Aubrey Beardsley und seinen Nachfolgern voller Kühnheit und hässlicher Unanständigkeit, die Beardsley zu einem bloßen Schüler von Raphael Tuck machten; auch Architektur, die das Waschbecken des Hausmädchens, die Abstellkammer und die Feuerleiter ignorierte.

Die Leute, die immer noch in sein Atelier kamen, weil er den Ruf hatte, ein Witzbold zu sein und der Ehemann seines Stubenmädchens (die sie zu ihrer Empörung Königin Cophetua nannten), kümmerten sich überhaupt nicht um Kunst in irgendeiner Form. Die Frauen wollten die Abstimmung – nur wenige von ihnen wussten warum – die Männer wollten Flieger werden, Autofahrer, die auf französischen Probefahrten den Geschwindigkeitsrekord brechen, oder Apachen in ihren Beziehungen zum weiblichen Geschlecht oder Preiskämpfer – Jimmy Wilde hatte Oscar verdrängt, Zum Vorteil der Menschheit stimmte sogar Paddy zu.

Für Praed empfand Vivie jedoch die Bitterkeit und die Desillusionierungen, die sie von Zeit zu Zeit überkamen:

„Ich habe das Gefühl, Paddy , ich werde älter und scheine am Ende zu sein. Weißt du, ich bin kurz vor siebenunddreißig – und habe noch keinen festen Beruf? Ich habe es ziemlich satt." eine wohlmeinende Abenteurerin.

„Warum", antwortete Paddy , „gehst du dann nicht und lebst bei deiner Mutter?"

„Ugh! Ich konnte dieses Leben in Belgien oder anderswo im Ausland nicht lange ertragen. Sie scheinen Meilen hinter uns zu liegen, mit all unseren Fehlern. Mutter scheint jetzt nur noch an gutes Essen und einen Badegang in Spa im September zu denken um das Überessen der anderen elf Monate zu neutralisieren. Es gibt keine politische Karriere für Frauen auf dem Kontinent.

„Warum dann nicht heiraten und Kinder bekommen? Das ist eine Karriere für sich. Schauen Sie sich Honoria an, wie glücklich sie ist."

„Ja – aber es gibt nur einen Mann, den ich lieben könnte, und der ist bereits verheiratet."

„Puh! Unsinn. Es gibt so viele gute Fische im Meer wie nie zuvor. Wenn du es nicht tust wie Beryl – übrigens, ist sie heutzutage nicht eine tolle Sache! Und *streng* mit ihren Töchtern!" Sie lässt sie nicht hierher , sagt man mir, wegen irgendeiner albernen Geschichte, die irgendjemand über mich verbreitet hat, und diesem Humbug, Francis Brimley Storrington – übrigens, er ist jetzt ein ARA und hat kaum genug Talent, um eine zu entwerfen! Hundezwinger, aber sie haben ihm den Job für den neuen Stall im Buckingham Palace gegeben. Wenn Sie nicht den Ehemann eines anderen teilen möchten, suchen Sie sich bestimmt einen guten Mann aus – einen pensionierten Preiskämpfer . Sie scheinen gerade der letzte Schrei zu sein und sollen außerhalb des Rings furchtbar Gentleman sein.

„Seien Sie nicht pervers. Sie wissen genau, wie ich mich fühle. Ich verschwende die Blüte meines Lebens. Ich sehe keinen klaren Kurs vor mir. Manchmal denke ich, ich würde gerne Zentralafrika erkunden oder eine Frauenexpedition unternehmen." Zum Südpol kam mir das Leben so flach vor, seit ich aufgehört habe, David Williams zu sein, immer auf der Hut vor meinen Affentricks, und das Lob all dieser Frauen lässt nach Ich wünschte, ich wäre so einfältig wie die meisten von ihnen. Sie scheinen zu vergessen, dass wir nach der Abstimmung einen weiteren Kampf *haben* werden, in den wir aufgenommen werden müssen Sie können sicher sein, dass die Männer nach *dieser Kapitulation* noch fünfzig Jahre lang hervorstechen werden . Ich schwanke in meiner Stimmung zwischen der rücksichtslosen Wut eines Anarchisten und der Mattigkeit von Lord Rosebery ein dritter Wrangler...!"

In den letzten Monaten des Jahres 1912 kam es jedoch zu einer größeren Spannung, zu einer Verschärfung des Kampfes, die erneut großes Interesse bei Vivie weckte. Als sie von einem Herbstbesuch in der Villa Beau-séjour zurückkam, stellte sie fest, dass es eine Spaltung zwischen den „ Peths " und den „Panks" gegeben hatte. Die girondistische Sektion der Suffragistinnen hatte sich von denen getrennt, die keine praktische Politik sahen, um die Abstimmung zu gewinnen, sondern ein Regime des Terrorismus – eines milden Terrorismus, allerdings –, etwa dem des Pfarrers im „ *Privatsekretär*", der es seinen Verfolgern schließlich erzählte sollte *ihnen wirklich einen kräftigen Schlag versetzen* . Die Peths zogen sich vor den Pankish zurück Programm (so mild das auch erscheinen mag, für uns aus der Zeit der Bolschewiki und des irischen Aufstands). *Votes for Women* fiel wieder unter die Kontrolle der Pethick Lawrences, und die Pankhurst-Partei, der Vivie angehörte, sollte ein neues Presseorgan, *The Suffragette* , gründen .

Die Panks hatten anscheinend ein besseres Vorwissen als die Peths . Letztere hatten das Gefühl, eine Tür aufzubrechen; dass das liberale Ministerium irgendwann ein gewisses Maß an Frauenwahlrecht in das seit langem diskutierte Franchise-Gesetz einbauen würde; und dass zu viel Militanz die breite Öffentlichkeit vor der Sache der Frau verärgerte. Ersterer erklärte die ganze Zeit, dass Frauen ins Auge fallen würden, weil all die bisherige Militanz den Männern sehr wenig im Weg stand und nur aufgeregtes Lächeln und Schulterzucken zeigte. Die Minister der Krone hatten 1912 die heuchlerischen Sprengfallen und unblutigen Scharmützel der Suffragetten mit den erbitterten Kämpfen, den Morden, Verbrennungen und der Pöbelherrschaft der 1830er Jahre verglichen, als MÄNNER für Reformen agitierten; oder die Verstümmelung von Vieh, die Attentate, Sprengstoffanschläge, Schießpulveranschläge, Bomben und der Boykott der langwierigen irischen Agitation für die Selbstverwaltung. Eine Aufregung, die nun dazu führte, dass ein Hausordnungsgesetz in das Gesetzbuch aufgenommen wurde, während Sir Edward Carson, der Herzog von This und der Marquis von That, und ein sehr anderer, ebenso tödlicher Aufruhr – in Aussicht gestellt – in Gang gesetzt wurden Der aufstrebende Politiker FE Smith setzte sich dafür ein, die Umsetzung der Home Rule für Irland zu vereiteln. Kurz gesagt, wenn man den zweitklassigen Ministern glauben darf, die von ihren Rangvorgesetzten nicht abgelehnt wurden, konnte das Frauenvotum nur dann aus der Zurückhaltung des tyrannischen Mannes herausgeholt werden, *wenn* die Frauen dem männlichen Teil des Amtes das Leben unerträglich machten Gemeinschaft.

Es war ein gefährlicher Vorschlag oder hätte sich als gefährlich erwiesen, wenn diese höhnischen Politiker Männer dazu provoziert hätten, ihre verfassungsmäßigen Rechte einzufordern: Es wäre mit ziemlicher Sicherheit zu Blutvergießen gekommen. Aber die Anführer der militanten Frauen befahlen (und wurden befolgt), dass keine Angriffe auf das Leben Teil des militanten Programms der Frauen sein sollten . Eigentum könnte zerstört werden, insbesondere solches, das die Armen nicht verarmte; Aber es sollte keine Eisenbahnunfälle geben, keine Schiffsuntergänge, keine lebensgefährlichen Gewalttaten. Auf dem Höhepunkt und der größten Bitterkeit der Militanz war das Leben keines Staatsmannes in Gefahr.

Die einzige Rücksichtslosigkeit im Leben herrschte bei den militanten Frauen. Bei der Durchführung ihrer Proteste riskierten und verloren sie manchmal ihr Leben. Sie erfanden den Hungerstreik (der bevorstehende bevorstehende Hungerstreik erfüllte Vivie mit zitternder Angst), um die Exekutive von ihrer Idee abzuhalten, die Gefängnisse Englands in Bastilles zu verwandeln, um diese rebellischen Frauen einzusperren, die bessere Anwältinnen geworden waren als die Männer, die sie ausprobiert haben. Aber bedenken Sie, was der Hungerstreik und die damit einhergehende Zwangsernährung in Bezug auf Schmerzen und Gefahr für das Leben des Opfers bedeuteten. Die Regierung hatte Angst, Sie im Gefängnis sterben zu lassen (es sei denn, Sie waren ein völlig unbekannter Mann oder eine völlig unbekannte Frau aus der Unterschicht); Um sie also zu zwingen, dich freizulassen, musstest du zunächst vier Tage lang jegliche Nahrung verweigern – der Held fügte alles Trinken hinzu. Um Ihren Tod zu verhindern – und da Sie als Gefangener ein Mensch sind, müssen Sie darauf gehofft haben, dass Ihre wachsende Schwäche gut im Auge behalten wird – , muss der Gefängnisarzt mit seiner Zwangsernährung eingreifen. Dies war eine Form der Folter, die die Inquisition mit Bedauern übersehen hätte und die die Bolschewiki zweifellos mit großer Freude praktiziert haben. Der Patient wurde an einen Stuhl oder eine Couch geschnallt oder seine – normalerweise ihre – Gliedmaßen wurden von Wärtern (Aufseherinnen) und Krankenschwestern festgehalten. Dann wurde ein Stahl- oder Holzknebel eingeführt, oft mit einer solchen Rauheit, dass die Zähne absplitterten oder brachen, und durch den gewaltsam geöffneten Mund wurde ein Schlauch in den Rachen geschoben, manchmal so weit, dass er den Magen verletzte. Dies führte zu einem apoplektischen Zustand mit Erstickungsgefühl und Übelkeit, und als sich der Magen mit flüssiger Nahrung füllte, kam der Patient durch das Würgen fast ums Leben. Die Luftröhre war betroffen. Nahrung gelangte in die Lunge – die Zunge war aufgeschnitten und gequetscht (denken Sie daran, was für einige von uns ein bloßer Pickel auf der Zunge bedeutet: Er hält *mich* die halbe Nacht wach) – die Lippen waren zerrissen. Noch schlimmer – was wirklich einen pathologischen Aufsatz erforderte, dem ich nicht gewachsen bin – war das Füttern mit dünnen Röhren durch die Nase. Der weitaus einfachere und schmerzlosere Eingriff *per Rektum* wurde ausgeschlossen, da er einen unanständigen Angriff hätte darstellen können.

War das Ministerium jemals in einem größeren Dilemma? Es war zu altmodisch, zu antik gebildet, um den Geist seiner Zeit zu erkennen, den

Punkt, an dem wir angekommen waren, Frauen die gleichen Rechte wie Männern einzuräumen. Frauen waren bereit, für diese Rechte zu sterben (nicht andere zu töten, um sie zu erlangen). Doch aus Angst, die nationale Sentimentalität zu verletzen, darf man sie nicht sterben lassen; Sie dürfen durch keine Tat, die den Anschein von Unanständigkeit erweckt , vor dem Selbstmord bewahrt werden. Daher müssen sie gefoltert werden, wie es Gefangene in den schlimmsten Tagen der Inquisition oder in der am schlechtesten geführten öffentlichen Schule des viktorianischen Zeitalters kaum waren.

Doch Vivies allmählich wachsender Zorn sollte im Frühjahr 1913 nach und nach ihren Höhepunkt erreichen und schließlich wegen eines Vorfalls explodieren, der noch tragischer war als jeder der fünf- oder sechshundert Fälle von Zwangsernährung.

Anfang 1913 deutete der Sprecher an, dass jede Aufnahme einer Änderung des Frauenwahlrechts in den Gesetzentwurf zum Wahlrecht für Männer im Widerspruch zu einem ungeschriebenen parlamentarischen Verfahrenskodex stünde, dessen alleiniger Hüter und Dolmetscher offenbar er war. Minister, die diesen *Putsch* wahrscheinlich Monate zuvor vorbereitet hatten, gingen umher und äußerten heuchlerische Klagen über die Exzentrizität unserer Verfassung; und das Franchise-Gesetz wurde aufgegeben. Wenig später war ich erschrocken über die erneute Brandstiftung in Stadt und Land, über Eingriffe in ihre Wochenend-Golfplätze, über die Zerstörung von Post in den Briefkästen und die Zerschneidung alter Meister in der National Gallery (Kaufpreis für ca (das Fünffache ihres eigentlichen Wertes durch einen Minister, der nicht einen Penny nationaler Gelder ausgegeben hätte, um einheimische Kunst zu fördern), ließ das Kabinett wissen, dass bald ein Weg gefunden werde, dem Frauenwahlrecht freien Lauf zu lassen. Einem privaten Mitglied wäre es gestattet, einen Gesetzentwurf zur Übertragung des Wahlrechts auf Frauen einzubringen, und die Meinung des Repräsentantenhauses würde unabhängig von Parteiangelegenheiten zu dessen Sachverhalten eingeholt werden. Die Regierungsvertreter würden zurückgezogen und den Regierungsmitgliedern würde es überlassen, nach Belieben abzustimmen.

Aus dem, was damals und später gesagt wurde, lässt sich jedoch durchaus ableiten, dass der größtmögliche Druck – Argumente „*ad hominem*" und gewissermaßen „*ad pecuniam*" – auf Liberale und irische Nationalisten ausgeübt wurde, um gegen den Gesetzentwurf zu stimmen. Wäre die zweite Lesung zustande gekommen, wäre die Regierung zurückgetreten und ein Home-Rule-Gesetz für Irland wäre erneut verschoben worden.

Die Ablehnung der Maßnahme von Herrn Dickinson mit einer Mehrheit von siebenundvierzig Stimmen überzeugte die Militanten davon, dass der Pharao sein Herz erneut verhärtet hatte; und die Hoffnungslosigkeit der Sache der Frau zu diesem Zeitpunkt inspirierte eine Frau zu dem Entschluss, ihr Leben als Protest auf die Weise zu opfern, die am besten geeignet war, den männlichen Geist der britischen Öffentlichkeit zu beeindrucken.

[3] Ich glaube, Michaelis war ein griechischer Kaufmann, der mit Schwämmen, Schmirgelpulver, Korallen und anderen Produkten der Mittelmeerküste handelte und dessen Bekanntschaft Vivie ursprünglich gemacht hatte, als sie sich für die Anteile des levantinischen Hauses Charles Davis and Co. interessierte Nach ionischer Geburt war er ein eingebürgerter britischer Staatsbürger geworden, aber nachdem er wohlhabend geworden war, beschloss er, nach Athen zu übersiedeln und in das politische Leben einzutreten. Er hatte amüsiert zugestimmt, dass Vivie seinen Namen für ihr neues Mietverhältnis annahm, und ihr einen alten Pass gegeben, was man in der Zeit tun konnte, in der man Dora nicht kannte – sie ähnelte ihm einigermaßen im Aussehen. Er war sich ihrer suffragistischen Aktivitäten bewusst und vermutete, dass sie es gelegentlich brauchen würde, um der Polizei auf Auslandsreisen zu entgehen. – HHJ

[4] Zumindest sagen das die Beobachter, die kein vergnügliches Leben hatten.

Kapitel XV

HAFT

Vor dem Derby-Tag 1913 hatte Vivie von Emily Wilding Davison als einer Frau aus Northumbria gehört, die entfernt mit den Rossiters und auch mit der Lady Shillito verwandt war, die sie einst verteidigt hatte. Sie stammte aus Morpeth in Northumberland und hatte eine sehr herausragende Universitätskarriere in Oxford und in London hinter sich, wo sie einen BA absolvierte. Das Thema des Wahlrechts der Frauen hatte sie nach und nach unter Ausschluss aller anderen Fächer beschäftigt; Sie wurde tatsächlich eine Fanatikerin der Sache und eine prädestinierte Märtyrerin dafür. 1909 war sie zum ersten Mal wegen Verfassungsprotest zu einer Haftstrafe verurteilt worden, und um der Zwangsernährung zu entgehen, hatte sie ihre Zelle verbarrikadiert. Das Besucherkomitee hatte sie aus dieser Position vertrieben, indem es die Wärter anwies, einen Schlauch auf sie zu richten und sie mit einer Dusche mit kaltem Wasser bewusstlos zu machen; Für diese Unregelmäßigkeit wurden sie anschließend mit einer Geldstrafe belegt und mit Kosten belastet. Zwei Jahre später landete sie wegen eines weiteren Suffragistendelikts (Anzünden eines Briefkastens, nachdem sie ihre Absicht angekündigt hatte) für sechs Monate im Gefängnis. Hier überwältigten die Folterungen der Zwangsernährung ihre Vernunft so sehr, so hieß es, dass sie sich von einer oberen Galerie stürzte, weil sie glaubte, sie würde auf dem Bürgersteig darunter zerschmettert werden und ihr Tod unter solchen Umständen die Aufmerksamkeit auf die Qualen der Zwangsernährung lenken könnte die rücksichtslose Missachtung der Konsequenzen, die nun gebildete Frauen inspirierte, die entschlossen waren, das Wahlrecht ihres Geschlechts zu erlangen. Aber ein Eisendraht, der acht Fuß unter ihr gitterte, bremste ihren Sturz und verletzte nur ihr Gesicht und ihre Hände. Der Unfall bzw. Selbstmordversuch führte jedoch zu einer Verkürzung ihrer Strafe.

Vivie und sie trafen sich in den ersten Monaten des Jahres 1913 oft, und am ersten Tag im Juni vertraute sie einigen Mitgliedern der WSPU ihre Absicht an, in Epsom öffentlich gegen die Gleichgültigkeit der Öffentlichkeit gegenüber der Sache des Frauenwahlrechts zu protestieren. Dieser Protest sollte auf möglichst eindrucksvolle Weise im entscheidenden Moment des Derby-Rennens am 4. Juni erfolgen. Wahrscheinlich dachte niemand, dem sie die Angelegenheit erzählte, dass sie erwog, ihr eigenes Leben zu opfern; höchstens stellten sie sich eine Rede von der Tribüne vor, eine Ansprache an die Könige, die in den königlichen Pavillon geworfen wurde, das Schwenken einer Wahlkampffahne oder Plakate am frühen Morgen an den Buchmacherständen.

Vivie jedoch hatte ihre Gedanken dem Pferderennen als Betätigungsfeld zugewandt. Sie war amüsiert und interessiert über die Wirkung, die ihre Einmischung in den Golfsport in Ministerkreisen hervorgerufen hatte. Wenn die Aktivisten jetzt etwas täten, um den größten aller Sportarten, die nationale Form des Glücksspiels, die geschützte Form des Schwindels, das Hauptinteresse der Arbeiterklasse, der Hälfte des Adels, des gesamten Bierkonsums, der Hauptattraktion der Zeitungen zwischen Oktober und Juli und der Hauptbeschäftigung der Fürsten, ernsthaft zu behindern, könnte sie die Männer auf sehr wirksame Weise auf die Notwendigkeit aufmerksam machen, die Frage des Wahlrechts zu klären.

Deshalb beschloss sie, auch den Verlauf des Derbys als Vorstufe für die Entscheidung über einen Kampagnenplan zu sehen. Sie hatte sich an das Drängeln und Scharren gewöhnt, so dass der Kampf um einen Sitzplatz in einem der fünfzig oder sechzig Rennzüge, die Waterloo oder Victoria verließen, sie vergleichsweise ruhig machte. Sie war wie ein junger Mann gekleidet und hatte keine Kleidungshindernisse, und als junger Mann war sie besser in der Lage, mit rasender Schurkerei nach unten zu reisen. In dieser Gestalt erregte sie nicht allzu viel Aufmerksamkeit. Die kartenspielenden und Spirituosen trinkenden Schurken, die auf den anderen Plätzen im Abteil saßen, mochten vielleicht grobes Spiel im Sinn gehabt haben, aber Vivie in ihrer Männerkleidung erweckte ein gewisses Maß an Misstrauen und Vorsicht. „ Sieht aus wie ein ‚Tec‘", flüsterte ein Mann einem anderen zu. Das Kartenspielen wurde ihr also nicht als umständliche Form der Plünderung aufgedrängt, und die erzählten Geschichten entstammten eher den pikanten Kolumnen der Sportzeitungen, in Worten mit doppelter Bedeutung, als der unverblümten, stabilen Obszönität, die für sie charakteristisch ist das Rennbahn-Gesindel.

Vivie, die früh ankam, konnte sich einen ziemlich guten Platz auf der Haupttribüne sichern, auf den sie zurückgreifen konnte, wenn das Gedränge auf der Rennstrecke zu abstoßend oder zu gefährlich wurde. Sie wünschte so viel wie möglich, alle Aspekte des wichtigsten Renntreffens zu sehen. Tatsächlich traf sie eine Freundin von Lady Feenix, einen gutmütigen jungen Adligen, der unentschlossen zwischen vier Welten hin und her schwankte – der philosophischen, der politischen, der philanthropischen und der sportlichen – und stellte sich als „David Williams" vor – in der Hoffnung, dass kein Bencher in Hörweite war – sagte: „Ich wage zu behaupten, dass Sie sich an mich erinnern? Lady Feenix? Ich war in letzter Zeit viel im Ausland – fühle mich auf einer englischen Rennstrecke wirklich ziemlich seltsam", und überredete ihn, sie herumzuführen, bevor die großen Leute des Tages alle versammelt waren. Man zeigte ihr den königlichen Pavillon, der für den König und die Königin hergerichtet wurde, den Wiegeraum der Jockeys, die Koppel und die provisorischen Ställe der Pferde, die an diesem Tag Rennen fahren sollten. Hier war eine gefeierte Schauspielerin in einem prächtigen Spitzenkleid und einem prächtigen Hut, die in teuflischer Laune auf dem sonnenverbrannten, ausgetretenen Rasen auf und ab ging. Ihr Pferd – denn mit dem Geld ihrer Liebhaber unterhielt sie einen Rennstall – war für das Rennen gestrichen worden – ich kann Ihnen wirklich nicht sagen, warum, da ich nicht in der Lage war, alle Details *des* Rennsports zu studieren. [Apropos, *wie* ärgerlich es ist – oder war –, wenn man sich um Dinge von großer Bedeutung kümmert, die letzte Ausgabe einer Abendzeitung zur Hand zu nehmen und in Großschrift „Official Scratchings " zu lesen, mit einer albernen algebraischen Formel über den Rückzug von Pferden darunter von einem Rennen, als man dachte, es wäre ein Bärenkampf im Kabinett.] Vivie entnahm ihrem Führer, dass heute eher ein besonderes Derby werden würde, weil es nicht oft vorkam, dass ein König-Kaiser dort war, um ein Pferd zu sehen aus dem eigenen Rennstall beim klassischen Rennen.

Dann dankte Vivie (David Williams) dem netten Soldaten-Peer für seine Informationen, überließ ihn seinen Pflichten als Stallmeister und Mitglied des Jockey-Clubs und begab sich in die dichte Menge zu beiden Seiten der Rennbahn. Es erinnerte sie ein wenig an Friths Derby Day. Da waren die Zigeuner, die Jongleure, die Akrobaten, die Pferdehändler mit ihren Proviantkarren; die Pferdepfleger und Stallburschen; die Bettler und offensichtlichen Taschendiebe; die gemeinen Huren – die hochrangigen betraten bereits die Sitze der Tribüne oder saßen in den Vierspännern oder in den offenen Landauletten und Silent Knights. Aber offensichtlich waren die professionellen Wettmänner eine Neuentwicklung seit Mitte des 19. Jahrhunderts. Sie fingen gerade an, sich zu versammeln und wischten sich den Mund vom letzten Tropfen ab; einige, die Aristokraten ihres Berufs, wie sportliche Peers in Kleidung und Aussehen; andere wie lässige Schauspieler auf der Varietébühne. Die meisten von ihnen ähnelten bemerkenswert den normalen Stadtmenschen oder den Kutschenfahrern von vor zwanzig Jahren.

Ganz vorn in der Menge auf der Seite der Haupttribüne, mit den Ellbogen auf das Holzgeländer gelehnt, erblickte sie Emily Davison. Vivie drängte sich durch die Menge und berührte sie an der Schulter. Emily blickte erschrocken auf und war überrascht, das freundliche Gesicht eines jungen Mannes zu sehen, bis sie Vivie an ihrer Stimme erkannte. „Liebe Emily", sagte Vivie, „du siehst so müde aus. Überanstrengst du nicht deine Kräfte? Ich weiß nicht, was du in der Hand hast, aber warum verschiebst du deine Aktion nicht, bis du wieder ganz stark bist?"

„Ich werde nie stärker sein als heute und es kann nicht aufgeschoben werden, koste es mich, was es wolle", war die Antwort, während die traurigen Augen über die Strecke blickten.

„Nun", sagte Vivie, „ich wollte Sie wissen lassen, dass ich in der Nähe bin und bereit bin, Sie zu unterstützen, wenn es nötig ist. Und es sind noch andere Mitglieder unserer Gewerkschaft hier. Der junge Mann dort drüben, der mit dem Polizisten spricht, ist wirklich A—— K——, obwohl sie angeblich im Gefängnis ist. Mrs. Tuke ist irgendwo in der Nähe, Mrs. Despard ist auf der Tribüne und Blanche Smith verkauft ‚ *Die Suffragette* '."

„Danke", sagte Miss Davison, drehte sich kurz um und drückte Vivies Hand. „Auf Wiedersehen. Ich hoffe, dass das, was ich tun werde, Wirkung zeigen wird."

Vivie wollte das Gespräch nicht in die Länge ziehen, weil es sonst die Aufmerksamkeit auf sich ziehen könnte. Die WSPU förderte individuelles Handeln, und wenn ein Mitglied etwas auf eigene Faust unternehmen wollte, machten ihre Kameraden keine großen Aufhebens mit Ratschlägen. Also kehrte Vivie auf die Tribüne zurück.

Die Ankunft der königlichen Persönlichkeiten sorgte für Aufregung. Vivie bemerkte mit ein wenig Bestürzung, dass, während sie einen Homburg-Hut trug, alle Männer in ihrer Nähe den schwarzen, glitzernden Hut trugen, der zur herkömmlichen Kopfbedeckung geworden ist – oder, weil die Tyrannei der Sitten seit dem Krieg ein wenig nachgelassen hat – zur herkömmlichen Kopfbedeckung geworden ist in dem man sich sowohl Gott als auch dem König nähern kann. Es gab ein großes Hochziehen dieser glitzernden Hüte, es gab ernste Verbeugungen oder lächelnde Anerkennungen aus dem Pavillon. Dann setzten sich alle zusammen und die zweite Veranstaltung wurde durchgeführt.

Emily Wilding Davison machte immer noch kein Zeichen. Vivie konnte sie gerade noch erkennen, immer noch an der Spitze der Menge, noch immer mit Blick auf die Strecke, von der Menge gegen das breite weiße Geländer gedrückt.

Das Rennen des Tages hatte begonnen. Wie in einem Kaleidoskop hatte sich die Reihe der kichernden, springenden, sich aufbäumenden und kurvenreichen Pferde zu einem Haufen und einer birnenförmigen Formation aufgelöst, aus der zwei oder drei Pferde als Stiel der Birne vorausströmten. Dann trennte sich der Stamm durch seine höhere Geschwindigkeit von der birnenförmigen Masse, und wieder formierte sich diese vertikale Pferdereihe noch einmal horizontal und ließ die Masse noch weiter zurück. Dann verschwanden die von der Haupttribüne aus gesehenen Pferde – und tauchten nach einer Minute wieder auf – drei, vier, fünf – und die Gruppe von ihnen bogen um Tattenham Corner herum und donnerten die Steigung hinunter zum Siegerpfosten … Das Pferd des Königs schien es zu tun Wenn er in Führung lag, hätten ihn oder einen seiner Rivalen noch ein paar Sekunden über den Siegerpfosten gebracht, als ... eine schlanke Gestalt, eine Frau, mit gleicher Geschwindigkeit von der Absperrung in die Mitte der Strecke schoß und auf den Hals sprang Das Pferd des Königs, und in einem Augenblick war das Pferd am Boden, kniete auf einer zusammengekrümmten Frau, und der Jockey flog durch die Luft, um praktisch unverletzt auf Händen und Knien zu landen. Die anderen Pferde stürmten vorbei und wichen wie durch ein Wunder den am Boden liegenden Gestalten aus. Ein Pferd passierte den Siegerpfosten, einen Kopf vor einem anderen, aber niemand schien sich darum zu kümmern. Das Rennen wurde gefoult. Vivie bemerkte etwa dreißig Sekunden erstauntes, entsetztes Schweigen. Dann erhob sich aus der Menge der vielen Tausend ein Gebrüll aus Wut, Entsetzen und Fragen. „Es sind die Suffragetten", rief jemand . Und bis dahin hatte Vivie nicht daran gedacht, diese beispiellose Tat mit dem gezielten Protest von Emily Wilding Davison in Verbindung zu bringen. Sie sprang auf und rief allen zu, die versucht hätten, sie aufzuhalten: „Ich bin eine Freundin der Dame. Ich bin Ärztin" – es war ihr egal, welche Lüge sie erzählte – und setzte sie bald autoritär durch Ein Ring von Polizisten, die wie Kriegerameisen die Opfer des Protests umzingelt hatten – das zitternde, zitternde Pferd, das jetzt auf den Beinen war, die erbärmlich zerquetschte, bewusstlose Frau, deren Hut mit einer gelösten Hutnadel in den Haarsträhnen hing, Ihr schmales Gesicht war mit Blut aus oberflächlichen Einstichen befleckt. Der Jockey wurde vom Platz getragen, immer noch bewusstlos, aber nicht schwer verletzt.

Ein großartiger Chirurg, der zufällig auf der Rennstrecke eines Freundes auf der Rennstrecke von Epsom war, hatte sich beeilt, seine Dienste anzubieten. Er untersuchte die bewusstlose Frau und versuchte ganz sanft, ihren krummen Körper aufzurichten und zu entwirren. Plötzlich herrschte im privilegierten Ring respektvolle Bewegung, und als Vivie ihre Hüte lüftete, wurde ihr bewusst, dass der König unter ihnen stand und auf die Frau herabblickte, die ihr Leben vor seinen Augen geopfert hatte, um den Appell der Frau durchzusetzen. Er stellte seine Fragen und machte seine Vorschläge mit leiser Stimme, aber Vivie zog sich zurück, weniger aus Angst, dass ihr Recht auf Anwesenheit und ihr Zusammenhang mit der Tragödie in Frage gestellt werden könnten, sondern vielmehr aus instinktiver Bescheidenheit. Der Anlass war zu bedeutsam für die Anwesenheit eines Statisten. Emily Wilding Davison sollte ihr Publikum ihres Sovereign ohne Zuschauer haben.

Als Vivie mit bleichem Gesicht in die brodelnde Menge und schließlich zur Haupttribüne zurückkehrte, wechselte ihre Stimmung von Ehrfurcht zu Wut. Die „Buchmacher" waren außer sich vor Wut. Sie bemerkte die häufigeren Substantive und Adjektive, die sie auf die sterbende Frau verwendeten, weil sie das Derby von 1913 verdorben hatte, aber obwohl sie sich bei der Formulierung ihrer Anklage gegen den Turf die Mühe machte, diese Sätze aufzuschreiben, meine Jury aus Matronen widersetzt sich ihrem Erscheinen hier, obwohl ich für Realismus und Vollständigkeit der Aussage bin. Nachdem sie sich kurz und mit gedämpfter Stimme mit den Suffragetten unterhalten hatte, die sich um sie versammelt hatten, damit diese die Nachricht in die Stadt bringen konnte und diese es ihm überlassen hatte, mit Miss Davisons Verwandten zu kommunizieren, nannte sich Vivie leichtsinnig gegenüber jedem Fragesteller der Polizei: „David Williams." " und mit den Worten „Ja, Sir, ich habe Sie ein- oder zweimal im Gerichtssaal gesehen" erreichte sie erneut die Tribüne mit ihren Gruppen schockierter, verwirrter, empörter, zynischer, bestürzter Männer und Frauen. Die meisten von ihnen sprachen leise; aber einer – ein blonder Jude mittleren Alters – tobte in unkontrollierter Wut, ohne Rücksicht darauf, was er sagte oder wer ihn hörte. Er war kleinwüchsig und hatte hervorstehende blutunterlaufene Augen, eine gewellte Nase, eine leicht hervorstehende Schnauze und volle Lippen sowie einen harten roten Schnurrbart, der die Prognathie verstärkte. Sein nach hinten geneigter Seidenhut zeigte eine große kahle Stirn, in der wütende, bläuliche Adern wie geschwollene Regenwürmer hervorstanden. „Diese Suffragetten!" „Wenn es nach mir ginge , würde ich sie entlang der Strecke auslegen und sie – von – haben ."

Das schockierte Publikum um ihn herum zog sich zurück. Vivie vermutete, dass er Mr. war – nun, vielleicht sollte ich seinen Namen besser nicht nennen, nicht einmal in einer getarnten Form. Er hatte eine wechselvolle Karriere in Südamerika hinter sich – mexikanisches Öl, peruanischer Kautschuk, Eisenbahnen in Buenos Aires und einen Teil des argentinischen Rindfleischhandels –, war aber außerordentlich reich geworden, ein Vermögen von vielleicht zwanzig Millionen … Er hatte fünfmal mehr als jeder andere Anwärter an Wohltätigkeitsorganisationen und an die Parteikasse der dominierenden Partei gespendet, aber die Behörden wagten es nicht, ihn mit einer Baronetz zu belohnen, weil die Geschichten aus seinem frühen Leben, die mit Verleumdung ausgefochten werden mussten, nicht belohnt wurden Fälle mit Baxendale Strangeways und anderen. Aber er hatte diese Verleumdungsfälle überwunden und widmete nun sein riesiges Vermögen der Verbesserung unserer Pferderasse, indem er Rennen in Newmarket, Epsom, Doncaster, Gatwick, Sandown und Brighton absolvierte. Tatsächlich war das Rennen für ihn zu dem geworden, was Auction Bridge für die damaligen Society-Glücksspieler war, nur dass er statt Dutzende und Hunderte von Pfund zu verlieren und zu gewinnen, seine Schwankungen bei Gewinnen und Verlusten auf Tausende bezog, im Allgemeinen mit einer Zusammenfassung auf der rechte Seite der Jahresrechnung. Aber ob auf dem Rasen, am Billardtisch oder an der Börse war oder war er ein schlechter Verlierer. Gleichzeitig verlor er die Beherrschung. Bei dieser Gelegenheit würde Miss Davisons Selbstmord oder

Märtyrertod ihn möglicherweise auf der falschen Seite stehen lassen, indem er sein Tagesbuch um fünfzehnhundert Pfund ergänzte. Im richtigen Verhältnis betrachtet wäre es so, als hätten wir – Sie und ich – einem Zeitungsjungen während der Fahrt einen Gulden statt eines Pennys gegeben. Aber zweifellos hatte ihr unglücklicher Impuls ihm den Tag auf andere Weise verdorben, indem er Pläne durchkreuzte, die mit dem Sieg auf dem Pferd des Königs verbunden waren. Doch sein Ausbruch und die schockierende Sprache, die er auf die Wahlrechtsbewegung anwendete, schrieben Geschichte: Denn sie lenkten Vivies Aufmerksamkeit auf ihn, als sie nach jemandem oder etwas Ausschau hielt, an dem sie den Verlust eines Kameraden rächen konnte.

Sie machte sich sofort auf den Weg nach London und verfasste das Dossier von Herrn ———. In der geheimen Liste der Gebäude, die durch Feuer oder Bomben zerstört werden sollten, mit möglichst geringem Risiko für Menschen- oder Tierleben, notierte sie die Rennställe, Trainerhäuser und Paläste von Mr. – in Newmarket, Epsom, der Devil's Dyke und die Nachbarschaft von Doncaster.

Rossiter und Vivie trafen sich zum ersten Mal seit einem Jahr bei Emily Davisons Beerdigung. Rossiter war zutiefst berührt von ihrer Selbstaufopferung; Sie war außerdem eine Northumbrianerin und eine entfernte Verwandte. Vielleicht hatte er auch das Gefühl, dass er in letzter Zeit angesichts der Wahlrechts-Agitatoren etwas zurückhaltend gewesen war. Sein Motorbrougham, der die äußerst unwillige Mrs. Rossiter mit sich führte, folgte der Prozession von sechstausend Personen, die den Sarg quer durch London vom Bahnhof Victoria nach King's Cross begleitete. Vor einer Kirche in Bloomsbury wurde Halt gemacht, wo eine Trauerfeier gelesen wurde.

Mrs. Rossiter hielt die ganze Sache für zutiefst unangemessen. Erstens hatte die junge Frau Selbstmord begangen, was an sich schon ein Verbrechen war und einem das Recht auf eine christliche Bestattung entzog; im zweiten war sie auf eine Weise gestorben, die den Leuten der höchsten Gesellschaft große Unannehmlichkeiten bereitete; im dritten hatte sie immer verstanden, dass Rennen ein absolut angemessener Zeitvertreib für Herren war; und im vierten Fall würde dieser Vorfall, der Michael durch seine Beziehung mit dem Verstorbenen berührte, ihn wieder mit dieser Vivie Warren in Kontakt bringen – *da* war sie und da war *er*, in engem Gespräch – und aus einer fast nachgebenden Regierung einen Ritterschlag machen – nahezu unmöglich. Rossiter hatte Vivie nach dem Gottesdienst gebeten, mit ihnen zum Tee im Park Crescent zurückzukehren und Mrs. Rossiter und ihm einen ausführlichen Bericht über die Ereignisse in Epsom zu geben. Vivie hatte abgelehnt. Sie hatte nicht einmal mit der wütenden kleinen Frau gesprochen, die sich geweigert hatte, an dem Gottesdienst teilzunehmen, und die ganze halbe Stunde vor Wut in ihrem elektrischen Brougham gesessen und sich gewünscht hatte, sie hätte den Mut und die Entschlossenheit, dem Chauffeur zu befehlen, sich umzudrehen und sie nach Hause zu bringen , und lässt den Professor in einem Taxi folgen. Aber wenn sie das täte, würde er vielleicht mit dieser Warren-Frau irgendwohin gehen.

Michael stieg sofort wieder in die Kutsche ein und schweigend kehrten sie zum Portland Place zurück.

Als seine Frau am nächsten Tag einen ihrer Anti-Wahlrechts-Freunde traf, sagte er:

„Äh – angenommen – äh – Sie hätten etwas über diese schrecklichen militanten Frauen herausgefunden, etwas, das der Polizei helfen könnte, wollten sich aber selbst nicht *zu* sehr damit einmischen und *schon gar* nicht Ihren Mann hineinziehen …“ Der Professor lehnt Militanz *völlig ab, auch wenn er möglicherweise dumme Vorstellungen über den Wähler hat – ähm – was würden Sie tun?“*

"Also was ist es?"

„Es ist Teil eines Briefes.“

„Nun, ich sollte es einfach an die Kriminalpolizei von New Scotland Yard schicken und ihnen sagen, unter welchen Umständen es in Ihren Besitz gelangt ist. Sie müssen nicht einmal Ihren Namen oder Ihre Adresse angeben. Sie werden bald wissen, ob es von Nutzen ist oder nicht." Also nahm Mrs. Rossiter von ihrem Schreibtisch das teilweise verbrannte Stück Papier mit den maschinengeschriebenen Wörtern, das sie vor zweieinhalb Jahren aus dem Gitter gepflückt hatte, und schickte es an die Kriminalpolizei mit der Andeutung, dass es sich um dieses Fragment handelte war vor einiger Zeit in den Besitz des Absenders gelangt und schien sich auf eine militante Suffragistin zu beziehen, die sich „Vivie Warren“ oder „David Williams“ nannte, und vielleicht könnte es den Behörden bei der Suche nach diesen gefährlichen Frauen eine Hilfe sein der jetzt vor nichts stand. Sie hat den Brief mit eigenen Händen im Nordwestbezirk aufgegeben. Park Crescent, Portland Place, dachte sie immer, lag immer noch im *westlichen* Bezirk, obwohl es gefährlich nahe der nordwestlichen Grenzlinie lag, jenseits derer Lady Jeune einst geschrieben hatte, dachte niemand in der Gesellschaft daran, zu leben. Dies war ein Ausspruch, der Mrs. Rossiter einst erheblich beunruhigte. Der Gedanke, dass man durch die Überquerung der Marylebone Road oder die Auswanderung nach Cambridge Terrace aus der Gesellschaft ausgeschieden war, war beunruhigend.

Die Polizei brauchte eine ganze Weile – zwei Monate –, um die Informationen, die in Mrs. Rossiters verbranntem Papierfetzen enthalten waren, effektiv zu nutzen; Die Aussage ihres anonymen Korrespondenten, dass Vivie Warren und David Williams wahrscheinlich dieselbe Person seien, half jedoch dabei, das Büro von Herrn Michaelis ausfindig zu machen. Es stellte sich bald heraus, dass Miss Vivien Warren, die als eine Art Wahlrechtsrednerin der Society bekannt ist, im Lilacs in der Victoria Road in Kensington wohnte. Doch als ein Zivilpolizist in der Victoria Road anrief , erfuhr er von der Hausmeisterin der Suffragette (deren Mutter jetzt normalerweise bei ihr wohnte, um sie wegen der häufigen Abwesenheit ihrer Geliebten zu trösten) nur, dass Miss Warren gerade weg war, und dass sie in letzter Zeit viel weg gewesen sei Zuhause, wahrscheinlich im Ausland, wo ihre Mutter lebte. (Hier registrierte der Fragesteller eine mentale Notiz: Miss Warren hat eine Mutter, die im Ausland lebt: Könnte es Mrs. Warren sein ?). Höfliche und respektvolle Anrufe bei Lady Feenix, Lady Maud Parry und Mrs. Armstrong – Vivies bekannten Mitarbeiterinnen – brachten keine Informationen hervor, bis der Detektiv beim Verlassen des Hauses der letztgenannten Dame am Kensington Square hörte, wie Colonel Armstrong aus dem Garten hereinkam und rief „Ho- nō -ria.“ „'-ria“, sagte er zu sich selbst, „'-ria behielt die Schlüssel, und jetzt –' Honoria. Wie war ihr Name, bevor sie Colonel Armstrong heiratete? – warum –“ Er fand bald heraus – „Fraser.“ „Gab es nicht einmal eine Firma, *Fraser und Warren* , die sich als neuer Ausweg für die Etablierung von Frauen in einer Karriere in der Stadt etablierte? – Buchhaltung? Börsenmakler? Wo hatten *Fraser und Warren* ihr Büro? Fünfter Stock des Büros der Midland Insurance in … Chancery Lane. Wie hieß das Gebäude jetzt? Erledigt.

Diese beiden Sätze erstrecken sich über einen Zeitraum von – was habe ich gesagt? Zwei Monate? – in ihren Schlussfolgerungen und Vermutungen und der Konsultation veralteter Telefonverzeichnisse. Doch eines Tages im September 1913 machten sich zwei Zivilpolizisten auf den Weg in den fünften Stock der Chancery Lane 88-90 und fanden die Außentür von Mr. Michaelis' Büro verschlossen und eine Anschlagtafel mit der Aufschrift „Abwesend bis Montag“ vor ." Davon ließen sie sich nicht abschrecken und gewaltsam öffneten sie die Tür – zum erregenden Interesse einer Schreibmaschinerin mit Brille , die auf diesem Treppenabsatz überhaupt nichts zu suchen hatte, dort aber normalerweise mit dem Aufzugsmann verabredet war. Und auf dem Schreibtisch im Vorzimmer fanden sie einen an Miss Annie Kenney adressierten Zettel, auf dem stand: „Liebe Annie. Wenn Sie zwischen Ihren vielen Inhaftierungen die Chance haben sollten, nach mir zu suchen und mich herauszufinden, werden Sie wissen, dass ich weg bin.“ Das Geschäft der Firma ist die Belebung der Rennsporteinrichtungen des ehrenwerten Herrn Bart. Niemand weiß etwas darüber.

(Diese Notiz war völlig unnötig – vielleicht ein bisschen überheblich, damit Miss Kenney nicht glauben sollte, Vivie habe nie etwas Gefährliches getan, sondern nur gefährliche Eskapaden für andere geplant. Wie der lange Brief von Vivie an Michael Rossiter, geschrieben am letzten Dezembertag, 1910, das er unvollkommen zerstört hatte, erinnerte es an das allzu wahre Sprichwort: „ Litera scripta manet."

Wenn die Außentür von Michaelis' Büro verschlossen war, wie konnte man von Miss Kenney erwarten, dass sie anruft und feststellt, dass diese Nachricht auf sie wartet? Nun, *hier* kam die „Nr. 94" des Zettels. Zwischen dem Block 88-90 und dem Haus Nr. 94 bestand eine Kommunikation über die Dächer. Tatsächlich stellten die Polizisten fest, dass der große Fensterflügel des Partnerzimmers nur zugezogen war, so dass er von außen leicht geöffnet werden konnte . Von der Brüstung gingen sie zu den Feuerleitern und durch das Labyrinth aus Schornsteinen zu einem ähnlichen Fenster, das in die oberste Etage von 94 führte, dem Büro von Mr. Algernon Mainwaring, einem Hersteller von hygienischen Korsetts. Dieses Büro war zum Zeitpunkt ihres unerwarteten Einzugs ziemlich voll von Suffragetten, die alle möglichen schrecklichen Dinge planten. Die Polizisten in Zivil hatten also an diesem Tag eine seltene Beute und hatten sicherlich Mrs. Rossiter zu verdanken, dass sie zum Inspektor aufstieg und in späteren Tagen einen bescheidenen Orden erhielt. Es war ungefähr der schwerste Schlag, den die WSPU erlitten hatte; Vor Kriegsausbruch verwandelten sich die aufständischen Frauen plötzlich in treueste Patriotinnen und in die rechten Hände verwirrter Minister. Denn zusätzlich zu vielen reichen Funden in Nr. 94 und einem Dutzend Gefangenen, die auf frischer Tat ertappt wurden, als sie sich über die Behörden lustig machten, fühlten sich die Polizisten in Zivil bis zum darauffolgenden Montag in Mr. Michaelis' Quartier wie zu Hause. Und als Herr Michaelis am Vormittag dieses Tages verwirrt und beunruhigt darüber, dass die Außentür angelehnt war, seine Zimmer betrat, wurde er sofort wegen einer vielschichtigen Anklage wegen Brandstiftung verhaftet ... und auf eine Polizeistation gebracht und ... Bei der Durchsuchung stellte sich heraus, dass es sich bei ihm um Miss Vivien Warren handelte.

Im Sommer und Frühherbst 1913 war der männliche Teil der Öffentlichkeit zeitweise entsetzt und empört über die Zerstörung, die in den Rennsporteinrichtungen vor sich ging, insbesondere in denen von Sir George Crofts und einem bekannten südamerikanischen Millionär, dessen herausragende Verdienste es waren Der britische Handel und die immensen Spenden an Krankenhäuser und Heime würden wahrscheinlich von einer dankbaren Regierung belohnt werden. Wenn diese Verbrechen nicht gestoppt würden, müssten Pferderennen und Rennpferdezucht zum Erliegen kommen; und wir überlassen es unseren Lesern, sich darüber im Klaren zu sein, was *das* bedeuten würde! Es gäbe keine Pferde für den Pflug, den Gig oder die Artillerielafette; keine – äh – Fuchsjagd, und ohne Fuchsjagd, Kirchturmjagd und Punkt-zu-Punkt-Rennen gäbe es keine Kavallerie und ohne Kavallerie keine Armee. Wenn wir den Blutbestand vernachlässigten, würden wir dem Bauern einen tödlichen Schlag versetzen, wir sollten – ähm –

Kennen Sie die Art von Argument? Auf das Wesentliche reduziert heißt es einfach : Dass ein paar reiche Leute gerne spielen und die Aufregung lieben, die sich in den wenigen Minuten des Pferderennens konzentriert. Einige andere, nicht so reiche, glauben, dass sie durch die Kombination von Pferderennen mit einem gewissen Maß an List und mutigem Betrug eine Menge Geld verdienen können. Einige Spekulanten haben Geld in offene Rasenflächen investiert und diese Flächen in Rennstrecken umgewandelt. Da ihnen keine Alternative und keine sicherere Methode des Glücksspiels geboten wurde und sie ebenso spielbegeistert sind wie andere Völker der Welt, die Männer der Arbeiterklasse und einige ihrer Frauen, die Zöllner und ihre Stammgäste, Armeeoffiziere, Bauern usw Frauen mit unsicherer Tugend setzen ihr Geld auf Pferde, die sie noch nie gesehen haben, die vielleicht gar nicht existieren, und halten so die Branche am Laufen. Und die Chevaliers dieser „Industrie“, die Vermittler, die Parasiten dieses Sports, sind die zwölftausend professionellen Buchmacher und Rennveranstalter.

Irgendwie hat der Turf in den letzten hundert Jahren zusammen mit seinen Verbündeten, den Brennereien und Brauern, den lizenzierten Lebensmittelhändlern und der von diesen Agenturen unterstützten Presse, einen solchen Einfluss auf die Regierungsministerien, die Labour Party, die Konservative Partei usw. erlangt Liberale Politiker, die aus Kreisfamilien abstammen, sagen, dass es bei denen, die uns regieren, mehr Interesse hat als die Kirche, das Nonkonformistische Gewissen, die Pfalzgrafschaft Lancaster oder irgendein anderes Gremium der Unternehmensmeinung. Als also im September 1913 Vertreter des Turf (und zweifellos auch der Gewerkschaften) sich an den Innenminister wandten und ihm von der Brandstiftung und Bombardierung von Rennställen, Trainerhäusern, Haupttribünen und den Residenzen von Rennsportbevollmächtigten berichteten, und sagte: „Sehen Sie her! Das muss aufhören“, wussten der Innenminister und das Kabinett, dass sie es mit keiner gewöhnlichen Krise zu tun hatten. Zur gleichen Zeit organisierten Sir Edward Carson, der Marquis von Londonderry, der Herzog von Abercorn, Herr FE Smith und fast ein Drittel der Obersten der britischen Armee mit Ulster-Abstammung aktiv bewaffneten Widerstand gegen jegliche Form der Home Rule; während das keltiberische Irland die Irish Volunteers aufstellte, um einen Home-Rule-Aufstand auszulösen. Sie können sich daher selbst die geistige Gereiztheit der Mitglieder des liberalen Kabinetts im Herbst des unheilvollen Jahres 1913 vorstellen. Mir wurde gesagt, dass es während der Herbstsitzung jenes Jahres im Unterhaus Tage gab, an denen die führenden Minister sich einfach nur verhielten Sie schließen sich in ihren Privaträumen ein und schreien eine Viertelstunde lang ununterbrochen ... Natürlich eine Übertreibung, ein trauriger Scherz.

Im Nachhinein empfinden sie fast Mitleid: Der Große Krieg muss fast eine Erleichterung gewesen sein. Keiner von ihnen war das, was man als bösen Mann bezeichnen würde. Einige von ihnen litten unter der Zwangsernährung und dem Katz-und-Maus-Gesetz genauso stark wie der liebevolle Vater oder die liebevolle Mutter, die zu dem kürzlich verprügelten Kind sagt: „Weißt du , Liebes, es tut *mir* fast genauso weh wie *dir* .“ Wenn man sie auf Dinnerpartys oder in einem Schnellzug traf, den sie nicht durch Ziehen der Kommunikationsschnur stoppen konnten und der mit ihrem Dilemma sympathisierte, fragten sie klagend, *was* sie tun könnten. Sie konnten Gewalt und Anarchie nicht nachgeben; Dennoch konnten sie Frauen nicht im Gefängnis sterben lassen.

Natürlich war die Antwort diese, aber sie winkten ab: „Lösen Sie das Parlament auf und wenden Sie sich an das Land in der einen Frage des Frauenstimmens. Wenn das Land eine große Mehrheit für dieses Zugeständnis zurückgibt , müssen Sie einen Gesetzentwurf einbringen.“ Wenn das Land hingegen gegen die Reform stimmt, muss es den Frauen überlassen werden, die Meinung der männlichen Wähler zu ändern , randalierten und wurden dafür ins Gefängnis geschickt und begannen dann, auf Essen und Trinken zu verzichten, weshalb sie sich selbst vergnügen und sterben mussten, wenn sie wollten.

Aber genau das würde das liberale Ministerium jener Tage nicht tun; Sie müssen um jeden Preis an Ämtern, Bezügen, Mäzenatentum, der Verleihung von Ehren und der Kontrolle der Außenpolitik festhalten. Sie hielten tatsächlich um jeden Preis an der Macht fest; sogar Widerspruch zum Grundprinzip des Liberalismus: keine Besteuerung ohne Repräsentation.

Im tiefsten Geheimnis des Innenministeriums wurde beschlossen, an Vivie ein Exempel zu statuieren. Offensichtlich hatten sie in ihr etwas weitaus Gefährlicheres erwischt als einen Pankhurst oder einen Pethick Lawrence, einen Constance Lytton oder einen Emily Davison. Die sehr wahrscheinliche Geschichte – obwohl die Benchers sie nur ungern aufgriffen –, dass sie tatsächlich in Männerkleidung als Anwalt zugelassen worden sei und erfolgreich vor Geschworenen plädiert habe, entsetzte einige der Anwaltsminister durch ihre revolutionäre Kühnheit. Sie wären möglicherweise nicht in der Lage, sie in diesem oder mehreren anderen ihr zur Last gelegten Vergehen zu bestrafen; aber sie hatten sie ganz bestimmt wegen Brandstiftung erwischt; und über die Brandstiftung nicht von

Vorstadtkirchen, die manchmal in Peckham oder in den Vororten von Birmingham stattfand und die Leute in den Zügen, die in die Stadt kamen, ein wenig zum Lachen brachte und sagte, es gäbe viel zu viele Kirchen, schien ihnen; *sondern* das Abbrennen von Rennsportstätten. *Das* sei in der Tat Bolschewismus, hätten sie gesagt, wenn es ihnen gelungen wäre, ihre Gedanken fünf Jahre in die Zukunft zu projizieren. Als sie erst 1913 dort waren, nannten sie Vivie mit der abgeschwächten Bezeichnung „Anarchist", das Wort, das *Punch* 1888 an Mr. John Burns anwendete, weil dieser sich auf dem Trafalgar Square an die Öffentlichkeit wenden wollte.

Daher wurde vereinbart, dass Vivies Prozess im Oktober im Old Bailey stattfinden sollte und dass ein Richter sie verurteilen sollte, der ganz sicher war, dass er nie in einem Warren Hotel übernachtet hatte; Wer würde darauf achten, dass große Namen nicht vor Gericht erscheinen? und halten Sie den Anwalt davon ab, irgendetwas in den einfachen und nachweisbaren Vorwurf der Brandstiftung einzubeziehen, der Miss Warren die Chance geben könnte, etwas zu sagen, was diese scheußlichen Zeitungen in die Hände bekommen würden.

Ich werde Ihnen nicht die ganze Geschichte von Vivies Prozess erzählen. Ich habe noch so viel über sie zu sagen, bevor ich sie im stillen Hinterland des Mittelalters zurücklassen kann, dass dies eine Geschichte sein muss, die Lücken aufweist, die durch die Fantasie des Lesers gefüllt werden müssen. Sie können außerdem an anderer Stelle selbst nachlesen – denn dies ist eine kaum verhüllte Chronik der wahren Ereignisse –, wie gegen sie angeklagt wurde und wie der Richter die Freilassung auf Kaution verweigerte, obwohl Rossiter und Praed , letztere mit Mrs. Warren, große Beträge angeboten hatten Handtasche hinter sich. Wie sie zunächst im Brixton-Gefängnis untergebracht war und schließlich auf der Anklagebank im Old Bailey vor einem Gericht erschien, das für einen Kinematographen gedacht gewesen wäre. Es gab einen Richter mit einer Vollperücke und einem scharlachroten Hermelingewand, es gab eine Jury aus wohlhabenden Ladenbesitzern, pensionierten Beamten mit halber Bezahlung, ein oder zwei Hotelbesitzer, einen Journalisten, einen Architekten und einen Bauunternehmer. Ein sehr berühmter King's Counsel erhob Anklage – das Kabinett sagte gegenüber Racing World: „Wir haben *alles getan* , was wir konnten" – und Vivie verteidigte sich mit Hilfe eines klugen Anwalts, den Bertie Adams für sie gefunden hatte.

Vom Moment ihrer Verhaftung an hatte Bertie Adams sich geweigert, an etwas anderes als an Vivies Prozess zu denken und daran, wie sie triumphierend daraus hervorgehen könnte – obwohl man ihm sein Gehalt entzogen hatte. Er muss einen Stein an Gewicht verloren haben. Er war bereit, selbst auszusagen, obwohl ihn die Straftaten, wegen denen Vivie vor Gericht stand, eigentlich völlig gleichgültig waren; bereit, alles zu schwören;

zu schwören, dass er die Feuersbrünste angeordnet hat; dass Miss Warren tatsächlich in London gewesen war, als ein Zeuge gesehen hatte, wie sie in Newmarket Sprengstoff kaufte (beide Geschichten waren gleichermaßen unwahr). Bertie Adams bat nur darum, sich im Rahmen der fünfjährigen Haftstrafe einen Meineid leisten zu dürfen, wenn Vivie dadurch freikäme. Doch auf ein Wort oder einen Blick von ihr hin wurde er beherrschbar.

Der Generalstaatsanwalt begann natürlich so etwas. „Es liegt mir sehr daran, Ihnen klar zu machen", sagte er an die Geschworenen gerichtet, „dass von dem Moment an, in dem wir beginnen, uns mit den Fakten dieses Falles zu befassen, alle Fragen beantwortet werden, ob eine Frau Anspruch auf das Parlamentswahlrecht hat, ob sie das auch tun sollte." Das gleiche Wahlrecht wie ein Mann haben, sind Angelegenheiten, die in der Verhandlung dieser Angelegenheit in keiner Weise eine Rolle spielen. Sie müssen lediglich entscheiden, ob der Angeklagte die sehr schweren Brandstiftungen begangen oder andere dazu bewogen und dabei unterstützt hat was ihr vorgeworfen wird ..."

Dennoch versuchten er oder die Hunde, die er an der Leine hielt, die geringeren Anwälte, auf subtile Weise, die Meinung der Jury gegen Vivie zu beeinflussen, indem sie ihre Abstammung und die Exzentrizitäten ihrer eigenen Karriere ins Spiel brachten. Wie also: –

Anklagevertreter : „Wir haben in Ihnen die Triebfeder dieser rebellischen Bewegung..."

Vivie : „Hast du?"

Anwalt : „Sind Sie nicht die Tochter der berüchtigten Mrs. Warren?"

Vivie : „Der Name meiner Mutter ist auf jeden Fall Warren. Wofür ist sie berüchtigt?"

Anwalt : „Nun – äh – dafür, dass man im Ausland mit – äh – einer bestimmten Art von Hotel in Verbindung gebracht wird, die gleichbedeutend ist mit einem unordentlichen Haus –"

Vivie : „Tatsächlich? Hast du sie probiert? Meine Mutter hat die Hotels einer englischen Firma im Ausland geleitet, bis sie sich vor einigen Jahren ganz aus der Geschäftsleitung zurückgezogen hat. Es war eine Firma, in der Sir George Crofts –"

Richterin interveniert: „Darauf müssen wir nicht näher eingehen – ich denke, dass der Anwalt der Anklage nicht berechtigt ist, solche Fragen zu stellen."

Anwalt : „Ich behaupte, Me Lud, dass es für meinen Fall von Bedeutung ist, dass die Erziehung des Gefangenen ..."

Vivie: „Ich bin durchaus bereit, Ihnen alle Informationen zu geben, die ich über meine Erziehung habe. Meine Mutter, die viele Jahre lang hauptsächlich in Brüssel gelebt hat, bevorzugte es, dass ich in England unterrichtet würde. Bis dahin wurde ich in renommierten Internaten untergebracht Ich war alt genug, um in Newnham einzutreten, und trat dann der Firma Fraser and Warren bei . Burstall , die Witwe von Canon Burstall , lebt in Winchester; mein Großvater, Lieutenant Warren, wurde auf der Krim getötet – oder, was wahrscheinlicher ist, starb an vernachlässigten Wunden aufgrund des schändlicherweise von Männern geführten Sanitätsdienstes meiner Mutter Früher war sie besser bekannt als Miss Kate Vavasour. Sie war die enge Freundin eines berühmten Anwalts, der …"

Richter intervenierte: „Wir haben genug von diesen diskursiven Beweisen, die überhaupt nichts mit dem Fall zu tun haben. Ich muss den Staatsanwalt bitten, beim Thema zu bleiben und nicht die Zeit des Gerichts zu verschwenden."

Staatsanwalt (der inzwischen drei oder vier energische Notizen von seinem Anführer erhalten hat, in denen er ihn bittet, sich an seine Anweisungen zu erinnern und kein Arsch zu sein): „Sehr gut, M'Lud ." (Zu Vivie) „Kennen Sie Herrn David Vavasour Williams, einen Rechtsanwalt?"

Vivie: „Ich habe von ihm gehört."

Rat: „Haben Sie von ihm als Ihrem Cousin gesprochen?"

Vivie: „Das habe ich vielleicht getan. Er ist eng mit mir verwandt."

Rat: „Ich habe Ihnen gesagt, dass *Sie* David Williams sind oder dass Sie sich zumindest als diese Person ausgegeben haben."

Richter unterbricht mit müder Miene: „ *Wer* ist David Williams?"

Anwalt: „Nun – ähm – ein Mitglied der Anwaltskammer – wohlbekannt in den Strafgerichten – Shillito-Fall –"

Richter: „Wirklich? Ich hatte noch nie von ihm gehört. Fahren Sie fort."

Anwalt (zu Vivie): „Sie haben meine Fragen gehört?"

Vivie: „Ich habe mich nie als jemand anderes ausgegeben als das, was ich bin, eine Frau, die großes Interesse daran hat, das Parlamentswahlrecht für Frauen zu beanspruchen; und ich sehe nicht, was diese Fragen mit meiner Anklage zu tun haben, bei der es sich um eine Anklage wegen Brandstiftung handelt. Sie." alle möglichen irrelevanten Dinge einführen –"

Rat: „Sie lehnen es ab, meine Fragen zu beantworten?"

(Vivie dreht ihren Kopf weg.)

Richter an den Anwalt: „Ich verstehe nicht ganz, welche Tragweite Ihre Untersuchungen haben."

Anwalt : „Warum, mein Lud, es ist allgemein die Rede davon, dass der Gefangene der bekannte Anwalt David Vavasour Williams ist; dass sie in dieser Verkleidung und als vorgetäuschter Mann die notwendigen Prüfungen bestanden hat und zur Anwaltschaft berufen wurde, und –"

Richter: „Aber welchen Einfluss hat das auf die vorliegende Anklage, bei der es sich um Brandstiftung handelt?"

Anwalt: „Ich habe mich bei meiner Vernehmung bemüht zu zeigen, dass der Gefangene oft und erfolgreich als Mann durchgegangen ist und dass die Aussagen von Zeugen, die bestätigten, dass sie nur *einen jungen Mann* am oder in der Nähe des Schauplatzes dieser Brandbrände gesehen haben, dass a Der junge Mann, der die Ställe in Brand gesteckt haben soll, nachdem er hineingestürmt war und zwei übersehene Pferde gerettet hatte, könnte durchaus der Gefangene gewesen sein, der angeblich die meisten dieser Verbrechen in Männerkleidung begangen hat –"

Richter: „Ich verstehe." (Zu Vivie) „Sind Sie David Vavasour Williams?"

Vivie : „Offensichtlich nicht, mein Herr. Mein Name ist Vivien Warren und mein Geschlecht ist weiblich."

Richter zum Anwalt: „Nun, fahren Sie mit Ihrer Vernehmung fort –" (Aber hier übernimmt der Ankläger die Rolle und stößt seinen Untergebenen auf die Seite).

Vivie wurde natürlich verurteilt. Der Fall war von Anfang an klar, was ihre Schuld an der Organisation und Durchführung der Zerstörung mehrerer großer Rennsportanlagen oder Gebäude im Zusammenhang mit dem Rennsport anbelangte. Es gab keine Todesopfer, aber großen Sachschaden – vielleicht zwei- oder dreihunderttausend Pfund – und eine ernsthafte Unterbrechung der Rennveranstaltungen im Spätsommer und Frühherbst. Die Jury nahm zur Kenntnis, dass der als junger Mann verkleidete Gefangene einmal persönlich die Rettung zweier gefährdeter Pferde durchgeführt hatte; und fügte eine schwach formulierte Empfehlung zur Gnade hinzu, da der Anreiz für die Verbrechen politische Leidenschaft war.

Aber der Richter hat dies beiseite gelegt. Bei der Urteilsverkündung sagte er: „Es ist meine Pflicht, Vivien Warren, eine meiner Meinung nach angemessene und angemessene Strafe für das Verbrechen zu verhängen, für das Sie am ehesten verurteilt wurden. Ich muss Sie darauf hinweisen, was auch immer gewesen sein mag." Ihre Motive, Ihre Taten waren wirklich böse, weil sie hart arbeitende Menschen, die Ihnen kein Unrecht getan hatten, der Gefahr ausgesetzt haben, verbrannt, verstümmelt oder getötet zu werden, oder zumindest dem Verlust des Arbeitsplatzes. Sie haben großes Eigentum zerstört Wertschätzung von Personen, denen die Gewährung oder Verweigerung der Rechte, die Sie für Frauen beanspruchen, in keiner Weise am Herzen liegt. Darüber hinaus locken Sie seit einiger Zeit andere Menschen – junge Männer und junge Frauen – als Ihre Assistenten zur Begehung von Straftaten Ich kann nicht davon ausgehen, dass Ihr Fall politisch gerechtfertigt ist oder durch die Empfehlung der Jury gemildert werden kann. Die Mindeststrafe, die ich gegen Sie verhängen kann, ist eine Freiheitsstrafe von drei Jahren.

Vivie ertrug den Schlag ohne mit der Wimper zu zucken und verneigte sich lediglich vor dem Richter. Es gab die übliche „Sensation vor Gericht". Man hörte Frauenstimmen, die „Schande!" sagten. "Scham!" „Drei Hochs für Vivie Warren" und ein leicht ironisches „Drei Hochs für David Wie auch immer du Williams nennst ." Der Richter äußerte die üblichen vergeblichen Drohungen mit Gefängnis für diejenigen, die die Majestät des Gerichts entweihten; Honoria, Rossiter, Praed (unter Tränen), Bertie Adams, die weiß und krank aussah, alle bekannten Suffragistinnen, die vorerst aus dem Gefängnis entlassen worden waren und Zutritt zum Gericht erhalten konnten, drängten sich um Vivie, bevor die Wärterinnen sie vom Gefängnis wegführten Dock und versicherte ihr, dass sie Himmel und Erde versetzen würden, erstens, um die Strafe zu mildern, und zweitens, um sie in die Erste Division zu verlegen.

Aber in beiden Punkten blieb die Regierung hartnäckig. Ein Interview zwischen Rossiter und dem Innenminister endete beinahe mit einem persönlichen Angriff. Alle betroffenen Beamten weigerten sich, Honoria zu sehen, die fast einen ernsthaften Streit mit ihrem Ehemann hatte, da dieser behauptete, Vivien Warren habe nur bekommen, was sie verlangt habe. Vivien wurde daher nach Holloway gebracht, um dort ihre Strafe als Schwerverbrecherin zu verbüßen.

„Hat sie nicht einen Hungerstreik begonnen, um die Behörden zu zwingen, ihr eine bessere Behandlung im Gefängnis zu gewähren?" Sie tat. Aber sie wurde sehr bald und mit besonders sachlicher Brutalität zwangsernährt; Dies und der vorangegangene Hunger machten sie so krank, dass sie wochenlang im Krankenhaus verbrachte. Hier wurde ihr ganz klar angedeutet, dass sie zwischen Hungerstreik und Zwangsernährung sehr bald sterben könnte; und dass die Regierung in ihrem Fall bereit war, den Lärm auszuhalten. Darüber hinaus hörte sie etwa zu dieser Zeit über einen bestimmten Kanal, dass zahlreiche inhaftierte Suffragistinnen im Hungerstreik waren, um eine bessere Behandlung für sie zu erreichen, und dass sie, wenn nicht ihr Leben, so doch ihre zukünftige Gesundheit und Gültigkeit aufs Spiel setzten. Daher überbrachte sie ihnen eine ernsthafte Botschaft – und ihr wurde die Möglichkeit dazu gewährt –, in der sie sie anflehte, nichts weiter für sie zu unternehmen; Sie fügte hinzu, dass sie entschlossen sei, ihre Inhaftierung durchzuhalten; es könnte ihr wertvolle Lektionen erteilen.

Der Gefängnisdirektor war glücklicherweise ein menschlicher und vernünftiger Mann – im Gegensatz zu einigen Beamten des Innenministeriums oder von Scotland Yard. Er las die Zeitungen und Kritiken der Zeit und wusste, wer Vivie Warren war. Wahrscheinlich machte er in ihrem Fall keinen unfairen Unterschied zu anderen, aber soweit er die Gefängnisdisziplin und -regeln formen und beugen konnte, war es seine Praxis, kein Rasiermesser zum Steinschlagen oder einen Kaltmeißel zum Rasieren zu verwenden. Er ließ Vivie daher Aufgaben erledigen, die ihren Fähigkeiten und der Geschicklichkeit ihrer Hände entsprachen – wie zum Beispiel Buchbinden. Sie musste natürlich Gefängniskleidung tragen – was in ihren Augen keine Rolle spielte – und ihre Zelle war wie alle Zellen in diesem und anderen britischen Gefängnissen vor den neuesten Reformen – dunkel, ziemlich feucht, im Winter grausam kalt und unangenehm im Geruch; schlecht belüftet und bedrückend hässlich. Aber sie war jedenfalls sauber. Sie hatte nicht die Kakerlaken, Käfer, Flöhe und Läuse, über die sich die ersten Suffragistinnen von 1908 beklagen mussten. Fünf Jahre offener Proteste gebildeter, feinfühliger Frauen hatten in unseren Gefängnissen große Reformen bewirkt, deren Notwendigkeit den zuständigen Richtern bis dahin nicht bewusst gewesen war.

Das Essen war besser, die Wärterinnen waren weniger streng, die Kapläne ein wenig erträglicher, wenn auch immer noch das Schlimmste am Gefängnispersonal, mit ihrer unvernünftigen Bibliolaterie, ihrer verächtlichen Gönnerschaft, ihrem Mangel an christlichem Mitleid – Christus hatte nie zu *ihnen gesprochen* . Vivie dachte oft – ihr Snobismus. Der Kaplan ihrer Inhaftierung wurde ziemlich freundlich, als er erfuhr, dass sie eine Dritte Wranglerin in Cambridge gewesen war, Lady Feenix gekannt hatte und in Kensington gelebt hatte, bevor sie die Straftaten begangen hatte, für die sie inhaftiert war. Dies trug jedoch dazu bei, ihre trostlose Abgeschiedenheit von der Welt zu mildern, da er gelegentlich Bruchstücke von Nachrichten über das, was draußen vor sich ging, fallen ließ und ihr Bücher über die Gefängnisbibliothek besorgte, die kein evangelisches Papier waren.

Eines Tages, als sie zwei Monate im Gefängnis war, erlebte sie eine große Überraschung – den Besuch ihrer Mutter. Streng genommen sollte dies nur fünfzehn Minuten dauern, aber die Wärterin, die Gefallen an ihr gefunden hatte, deutete an, dass sie nicht zu genau auf die Uhr schauen würde. Honoria kam auch – mit Mrs. Warren –, aber nachdem sie ihre Freundin geküsst und ein paar wunderschöne Blumen zurückgelassen hatte (die die Wärterin sofort mit gespielter Strenge wegnahm und in einer Vase zurückbrachte, nachdem die Besucher gegangen waren), glänzte Honoria mit glitzernden Augen und einem Lächeln war ganz zitternde Sanftheit, deutete an, dass Mrs. Warren so viel zu sagen hatte, dass sie, Honoria, nicht länger als diese *eine* Minute bleiben würde .

Mrs. Warren hatte in der kostbaren halben Stunde tatsächlich so viel zu erzählen, dass es sich um einen langen, geplapperten Monolog handelte.

„Als ich hörte, dass du in Schwierigkeiten geraten warst, mein Schatz, *war ich* verwirrt. Irgendwie hätte ich nie gedacht, dass du gekniffen und ins Gefängnis geschickt würdest. Es stand in den belgischen Zeitungen und bei einem deutschen Freund von mir „Oh! Ganz richtig, ich versichere Ihnen! Er ist ein Sekretär ihrer Gesandtschaft in Brüssel und war vor langer Zeit einer meiner Kunden, als das Hotel noch einen anderen Namen hatte. " sagte: „Ihre englischen Frauen sind großartig, Sie werden sehen, und das wird Ihnen im nächsten Jahr eine Menge Ärger bereiten."

„Nun, ich schrieb sofort an Paddy und erteilte ihm einen Auftrag an meine Londoner Agenten, falls er Bargeld für Ihre Verteidigung benötigen sollte. Ich bot an, selbst vorbeizukommen , aber er antwortete, dass ich mich vorerst besser fernhalten sollte Sobald ich hörte, dass du ins Gefängnis geschickt wurdest , ging *ich* sofort zu Paddy „ mein Stubenmädchen ", sagt er, „eine Art Haushälterin für mich – auch eine gute Art, aber möchte ein bisschen Yumourin ." „Du wirst es mit ihr klären", sagt er, und ich gebe ihr gleich zu Beginn einen guten Tipp, und ich sage: „Schau mal, mein Mädchen – sie ist fünfundvierzig, glaube ich." „Jeder Mensch ist *irgendwann* in seinem Leben in Schwierigkeiten, und *ich bin* jetzt in Schwierigkeiten, wenn Sie so wollen. Und der Tag ist gekommen", sagte ich, „an dem alle Frauen zueinander halten sollten." „ Birnen, sie hatte immer die höchste Meinung von dir; du warst ganz anders als *einige* von den Freunden deines Meisters . "

„ Praddy nahm bald Kontakt mit den Behörden auf, aber aus irgendeinem Grund weigerten sie sich, einen Brief weiterzuleiten und mich bis heute nicht zu Ihnen kommen zu lassen. Aber hier bin ich, und hier werde ich bleiben – " mit Praddy – bis sie dich rauslassen , wenn du dich verhältst , werde ich dir einmal in der Woche ein paar Leckereien schicken. und Paté de Foie Gras. Ich komme einmal im Monat hierher, so oft sie es zulassen, bis ich dich raushole . Danach werden wir dieses „ orridische " , „ yprokritische alte Land" verlassen und leben. Bewerben Sie sich in meiner Villa, oder reisen Sie ein bisschen. Ich bin hier, um meine Investitionen ein wenig umzuordnen, sagt man in Belgien „Der Krieg steht vor der Tür ." Er redet mit demselben Deutschen – er macht mir ständig was über die Suffragetten, also stelle ich ihm gelegentlich eine Frage oder so , „er weiß, was es auf dem

Geldmarkt gibt", sagt er Kurz bevor ich vorbeikomme, fragte ich mich: „Wie lautet Ihr englisches Sprichwort, Madame Varennes, wenn es darum geht, alle Eier in einen Korb zu legen ?" Ist Ihr gesamtes Geld in englischen und belgischen Wertpapieren? Ich sage : „Hauptsächlich Belgier, Deutsche und Österreicher, und einige habe ich meiner Tochter gegeben , damit sie damit machen kann, was sie will." „ Nun ", sagt er, „Freund spricht mit Freund, du hast mir diesen Herbst einige gute Tipps gegeben ", sagt er. „Jetzt gebe ich dir eins zurück." Verkaufen Sie Ihre österreichischen Investitionen – nächstes Jahr wird es einen großen Krieg auf dem Balkan geben, und so gut wie nicht, werden *wir* hier in Belgien sein. Verkaufen Sie den Großteil Ihrer belgischen Aktien und stecken Sie Ihr gesamtes Geld in deutsche Fonds. Sie werden dort sicher sein, was auch immer kommen mag.' Ich habe mich bedankt ; aber ich habe nicht ganz getan, was er vorgeschlagen hat. Ich nehme mein gesamtes Geld aus österreichischen Wertpapieren und alles bis auf Zehntausende aus belgischen Fonds. Ich lasse meine deutschen Aktien so, wie sie waren, aber ich stecke vierzigtausend Pfund – ich habe insgesamt 60.000 Pfund – eines Tages alle deine – in Canadian Pacifics und Royal Mail – die Leute werden immer Dampfschiffe wollen – und Neuseeland Fünf Prozent. Mir gefällt weder das Aussehen der Dinge im alten England noch auf dem Kontinent. Jetzt ist meine Zeit abgelaufen. Behalte dein Herz, altes Mädchen; Es wird bald vorbei sein, vor allem , wenn du dich nicht zum Narren stellst und die Gefängnisleute verärgerst oder diesen albernen Hungerstreik beginnst und deine Verdauung ruinierst. G – auf Wiedersehen; und G-Gott segne dich, mein Liebling", fügte Mrs. Warren hinzu und brach in Tränen aus, während sie in das konventionelle Gebet der gewöhnlichen Menschheit verfiel, die immer hofft, dass es irgendwo im Kosmos eine erbärmliche Gottheit geben *könnte* .

Sie ging auf den Korridor hinaus und versuchte, der Wärterin einen Sovereign in die harte Handfläche zu drücken. Letzterer lehnte das Geschenk empört ab und sagte, wenn Mrs. Warren so etwas noch einmal versuchen würde, würden ihre Besuche gestoppt. Doch ihre Empörung währte nur von kurzer Dauer. Sie trug damals Honorias Blumen, und als sie sie auf die Platte in Vivies Zelle legte, bemerkte sie: „Sag, was du willst, es gibt nichts, was man einer Mutter einfallen lassen könnte, gib ihr jeden Tag eine Mutter statt einen Mann."

Bei anderen Gelegenheiten kam Bertie Adams mit Mrs. Warren; sogar Professor Rossiter, der ebenfalls Vivies Mutter bei Praed besuchte und eine skurrile Vorliebe für die reuelose, freimütige alte Dame entwickelte.

Vivies Gesundheit erholte sich allmählich von den Auswirkungen der Zwangsernährung; die Gefängniskost, ergänzt durch die wöchentlichen Pakete, war gut für ihre Verdauung; Der Frieden des Gefängnislebens und die regelmäßige Arbeit in interessanten Berufen beruhigten ihre Nerven. Sie genoss die Ruhepause von den Sorgen um ihre komplizierten Toilettenartikel, die Ratlosigkeit darüber, was sie anziehen sollte und wie sie es tragen sollte; Kurz gesagt, sie fand die Zeit im Gefängnis recht erträglich, abgesehen von der Kälte und der Aufmerksamkeit des Kaplans. Sie entnahm dem alle zwei Wochen erscheinenden Brief, den sie aufgrund ihres Fleißes und ihres guten Benehmens entgegennehmen und beantworten konnte, dass ihre Freunde draußen unermüdliche Anstrengungen unternahmen, um ihre Strafe zu verkürzen. Mrs. Warren hatte durch Bertie Adams die Fälle herausgefunden, in denen Jockeys und Stallburschen bei den Bränden oder Explosionen, die auf Vivies Besuche auf dem Gelände ihrer Arbeitgeber folgten, ihre Habseligkeiten verloren hatten, und ihre Verluste wiedergutgemacht. Was ihre Arbeitgeber betrifft, so waren sie alle stark versichert und hatten den Wert ihrer Gebäude zurückerhalten; Und was die Versicherungsgesellschaften betrifft, so waren *sie* alle durch Mr. Lloyd Georges Gesetzgebung so bereichert worden, dass die ein- oder zweihunderttausend Pfund, die sie durch Vivies Rache für den scheinbar fruchtlosen Tod von Emily Wilding Davison verloren hatten, ein Bagatelle waren es lohnt sich, sich darum zu kümmern. Aber alle Versuche, das Innenministerium dazu zu bringen, Miss Warrens Fall noch einmal zu prüfen oder ihre Haft zu verkürzen (außer durch die Verkürzung, die im Gefängnis selbst verdient werden konnte), blieben erfolglos. Solange das Kabinett Vivie unter Verschluss hielt, war die Wahlrechtsbewegung – wie sie törichterweise glaubten – lahmgelegt.

So vergingen die Monate, und Vivie verlor fast den Überblick über die Zeit und gab sich fast mit dem Warten zufrieden. Am 4. August 1914 wurde der Biskrieg erklärt. Einige Tage später folgte die Amnestie für suffragistische Gefangene. Das Innenministerium versuchte zunächst, Vivien Warren mit der Begründung auszuschließen, dass ihr Verbrechen ein gewöhnliches Verbrechen sei und keine politische Rechtfertigung zulasse; Doch hierüber wurden der Zorn Rossiters und die Empörung der WSPU so alarmierend, dass der aufgeregte Außenminister – der überhaupt nicht sicher war, wie wir aus dem Krieg herauskommen sollten – nachgab und ein Befehl zur Freilassung von Vivie unterzeichnet wurde der 11. August; unter der Voraussetzung, dass sie sofort ins Ausland gehen würde; Eine Vereinbarung, der sie sich nicht anschließen wollte, die sie aber in ihrem langsam entstehenden Hass auf die britische Regierung in die Tat umsetzen wollte.

Frau Warren, der Praed und Rossiter versicherten, dass Vivies Freilassung nur eine Frage weniger Tage sei, war am 5. August nach Brüssel aufgebrochen. Wenn – wie damals gehofft wurde – die französischen und belgischen Armeen ausreichen würden, um die Deutschen an der belgischen Grenze in Schach zu halten, würde sie ihr Leben lieber dort in der Villa de Beau-séjour fortsetzen. Sollte Belgien jedoch angegriffen werden, wäre es besser, wenn es sein Eigentum so weit wie möglich sichert, seine Gelder überweist und sich irgendwie in einen sicheren Teil Frankreichs begibt. Vivie würde sich ihr anschließen, sobald sie das Gefängnis verlassen konnte.

---

[5] Er starb 1917. Meine Matronenjury hat seine Sätze herausgeschnitten.

Kapitel XVI

BRÜSSEL UND DER KRIEG: 1914

Die Lilacs in der Victoria Road waren – durch Honoria – so schnell wie möglich beseitigt worden, nachdem Vivie zu einer dreijährigen Haftstrafe verurteilt worden war; und das treue Suffragette-Dienstmädchen war in Honorias Dienst in Petworth übergegangen, eine Tatsache, die Colonel Armstrong erst vollständig begriff, als er General Armstrong geworden war und der Suffragetten-Agitierung, die zu diesem Zeitpunkt ihr Ende erreicht hatte, völlig gleichgültig gegenüberstand. Als Vivie aus dem Gefängnis kam und versprochen hatte, allen Wärterinnen zu schreiben und sie eines Tages auf nichtberuflichem Boden zu treffen; hatte Rossiter in seinem Motor und Honoria in ihrem auf sie wartend vorgefunden; hatte sich bei beiden für ihre unvergessliche Freundlichkeit bedankt und darauf bestanden, mit Bertie Adams in ihren ziemlich zerknitterten und zerknitterten Kleidern vom Vorjahr wegzugehen; Sie suchte die Gastfreundschaft von Paddy im Hans Place. Das Stubenmädchen empfing sie großzügig, und Paddys Augen tränten von Alterstränen.

Aber Vivie würde keine Melancholie haben. „Oh Paddy ! Wenn du es nur wüsstest. Es lohnt sich, ins Gefängnis zu gehen, um die Freude zu erleben, aus der es herauskommt! Ich bin so glücklich, wenn ich daran denke, dass dies mein letzter Tag in England für eine lange Zeit sein wird Ich denke, ich werde mich mit meiner Mutter in der Schweiz niederlassen – oder vielleicht mit uns allen – ich meine, in Italien. Wir werden erst hierher zurückkommen, wenn die Frauen das Votum haben. Jetzt wirst du mich heute Abend mitnehmen das Theater – oder besser gesagt, ich nehme *Sie mit* . Ich habe mir alles vorher überlegt, und Bertie Adams hat die Plätze für „It's *The Chocolate Soldier*" im Adelphi gesichert, das einzige Kriegsstück, das sie für uns bereit hatten und Bertie und seine Frau gehen zum Dress Circle. Meinem Koch wird die Fahrkarte nach Brüssel abgenommen und ich reise morgen über die Ostende- Route ab.

„Morgen" war der 12. August, und Dora war noch nicht in der Lage, dem zivilen Reisenden jedes mögliche Hindernis in den Weg zu stellen . Bis zur Schlacht an der Marne im September 1914 gab es kaum Schwierigkeiten, den Ärmelkanal zu überqueren, insbesondere abseits der Hauptroute Dover-Calais.

So blickte Vivie am strahlenden Mittag dieses Augusttages zum letzten Mal auf die braun-weißen Vorgebirge, Klippen und die graue Burg von Dover, ohne sich um irgendwelche Erwartungen auf die eine oder andere Weise zu kümmern, und schon gar nicht, weil sie keine Vorahnung hatte, für die sie nicht den Kanal erneut überqueren würde vier Jahre und vier Monate und werde Dover fünf oder sechs Jahre lang nicht wiedersehen.

Britische Kriegsschiffe befanden sich außerhalb und innerhalb des Hafens. Aber auf dem Ostende- Dampfer herrschte weder viel Aufregung noch Gedränge, noch gab es die sensationellen Vorsichtsmaßnahmen gegen Torpedierungen oder Minen, die bald darauf die Stimmung der Passagiere über den Ärmelkanal drückten. Die aus Belgien ankommenden Schiffe waren voller Passagiere der gehobenen Flüchtlingsklasse, amerikanischer und britischer Touristen oder wohlhabender Leute, die zwar lieber im Ausland lebten, aber inzwischen glaubten, der Kontinent sei derzeit nicht sehr gesund und England der sicherste Zufluchtsort für diejenigen, die es wünschten es gemütlich haben.

Da Vivie eine gute Seglerin und von Natur aus sparsam ist, hätte sie nie daran gedacht, sich für die vier- oder fünfstündige Seereise eine Kabine zu sichern. Sie saß auf dem Oberdeck, ihr spärliches Gepäck um sich herum. Ein gutaussehender junger Mann, der eine Kabine hatte, deren Tür er abschloss, ging auf dem ebenen Deck auf und ab und musterte sie diskret. Und als sie sich schließlich rückwärts nach Ostende vorarbeiteten – der Hafen war voller Schiffe, hauptsächlich Minenbagger und Torpedoboote –, bemerkte sie die Unterwürfigkeit der Dampferleute und wie er das Schiff vor allen anderen verließ.

Sie folgte bald darauf, da sie nur wenig Gepäck mit sich brachte; Sie bemerkte jedoch, dass er nur einen flüchtigen Blick auf ein Papier werfen ließ und mit ungeprüftem Gepäck direkt durch die Douane und so weiter zum Brüsseler Zug gehen durfte.

Aber sie selbst hatte kaum Schwierigkeiten. Sie verstaute ihr Handgepäck – sie hatte kein anderes – in einem Abteil der ersten Klasse, und da sie anderthalb Stunden warten musste, ging sie hinaus, um sich Ostende anzusehen .

Sommertouristen waren immer noch da; das Kasino war voller Menschen, in den Geschäften herrschte reges Treiben; In den Restaurants tummelten sich Engländer, Amerikaner und Belgier, die an kleinen Tischen Tee, Schokolade oder Liköre tranken und ein wildes Gerede auslösten. Überall wurden Zeitungen von lumpigen Jungs verkauft, die ihre Schlagzeilen auf Französisch, Flämisch und ziemlich verständlichem Englisch riefen. Ein oder zwei Festungen in Lüttich waren gefallen, aber das hatte keine Folgen. General Léman konnte auf unbestimmte Zeit durchhalten, und die bloße Tatsache, dass deutsche Soldaten in die Stadt Lüttich eingedrungen waren , zählte nichts. Belgien hatte den Krieg praktisch gewonnen, indem es die riesige deutsche Armee aufhielt. Frankreich überrannte das Elsass, Russland marschierte in Ostpreußen ein und schickte über Archangelsk auch unzählige Tausende Soldaten nach England, von wo aus sie nach Calais geschickt wurden , um Belgien zu entlasten.

„Es sieht aus", dachte Vivie, nachdem sie einen Blick auf die *Indépendance Belge geworfen* hatte, „als ob Belgien in den nächsten paar Wochen äußerst interessant werden würde; ich könnte das Privileg haben, – aus sicherer Entfernung – ein weiteres Waterloo zu erleben."

Dann kehrte sie zum Zug zurück, der in ihrer Abwesenheit so mit Soldaten und Zivilpassagieren überfüllt gewesen war, dass sie große Schwierigkeiten hatte, ihren Platz zu finden und Platz zu nehmen. Der junge Mann, den sie auf dem Deck des Dampfers auf und ab gehen sah, kam auf sie zu und sagte: „In meinem Abteil ist mehr Platz; tatsächlich habe ich aus Eigennutz eins ganz für mich allein. Willst du es nicht teilen?"

Sie dankte ihm und zog mit Koffer und Teppichen dort ein. Als der Zug abgefahren war und sie ein oder zwei höfliche Fragen nach Ort und Belüftung abgewehrt hatte, sagte sie: „Ich denke, ich sollte Ihnen sagen, wer ich bin, für den Fall, dass Sie nicht gesehen werden möchten, wie Sie mit mir sprechen – das kann ich mir vorstellen." Sie sind in der Diplomatie tätig, wie mir aufgefallen ist, dass Sie mit einem roten Pass durchgekommen sind. – Ich bin Vivien Warren, gerade aus dem Gefängnis entlassen und mehr oder weniger ein Gesetzloser.

„,Die Gesetzlosen von heute sind die Schwiegereltern von morgen', wie der englische Anwalt sagte, als er die Tochter des Burengeneral heiratete. Ich glaubte, Sie zu erkennen. Ich habe Sie bei Lady Maud und auch bei sprechen hören Lady Feenix' Wahlrechtsparteien. Mein Name ist Hawk. Ich nehme an, Sie waren wegen eines Wahlrechtsdelikts im Gefängnis.

Vivie : „Ja, aber in ihrem Fall wurde sie nur zur ersten Division verurteilt, während *ich* neun Monate hart gearbeitet habe."

Hawk : „Was war dein Verbrechen?"

Vivie : „Ich gebe nichts zu, es ist immer das Klügste. Aber mir wurde vorgeworfen, die Rennställe von Herrn … niedergebrannt zu haben – und andere Dinge …"

Hawk : „ *Dieses* Biest. Nun ja, ich schätze, es war sehr falsch. Ich kann mich nicht ganz entscheiden, was Militanz angeht, auf die eine oder andere Weise. Aber hier haben wir es mit dem größten Krieg in der Geschichte zu tun, und solche Patzer wie Ihr gehen zugrunde." Übrigens, meine Tante wurde amnestiert, und Sie vermutlich auch?"

Vivie : „Ja, aber nicht so ansehnlich. Ich wurde gebeten, England für eine Weile zu verlassen, also bin ich hier und werde zu meiner Mutter nach Brüssel gehen – oder in ein kleines Dorf in der Nähe von Brüssel."

Hawk : „Nun, ich war dort Gesandtschaftssekretär. Ich gehe gerade zurück nach – nach – also, ich gehe gerade zurück."

In Brügge teilte man ihnen mit, dass der Zug nach Gent und Brüssel erst in zwei Stunden abfahren würde – eine Verzögerung durch die Mobilmachung. Hawk schlug daher vor, sie sollten die Memlings besuchen und anschließend zu Abend essen.

„Finden Sie sie nicht einfach wundervoll?" – *apropos* der Bilder im Hospital St. Jean.

Vivie : „Das hängt davon ab, was Sie mit ,wunderbar' meinen. Wenn Sie die Farbtreue und Textur der flämischen Trachten des 15. Jahrhunderts bewundern, stimme ich Ihnen zu. Es ist auch interessant, die Offenbarungen ihrer damaligen Wohnarchitektur und Möbel und der Arten von Haushunden, -kühen und -pferden zu sehen. Aber wenn Sie sie als wahre Darstellungen des Lebens in Palästina zur Zeit Christi oder im Rheinland des 5. Jahrhunderts bewundern, dann denke ich, dass sie – wie die meisten alten Meister – völlig verdorben sind. Und ist Ihnen jemals etwas anderes an allen Gemälden vor dem 17. Jahrhundert aufgefallen: wie *schlicht* , wie *hässlich* alle Menschen sind? Man sieht nie einen einzigen gutaussehenden Mann oder eine gutaussehende Frau. Lass uns doch gehen und das Abendessen einnehmen, von dem du gesprochen hast. Ich habe einen Gefängnishunger."

In Gent eine weitere Verzögerung und ein paar beunruhigende Gerüchte . Es hieß, der Gerichtshof werde Brüssel verlassen und sich in Antwerpen niederlassen. Eine halbe Stunde nach Mitternacht fuhr der Zug endlich in den Brüsseler Hauptbahnhof ein. Vivies Mutter war nirgends zu sehen. Offensichtlich war sie, solange sie konnte, in die Villa Beau-séjour zurückgekehrt. Für jede Straßenbahn in Richtung Tervueren war es zu spät . Da die Fahrer aufgerufen wurden, gab es keine Taxis. Vivie ließ den größten Teil ihres Gepäcks an der Garderobe zurück – sie brauchte etwa eine Dreiviertelstunde, um sich dem Empfangsschalter zu nähern –, ging zum *Palace Hotel* und bat den Nachtportier, ihr ein Zimmer zu besorgen. Aber jeder Raum sei besetzt, sagten sie – Amerikaner, Briten, wohlhabende Kriegsflüchtlinge aus Südbelgien, Militäroffiziere der Alliierten. Das einzige Zugeständnis, das ihr gemacht wurde – denn der Portier konnte kaum darauf hoffen, dass irgendein benachbartes Hotel ein leeres Zimmer hätte – bestand darin, ihr zu erlauben, in einem der bequemen Korbsessel im langen Atrium zu sitzen und zu schlafen. Um sechs Uhr gab ein mitfühlender Kellner, der den Namen Mrs. Warren kannte, ihrer Tochter Kaffee, Milch und eine *Brioche* . Um sieben gelang es ihr, ihr Gepäck zu einer der Straßenbahnen an der

Ecke Boulevard du Jardin Botanique bringen zu lassen . Der Zugverkehr nach Tervueren wurde eingestellt – und an der Porte de Namur wurde sie in die Straßenbahn Nr. 45 umgestiegen, die sie nach Tervueren bringen würde .

Selbst in der frühen Morgenstunde schien Brüssel überfüllt zu sein, und während die Straßenbahn über die hübschen Boulevards fuhr, öffneten die Geschäfte gerade und die Touristen machten sich gebremst auf den Weg nach Waterloo. Mitte August 1914 schien jeder zu glauben, dass Deutschland auf dem Schlachtfeld von Waterloo seinen *Gnadenstoß erhalten würde*. Es wäre so passend. Und niemand – jedenfalls nicht diejenigen, die ihre Gedanken laut äußerten – schien zu glauben, dass Brüssel bedroht sei.

Vivie ließ ihr Gepäck an der Straßenbahnhaltestelle und raste zu Fuß über Waldwege, auf denen der Tau noch glänzte, zur Villa Beau-séjour. Mrs. Warren war noch nicht angezogen, grüßte aber überschwänglich. Ihr Chauffeur war gerufen worden, daher konnte das Auto nicht losfahren, aber ein Bauernkarren würde geschickt werden, um das Gepäck zu holen.

„Ich glaube, Mutter, ich werde eine Menge Spaß haben“, sagte Vivie, als sie in der Morgensonne auf der Veranda saß und ein köstliches *Petit Déjeuner zubereitete* aus frischen Brötchen, der Butter vom Bauernhof, ein paar Scheiben Wurst und einer großen Tasse schäumender Schokolade mit Schlagsahne. Die Szene, die sich vor ihr abspielte, war aus idyllischer Sicht idyllisch. Die Buchenwälder von Tervueren schließen jegliches städtisches Treiben aus; Schwarze und weiße Kühe wurden auf die Weide getrieben, eine Herde Gänse wedelte mit senkrecht erhobenen Hälsen gemächlich den von ihnen gewählten Weg entlang, ein wenig verstört und mürrisch über die Ankunft eines Fremden; Truthahnhühner und ihre halb ausgewachsenen Küken und ein anschwellender, stolzierender Truthahnhahn, ein Pfau, der bereits fast seinen gesamten Schwanz verloren hatte und daher den Kampf mit dem Truthahn ablehnte und außerdem ein isolierter Junggeselle war; Perlhühner scharren und rennen abwechselnd umher; und dicke Hähne und Hühner gemischter Rassen bedeckten den größten Teil des Bodens im angrenzenden Hof und auf dem Rasen eines Apfelgartens, wo die Früchte unter der Augustsonne bereits rot wurden. Tauben kreisten am Himmel, wobei ihre Flügel die deutlichen Musiknoten ausstießen, oder gurrten und gurrten um die Taubenschläge herum. Die Milchfrauen des Bauernhofs lachten und sangen und riefen einander auf Flämisch und Wallonisch lautstark über ihre Männer zu, die zu den Farben berufen waren . Nichts deutete hier auf eine bevorstehende Tragödie hin.

Dies war der Morgen des 13. August. Drei weitere Tage lang lebte Vivie im Delirium, isoliert von der Welt. Sie brachte neue Bücher in den Schatten des Waldes und einen Teppich, auf dem sie sich ausruhen konnte, und las dort mit Eifer, las auch alle Zeitungen, die ihre Mutter aus England mitgebracht hatte, und versuchte, die Ereignisse zu bewältigen, die sich so schnell und unwiderstehlich ereignet hatten stürzte Europa in den Krieg. Waren die Deutschen schuld, fragte sie sich? Technisch gesehen waren sie natürlich dabei, in Belgien einzumarschieren und Frankreich diesen Krieg aufzuzwingen. Aber waren sie nicht von einer feindlichen Allianz umgeben? Wurde diese Feindschaft Serbiens gegenüber Österreich nicht von Russland geschürt, um den Mittelmächten durch eine russische Besetzung Konstantinopels zuvorzukommen ? Warum sollte es dem Russischen Reich gestattet werden, sich über neun Millionen Quadratmeilen über halb Asien, einen Großteil Persiens, auszudehnen und nun für sich zu beanspruchen, die Balkanhalbinsel und Kleinasien zu kontrollieren? Wenn England einen großen Teil Persiens als seinen Einflussbereich beanspruchen könnte, Ägypten ebenso und einen vierten Teil Afrikas, einen Großteil von Arabien und Zypern im Mittelmeerraum, warum sollten Deutschland und Österreich dann nicht damit rechnen, ihre kleinen Einflussbereiche zu haben? auf dem Balkan, in Kleinasien, in Mesopotamien? Wir hatten Frankreich nach Marokko und Italien nach Tripolis geholfen; Warum sollten wir uns um Serbien kümmern? Es mag unfreundlich sein, aber waren wir nicht auch unfreundlich gegenüber dem Land ihres Vaters, Irland? Waren wir in Ägypten und in Persien sehr empfänglich für die nationale Unabhängigkeit?

Doch diese brutale Invasion in Frankreich, dieser unprovozierte Angriff auf Lüttich waren hässliche Dinge. Frankreich hatte in den letzten Junitagen keinerlei Neigung gezeigt, Serbien gegen Österreich und Sir Edward Gray aufzuhetzen – das erfuhr sie nun zum ersten Mal, denn sie hatte keine Zeitungen im Gefängnis gesehen, wo es Teil der entmenschlichenden Politik der USA ist Das Innenministerium hatte beschlossen, ihre Einreise oder die Verbreitung von Informationen über aktuelle Ereignisse zu verhindern – Sir Edward Gray hatte deutlich gezeigt, dass Großbritannien serbische Intrigen in Bosnien nicht billigte. Nun ja: Lasst den besten Mann gewinnen. Deutschland würde seinen Frauen genauso wahrscheinlich das Wahlrecht geben wie Großbritannien. Die Deutschen waren die Ersten in der Musik und in der Wissenschaft . Sie ihrerseits wollte keine deutsche Staatsangehörige werden, würde sich aber nach Kriegsende gerne als Belgierin oder Schweizerin einbürgern lassen .

Und der Krieg muss bald vorbei sein. Europa als Ganzes konnte diese Ressourcenvernichtung nicht zulassen. Amerika würde eingreifen. Die Deutschen erkannten bereits ihren gigantischen Fehler, als sie den Angriff starteten. Ihre Männer sollen – so las sie – viel weniger mutig gewesen sein, als die Leute erwartet hatten. Die mächtigen deutschen Armeen wurden zehn Tage lang von einer schwachen belgischen Streitmacht und den Festungen Lüttich und Namur aufgehalten. Es würde bald einen Waffenstillstand geben und Deutschland müsste möglicherweise Frieden mit der Abtretung von Metz an Frankreich als *Solatium schließen* , während Deutschland etwas mehr von Afrika erhielte und Österreich nichts bekam ...

Inzwischen schien die Villa Beau-séjour nach dem Holloway-Gefängnis ein Paradies auf Erden zu sein. Warum mit ihrem Schicksal hadern? Warum nicht die Politik aufgeben und sich der Philosophie zuwenden? Sie fühlte sich in der Lage, eine Universalgeschichte zu schreiben, die weitaus wahrer, wenn auch zynischer wäre als jeder frühere Versuch, dem zivilisierten Menschen den Weg zu zeigen, den er eingeschlagen hatte, und das Martyrium, das er erlitten hatte.

Am 17. August fuhr sie mit der Straßenbahn nach Brüssel. Es schien jedoch, als würde es nie dort ankommen, und als sie die Porte de Namur erreichte , war sie zu ungeduldig, um auf die Verbindung zu warten. Sie konnte keinen Gendarm finden, aber in einem elegant aussehenden Blumenladen erfuhr sie die Adresse der britischen Gesandtschaft.

Sie fragte in der Lodge nach Mr. Hawk; aber es gab nur einen belgischen Kutscher, der ihr sagte, der Minister und sein Stab seien dem Hof nach Antwerpen gefolgt. Mr. Hawk war erst an diesem Morgen gegangen. „Was für ein Ärgernis“, sagte Vivie zu sich selbst. „Von ihm hätte ich erfahren können, ob an den Gerüchten , die über Tervueren kursieren, etwas Wahres dran ist .“

Diese Gerüchte besagten, dass die Deutschen alle Festungen von Lüttich und ihren tapferen Verteidiger, General Léman, erobert hatten; dass sie in Namur waren und auf Löwen vorrückten. „Ich frage mich, was wir besser tun sollten?“ überlegte Vivie.

In ihrer Verwirrung wagte sie den mutigen Schritt, im Hotel de Ville vorbeizuschauen, gab ihren Namen und ihre Nationalität an und fragte den städtischen Angestellten, der sie besuchte, um Rat, welchen Weg sie und ihre Mutter besser einschlagen sollten: Tervueren verlassen und sich um einen ... kümmern Unterkunft in Brüssel; oder sich bis nach Gent, Brügge oder sogar Holland zurückziehen? Der Angestellte beruhigte sie. Die Deutschen hatten zwar den Südosten Belgiens besetzt, wagten aber nicht, bis nach Westen und Norden bis nach Brüssel vorzudringen. Sie riskierten sonst, zwischen der belgischen Armee von Antwerpen und der auf Mons marschierenden britischen Truppe eingeklemmt zu werden. Er lenkte ihre Aufmerksamkeit auf das letzte *Kommuniqué* des Kriegsministeriums: „La situation n'a jamais été.“ meilleure . Brüssel , im April eines Staatsstreichs, est défendue par vingt Mille Gärten Zivilisten armés d'un excellent fusil“ usw.

Vivie kehrte daher etwas beruhigt zurück. Gleichzeitig verbrachten sie und ihre Mutter einige Stunden damit , wertvolle Wertpapiere zusammenzupacken und über Ostende nach London zu schicken und Mrs. Warrens Schmuck und Teller zur Hinterlegung in den Tresorräumen einer Brüsseler Bank einzupacken . Der Straßenbahnverkehr von Tervueren war eingestellt. Also überredeten sie einen Nachbarn , sie in einer Kutsche nach Brüssel zu fahren: eine langsame und ermüdende Reise unter der sengenden Sonne. In Brüssel angekommen fanden sie die Stadt in Bestürzung vor. An den Wänden hing eine vom Bürgermeister – dem berühmten Adolphe Max – unterzeichnete Mitteilung, die die Brüsseler darüber informierte , dass trotz des Widerstands der belgischen Armee zu befürchten sei, dass der Feind bald Brüssel besetzen könnte. In einem solchen Fall beschwor er die Bürger, jede Panik zu vermeiden, den Deutschen keinen legitimen Grund zur Beleidigung zu geben und auf den Gedanken zu verzichten, zu den Waffen zu greifen! Die Deutschen wiederum waren durch das Kriegsrecht dazu verpflichtet, Privateigentum, das Leben der Nichtkombattanten, die Ehre der Frauen und die Ausübung ihrer Religion zu respektieren.

Vivie und ihre Mutter fanden die Banken geschlossen vor, ebenso den Bahnhof. Sie hatten jetzt nur noch einen Gedanken: so schnell wie möglich zur Villa Beau-séjour zurückzukehren, und glücklicherweise war ihr Bauerfreund trotz ihrer trockenen Ungeduld derselben Meinung. Entlang der Tervueren- Straße trafen sie auf zahlreiche Bauernflüchtlinge in Karren und zu Fuß, die Rinder, Gänse oder Schweine in Richtung der Hauptstadt trieben; Sie drängten die Hunde, die sie mit kleinen Karren und Karren voller persönlicher Gegenstände, Handelswaren, landwirtschaftlicher Erzeugnisse oder weinenden Kindern zerrten. Sie alle wirkten verstört und abgezehrt und blickten ständig hinter sich. Aus dem Osten waren tatsächlich in der Ferne die Geräusche von Explosionen und zeitweiligen Gewehrschüssen zu hören. Mrs. Warren war bleich vor Angst, ihre Wangen waren matt pfirsichfarben . Sie befragte die Leute auf Französisch und Flämisch, aber sie antworteten nur vage und mit rauer Stimme: „Les Allemands !" „De Duitscher."

Eine alte Frau jedoch hatte sich am Straßenrand niedergeworfen, während ihr geduldiger Hund zwischen den Deichseln des kleinen Karrens lag, bis sie bereit war, weiterzufahren. Sie war kommunikativer und erzählte Mrs. Warren eine Geschichte, die zu schrecklich war, um geglaubt zu werden, über den Ehemann, den Sohn und den Schwiegersohn, die alle getötet wurden, über die misshandelte und ebenfalls getötete Tochter, ein in Flammen stehendes Häuschen und die Vertreibung von Vieh. Als sie sich von ihrer Erschöpfung erholte, stand sie auf und schüttelte sich. „Ich habe nichts damit zu tun, hier zu sein. Ich sollte bei *ihnen sein* . Ich war gerade dabei, diesen Einkaufswagen für den Markt zu packen, als es passierte. Warum bin ich weggegangen? Oh , schade! Ich werde zurückgehen – zu *ihnen* ... „Und sofort drehte sie den Hund um und trottete in die gleiche Richtung, in die sie gingen.

Schließlich kamen sie gegenüber dem Hof der Villa an und sahen den Rasen und den Kies voller behelmter Soldaten in grüngrauer Uniform, deren Körper mit Ausrüstung behängt waren – Taschen, Mänteln, zusammengerollten Decken, Grabenspaten, Patronengurten . Vivie sprang schnell herunter und sagte mit leiser, fester Stimme zu ihrer Mutter: „Überlass alles mir. Sag so wenig wie möglich." Dann zum Bauern: „Nous vous. " Erinnerungen Unendlichkeit . Vous aurez Mille à faire chez vous , je n'en doute. Wir sind Regler notre compte tout-à l'heure ... Pour le moment, adieu." Sie umklammerte die Handtaschen mit Wertsachen, schlang sie irgendwie um ihren linken Arm, während sie mit ihrem anderen die fast ohnmächtige Mrs. Warren in den Gerichtssaal steuerte.

Sie wurden sofort von einem Unteroffizier angehalten, der sie in schroffem, kaum verständlichem Deutsch fragte, was sie wollten. Vivie, die wusste, was er meinte, sagte auf Englisch – sie konnte kaum Deutsch: „Das ist unser Haus. Wir waren in Brüssel abwesend. Wir wollen den kommandierenden Offizier sehen." Der Soldat konnte kein Englisch, ahnte aber auch, was sie bedeuteten. Er befahl ihnen, dort zu warten, wo sie waren. Dann kam er aus der Villa und sagte, der Herr Oberst würde sie sehen. Vivie führte ihre Mutter in den fröhlichen kleinen Flur – wie angenehm und kühl es am frühen Morgen ausgesehen hatte! Es war jetzt voller mürrisch aussehender Soldaten. Ohne zu zögern nahm sie einem Soldaten den Stuhl ab und setzte ihre Mutter darauf. „Ruhen Sie sich dort einen Moment aus, Liebste, während ich hineingehe und den kommandierenden Offizier besuche." Der Korporal, mit dem sie zuerst gesprochen hatte, winkte sie in das hübsche Wohnzimmer im hinteren Teil, wo sie an diesem Morgen ihr frühes Frühstück eingenommen hatten.

Hier sah sie einen großen, gutaussehenden Mann mittleren Alters an einem Tisch sitzen und Pläne von Brüssel und andere Papiere konsultieren, der tatsächlich als junger Mann hätte durchgehen können, wenn er nicht sehr müde und abgekämpft ausgesehen und eine kahle Stelle am Hinterkopf gezeigt hätte, die umso deutlicher zu sehen war, weil die braungoldenen Locken darum herum schweißnass waren. Er stand auf, schlug die Absätze zusammen und salutierte. „Eine junge Engländerin, wie man mir sagte, eine ziemliche ... Überraschung ... am ... Stadtrand ... von Brüssel ..." (Sein Englisch war ausgezeichnet, wenn auch etwas abgehackt und abgehackt.) „Es ... ist ... nicht ... üblich ... für ... Engländerinnen ... Besitzerinnen ... von Schlössern ... in Belgien zu sein. Aber ich ... habe ... gehört ... es ... ist ... Ihre Mutter ..., die seit langer Zeit die Besitzerin ... ist, und Sie sind ihre Tochter, die gerade aus England angekommen ist? Nicht wahr ? „Sie verstehen nicht Deutsch, gnädiges Fräulein?"

„Nein", sagte Vivie, „ich spreche nicht viel Deutsch, und zum Glück sprichst du so perfektes Englisch, dass es nicht nötig ist."

„Ich habe einige Zeit in England verbracht", war die Antwort; „Ich war einmal Militärattaché in London. Sowohl Ihre Stimme als auch Ihr Gesicht scheinen – was soll man sagen? Mir vertraut. Sind Sie aus London?"

„Ja, ich schätze, ich kann sagen, dass ich Londoner bin, obwohl ich glaube, dass ich in Brüssel geboren wurde. Aber ich möchte nicht um den heißen Brei reden: Es gibt so viel zu sagen und zu erklären, und das bin ich die ganze Zeit Sie ist sehr besorgt um meine Mutter – sie fühlt sich ein wenig ohnmächtig, glaube ich, vor Schock – könnte sie – könnte ich?"

„Aber meine liebe Frau –?"

„Miss Warren –"

„Meine liebe Miss Warren, natürlich. Wir sind Feinde – pour le moment –, aber wir Deutschen sind keine Monster." („Was ist mit den Geschichten dieser Bauern?", sagte Vivie zu sich selbst.) Ihre Mutter muss hier reinkommen und das nehmen Dann können wir entspannter reden.

Vivie stand auf und brachte ihre Mutter herein.

„Jetzt sollst du mir alles erzählen – nicht wahr? Es ist besser, ganz offen zu sein. À la guerre comme à la guerre. Erstens bist du Engländer?"

„Ja. Meine Mutter ist Frau Warren, ich bin ihre Tochter, Vivien Warren. Meine Mutter hat viele Jahre in Belgien gelebt, aber auch an anderen Orten, in Deutschland, Österreich und Frankreich. In letzter Zeit hat sie jedoch ausschließlich hier gelebt." . Dieser Ort gehört ihr."

"Und du?"

„Ich? Ich bin gerade aus dem Londoner Gefängnis Holloway entlassen worden …"

„Meine liebe junge Dame! Sie machen sicher Witze – was sagen Sie? Sie ziehen mich auf den Arm? Aber nein; ich verstehe! Sie waren Suffragette. Aha! *Ich* verstehe, dass Sie *die* Miss Warren sind, die Miss Warren, die die englische Regierung bilden Angst, nicht wahr ? Sie haben das Parlamentsgebäude in Brand gesteckt …"

Vivie (unterbricht): „Nein, nein! Nur zu einigen Rennställen…"

Oberst: „Ich verstehe. Aber Sie sind ein Rebell?"

Vivie: „Ich hasse die gegenwärtige britische Regierung – die heuchlerischste, die am meisten …"

Oberst: „Aber wir sind uns einig, Sie und ich! Das ist großartig. Aber jetzt müssen wir praktisch sein . Wir befinden uns im Krieg, obwohl wir hier auf eine friedliche Besetzung Belgiens hoffen. Sie werden sehen, wie das

Flämisch – Ah, Sie sagen die Flamen? – Der flämische Teil Belgiens wird uns mit solcher Freude empfangen. Nur mit dem Wälsch , dem wallonischen Teil, sind wir anderer Meinung … Aber es gibt für mich so viel zu tun – wir müssen über all diese Dinge reden Ein anderes Mal. Ich muss mich zuerst vorstellen. Ich bin Oberst Gottlieb von Giesselin von der Sächsischen Armee. (Er stand auf, verneigte sich und setzte sich.) Ich sehe, Sie haben drei schwere Taschen oft. Was ist das?

Vivie (fasst Mut): „Es ist der Schmuck meiner Mutter und etwas Silber. Sie fürchtet –"

Von G .: „Ich verstehe! Wir armen Deutschen haben einen schrecklichen Ruf ! Die Franzosen lügen Sie an. Aber wir sind besser, als Sie denken. Sie werden sie in zwei bis drei Tagen nach Brüssel bringen, wenn die Lage ruhig ist, und sie auf einer Bank unterbringen. Hier muss ich leider bleiben. Ich muss Ihre Gastfreundschaft in Anspruch nehmen. Aber vielleicht ist es für Sie besser, wenn ich jetzt hier bleibe. Ich werde einige meiner Männer in Ihren Gebäuden unterbringen. Die meisten von ihnen werden mit ihren Offizieren nach Tervueren gehen , um dort einquartiert zu werden." (Wendet sich an Mrs. Warren.) „Madam, Sie müssen sich aufmuntern. Ich sehe voraus, dass Ihre Tochter und ich gute Freunde werden. Sehen wir uns jetzt die Zimmer an und überlegen wir, was wir einrichten können. Ich glaube, ich werde dieses Zimmer zum Schreiben, für meine Arbeit nehmen müssen. Ich sehe, Sie haben hier ein Telefon. *Gut* !"

Giesselin ließen Mrs. Warren immer noch sitzen, aber etwas weniger röchelnd atmend und ein wenig beruhigt, und gingen dann durch die Villa und teilten die Zimmer auf. Der Oberst und sein Pfleger würden in zwei der Schlafzimmer untergebracht werden. Vivie und ihre Mutter würden sich Mrs. Warrens großes Schlafzimmer teilen und den Salon ausschließlich für sich nutzen. Sie würden das Esszimmer gemeinsam mit ihrem Gast nutzen.

Wenn Vivie von Zimmer zu Zimmer ging, schaute sie gelegentlich aus dem Fenster und sah, wie der Rest der Soldaten davonschlenderte, um bei ihrem nächsten Nachbarn unterzukommen , dem Bauern, der sie an diesem Morgen nach Brüssel gefahren hatte. Es waren vielleicht dreißig, die einen jungen Leutnant begleiteten. Wie sollte er Platz für sie finden, armer Mann? Sie hatten mehr Glück, als sie gebeten wurden, außer dem Ordonnanzbeamten und dem Soldatenschreiber des Obersten nur sechs oder sieben Personen zu beherbergen. Vor Sonnenuntergang war die Villa Beau-séjour frei von Soldaten, mit Ausnahme der wenigen, die in die Scheune und die Nebengebäude gegangen waren. Der Morgenraum war mit einer Schreibmaschine ausgestattet, an der der Militärschreiber saß und tippte. Das persönliche Gepäck des Colonels war in seinem Schlafzimmer untergebracht. Ein Soldat fegte sogar alle Spuren der Invasion bewaffneter

Männer zusammen und sorgte für Ordnung. Es kam mir alles wie ein schrecklicher Traum vor, der doch glücklich enden würde. Bald würde Vivie völlig aufwachen und es gäbe nicht einmal einen Oberst, keinen Ordonnanzbeamten; nur das friedliche Leben auf dem Bauernhof, das gestern stattfand. Hier unterbrach der Klang wütender Stimmen ihre Grübeleien. Die Kühe, die alleine von der Weide zurückkehrten, wurden von Soldaten abgefangen, die versuchten, sie zu sichern. In ihrer Empörung rannte Vivie hinaus und befahl den Soldaten, auf Englisch zu verschwinden. Zu ihrer Überraschung gehorchten sie schweigend, aber als sie zu ihren Quartieren schlenderten, war sie traurig, als sie sah, dass sie die Leichen der meisten Truthähne und Hühner und sogar die Leiche des armen schwanzlosen Pfaus trugen. Sie hatten auf den Sonnenuntergang gewartet, um die Hühnerställe auszurauben.

Sehr desillusioniert rannte sie ins Frühstückszimmer und begann mit dem Diktat des Obersten an seinen Angestellten. „Entschuldigen Sie, aber wenn Sie Ihre Soldaten nicht in besserer Verfassung halten , werden Sie während Ihres Aufenthalts hier sehr wenig zu essen haben. Sie töten und verschleppen unser gesamtes Geflügel.“

Der Oberst errötete ein wenig über die gebieterische Art, in der sie sprach, aber ohne zu antworten, ging er hinaus und brüllte eine Menge Befehle auf Deutsch. Sein Ordonnanzoffizier rief Soldaten aus der Scheune und gemeinsam trieben sie die Kühe in die Ställe. Da alle flämischen Bediensteten in Panik verschwunden waren, mussten die Deutschen an diesem Abend die Kühe melken; und Vivie kochte mit Hilfe des Ordonnanzoffiziers das Abendessen in der Küche. Er war, wie sein Oberst, ein Sachse, ein angenehmer, häuslicher Mann, der höflich im thüringischen Dialekt erklärte – obwohl es für Vivie keinen Unterschied zwischen den Varianten des Hochdeutschen gab –, dass die Sachsen „Eines gütes “ seien. Leute " und dass mit der Zeit alles glatt gehen würde.

Dennoch stellte sie am nächsten Morgen, als sie eine Bestandsaufnahme machen konnte, fest, dass fast das gesamte Geflügel außer den Tauben verschwunden war; und die meisten Äpfel, ob reif oder unreif, waren von den Obstbäumen verschwunden. Die weiblichen Bediensteten des Hofes kamen jedoch zurück; und als sie feststellten, dass keine Gewalt angeboten wurde, nahmen sie ihre Arbeit wieder auf. Zwei Tage später schickte von Giesselin Vivie in seinem Auto nach Brüssel, begleitet von seinem Ordonnanzbeamten, der sie begleitete, damit sie ihre Wertsachen bei einer Bank deponieren konnte. Sie fand Brüssel, die Vororte und die Stadt gleichermaßen, voller grau uniformierter Soldaten, von denen die meisten müde und mutlos aussahen. Diejenigen, die auf dem Marsch waren und dachten, Vivie müsse die Frau eines hochrangigen deutschen Offiziers sein, stimmten aus trockenen Kehlen einen düsteren Sprechgesang mit dem

Refrain „Gloria, Viktoria, Hoch! Deutschland, Hoch!" an. In der Bank empfingen die belgischen Beamten sie mit Respekt. Abgesehen davon, dass sie die Tochter der wohlhabenden Mrs. Warren war, war sie Engländerin und schien selbst den Deutschen Respekt einzuflößen. Sie nahmen ihre Wertsachen entgegen, stellten eine Quittung aus und lösten einen ziemlich hohen Scheck in bar ein. Vivie wagte es dann, den Bankangestellten, der sich um ihr Geschäft gekümmert hatte, zu fragen, ob er Neuigkeiten hätte. Als er sich vorsichtig umsah, sagte er, in der Stadt kursierten Gerüchte , dass die Königin von Holland ihn mit einem Revolver erschossen habe, wütend darüber, dass ihr Prinzgemahl den Durchmarsch deutscher Armeen durch Limburg erleichtert habe; dass der Kronprinz von Deutschland, verzweifelt an einem erfolgreichen Kriegsende, zu Füßen seines Vaters Selbstmord begangen hatte; dass der amerikanische Generalkonsul in Brüssel – übrigens, bei dem sich Vivie und ihre Mutter melden müssten, um unter seinen Schutz zu kommen – General Sixt von Arnim, dem Kommandeur der Armee in Brüssel, mitgeteilt habe, dass, *sofern er nicht räume, dies der Fall sei die belgische Hauptstadt sofort* , England würde Hamburg bombardieren und die Vereinigten Staaten würden dem Kaiser den Krieg erklären. Verlockende Geschichten wie diese kursierten in den ersten beiden Monaten der deutschen Besatzung durch das verzweifelte Brüssel, obwohl Vivie sie in ihrer Einsamkeit in Tervueren selten hörte.

Nach ihrem Geschäft bei der Bank spazierte sie durch die Stadt. Niemand nahm Notiz von ihr oder ärgerte sie in irgendeiner Weise. Die Restaurants schienen sowohl mit Belgiern als auch mit Deutschen überfüllt zu sein, und die Belgier schienen ihren Appetit nicht verloren zu haben. Das Palace Hotel war zu einem deutschen Offiziersclub geworden. An allen öffentlichen Gebäuden hing neben der belgischen auch die deutsche Kaiserflagge. Nur wenige Straßenbahnen fuhren. Dennoch konnte man an den Kiosken problemlos belgische und sogar französische und britische Zeitungen kaufen. Daraus schloss sie, dass die deutschen Streitkräfte zwischen der belgischen Antwerpener Armee im Norden und der aus dem Süden vorrückenden britischen Armee in unmittelbarer Gefahr schwebten; und dass die Franzosen in den Ebenen des Elsass die erste öffentliche Ausstellung des neuen Sprengstoffs „Turpin" veranstaltet hatten. Die Ergebnisse waren *fantastisch* ... und einfach. Ganze Regimenter deutscher Soldaten waren in *einer Minute vernichtet worden* . Es kam ihr merkwürdig vor, dachte sie, dass das französische Kommando mit einem solchen Arm nicht sofort unwiderstehlich zur Rettung Brüssels kam ...

Es war jedoch vier Uhr, und da stand das Auto ihrer Freundin, des Feindes, vor der Bank und erwartete sie. Sie stieg ein und der Chauffeur des Soldaten brachte sie zur Villa Beau-séjour, jenseits von Tervueren .

Als sie zurückkam, fand sie ihre Mutter niedergestreckt mit schlechten Nachrichten vor. Ihr nächster Nachbar , Bauer Oudekens , der sie am Vortag nach Brüssel gefahren hatte, war erst vor einer Stunde in seinem eigenen Obstgarten hingerichtet worden. Offenbar war der Oberleutnant, der für die dort untergebrachten Soldaten verantwortlich war, in der Nacht verschwunden und hatte seine Uniform, seine Wache und seine Kette zurückgelassen. Die Geschichte des Bauern besagte, dass der Leutnant in der Nacht mit einem Revolver in seinem Zimmer aufgetaucht sei und gedroht habe, ihn zu erschießen, wenn er keinen Zivilanzug hervorbringen würde. So gezwungen, hatte er ihm die Sonntagskleidung seines ältesten Sohnes gegeben, die er zurückgelassen hatte, als dieser zur belgischen Armee ging. Der Leutnant, dankbar für die Hilfe, hatte ihm seine Uhr und seine Kette geschenkt.

Andererseits bestanden die deutschen Unteroffiziere darauf, dass ihr Leutnant in der Nacht entführt worden sei . Die Behauptung des Bauern, er sei desertiert (was tatsächlich der Fall war), verschlimmerte sein Verbrechen nur. Das Gericht kam nach einem sehr kurzen Prozess zu dem Schluss, dass er „schuldig" sei, und trotz der verzweifelten Appelle der Frau, die später von Frau Warren bekräftigt wurden, war der Bauer herausgenommen und erschossen worden.

Das Abendessen war daher geprägt von angespannten Beziehungen. Oberst von Giesselin kam pünktlich zum Abendessen und machte ein sehr gepflegtes Erscheinungsbild. Aber er war äußerst höflich und zurückhaltend. Und nach dem Nachtisch baten die beiden Damen um Erlaubnis, sich zurückziehen zu dürfen. Danach lagen sie lange wach und debattierten im Flüsterton darüber, welcher Schrecken auf sie zukommen könnte. Mrs. Warren weinte viel und beklagte vergeblich ihre träge Mattigkeit von ein paar Tagen zuvor. *Warum* hatte sie nicht, solange noch Zeit war, Brüssel verlassen, war nach Holland gegangen und hatte von dort mit Vivie England und von England aus den Süden Frankreichs zurückerobert? Vivie war stoischer und betonte, dass es keinen Sinn hatte, über verpasste Gelegenheiten zu weinen. Hier waren sie, und sie mussten ihren Verstand schärfen, um bei der ersten Gelegenheit davonzukommen. Vielleicht könnte ihnen der amerikanische Konsul helfen?

Am nächsten Morgen jedoch teilte ihr Gast, der unbewusst Gastgeber geworden war, Vivie mit, dass die Straßenbahnverbindung nach Brüssel ebenso wie die Zugverbindung auf unbestimmte Zeit eingestellt sei und dass er befürchte, sie müssten sich damit abfinden, dort zu bleiben, wo sie seien. Unter seinem Schutz hatten sie nichts zu befürchten. Es tat ihm leid, dass die Soldaten sich so großzügig mit dem Vieh bedient hatten; aber jetzt hatte sich alles beruhigt. Von nun an würden sie sicher sein, etwas zu essen zu haben, da er selbst gefüttert werden musste. Und alles, was er von ihnen verlangte, war ihre angenehme Gesellschaft.

Zwei Monate dieses seltsamen Lebens vergingen. Zwei Monate, in denen Vivie nur deutsche Zeitungen sah – die sie mit Hilfe von Giesselin las . Ihr Inhalt erfüllte sie mit Verzweiflung. Sie machten sehr wenig aus der Abfuhr an der Marne, viel aus der Einnahme von Antwerpen und Ostende und der Besetzung ganz Belgiens (wie sie es nannten). Vivie bemerkte, dass das Herz des deutschen Kaisers wegen der Strafe, die Löwen auferlegt worden war, geblutet hatte. (Sie fragte sich, wie es dieser seltsamen Persönlichkeit, ihrem Vater, bei der Zerstörung der Klostergebäude ergangen war.) Aber sie hatte damals keine richtige Vorstellung davon, was geschehen war und welchen weitreichenden Schaden dieses Verbrechen dem deutschen Ruf zugefügt hatte. Sie bemerkte, dass die deutsche Presse ihre Enttäuschung darüber zum Ausdruck brachte, dass die Sache Deutschlands, der Kreuzzug gegen Albion, keine Unterstützung von den irischen Nationalisten oder den „revoltierenden" Frauen, den Suffragetten, erhalten hatte, die von der Regierung Asquiths und Sir Greys so grausam misshandelt worden waren.

Dieser Punkt wurde vom Colonel besprochen, aber Vivie sprach wie eine Patriotin. Wie *konnten* die Deutschen erwarten, dass sich britische Frauen in der Stunde der Gefahr gegen ihr eigenes Land wenden würden?

„Dann würden Sie", sagte von Giesselin , „nicht einwilligen, ein paar Briefe an Ihre Freunde zu schreiben, wenn ich sagen würde, ich könnte sie sicher an ihren Bestimmungsort schicken? – nur Briefe", fügte er hastig hinzu, als er sah, wie ihre Nasenflügel zitterten und sie ansah kommt ihr in die Augen – „Ihre Wahlrechtsfreunde zu bitten, Druck auf ihre Regierung auszuüben, um diesen schrecklichen Krieg zu einem gerechten Frieden zu führen . Das ist alles, worum wir bitten." Aber Vivie sagte: „Bei all ihrem privaten Groll gegen das gegenwärtige Ministerium fühlte sie sich *sehr gern* als *Britin* ; sie muss sich in Kriegszeiten mit ihrem eigenen Volk messen."

Mrs. Warren ging noch viel weiter. Sie war in letzter Zeit nicht mehr sehr redselig. Die deutsche Besetzung ihrer Villa hatte ihr einen geistigen und körperlichen Schock versetzt, von dem sie sich nie erholte. Sie saß bei den Mahlzeiten oft ganz still und etwas zusammengekauert da und sah jetzt aus wie die alte Frau. Bei einem Gespräch wie diesem raffte sie sich auf und ihre Stimme nahm einen aggressiven Ton an. „Meine Tochter sollte ihren Freunden schreiben und sie bitten, die Regierung in einer Zeit wie dieser zu behindern? *Niemals!* Ich würde sie enterben, wenn sie das täte, ich würde sie verstoßen! Sie könnte ihre eigene Auseinandersetzung mit ihnen gehabt haben . Da war ich ganz auf ihrer Seite. Aber das war sozusagen nur ein innerer Streit. Wir sind durch und durch Briten, und vergessen Sie das nicht – Sir – (fügte sie abschätzig hinzu): *durch und durch Briten* , und wir werden

Deutschland noch besiegen, *Sie werden schon* sehen. Die britische Marine *ist noch nie* geschlagen worden und wird es auch dieses Mal nicht werden."

Oberst von Giesselin bestand nicht darauf. Er schien zeitweise selbst deprimiert zu sein und war alles andere als begeistert von den in seinen eigenen Zeitungen verkündeten Siegen. An trostlosen Herbstabenden zeigte er ihnen die Fotos seiner Frau – einer süß aussehenden Frau – und seiner beiden kräftig aussehenden, hübschen Kinder und erzählte voller Begeisterung von seinem Privatleben. Warum gab es tatsächlich diesen Krieg? Sein Herz blutete wie das seines Kaisers für diese unglücklichen Belgier. Aber das war alles auf die macchiavellistische Politik von „Sir Gray und Asquiss" zurückzuführen. Wenn Deutschland sich nicht umzingelt und von jeder künftigen Ausweitung des Handels und des Einflusses ausgeschlossen gefühlt hätte, hätte es sich nicht gezwungen gefühlt, Frankreich anzugreifen und in Belgien einzumarschieren. Warum, sehen Sie! Während sie redeten, verwüstete das barbarische Russland, angestachelt von England, Ostpreußen!

Dann, in anderen Stimmungen, beklagte er den Krieg und die Politik Preußens. Wie sehr er England geliebt hatte, als er dort Militärattaché war. Er hatte einmal eine Engländerin heiraten wollen, eine Miss Fraser, eine so hübsche Tochter eines Hofarztes.

„Das muss Honoria gewesen sein, meine frühere Partnerin", sagte Vivie und empfand eine tiefe Freude über diese Erinnerungsverbindung. Und sie erzählte viel von ihrer Geschichte dem sentimentalen Oberst, der für sie eine aufrichtige Freundschaft und Kameradschaft aufbaute. Sie öffneten andere Adern der Erinnerung, sprachen von Lady Feenix, von den Musikpartys im Parrys, von Emily Daymonds Spiel, von dieser, jener und der anderen Gastgeberin, von dieser und jener Schauspielerin oder Sängerin.

Der Oberst war natürlich wegen militärischer Aufgaben oft den ganzen Tag abwesend. Er riet Vivie bei solchen Gelegenheiten dringend, sich nicht weit von Mrs. Warrens kleinem Reich zu entfernen. „Ich muss Sie daran erinnern, liebe junge Dame, dass Sie und Ihre Mutter in gewisser Weise meine Gefangenen sind. Außerhalb dieses ruhigen Ortes passieren viele schlimme Dinge – Dinge, für die wir im Krieg nichts tun können …"

Im November kam es jedoch zu einem Szenenwechsel, der Vivie und ihre Mutter in vielerlei Hinsicht mit großer Erleichterung erfüllte. Oberst von Giesselin teilte ihnen eines Morgens mit, er sei zum Sekretär des deutschen Gouverneurs von Brüssel ernannt worden und müsse in der Stadt unweit der Rue de la Loi wohnen. Er schlug vor, dass die Damen ebenfalls nach Brüssel ziehen sollten; Tatsächlich bestand er behutsam darauf. Ihre angenehmen Beziehungen könnten so – vielleicht – wer weiß? – bis zum Ende dieses Krieges bestehen bleiben, „zu jenem Frieden, der uns wieder zu Freunden machen wird"? Es wäre auf jeden Fall äußerst gefährlich, wenn sie ohne seinen Schutz weiterhin auf diesem abgelegenen Bauernhof am Rande des großen Waldes wohnen würden. Tatsächlich war daran nicht zu denken, und an seiner Stelle kam ein anderer Offizier mit einer beträchtlichen Suite hierher. Schließlich würde Frau Warren eine Entschädigung für jeden an ihrem Eigentum verursachten Schaden gezahlt.

Die beiden Frauen stimmten bereitwillig zu. Aufgrund der eingeschränkten Bewegungsfreiheit und des Fehlens normaler Kommunikationsmittel strafte ihr Leben in der Villa Beau-séjour seinen Namen Lügen. Ihr Geldvorrat ging zu Ende; Es muss versucht werden, diese Situation zu regulieren, indem man auf Frau Warrens deutsche Investitionen und das Kapital zurückgreift, das sie noch in belgischen Aktien hatte – wenn das überhaupt verhandelbar wäre.

Wohin sollen sie gehen? Mrs. Warren hatte immer noch ein gewisses Pfandrecht am Hotel Édouard-Sept (der Name war aus Rücksicht auf die Deutschen in Hotel Impérial geändert worden). Mit dem Einfluss des Regierungssekretärs im Rücken könnte sie einige der Bewohner ausweisen und die alte „Wohnung" wieder nutzen. Das würde auch Vivie entgegenkommen. Und es gab keinen Grund, warum ihr Freund nicht seine eigene Unterkunft und sein Büro im selben Hotel unterbringen sollte, das günstig in der Rue Royale unweit der Residenz des Gouverneurs in der Rue de la Loi lag.

also umgesetzt. Und im Dezember 1914 verspürte Mrs. Warren noch einmal einen kurzen Anflug von Glück, und selbst Vivie hatte das Gefühl, dass sich der Albtraum ein wenig gelegt hatte. Es war wieder Leben. Der Aufenthalt in der Villa Beau-séjour schien fast wie eine Grabstätte der Lebenden. Hier, im Herzen von Brüssel, jedenfalls bekam man jeden Tag Neuigkeiten, auch wenn viele davon falsch waren. Die Nahrungsversorgung war sicherer, rundherum waren 700.000 Menschen. Allerdings waren die Straßen nachts sehr schlecht beleuchtet und Treibstoff knapp und teuer. Aber Sie hatten Kontakt zu Menschen.

Im Januar versuchte Vivie, mit der amerikanischen Gesandtschaft in Kontakt zu treten, nicht nur, um Nachrichten über ihren Zustand nach England zu schicken, sondern auch, um herauszufinden, ob ihnen möglicherweise nicht die Erlaubnis erteilt werden könnte, Belgien nach Holland zu verlassen. Dieser letzte Appell wurde jedoch vom amerikanischen Vertreter als unhaltbar bezeichnet. Aus verschiedenen Gründen würde die deutsche Regierung dies nicht zulassen, und er befürchtete, dass weder Vivie noch ihre Mutter von den britischen Behörden genügend Unterstützung erhalten würden, um die amerikanische Nachfrage zu stärken. Sie muss in Brüssel bleiben, bis der Krieg zu Ende geht.

„Aber wie sollen wir leben?" fragte Vivie mit einem Kloß im Hals. „Unser Vorrat an belgischem Geld geht zu Ende. Meine Mutter hat beträchtliche Gelder in England angelegt. Diese kann sie nicht anfassen. Sie hat andere Beträge in deutschen Wertpapieren, aber bald nach dem Krieg schickten sie ihr die Zinsen nicht mehr dass sie eine „Feindin" war. Was das Geld betrifft, das wir in Belgien haben, kann mir die Bank in Brüssel nichts sagen. Der eher kühle amerikanische Diplomat – es war einer der Gesandtschaftssekretäre und er wusste alles über Mrs. Warrens Vergangenheit und betrachtete Vivie als Gesetzlose – sagte, er würde versuchen, mit ihren Freunden in England zu kommunizieren und herauszufinden, ob dies über den Amerikaner möglich sei Hilfsorganisationen konnten Gelder für deren Unterhalt überwiesen werden. Sie gab ihm die Adressen von Rossiter, Praed und den Londoner Bankiers ihrer Mutter.

Vivie versuchte nun, sich auf ein nützliches Leben einzulassen. Um ihre Ressourcen zu erweitern , gab sie Belgiern und sogar deutschen Offizieren Englischunterricht. Sie bot sich verschiedenen Gruppen belgischer Damen an, die die von den Deutschen erlaubten Wohltätigkeitsorganisationen übernommen hatten. Sie bat auch darum, als Rotkreuz-Helferin übernommen zu werden. Aber in all diesen Richtungen musste sie auf viele Brüskierungen und wenig Ermutigung stoßen. Skandal hatte sich mit ihrem Namen beschäftigt – dem unglücklichen Ruf ihrer Mutter, den besonderen Umständen, unter denen sie England verlassen hatte, den zwei oder drei Monaten, die sie bei Oberst von Giesselin in Tervueren eingesperrt war , und genau dem Schutz, den er ihr und ihrer Mutter nun gewährte im Hotel Impérial . Sie fühlte sich fast wie eine Paria betrachtet, außer unter den Armen Brüssels im Quartier des Marolles . Hier galt sie nur als freundliche Engländerin, die sich unermüdlich darum bemühte, seelisches und körperliches Leid zu lindern.

Und in der Zwischenzeit herrschte Stille, eine Mauer des Schweigens in Bezug auf England – England, das sie allmählich als das Paradies betrachtete, aus dem sie vertrieben worden war. Von Rossiter, von Honoria, Bertie Adams oder einem ihrer Suffrage-Freunde war kein Wort zu hören. Ich kann kurz sagen, was sie nicht wusste.

Rossiter hatte gleich zu Beginn des Krieges seine Dienste als jemand, der sich mit Anatomie und Physiologie bestens auskannte, dem Sanitätsdienst der Armee und insbesondere einer großartigen Person im Kriegsministerium angeboten; aber man hatte ihnen ziemlich unbekümmert gesagt, dass sie ihn nicht brauchten. Als er darauf beharrte, wurde er gebeten – in der Hoffnung, dass man ihn loswerden würde –, in Begleitung eines Comicautors, eines pensionierten Schauspielers und eines Varietésängers in die Vereinigten

Staaten zu reisen und dort einen Vortrag über das Thema zu halten Dies hatte er abgelehnt, und da er reich war und zufällig General Armstrong (Honorias Ehemann) persönlich kannte, hatte er die Erlaubnis erhalten, ihn in die Nähe der Front zu begleiten und ihn dort einzusetzen Theorien über die Transplantation von Fleisch und Knochen auf die Probe; mit dem Ergebnis, dass seine Arbeit von enormer positiver Bedeutung wurde und er einen Rang in der RAMC Honoria erhielt, von Sorge um ihre liebe „Armee" geplagt und sehr traurig über Vivies Verschwinden, die ebenso sehr von der Kriegsarbeit heimgesucht wurde wie von den Anforderungen ihrer Kinder auf ihr erlaubt; oder sogar ihre Kinder beiseite legen, um den Kranken und Verwundeten zu helfen. Vivies Suffrage-Freunde vergaßen, dass sie jemals existiert hatte, und wandten ihre Aufmerksamkeit der Propaganda zu, der Rekrutierung für die Freiwilligenarmee, von der unsere Minister immer noch hofften, dass sie ausreichen würde, um den Krieg zu gewinnen, der Herstellung von Munition oder Flugzeugteilen , der Landarbeit und allem anderen Arbeit, die ihrem Land in seiner Not helfen könnte.

Und Bertie Adams?

Als ihm klar wurde, dass seiner geliebten und verehrten Miss Warren die Flucht in Belgien versperrt war, man nichts von ihr hören konnte, sie nicht erreicht und gerettet werden konnte, verlor er beinahe den Verstand ... Er ließ während einer Reihe schlafloser Nächte noch einmal Revue passieren welchen Weg er am besten einschlagen könnte. Er war etwa zweiunddreißig Jahre alt. Er könnte natürlich in die Armee eintreten. Obwohl er sehr patriotisch war, galt seine Loyalität zunächst Vivie Warren. Wenn er in die Armee eintrat, konnte es sein, dass er irgendwo anders als an die belgische Grenze geschickt wurde; Und selbst wenn er in die Nähe von Belgien gelangte , konnte er sich nicht auf den Weg machen, um Vivie zu retten, ohne ein Deserteur zu werden. So kam er schnell zu dem Schluss, dass die vielversprechendste Karriere, die er angesichts seiner Lebensposition und der fehlenden Mittel einschlagen konnte, darin bestand, sich freiwillig für den Auslandsdienst beim YMCA zu melden und den stärksten Wunsch zu äußern, in der Nähe von Belgien beschäftigt zu werden wie es praktikabel war. So verteilte Bertie Ende September 1914 in den Hütten des YMCA in der Nähe von Ypern Kakao und Kekse, Schreibpapier und Zigaretten, heißen Kaffee, Würstchen und Tassen Bovril an erschöpfte oder ruhende Soldaten. Im Wechsel mit diesen Diensten fungierte er, wie andere YMCA-Männer im selben Bezirk, gleichzeitig als Tragenträger, um die Verwundeten hereinzubringen, als Amateur-Seelsorger bei Sterbenden, als Amateur-Chirurg bei Verwundeten und als Sekretär für einige verzweifelter Oberbefehlshaber, dessen Angestellte alle getötet worden waren; und in jeder anderen Funktion, wenn dazu aufgefordert wird. Aber immer mit der

festen Hoffnung und dem festen Willen, Vivie Warren irgendwie zu
erreichen und zu retten.

Kapitel XVII

DIE DEUTSCHEN IN BRÜSSEL: 1915-1916

Im Frühjahr 1915 beschlagnahmte Vivie die deutschen und belgischen Wertpapiere ihrer Mutter, weil sie befürchtete, ihre Mutter nicht in völliger Not zu sehen, und verzweifelte an wirksamer Hilfe seitens der Amerikaner (sie hatte aus den bereits erwähnten Gründen große Vorurteile gegen sie). Nennwert in Höhe von etwa 18.000 £ und verkaufte sie bei ihrer belgischen Bank für hunderttausend Franken (4.000 £) in belgischen oder deutschen Banknoten. Sie konsultierte niemanden außer ihrer Mutter. Wer war da, um sich zu beraten? Sie mochte Oberst von Giesselin nicht allzu viel anvertrauen , da sie sowieso ein wenig zu geneigt war, sie zu „beschützen". Aber was sollten sie, während sie mit Mrs. Warren argumentierte, in ihrer grausamen Situation sonst tun? Sollten die Alliierten schließlich siegen, könnte Frau Warren nach England zurückkehren. Dort verfügte sie immerhin über 40.000 Pfund an sicheren Anlagen, genug für den Rest ihres Lebens. Wenn Deutschland den Krieg verlieren würde, könnten die deutschen Wertpapiere im Nominalwert von zweihunderttausend Mark einfach zu Altpapier werden; selbst jetzt wurden sie von der Bank nur mit einem Anschaffungswert von etwa einem Fünftel dessen berechnet, was sie vor dem Krieg gewesen waren. Sollte Deutschland siegen oder einem Kompromissfrieden zustimmen, könnten die Anteile ihrer Mutter an belgischen Unternehmen unverkäuflich sein. Es wäre besser, sich jetzt einen Pauschalbetrag von viertausend Pfund in Banknoten zu sichern, die zumindest für die Dauer der deutschen Besatzung gesetzliches Zahlungsmittel wären. Und da man nie wusste, was passieren würde, war es noch sicherer, das ganze Geld (umgerechnet hunderttausend Francs) in eigener Obhut zu haben. Selbst in Kriegszeiten könnten sie mit dieser Summe vier, vielleicht fünf Jahre lang leben, da sie sehr sparsam wären und Vivie versuchen würde, mit dem Unterrichten so viel wie möglich zu verdienen. Es war sinnlos zu hoffen, dass sie in die Villa Beau-séjour zurückkehren könnten, solange die deutsche Besatzung andauerte, oder während dieser Zeit einen Penny als Entschädigung für die Beschlagnahmung des Eigentums erhalten würden.

Die Banknoten über die Hunderttausend Franken wurden daher sorgfältig in Mrs. Warrens Schlafzimmer im Hotel Impérial versteckt , und einige Monate später fühlte sich Vivie hinsichtlich der unmittelbaren Zukunft etwas entspannter; Denn als weitere Ressource befanden sich auch Juwelen und Teller in der Bank.

Sie wagten nichts von der Villa Beau-séjour zu erwarten. Von Giesselin hatte ihnen nach mehr Bitten, als Vivie sich leisten konnte, mit einem

Sonderausweis und seinem Ordonnanz als Eskorte erlaubt, im Monat April in einem Militärauto zur Villa zu fahren, damit sie den Rest ihrer Kleidung mitnehmen konnten und persönliche Gegenstände, die leicht zu transportieren sind. Doch der Besuch war eine herzzerreißende Enttäuschung. Ihr Empfang war mürrisch; Der Ort war kaum mehr als eine Kaserne voller unordentlicher Soldaten und unverschämter Offiziere. Jede Suche nach Kleidung oder Büchern war ein Hohn. In den Kommoden, die ihnen gehörten, war nichts zu finden; nur abgestandenes Essen und unbenennbare Schrecken oder militärische Ausrüstungsgegenstände. Der Garten wurde bis zur Unkenntlichkeit niedergetrampelt. Im Gewächshaus hatte es eine wunderschöne Weinrebe gegeben. Es war noch da, aber das erste Frühlingslaub hing welk und rostrot . Die Soldaten grinsten, als Vivie dies bemerkte, und zeigten auf die Basis der weit ausladenden Äste. Es war durchgesägt und ein Großteil des Glases des Gewächshauses absichtlich zerschlagen worden.

Nachbarin , Madame Oudekens , die am Straßenrand wartete . Sie bat den Pfleger, anzuhalten und sie zu begrüßen. Sie näherte sich. Mrs. Warren stieg aus dem Auto, um vertraulicher auf Flämisch mit ihr sprechen zu können. Seit der Hinrichtung ihres Mannes, so die Frau, sei sie die Geliebte des Sergeant-Majors geworden, der bei ihr wohnte, scheinbar die einzige Möglichkeit, ihren einzigen verbliebenen kleinen Sohn vor dem deutschen Exil und ihre Töchter vor unerträglich brutaler Behandlung zu bewahren ; obwohl sie hinzufügte: „Was ihre Tugend betrifft, *die* ist schon lange verschwunden; ich verlange nur, dass sie nicht halb getötet werden, wenn die Soldaten betrunken sind. Oh Madame! Wenn Sie nur ein Wort zu dem Oberst sagen könnten, mit dem Sie zusammen sind." Leben?"

Mrs. Warren wagte es nicht, Vivie diesen letzten Satz zu übersetzen, aus Angst, ihre Tochter würde sie um jeden Preis zwingen, das Hotel Impérial zu verlassen . Wohin sollten sie gehen, wenn ja?

Der Winter 1914 war in Ostbelgien, insbesondere im wallonischen bzw. französischsprachigen Teil des Landes, von erschreckendem Ausmaß an Schrecken geprägt. Die Deutschen schienen einen besonderen Groll gegen diese Region zu hegen, da sie sie als hartnäckigen Gegner der Eingliederung in ein Großdeutschland betrachteten; während sie hofften, dass die flämische Hälfte des Landes sie als Landsleute und sogar als Befreier ihrer ehemaligen französischen Unterdrücker aufnehmen würde. Tausende alte Männer und Jugendliche, Frauen und Kinder in den Provinzen südlich der Maas waren kaltblütig erschossen worden; Ein Dorf nach dem anderen war niedergebrannt. Zwischen Brüssel und Antwerpen, insbesondere rund um Malines, hatten sich Szenen von nahezu gleichem Grauen abgespielt. Von Bissings Amtsantritt als Generalgouverneur wurde bald durch die gefürchteten roten Plakate an den Wänden von Brüssel signalisiert, auf denen die Urteile von Kriegsgerichten verkündet wurden und Männer und Frauen zum Tode verurteilt wurden, die gegen militärische Vorschriften verstoßen hatten.

Und trotzdem ging das Leben in Brüssel – unter von Bissings strengem Befehl – wieder weiter, als stünde das Land nicht unter der Knute der Invasoren. Die Theater öffneten ihre Türen, in den Kinos liefen ununterbrochen Vorstellungen, es gab die Grande Opéra, es gab Spielzeug- und Bilderausstellungen und Wohltätigkeitsbasare. Zehn Tage nach dem Fall Antwerpens fuhren mit Belgiern vollgestopfte *Char-à-bancs* aus Brüssel hinaus, um die Schauplätze der Schlachten und jene zerstörten Festungen zu besuchen, die man so albern für uneinnehmbar hielt und die der deutschen Artillerie nur schwachen Widerstand leisteten.

Vivie hätte sich den Schaulustigen nicht anschließen können, selbst wenn sie es gewollt hätte. Als Untertanen einer feindlichen Macht hatten sie und ihre Mutter sich Anfang Januar bei der Kommandantur registrieren lassen müssen und wurden dort gewarnt, dass sie ohne einen Sonderpass die Grenzen von Brüssel und seinen Vororten nicht überschreiten dürften. Abgesehen von der Angelegenheit des Abschiedsbesuchs auf dem Bauernhof in Tervueren zögerte Vivie, von Giesselin um einen solchen Gefallen zu bitten , obwohl sie neugierig war, den Zustand von Löwen zu sehen und herauszufinden, ob ihr Vater immer noch in seinem Klosterhaus lebte Befehl – sie hatte die Vermutung, dass er wegen seiner Pläne, die Iren gegen die britische Regierung aufzuhetzen, in Deutschland war. Von Giesselin entwickelte jedoch eine sentimentale Neigung zu ihr und sie sah nicht mehr von ihm, als nötig war, um höfliche Beziehungen aufrechtzuerhalten. Frau von Giesselin konnte aus verschiedenen gesundheitlichen Gründen oder wegen ihrer Kinder nicht zu ihm nach Brüssel kommen, wie es so viele deutsche Frauen mit anderen hohen Beamten getan hatten (zur großen Verbitterung der Brüsseler Gesellschaft); und es gab Zeiten, in denen von Giesselins Beteuerungen seiner Einsamkeit sie beunruhigten.

Der König von Sachsen hatte Brüssel im Spätherbst 1914 einen Besuch abgestattet und diesen Oberst seiner Armee zu einem anspruchsvollen Bankett im Palace Hotel eingeladen. Der König – den die immer noch trotzige Brüsseler Presse, insbesondere die unsterbliche *La Libre Belgique* , ironisch an seine häusliche Unglücklichkeit erinnerte, indem sie fragte, ob er Signor Toselli mit der Leitung seines Orchesters beauftragt habe – war erfreut, dass ein Untertan von ihm die wichtigen Pflichten wahrnehmen sollte Er war Sekretär der Brüsseler Regierung und verschaffte Giesselin durch seine Bekanntmachung eine Zeit lang beträchtliches Ansehen. ein Einfluss, den er sicherlich im Rahmen seiner Möglichkeiten ausübte, um die Edikte und den unerträglichen Wunsch zu mildern, die preußischen Provinz-

und Königreichsgouverneure zu verärgern und zu verärgern. Manchmal trat er sogar für unglückliche britische oder französische Untertanen ein, die in Brüssel gestrandet waren, und fragte Vivie manchmal nach Landsleuten, die diese Intervention wünschten.

Dies verursachte ihr komplizierte Ärgernisse. Da diese englischen Gouvernanten, Hauslehrer, Angestellten, Schneidergehilfen und Zuschneider, Varietésänger und Bräutigame sahen, dass es eine gewisse Hoffnung gab, sie für ihre Fälle zu interessieren, appellierten sie an Vivie, ihre Petitionen zu unterstützen. Sie bezahlten ihr oder ihrer Mutter eine Art Basisgericht, in der stillschweigenden Annahme, dass sie – Vivie – Oberst von Giesselin besondere Verpflichtungen auferlegt hatte. Wenn sie in seltenen Fällen aus reinem Mitleid einen Fall annahm und von Giesselin der Petition stattgab oder sie in einer höheren Instanz erledigen ließ, war sein Vorgehen eindeutig ein persönlicher Gefallen für sie; und die Bittsteller selbst gingen mit der in solchen Fällen üblichen Undankbarkeit weg und verbreiteten die Nachricht von Vivies privilegierter Stellung im Hotel Impérial . Es war daher nicht verwunderlich, dass sie in den kleinen Kreisen einflussreicher britischer oder amerikanischer Menschen in Brüssel mit Argwohn oder Verachtung betrachtet wurde. Sie unterstützte diese abscheuliche Position im Hotel Impérial so lange wie möglich, in der Hoffnung, dass Oberst von Giesselin , als ihm klar wurde, dass es unmöglich war, sich oder ihre Mutter in irgendeiner Intrige gegen die britische Regierung zu gebrauchen, tun würde, was der amerikanische Generalkonsul verkündete Er selbst war dazu nicht in der Lage oder nicht bereit, ihnen Pässe für die Weiterreise nach Holland zu besorgen.

Von Giesselin übernahm ab Dezember 1914 unter anderem die Aufgaben des Pressezensors und des für die Öffentlichkeitsarbeit zuständigen Beamten. Nach der Besetzung Brüssels und dem Fall Antwerpens hatte sich die „patriotische" belgische Presse nach Frankreich und England zurückgezogen oder ihr Erscheinen eingestellt. Seine Zeitungen waren aufgefordert worden, ihre Funktionen als Organe der Nachrichtenverbreitung und der öffentlichen Meinung fortzusetzen, allerdings natürlich unter der deutschen Zensur und dem Kriegsrecht. Wie ein Redakteur zu einem höflichen deutschen Beamten sagte: „Wenn ich die Veröffentlichung meiner Zeitung unter solchen Bedingungen fortsetzen würde, würden meine Mitarbeiter und ich alle in einer Woche erschossen."

Aber die großen Städte Belgiens konnten nicht ohne eine Presse bleiben. Die öffentliche Meinung muss gelenkt werden und könnte durchaus in eine für die deutsche Politik günstige Richtung gelenkt werden. Die deutsche Regierung hatte bereits die deutsche Stunde in die belgische Zeit eingeführt, die deutsche Münzprägung, das deutsche Polizeisystem und die deutsche Musik; aber es hatte offenbar nicht die Absicht, den alten

Herrschaftsgebieten des Hauses Burgund die deutsche Sprache aufzuzwingen. Im Gegenteil, während ihrer Amtszeit in Belgien oder im Nordosten Frankreichs schienen die Deutschen zeigen zu wollen, wie gut sie die französische Sprache schrieben und wie bereit sie unter einem deutschen Regime waren, ihr eine neue Literatur zu verleihen. Unabhängig davon, ob sie ein paar Erholungssuchende anheuerten oder Elsässer oder Lothringer zu ihrer Unterstützung heranzogen, ist es dennoch bemerkenswert, wie frei ihr geschriebenes und gedrucktes Französisch in der Regel frei von Fehlern oder deutschen Redewendungen war; obwohl ihr gesprochenes Französisch immer elsässisch blieb. Es litt unter jener außergewöhnlichen Fehlanordnung und Vertauschung der oberen und unteren Konsonanten, die das deutsche Volk – diese Nation großer Philologen – seit dem Untergang des Römischen Reiches auszeichnete. Deutsche Offiziere sagten immer noch „Barton, die fous brie" statt „Pardon, je vous". prie " (wenn sie höflich waren), aber sie waren durchaus in der Lage , *Articles de Fond für eine angebliche nationale belgische Presse* beizusteuern . Außerdem gab es genügend belgische „Sans-Patries", die bereit waren, ihnen zu Hilfe zu kommen: belgische Staatsangehörige deutsch- Jüdische oder niederländisch-jüdische Abstammung, die in der heutigen Generation zu katholischen Christen geworden waren, da sie zu den besten Leuten zählten. Sie waren würdige und wohlhabende belgische Bürger, hätten aber vermutlich eine Änderung im politischen Schicksal Belgiens nicht zutiefst bereut, vorausgesetzt Es gab auch einige belgische Sozialisten – einige, aber genug –, die Posten unter der provisorischen deutschen Regierung übernahmen, mit der Begründung, dass es keine Rolle spiele, unter welcher Flagge man führe, solange man nicht rein sozialistisch sein könne Gehalt.

Von Giesselin war ein äußerst wohlwollender Mensch, in Wirklichkeit ein gutherziger Mann, ein Sentimentalist. Nicht ganz bereit, anstelle eines anderen Opfers der preußischen Grausamkeit selbst auf den Scheiterhaufen zu gehen, aber bereit, einige Anstrengungen zu unternehmen, um die Härten zu mildern und die Strafen zu reduzieren. (Es gab andere wie ihn – Sachsen, Thüringer, Hannoveraner, Württemberger – oder die deutsche Besetzung Belgiens hätte in einer riesigen sizilianischen Vesper enden können, dem Überkochen eines wahnsinnigen Volkes, das sich nicht mehr darum kümmerte, ob es so lange starb oder nicht als sie ihre Unterdrücker töteten.) Er hoffte, durch die in den Theatern gespielten Stücke und durch seine zensierte, subventionierte Presse die Belgier zu einer vernünftigen Stimmung zu bringen, zu einer Duldung der Existenz im Deutschen Reich. Aber seine Bemühungen brachten ihm den schonungslosen Spott der Pariser gesinnten Brüsseler ein . Sie erkannten schnell seine Versuche, den Text französischer Operetten so zu modifizieren, dass diese zwar die Liebhaber leichter Musik erfreuen, aber nicht gleichzeitig einen militärischen Geist erregen oder auch nur die geringste Anspielung unverschämter oder verächtlicher Art auf die Zentrale vermitteln müssen Befugnisse. Daher die Couplets

„Dans le service de l'Autriche
Le militaire „ N'est pas riche"

wurden geändert

„Dans le service de la Suisse
Le militaire. " n'est pas riche.

Diese leidenschaftlichen Zeilen eines politischen Exilanten:

„A l'étranger un pacte impie
Vendait Mon sang, liait ma foi ,
Mais à present, o ma patrie
Je pourrai donc mourir pour toi !"

wurden unschädlich gemacht als

„A l'étranger , en Träumen Sie davon , dass ich
jeden Tag Pleurais sur toi habe
. Aber jetzt, o mein Vater
, ich denk nur , dass er bis heute nicht da ist !"

Die Freude, die es ihm bereitete, diesen Blödsinn neu zu formulieren – Vivie zu Hilfe zu rufen, die vermutlich eine gute Französischgelehrte war –, ging ihr auf die Nerven, und es fiel ihr schwer, die Beherrschung zu bewahren.

Manchmal schlug er ihr vor, mitzuhelfen und sogar eine bezahlte Untergebene zu werden; verfasst Artikel für seine subventionierte Zeitung „ *L'Ami de l'Ordre* " (von den Belgiern „ *L'Ami de L'Ordure* " genannt), „ *La Belgique* ", „ *Le Bruxellois* " und „ *Vers la Paix* ". Er würde ihr sehr freie Hand lassen, solange sie nicht die Deutschen oder ihre Verbündeten angreift oder falsche Nachrichten über militärische oder maritime Erfolge der Feinde Mitteleuropas verbreitet. Sie könnte zum Beispiel auf die grausame Art und Weise eingehen, mit der die Suffragistinnen in England verfolgt wurden; Beschreiben Sie die Zwangsernährung oder die Grausamkeit der Polizei am Black Friday.

Vivie lehnte solche Vorschläge ab. „Ich habe es dir schon oft gesagt", sagte sie, „ich bin zutiefst dankbar für alles, was du für meine Mutter und mich getan hast. Ohne deine Freundlichkeit wären wir vielleicht in einer weitaus unangenehmeren Lage gewesen. Aber ich kann es in keiner Weise." Ich kann mich nicht einen Moment lang mit der deutschen Politik in diesem Land identifizieren. Wenn ich eine Belgierin wäre, wäre ich wahrscheinlich schon vor langer Zeit erschossen worden, weil ich einen preußischen Beamten ermordet habe Ich fahre in seinem Auto vorbei, ohne mir zu wünschen, dass ich eine Bombe hätte, denn ich kann nicht entkommen, da du uns nicht aus dem Land fahren lässt – die Schweiz , Holland – und da ich nicht durch Grübeln verrückt werden möchte, finde etwas für mich, das meine Gedanken beschäftigt: und mich dennoch nicht mit den Deutschen in Verbindung bringe. Kann ich nicht jeden Tag in eure Krankenhäuser gehen und helfen? Wenn du deiner Mutter weiterhin gütig bleibst – und glaub mir" – sie brach ab – „ *werde ich nie vergessen, dass ich einen echten deutschen Gentleman getroffen habe* – wenn du das auch weiterhin tust ." Freundlich wie zuvor werden Sie lediglich Anweisungen geben, dass die Mutter in keiner Weise gestört oder verärgert wird. Hier wohnen Deutsche, die unglaublich abscheulich sind. Wenn sie meine Mutter vor ihrem Zimmer treffen, stellen sie ihr beleidigende Fragen – ob sie ihnen die Adressen von – von – hellen Frauen geben kann ... Sie kennen so etwas. Ich war immer offen zu Ihnen. Ich verlange nur, dass meine Mutter während meiner Abwesenheit in ihrem Zimmer bleiben darf und dass dort ihre Mahlzeiten serviert werden. Aber die Hotelleute machen sich langsam über die Probleme und den Mangel an Kellnern lustig. Ein Wort von dir: Und wenn ich bei ihr ruhig wäre, könnte ich rausgehen und den armen Menschen etwas Gutes tun. Im Marolles-Viertel wird es sehr unruhig – das erschreckend schlechte Brot, der Mangel an Treibstoff – Am liebsten möchte ich in den Krankenhäusern helfen. Meine eigenen Landsfrauen werden mich nicht in ihrer Heimat haben. Sie verdächtigen mich, ein Spion im deutschen Dienst zu sein. Außerdem hat Ihr von Bissing jetzt angeordnet, dass alle belgischen, britischen und französischen Verwundeten zum Deutschen Roten Kreuz gebracht werden sollen. Nun ja: Wenn Sie freundlich sein wollen, stellen Sie mich dort vor. Sicherlich wäre es pure Menschlichkeit von Ihrer Seite, eine Engländerin bei einigen dieser armen Burschen sein zu lassen, die schwer verwundet sind und vielleicht im Sterben liegen" – sie brach zusammen – „Neulich folgte ich zwei der Krankenwagen den Boulevard d'Anspach entlang . Blut tropfte von ihnen, als sie vorbeigingen, und ich konnte hören, wie ein englischer Junge versuchte, „Tipperary" zu singen.

„Meine *Träne*, Miss Warren – ich werde versuchen, alles zu tun, was Sie wollen – Sie werden nicht *alles tun, was ich* will, aber egal. Ich werde Ihnen zeigen, dass Deutsche großzügig sein können. Ich werde über Ihre Mutter sprechen. Das tut mir leid Es gibt unter uns, wie Sie es nennen, einige schlecht erzogene Deutsche. Was unsere Rotkreuz-Krankenhäuser betrifft, weiß ich von jemandem, der Ich werde es Ihnen erleichtern, einen Brief an meine Cousine zu schreiben – sie ist wie ich eine Sächsin und stammt aus Leipzig – Minna von Stachelberg . Sie ist erst seit ein paar Monaten Witwe, die Witwe eines sächsischen Offiziers, Graf von Stachelberg in Namur getötet. Oh, es war sehr traurig; danach kam sie hierher, um bei unserem Roten Kreuz zu arbeiten – ich glaube, jetzt ist sie für eine Station verantwortlich ..."

So fand Vivie ein paar Monate Ruhe vor tiefem Kummer und bitterer
Demütigung. Gräfin von Stachelberg war in ihrer Art genauso freundlich wie
ihr Cousin, der Oberst, aber viel weniger sentimental. Tatsächlich gehörte sie
zu dieser Art neudeutscher Frau, die von unserer Presse zur Zeit des Krieges
allzu wenig berücksichtigt wurde . Nicht nur in Leipzig, sondern auch in
Berlin, Hamburg, Frankfurt, Halle, Bonn, München, Hannover, Bremen,
Jena, Stuttgart, Köln – schön – gab es viele wie sie aus der oberen
Mittelschicht, der Professorenschicht und dem niederen Adel anzusehen,
äußerst modern in Bildung und guten Manieren, geschmackvoll in der
Kleidung, wunderbar gut Englisch sprechend, hochqualifiziert in der Musik
oder in einer anderen Kunst, Verfechter des Wahlrechts der Frauen. Der
Krieg kam einfach zu früh. Hätte der Himmel diesen epileptischen Kaiser
und einige seiner Minister niedergeschlagen und der Neudeutschen Zeit
gegeben, sich in der Politik durchzusetzen, hätte es keine Invasion in Belgien
und keine Misshandlung Serbiens gegeben. Deutschland hätte sich auf die
Seite der Westmächte und der westlichen Kultur gestellt.

Minna von Stachelberg las die Nachricht ihrer Cousine und empfing die
abgekämpft und ängstlich wirkende Vivie wie eine Schwester ... wie eine
Kameradin, sagte sie, im Krieg um das Wahlrecht ... „den wir wieder
aufnehmen werden, meine Liebe, sobald der Krieg dieses furchtbaren
Menschen vorbei ist, nur werden wir nicht mit denselben Waffen kämpfen.“

Doch obwohl sie freundlich war, war sie nicht überschwänglich und erzählte
Vivie bald, dass sie in der Krankenpflege eine Anfängerin sei und noch viel
lernen müsse. Sie stellte sie den deutschen und belgischen Chirurgen vor und
übertrug ihr dann eine Reihe ganz untergeordneter Aufgaben, von denen sie
sich nach und nach hocharbeiten sollte. Aber wenn ein englischer Soldat dort
wäre und Mitgefühl bräuchte, sollte sie auf seine Station gerufen werden ...
Von diesem Gespräch kehrte Vivie beinahe glücklich zurück.

In den heißen Sommermonaten durfte sie manchmal Chirurgen und
Krankenschwestern des Roten Kreuzes zum Bahnhof begleiten, wenn
Konvois mit Verwundeten erwartet wurden und die Wahrscheinlichkeit
bestand, dass sich britische Soldaten unter ihnen befanden. Diese würden
sich über den Klang ihrer angenehmen Stimme, die ihre Zunge sprach,
aufmuntern. Dennoch wurde sie bei solchen Gelegenheiten Zeuge
unpassender Vorfälle deutscher Brutalität. Einmal stiegen ein englischer und
ein französischer Soldat aus dem Zug, offensichtlich gute Freunde. Sie waren
nur leicht verwundet und der englische Soldat streckte vorsichtig seine
Gliedmaßen, um sich von Krämpfen zu befreien. In diesem Moment kam
ein beurlaubter deutscher Soldat auf ihn zu und spuckte ihm ins Gesicht. Der
Franzose versetzte dem Deutschen eine Ohrfeige. Alarm! Ausflüge! Ein
deutscher Offizier stürmte herbei, um sich zu erkundigen, während der
Franzose mit zwei riesigen deutschen Militärpolizisten kämpfte und der

Engländer versuchte, ihn zu befreien. Vivie erklärte dem Beamten, was passiert war. Er verneigte sich und salutierte, packte den Soldatenspucker am Kragen und trat ihn so fürchterlich, dass Vivie ihn anflehen musste, damit aufzuhören.

Darüber hinaus waren die Roten Plakate von Bissings immer häufiger anzutreffen. In der Regel hörte Vivie nur, was andere über sie sagten, und das war nicht viel, denn überall waren deutsche Spione, die einen einluden, ihnen zur gefürchteten Kommandantur in der Rue de la Loi zu folgen – ein ebensolcher Anblick in der Art des Grauens und der seelischen Qualen wie die Conciergerie von Paris in den Tagen des Roten Terrors. Aber ein freudiges Gerücht, das sie an einem bestimmten Montag im Oktober gehört hatte, veranlasste sie, am nächsten Tag auf dem Heimweg auf ein frisches rotes Plakat zu schauen, das an einem öffentlichen Ort angebracht worden war. Das Tageslicht war fast verblasst, aber es gab eine Gaslampe, die den Hinweis lesbar machte. Es lief:

VERURTEILUNGEN

Mit Urteil vom 9. Oktober 1915 verkündete das Kriegsgericht die Verurteilung suivantes pour trahison Commise Pendant l'état de guerre (pour avoir fait passer des recrues à l'ennemi):

1° Philippe BAUCQ , Architekt in Brüssel ;

2. Louise THULIEZ , Professorin in Lille;

3. Edith CAVELL , Direktorin eines Instituts Medizin in Brüssel ;

4. Louis SEVERIN , Apotheker in Brüssel ;

5° Comtesse JEANNE DE BELLEVILLE , à Montignies .

À LA PEINE DE MORT

Anschließend las Vivie mit Augen, die die Worte kaum verstehen konnten, eine Liste weiterer Namen von Männern und Frauen vor, die wegen derselben Straftat zu langen Haftstrafen im Zwangsarbeitslager verurteilt worden waren: Sie halfen jungen Belgiern, das unter deutscher Besatzung stehende Belgien zu verlassen . Und weiter die Information, dass von den fünf zum Tode Verurteilten *Philip Bauck* und *Edith Cavell bereits hingerichtet* worden waren .

Die Monster! Oh, das von Bissing. Wie gerne würde sie sterben, wenn sie zuerst das Vergnügen hätte, ihn zu töten! Dieser pompöse alte Mann von einundsiebzig Jahren mit dem fleckigen Gesicht, der befohlen hatte, überall, wo er in seinem prächtigen Motor vorbeikam, mit orientalischer Unterwürfigkeit begrüßt zu werden, der sich seines „zarten Herzens" rühmte, so dass er darüber Plakate verteilte Zeit, alle hart zu bestrafen, die den Finken die Zunge spalten, damit sie besser singen. Edith Cavell – sie machte sich keine Gedanken über das Schicksal patriotischer belgischer Frauen –, sondern Edith Cavell, Leiterin eines Pflegeheims in Brüssel, weithin bekannt für ihre Herzensgüte. Sie hatte sich von Vivie ferngehalten, aber war das verwunderlich, wenn es doch so viele Gründe gab, die sie verdächtigen ließen – scheinbar unter dem Schutz eines deutschen Beamten zu leben? Aber die sehr deutschen Krankenschwestern und Ärzte im Krankenhaus des Roten Kreuzes hatten davon gesprochen, dass sie in ihrem Heim kostenlose Behandlungen für Deutsche durchgeführt hatte, die sofortige Operationen benötigten und für die in den Militärkrankenhäusern kein Platz war – und das für solch ein *Bagatelldelikt* – und sie zu töten, bevor es einen Antrag auf erneute Prüfung oder Gnade geben könnte. Oh *was für* eine Nation! Sie würde sich nicht mehr um ihre Kranken und Verwundeten kümmern.

Sie eilte den Boulevard des Botanischen Gartens hinauf zur Rue Royale. Sie stürmte in von Giesselins Büro. Er war nicht da. Ein Angestellter, der sie ziemlich genau ansah, sagte, dass der Herr Oberst gerade packte und wegginge. Vivie begriff die Bedeutung seiner deutschen Sätze kaum. Sie wartete dort mit leuchtenden Augen und hatte das Gefühl, dass sie ihrem ehemaligen Freund und Beschützer sagen musste, was sie von seinem Volk hielt, bevor sie auf weitere Beziehungen zu ihm verzichtete.

Plötzlich trat er ein, sein normalerweise eher rosiges Gesicht war blass vor großer Trauer oder Sorge, sein Auftreten war nachdenklich. Sie platzte heraus: „ *Haben* Sie das Rote Plakat gesehen, das sie gerade angebracht haben?"

"Wie wäre es mit?" sagte er müde.

„Die Ermordung von Edith Cavell durch Ihre Regierung, ein Verbrechen, das England – ja, und Amerika – Ihnen *niemals* verzeihen wird ... Von diesem Moment an –"

mir passiert ist ? Ich werde von meinem Posten als Sekretär *entlassen* und mir wird befohlen, mich wieder meinem Regiment in Lothringen anzuschließen. Es ist sehr traurig über Ihre Miss Cavell. Ich wusste bis heute Morgen nichts davon, als ich... erhielt meine eigene Entlassung – Und *oh* mein liebes Fräulein, ich fürchte, wir werden uns nie wiedersehen."

„Warum schicken sie dich weg?" fragte Vivie trocken, gezwungen, sich für seine Angelegenheiten zu interessieren, da sie ihre eigenen und die ihrer Mutter so sehr berührten.

„Aus diesem Grund", sagte von Giesselin fast in Tränen aufgelöst und zog einen Presseausschnitt aus einer kleinen Mappe. „Erinnern Sie sich, dass ich Ihnen vor zwei Wochen erzählt habe, dass irgendein Belgier ein wunderschönes Gedicht geschrieben und es mir für eine unserer Zeitungen geschickt hat? Ich habe es Ihnen damals gezeigt und Sie sagten – Sie sagten: ‚Es war gut genug.' , aber es schien keinen großen Sinn zu haben.'" Vivie erinnerte sich, dass sie einen sehr oberflächlichen Blick auf irgendeinen Überfluss beim Schreiben mit der Maschine geworfen hatte, der ihr völlig unbedenklich vorgekommen war. Es war ihr vollkommen egal, ob er es akzeptierte oder nicht, sie wollte nur nicht zu deutlich gleichgültig sein. Jetzt nahm sie es auf und las es immer noch verständnislos durch, während ihre Gedanken beim Schicksal von Miss Cavell abwesend waren. „Nun! Worum geht es bei all dem Wirbel? Ich sehe immer noch nichts darin. Es ist einfach nur der gewöhnliche sentimentale Schlagabtausch, den ein französischer Versdichter in Massen hervorbringen kann."

„Es ist *viel* schlimmer als das! Es ist eine schreckliche – was die Franzosen ‚Akrostiche' nennen , eine tödliche Beleidigung für unser Volk. Und ich habe es nie gesehen, der Herausgeber hat es nie gesehen, und selbst Sie haben nie erraten, was es wirklich bedeutet." [6] Das Original war, wie Sie sagen, in Maschinenschrift, und unten standen der Name und die Adresse eines sehr bekannten homme de lettres : und die Worte: „ Offert à la rédaction de l'Ami de L" Bestellen .' Er sagt jetzt, er *hat es nie geschickt* . Als wir verstanden haben, was es bedeutet, werde ich zur Armee zurückgeschickt, also auf Wiedersehen Liebes Fräulein – wir waren gute Freunde. Dieser schreckliche Krieg – er hat alles verdorben. Jetzt können wir nie wieder mit England befreundet sein.

Er gab vielen Emotionen nach. Obwohl Vivie immer noch benommen war von dem nachhallenden Entsetzen über Edith Cavells Hinrichtung, versuchte sie, ihr inneres Gleichgewicht wiederzugewinnen und ihm für die Freundlichkeit zu danken, die er ihnen erwiesen hatte. Aber jetzt musste sie ihre Mutter sehen, die möglicherweise ebenfalls einen Schock erlitten hatte. Als sie in ihr Schlafzimmer ging, dachte sie darüber nach, dass nach der Abreise von Giesselins auch ihre eigene Verbannung in eine andere Unterkunft erfolgen musste. Sie würden an seiner Schande teilhaben.

Am nächsten Morgen gab ihnen der belgische Hotelmanager mit großem Bedauern eine einmonatige Warnung. Das Hotel würde für einen unbestimmten Bedarf der deutschen Regierung benötigt, und man hatte ihm mitgeteilt, dass dort niemand untergebracht werden dürfe, der nicht über eine Genehmigung der Kommandantur verfügte .

Drei Wochen lang suchte Vivie vergeblich nach Zimmern. Jeder geeignete Platz war entweder ausgebucht oder wurde aus nicht näher genannten Gründen abgelehnt. Sie war gezwungen, bescheidenen Kuchen zu essen, noch einmal an Gräfin von Stachelberg zu schreiben und ihm das Dilemma mitzuteilen, in dem sie sich befanden. Wusste diese freundliche Dame, wo man eine Unterkunft finden konnte? Sie selbst konnte jedes Unbehagen ertragen, aber ihre Mutter war krank. Wenn sie ihnen helfen könnte, würde Vivie sie demütig um Verzeihung für ihren wütenden Brief von vor drei Wochen bitten und ihre Arbeit im Krankenhaus wieder aufnehmen. Minna von Stachelberg beeilte sich zu antworten, dass es einige Dinge gäbe, die besser nicht schriftlich besprochen würden: Wenn Vivie sie eines Abends um sechs besuchen könnte, als sie eine leichte Erholung von der Arbeit hatte –

Vivie ging. Gräfin von Stachelberg , der Vivie jedoch anflehte, sie „Minna“ zu nennen, um den Geschlechtsverkehr zu erleichtern, sagte außer Hörweite : „Vielleicht sind wir alle tot, mein Lieber, bald eine Blutvergiftung, Bomben aus deinen Flugzeugen , ein Aufstand.“ gegen uns im Marolles- Viertel –“, sagte sehr deutlich, was sie von Edith Cavells Hinrichtung hielt. „Da muss ich an Talleyrand denken – nicht wahr ? – der sagte: ,Das ist ein Fehler, schlimmer als ein Verbrechen‘ ... diese schrecklichen alten Generäle, sie wissen nichts von der Welt außerhalb Deutschlands.“ Was ihren Cousin Gottlieb von Giesselin betrifft : „Wirklich mein Schatz, wenn man in dieser Zeit des Schreckens es *wagt,* über irgendetwas zu lachen, finde ich – oh, es ist zu lustig, aber auch zu , schockierend ‘, wie wir annehmen, dass alle englischen Frauen sagen.“ Dennoch bin ich natürlich traurig um ihn, denn er ist ein guter, freundlicher Mann, und ich weiß, dass seine Frau sehr, sehr unglücklich sein wird, wenn sie hört – und das bedeutet, dass er mit Sicherheit sein Leben riskieren muss – Erobern Sie seine Position zurück, und er wird vor Verdun bei einem dieser schrecklichen Angriffe erschossen. Dann erzählte sie Vivie, wo sie Zimmer finden könnte, wo sie auf jeden Fall ihren Namen als Referenz verwenden könne. Außerdem: „Bleiben Sie vorerst weg und kümmern Sie sich um Ihre Mutter. Wenn sie sich ganz bequem eingelebt hat, kommen Sie zurück und arbeiten Sie mit mir – hier – es ist auf jeden Fall die einzige Möglichkeit, Ihre Landsleute zu sehen und ihnen zu helfen.“

Eines Tages im November, als ihre Kündigung im Hotel fast abgelaufen war, schlug Vivie ihrer Mutter eine Expedition vor. Sie würden langsam – denn Mrs. Warren geriet jetzt leicht außer Atem – zum Jardin Bontanique hinaufgehen ; Vivie würde sie dort im Palmenhaus zurücklassen. Es war warm; es war wenig besucht; Es gab Sitzplätze und die verantwortlichen Belgier kannten Mrs. Warren aus alten Zeiten. Anschließend fuhr Vivie mit der Straßenbahn über die inneren Boulevards und schaute sich einige von Minna von Stachelberg empfohlene Zimmer im Quartier St. Gilles an.

Frau Warren tat, was ihr gesagt wurde. Vivie ließ sie in einem der langen Glashäuser sitzen, von deren Terrasse aus man Brüssel überblicken konnte, wo viele Prachtstücke der Tropen versammelt sind: Palmen, Dracaenas, Yuccas, Aloe, Baumfarne, Palmfarne, Schraubenkiefern und Bananen: vielversprechend in einer Stunde zurück sein.

Irgendwie kam es Mrs. Warren, als sie dort saß, so vor, als würde es die letzte Stunde ihres völlig bewussten Lebens sein – vollkommen bewusst und dennoch eine merkwürdige Vermischung von Vergangenheit und Gegenwart. Sie hatte hier Mitte der siebziger Jahre mit Vivies Vater, dem jungen irischen Seminaristen, sechs Monate lang ihrem Liebhaber gesessen. Er interessierte sich vage für Botanik, und während seiner Genesung nach seinem Typhus, als sie noch seine Amme und nicht seine Geliebte war, brachte sie ihn hierher, um sich auszuruhen und den Anblick dieser Farne und Palmen zu genießen. Was für eine seltsame Vielfalt an Männern hatte sie gekannt. Einige hatte sie mehr oder weniger geliebt; einige hatte sie offen gesagt ausgenutzt. Einige – wie George Crofts und Baxendale Strangeways – hatte sie gefürchtet, obwohl sie auf ihre Weise versucht hatte, ihre Angst vor ihrer Gewalt zu verbergen. Also! Sie hatte den Reichen viel Geld weggenommen, aber die Armen hatte sie nie ausgeplündert. Ihre größte Eroberung – und das als Frau von vierzig Jahren – war die des Monarchen dieses Landes, das jetzt unter der Ferse des Kaisers zermalmt lag. Seit ein paar Monaten hatte er eine skurrile Vorliebe für ihr hübsches Gesicht, ihre gut erhaltene Figur und ihre amüsante Cockney-Sprache gefunden. Aber er hatte sie eher als Herrin seiner Menus Plaisirs, als seine Rekrutierungsagentin eingesetzt. Er hatte sie großzügig belohnt. Jetzt lag alles im Staub: ihre wunderschöne Villa Beau-séjour, eine verschmutzte Kaserne für deutsche Soldaten. Sie selbst war eine obdachlose Frau, die von den angesehenen Briten und Amerikanern abgelehnt wurde, die mehr oder weniger in dieser unglücklichen Stadt interniert waren.

Vor nicht viel mehr als einem Jahr war sie eine der angesehensten Persönlichkeiten in Brüssel und hatte ein großes Einkommen aus sicheren Investitionen. Jetzt hatte sie mit Sicherheit nur noch etwas über dreitausend Pfund in Banknoten, die sich im nächsten Monat als wertloses Papier herausstellen könnten. Und war sie sich ihrer überhaupt sicher? Hatte Vivie, bevor sie das Hotel verließen, daran gedacht, zumindest einen Teil dieser kostbaren Summe auf sich zu nehmen? Angenommen, während sie unterwegs waren und nach einer neuen Bleibe suchten, durchsuchten die Hotelangestellten oder die Polizei ihr Schlafzimmer und fanden den kleinen Schatz an Notizen? Diese eingebildete Gefahr brachte sie zum Weinen. Sie waren jetzt so freundschaftslos, dass sie sich ganz besonders verlassen fühlte. Hatte sie diese Strafe des Schicksals verdient? Gab es schließlich einen Gott, der sich viel um sexuelle Dummheiten scherte und dich für Unregelmäßigkeiten bestrafte – dafür, dass du in deiner Jugend Liebhaber hattest, deine Tugenden verkauft und andere Frauen dazu gebracht hast, ihre zu verkaufen? Würde sie bald sterben und gab es ein Jenseits?' Sie brach vor lauter Trauer in Tränen aus.

Ein älterer Gärtner, der im Nebenhaus geschnippelt und gefegt hatte, kam auf sie zu und erkannte sie vage als eine bekannte Brüsselerin, eine gutmütige Dame, eine Ausländerin, die seltsamerweise Flämisch sprach. „Ach", sagte er und blickte dorthin, wo seiner Meinung nach die Quelle ihrer Tränen lag, auf den trüben Blick auf das schöne Brüssel durch das dampfende Glas, „ Onze." Arme , alt Brüssel ." Mrs. Warren weinte hemmungslos. „Madame ist krank?" fragte er. Mrs. Warren nickte – sie fühlte sich tatsächlich sehr krank und schwindelig. Er verließ sie und kam kurz darauf mit einem kleinen Glas Schnaps zurück. „Wenn Madame schwach ist – „?" Sie nippte an dem Likör und fühlte sich bald besser. Dann sprachen sie über alte Zeiten. Madame hatte das Hotel Leopold II in der Rue Royale geführt? Ah, *jetzt* platzierte er sie. Ein *hervorragendes* Haus, von dem immer gut gesprochen wurde. Der Respekt kehrte ein wenig zurück. „Ja", sagte sie, „nie eine Beschwerde! Ich habe mich wie eine Mutter um diese Mädchen gekümmert, das habe ich tatsächlich getan. Von dort aus haben viele gut geheiratet." Der Gärtner bestätigte ihre Aussage und fügte hinzu, dass ihre *Klientel zu den* vornehmsten gehörte . Er besaß ein eigenes Blumengeschäft und hatte oft das Privileg, Blumensträuße an die Rentner von Madame zu schicken Aber Madame war in diesen traurigen Zeiten sicherlich nicht allein. Hatte er sie nicht mit einer hübschen englischen Dame hierherkommen sehen, die angeblich mit einem der deutschen Beamten *zusammen war ?*

„ *Das* war meine Tochter", teilte ihm Mrs. Warren stolz mit. „Sie ist eine Frau, die einen hohen Abschluss an einer englischen Universität gemacht hat. Sie war eine wichtige Person in der englischen feministischen Bewegung. Als dieser schreckliche Krieg stattfand." ist vorbei, ich und meine Tochter werden-"

An dieser Stelle trat Vivie ein. „ *Mutter* , ich hoffe, du hast mich nicht vermisst, warst du nicht unwohl?" sagte sie und blickte eher fragend auf das Gläschen Schnaps, das erst zur Hälfte getrunken war.

„Nun ja, meine Liebe, das habe ich. *Schreckliche* Niedergeschlagenheit und alles schwimmt. Ich dachte, ich würde ohnmächtig werden. Aber dieser Mann hier war so nett" – ihre Tränen flossen erneut – „Wir haben über alte Zeiten geredet; er kannte mich früher –"

Vivie : „Ganz recht. Aber ich denke, Liebes, wir sollten besser zurückgehen. Ich möchte mit dir über die neuen Räume sprechen, die ich gesehen habe. Bist du bereit, zu Fuß zu gehen? Wenn nicht , würde dieser freundliche Mann vielleicht versuchen, dorthin zu gelangen uns ein Taxi...?"

Aber Mrs. Warren sagte, es sei keine Entfernung, nur um die Ecke, und sie könne gut laufen. Wenn sie zurückkamen, legte sie sich hin. Vivie, die die Gedanken ihrer Mutter las, drückte dem Gärtner nicht widerwillig einen Fünf-Franc-Schein in die Handfläche, und sie erreichten die Rue Royale zurück.

Doch gerade als sie durch die Drehtür des Hotel Impérial gingen , kam ein als Manager eingesetzter Deutscher mit zwei Soldaten heran und sagte brisant: „ Heraus ! Foutez -nous le camp! Aout you go! Don't show your." Gesicht hier wieder!"

„Aber", sagte Vivie, „unsere Kündigung läuft erst Ende dieser Woche ab...!"

„Das macht nichts . Die Zimmer werden gesucht und ich werde Sie nicht auf dem Gelände haben. Los geht's, oder diese Soldaten bringen euch beide zur Kommandantur .

„Aber unser Gepäck? Du lässt mich *doch sicher* auf unser Zimmer gehen und es packen – und mitnehmen? Wir ..."

„Ihr Gepäck ist gepackt und liegt im Flur. Wenn Sie es holen lassen, soll es Ihrem Boten übergeben werden. Aber Sie dürfen keine Minute länger auf dem Gelände bleiben. Verstehen Sie?" er hätte fast geschrien.

"Aber-"

Zur Antwort packten die Soldaten sie an den Schultern und wirbelten sie durch die Drehtür auf den Bürgersteig, wo sich eine Menschenmenge zu sammeln begann, wie es im Frieden oder im Krieg der Fall ist, wenn man in Brüssel zweimal hustet oder dreimal niest. " Englische Hure! Englische „ Küpplerin ", riefen die Soldaten, als sie sich zurückzogen und die Drehtür verriegelten. Mrs. Warren wurde lila und schwankte. Vivie packte sie mit ihrem starken Arm um die Taille ... So wurde Mrs. Warren aus dem einst heimeligen Gasthaus geworfen, das sie hatte sich durch ihre Energie, ihr Management und ihr Kapital in das zweitgrößte Gasthaus von Brüssel verwandelt; so wurde Vivie aus ihrem Geburtsort vertrieben ...

Als ein belgischer Gendarm das Geschrei hörte und die Menge sah, kam er herbei. Zu ihm sagte Vivie: „Si vous." êtes Chrétien et pas Allemand-" " Prenez „Garde , Madame", sagte er warnend, „Vous m'aiderez à porter ma mère à quelqu ' endroit du elle peut se remettre ..."

Er half ihr, die träge alte Frau über die Straße und ein kurzes Stück auf dem gegenüberliegenden Bürgersteig zu tragen. Hier gab es einen hübschen, bescheiden aussehenden Teeladen mit dem Namen Walcker auf der Vorderseite und in die Glasscheibe eingelassen waren die Worte „Tea Rooms". Diese stammten natürlich aus der Zeit lange vor dem Krieg, als der beste chinesische Tee nur vier Franken pro Halbkilo kostete und sich in

Brüssel die Mode des Nachmittagstees etabliert hatte. Vivie und ihre Mutter waren in glücklicheren Tagen oft in Walckers Laden gegangen, um eine Tasse Tee und köstliche hausgemachte Backwaren zu trinken. Abgesehen von den Kuchen, die in der Vorkriegszeit von selten unerreichter Qualität waren , waren sie von der sympathisch aussehenden Kellnerin angezogen worden. Sie sah so englisch aus, obwohl sie nur Französisch und Flämisch sprach. Hinter dem Laden befand sich ein gemütlicher kleiner Raum, in dem die intimeren Kunden mit Tee bedient wurden; ein Zimmer mit Blick auf einen kleinen Gartenplatz. Dorthin wurde Mrs. Warren getragen oder gestützt. Sie erlangte leicht das Bewusstsein zurück, als sie auf einen Stuhl gesetzt wurde, öffnete ihre Augen und sagte „Danke, meine Lieben." Dann fiel ihr Kopf zur Seite und sie war tot – scheinbar …

Der *Agent der Polizei* ging los, um einen Arzt zu holen und die Menge der *Ketjes zu zerstreuen* [7] und Faulenzer, die sich vom Hotel in den Teeladen verlagert hatten. Die Ladenfrau, einer dieser Engel der Güte, die unerwartet auf den Wegen unglücklicher Menschen auftauchen, rief eine stämmige Dienerin aus der Küche, und die drei trugen Mrs. Warren aus der inneren Teestube hinein die hinteren Räumlichkeiten und ein Gästezimmer. Hier wurde sie auf das Bett gelegt, teilweise ausgezogen und mit allen verfügbaren und wahrscheinlichen Wiederherstellungsmitteln versehen.

Als der Arzt kam, erklärte er sie für tot und ging davon aus, dass es sich wahrscheinlich um einen Bluterguss im Gehirn handelte, konnte sich aber erst nach einer Autopsie sicher sein.

"Was *soll* ich tun?" sagte Vivie und dachte laut nach....

„Bleiben Sie hier, bis alle Formalitäten erledigt sind und Sie woanders ein Zimmer finden können", sagte Frau. Trouessart , der Besitzer und Diener des Teeladens. „Ich habe noch ein Gästezimmer. Im Moment sind meine Locataires weg. Ich kenne Sie beide sehr gut vom Sehen, Sie waren unsere Kunden in den glücklichen Tagen vor dem Krieg. Madame votre mère war, glaube ich, die Gérante des Hotels Édouard-Sept, als ich zum ersten Mal hierher kam, um die Leitung zu übernehmen. Seitdem hast du oft meinen Tee getrunken. Ich nenne mich „ Trouessart ", das ist mein Name mari qui est … qui est –Vous pouvez terrible où il est , où Est à present tout Belge loyal qui peut servir . Le nom Walcker? Das ist der Name des Vaters , und das Besondere ist , dass er ein englischer Name ist verwandelte ein Kind in Flamand. Mon arrière -grand- père etait Soldat Englisch . Ich werde nach Waterloo fliegen . Was mich betrifft, spreche ich kein Englisch – und auch kein bisschen Englisch .

Während die Ärzte sich mit ihrer grausamen Aufgabe beschäftigten und Vivie überredet wurde, etwas zu essen, erklärte sie weiter, dass ihr Urgroßvater ein Soldat gewesen sei, der eine Belgierin geheiratet und sich genau an dieser Stelle niedergelassen habe Shop vor hundert Jahren. Er und seine Frau hatten schon damals eine Teespezialität für englische Touristen zubereitet. Sie, seine Urenkelin, hatte nach ihrer Heirat mit Monsieur Trouessart das Geschäft unter dem alten Namen Walker weitergeführt, der als flämisch als Walcker aussah.

Als Vivie allein war, dachte sie plötzlich an die Geldfrage. Sie erinnerte sich, dass sie, bevor sie sich auf die Suche nach Zimmern machte, die Hälfte der Notizen aus ihrem Versteck in eine Innentasche gesteckt hatte. Sie waren immer noch da. Aber was ist mit ihrem Gepäck und dem ihrer Mutter und dem Rest des Geldes? In ihrer Not schrieb sie an Gräfin von Stachelberg . Minna kam abends um halb sechs aus ihrem Krankenhaus. Zu diesem Zeitpunkt hatte der Arzt die erforderliche Bescheinigung über die Todesursache ausgestellt und ein Bestatter war vor Ort, um seine Vorbereitungen zu treffen.

Minna ging mit Vivie zum Hotel Impérial . Als sie in ihrer Uniform des Roten Kreuzes erschien, wurde sie eingelassen, gab sich als Gräfin von Stachelberg aus und wollte wissen, welche Rechtfertigung der Manager für seine außergewöhnliche Brutalität gegenüber diesen englischen Damen vorbringen könne, die zum Tod der älteren Dame geführt habe . Der Manager antwortete, dass, da der Allerhöchste selbst noch am selben Abend eintreffen würde, um seine Wohnung im Hotel Impérial zu beziehen , die Räumlichkeiten des Hotels beschlagnahmt worden seien usw. usw. Er weigerte sich immer noch strikt, Vivie den Weg in ihr Zimmer zu gestatten und suche nach ihrem Geld. Vielleicht durfte sie das tun, wenn der Kaiser nicht mehr da war. Was ihr Gepäck betraf, würde er es zum Teeladen schicken lassen. (Das Geld bekam sie, wie man anmerken sollte, nie wieder zurück. Außerdem fehlten viele Dinge in den Koffern ihrer Mutter, und es wurde nie eine Befriedigung erzielt.)

Da war Vivie, an einem trüben, regnerischen Novemberabend im Jahr 1915; Obdachlos, ihre Mutter tot in einem Zimmer dieses Teeladens liegend und in ihrer eigenen Tasche nur dreißigtausend Francs, um sie bis zum Ende des Krieges zu versorgen. Tausend Pfund in schwankendem Wert waren alles, was von nominell zwanzigtausend Pfund aus dem Vorjahr übrig blieb.

Doch der finanzielle Aspekt des Falles kümmerte sie vorerst nicht. Der Tod ihrer Mutter war ein überwältigender Schock gewesen, und als sie zum Hotel hinüberging – was für eine Ironie übrigens, zu glauben, dass sie dort vor neununddreißig Jahren geboren worden war, in dem alten Gasthaus, das dem zweimaligen Umbau vorausgegangen war Hotel! – als sie mit Minna die Straße überquerte, mit glühenden, tränenlosen Augen und dem Wunsch, den Hotelmanager und seine Schergen am Mantelkragen zu packen, auf die Straße zu werfen *und* ihr das Recht einzufordern, zu ihr zu gehen Zimmer.

Aber nun war ihre Gewalt erschöpft und sie war eine gebrochene, weinende Frau, die die ganze Nacht am Bett ihrer toten Mutter saß, die kalte Hand hielt und Küsse auf das tote Gesicht drückte, das nun das einer heiligen Person ohne jegliches davon war verwerflich in seinen Zügen.

Noode stattfinden , in der Nähe des schaurigen Nationalschießplatzes, wo Edith Cavell und zahlreiche belgische Patrioten kürzlich hingerichtet worden waren. Minna von Stachelberg verließ ihr Krankenhaus unter der Leitung einer anderen Person und bestand darauf, Vivie zur Beerdigung zu begleiten. Das könnte rein „ laizistisch “ gewesen sein ; nicht aufgrund einer scharfen Abneigung von Vivies Seite gegen die religiöse Zeremonie; nur deshalb, weil sie keinen Priester oder Pfarrer kannte. Aber am Grab erschien ein belgischer Baptistenpfarrer, ein Verwandter von Madame, um eine sehr passende und rührende Ansprache zu halten und ein oder zwei innige Gebete zu sprechen. Trouessart .

Waterloo hat viele merkwürdige Dinge hinterlassen. Nicht nur ein oder zwei Teeläden; sondern ein nonkonformistischer Kern, der sich, wie es Sergeant Walker oder Walcker getan hatten, mit belgischen Frauen und linken Nachkommen vermischte, die in der dritten Generation – und durch angeborene Kraft , Sparsamkeit, Ehe und Bekehrung – eine ziemlich zahlreiche Gemeinde aufgebaut hatten, die sogar wuchs groß genug und reich genug, um eine eigene Mission im Kongoland zu unterhalten . Freundliche Frau. Trouessart (geb. Walcker), verzweifelt und ungewöhnlich bewegt über die traurigen Umstände von Mrs. Warrens Tod, hatte ihren Onkel, den Baptistenpastor, hinzugezogen (der auf unerklärliche Weise auch einen Auftrag für die Heilsarmee zu haben schien). Er betete schweigend am Sterbebett, was unter den gegebenen Umständen taktvoller war als offene Fürbitte. Er half sehr bei allen Formalitäten der Beerdigung und kümmerte sich selbst um die Organisation der Zeremonie, so dass alles angemessen und mit Sicherheit zur Zufriedenheit der anwesenden Belgier ablief. Solche Menschen wären religiös aufgeschlossen – Sie könnten Protestant sein, wenn Sie nicht katholisch wären, oder Sie könnten Jude sein; aber eine Beerdigung ohne ein äußeres Zeichen des Glaubens und der Hoffnung hätte sie verwirrt und beunruhigt.

Zu Vivies großer Überraschung gab es bei der Zeremonie eine beträchtliche Besucherzahl. Sie hatte nicht mehr erwartet als die Gesellschaft von Minna – einer unprofessionellen , aber echten Christin, falls es jemals eine gab, und der ebenso christlichen, wenn auch ebenso hedonistischen Frau. Trouessart . Aber es kamen noch eine ganze Reihe Ladenbesitzer aus der Rue Royale, den Rues de Schaerbeek, du Marais, de Lione und de l'Association , mit denen Mrs. Warren in den vergangenen Jahren Geschäfte gemacht hatte. „

C'etait „une dame *très* convenable“, sagte ein Lieferant, und die anderen stimmten zu. „Elle me paya écus. “ Sonnanten “, sagte ein anderer, „et toujours sans marchander .“ Es war sogar ein angesehenerer Bekannter aus der Vergangenheit anwesend: ein längst pensionierter Commissaire de Police des Quartiers, in dem sich Mrs. Warrens Hotel befand.

Er erschien im eng zugeknöpften Gehrock des Zivillebens, mit einer winzigen Scheibe bürgerlicher Verzierung im Knopfloch und einem unglaublich hohen Kaminhut. Er kam, um ihm seinen *Respekt zu erweisen Hommagen* an die Maîtresse -Femme, die ihr Geschäft im Einklang mit den vier Ecken des Gesetzes geführt hatte, „ sans avoir Maille à partir mit der Polizei der Mœurs .

Zumindest Mrs. Warren starb mit dem Ruf einer Person, die ihre Rechnungen pünktlich bezahlte; und der ganze *Beistand* , der langsam nach Brüssel zurückging, erinnerte an manche Tat der Freundlichkeit und heiteren Nächstenliebe seitens der toten Engländerin.

Als Vivie ihre Angelegenheiten unter die Lupe nahm, beauftragte sie Monsieur Walcker, den Baptistenpasteur , einen Brief an das amerikanische Generalkonsulat zu überbringen. Walcker war an solche Missionen gewöhnt, von denen die deutsche Regierung mehr oder weniger Kenntnis hatte. Neben vielen widersprüchlichen Merkmalen hatten die Deutschen großen Respekt vor der Religion und eine große Toleranz gegenüber ihren Formen. Sie erkannten nicht nur den Unterschied zwischen Juden und Christen, Katholiken und Lutheranern, sondern auch zwischen der Church of England und den verschiedenen Freikirchen Großbritanniens und Amerikas. Die vielen Menschen, die sie zum Tode verurteilt haben, müssen alle ihren angemessenen religiösen Trost erfahren, bevor sie sich der Entlassungsgruppe stellen können. Für Katholiken, Lutheraner und Calvinisten wurde gesorgt; es gab einen Kaplan der Church of England für die bekennenden Anglikaner; aber was sollte für die Freikirchen und nonkonformistischen Sekten der Angelsachsen getan werden? Sie wurden von keinem gefangenen Pfarrer vertreten; Deshalb wurde dieser hochgeschätzte Monsieur Walcker, der belgische Baptist, hinzugezogen, um dem nonkonformistischen Geist in seiner letzten Agonie beizustehen. Er hatte daher eine quasi-amtliche Stellung inne und wurde häufig mit Missionen betraut, die von jedem anderen mit Strafe geahndet worden wären . Dadurch war er in der Lage, Vivies Mitteilung mit einiger Wahrscheinlichkeit an den amerikanischen Generalkonsul zu übermitteln und sie weiterzuleiten. Es enthielt keinen weiteren Appell an eine amerikanische Intervention als diesen: dass der Generalkonsul versuchen würde, die Nachricht vom Tod ihrer Mutter an bestimmte Anwälte und an Lewis Maitland Praed ARA in Hans Place nach England zu übermitteln.

Vierzehn Tage nach dem Tod ihrer Mutter ging sie zur Brüsseler Bank, während sie noch die Gastfreundschaft von Madame Trouessart in Anspruch nahm: um den Schmuck und die Teller abzuheben , die sie dort auf das Konto ihrer Mutter deponiert hatte. Aber dort sah sie sich mit der Bürokratie des Lateinischen konfrontiert, die noch gewaltiger ist als die des heutigen Landes Dora. Diese hinterlegten Artikel wurden auf Befehl von Frau Warren aufbewahrt; Sie konnten nicht aufgegeben werden, bis ihr Testament bewiesen und Verwaltungsurkunden bewilligt worden waren. Daher wurde *diese* kleine finanzielle Ressource zumindest bis einige Zeit nach der Friedenserklärung zurückgehalten. Sie hatte jedoch tausend Pfund (in Scheinen) zwischen sich und dem Elend und der Freundschaft von Minna von Stachelberg . Sie würde ihren Abendunterricht in Englisch wieder aufnehmen – Madame Trouessart hatte mehrere Schülerinnen für sie gefunden – und sie würde – wie sie freundlicherweise eingeladen wurde – beim Baptistenpfarrer und seiner Frau in der Rue Haute wohnen. Und sie würde Minna im Krankenhaus helfen und hoffte, mit der Gelegenheit belohnt zu werden, den verwundeten britischen Gefangenen Trost und Trost zu spenden.

So verbrachte sie das Jahr 1916 ohne unerträgliches Elend. Es gab wenig Nahrungsmittel, und die Kälte war manchmal grausam. Aber Madame Walcker war eine wunderbare Köchin und konnte aus einem Wurstspieß Suppe kochen und häufte *Edredons* auf Vivies Bett. Vivie seufzte ein wenig über die blauen Plakate, die endlose deutsche Siege zu Lande und zur See ankündigten; und sie schnappte nach Luft, als sie die schrecklichen Roten Plakate mit den Listen der von den Militärgerichten zum Tode verurteilten Opfer sah. Sie knirschte mit den Zähnen über die Ankündigung der Verurteilung von Gabrielle Petit und schwärmte hinter der verschlossenen Tür von Minnas kleinem Wohnzimmer – und sie schloss die Tür nur, um Minna nicht zu kompromittieren – über den Justizmord an dieser belgischen Heldin, die erschossen wurde. ebenso wie Edith Cavell, die jungen Belgiern nur dabei half, aus dem von Deutschland besetzten Belgien zu fliehen.

Sie war Zeugin der Luftangriffe der Alliierten, bei denen nur Trostpapiere auf die Stadt Brüssel abgeworfen wurden, auf den deutschen Flugplätzen außerhalb jedoch Bomben; und sie sah auch, wie die Deutschen ihre Geschütze von den Flugzeugen – die außerhalb ihrer Reichweite flogen oder unterhalb ihrer Reichweite flogen – auf dicht besiedelte Straßen der ärmeren Viertel richteten, um ihnen beizubringen, die Flugzeuge der Alliierten anzufeuern!

Sie war Zeugin zahlreicher Vergewaltigungen, die als Grausamkeit und unvernünftige Grausamkeit seitens deutscher Beamter oder Soldaten angesehen wurden – oder es wurden ihr davon erzählt; Dennoch sahen oder hörten sie von Taten und Episoden unerwarteter Freundlichkeit, Nachsicht und Mitgefühl seitens derselben verhassten Menschen. Von Giesselin war schließlich ein nicht ungewöhnlicher Typ; und was Minna von Stachelberg betrifft, sie war eine Heilige der Neuen Religion, des Dienstes am Menschen.

---

[6] Ich habe eine Kopie erhalten und gebe sie hier ab, da sie für die Ereignisse der deutschen Besatzung eine fast historische Bedeutung hatte. Aber der Leser muss seine Bedeutung selbst interpretieren.

LA GUERRE

Ma soeur, vous souvient -il qu'aux Tage von uns Enfance,
En lisant les hauts fails de l'histoire de France,
Remplis d'admiration pour nos frères Gaulois,
Des généraux Können wir uns die Exploits vorstellen ?

In unseren Kindermächten, unseren Siegesnamen Prenaient un
sens mystique evocateur of
gloires ; Bei ne rêvait qu'assauts et Combats; eine Nr Ja,
ein General vainqueur etait l'égal des dieux .

Rien ne semblait ternir l'éclat de ces Eroberungen .
Die Batailles Prenaient des allures de fêtes
Et nous ne sonions pas qu'aux hurrahs triomphants
Se mêlaient les sanglots of mères, des enfants.

Ah! Nous la connaissons, hélas, l'horrible guerre:
Le fléau qui punit les crimes de la terre,
Le mot qui fait trembler les mères à genoux
Et qui seme le deuil et la mort parmi nous!

Mehr als sqnt les lauriers que reservieren Die Geschichte
eines Mannes, der Den Sieg
erzwingen ? Keine Spur von Cueillira : Die Lorbeerblätter Sohn flétris
Nur eine Zypresse sie ist in unseren Reihen Sohn .

[7] Straßenkinder von Brüssel. Wie sie die Deutschen belästigten und sie wütend machten, indem sie ihre militärischen Manöver nachahmten !

Kapitel XVIII

DIE BOMBE IN PORTLAND PLACE

Frau Rossiter sagte sich 1915, dass sie seit Kriegsbeginn kaum einen glücklichen Tag oder auch nur eine glückliche Stunde erlebt habe. Erstens hatte Michael gegenüber Staatsministern wegen der Freilassung „dieser" Miss Warren – „einer Sträfling, die eine Strafe zu Zwangsarbeit verbüßt" – erneut heftige Wut an den Tag gelegt . Und als er sie dann freigelassen hatte und selbst mit ihrem schönen neuen Motor losgefahren war – was *hätte* der Chauffeur auch nur denken sollen? –, um sie am Gefängnistor zu treffen, war er hinterher *da* und machte sich Sorgen über den Krieg: nicht zufrieden damit Sie wollte, wie die meisten ihrer Freunde und die Zeitungen, alles Lord Kitchener und Mr. Asquith, Sir Edward Grey und sogar Mr. Lloyd George überlassen – obwohl letzterer einige ziemlich dumme und übertriebene Reden darüber gehalten hatte Alkohol. Wenn Michael so weitermachen würde, würde er *niemals* zum Ritter geschlagen werden!

Als Michael dann dank General Armstrong endlich seinen richtigen Platz gefunden hatte und – wie es in den Zeitungen hieß – als „Heiler der Verstümmelten" Wunder vollbrachte, wurde sie allein in Portland Place zurückgelassen und hatte kaum jemanden, mit dem sie sprechen konnte. und all ihre Bekannten – sie erkannte jetzt, dass sie kaum ihre Freunde waren – waren zu sehr mit der Kriegsarbeit beschäftigt, um einen Nachmittag damit zu verbringen, bei einem üppigen Tee, der immer noch von einem Butler und einem Lakaien serviert wurde, nichts sehr Wichtiges zu besprechen.

Kurz darauf ging auch der Butler, um sich dem Professor in Frankreich anzuschließen, und der Lakai meldete sich, und der Tee musste von einem *Distraite serviert werden* Sie war ein Stubenmädchen , das eine Munitionsfabrik im Auge hatte – damit sie „darin" sein konnte – und ihr Herz in der Obhut des Lakaien, der unwiderstehlich war, da er Khaki trug.

Frau Rossiter sagte natürlich 1914, dass sie mit der Kriegsarbeit beginnen würde. Sie spendete großzügige Beiträge an die Soldiers' and Sailors' Families' Association, an das Rote Kreuz, an den Prince of Wales's Fund (eines der ungelösten Rätsel der Kriegszeit ... was ist daraus geworden?), an den Cigarette Fund, der 1914 Christmas Plum Pudding Fund, der Blue Cross, der Purple Cross, der Green Cross Fund; für die außergewöhnlich gute Arbeit in St. Dunstan's und in Petersham – (ich bin froh, dass sie *ihnen* jeweils einhundert Pfund gegeben hat); und zu den französischen, belgischen, russischen, italienischen, serbischen, portugiesischen und japanischen Flaggentagen und zu unserem eigenen Tag; Außerdem bereicherte er eine Reihe halbbetrügerischer Kriegswohltätigkeitsorganisationen mit verlockenden Titeln.

Aber wenn sie nicht nur großzügig für all diese lobenswerten Bemühungen zur Milderung der Schrecken des Krieges bezahlte, sondern stattdessen persönliche Dienste leistete, wurde sie zur Verzweiflung der bezahlten Organisatoren und geschäftsmäßigen Arbeiter. Sie konnte weder addieren noch subtrahieren oder dividieren, ohne mit Sicherheit ein korrektes Ergebnis zu erhalten; Sie konnte die schwierigeren Wörter nicht buchstabieren oder sich die richtigen Buchstaben merken, die sie nach den Namen angesehener Personen setzen sollte, wenn sie Umschläge in ihrer großen, kindlichen Handschrift adressierte; Es war ihr nicht zuzutrauen, Nachforschungen anzustellen oder betrügerische Einsprüche aufzudecken. Sie verlor Quittungen und begriff nie, wie wichtig Gutscheine sind; Sie vergaß, die Zählblätter auszufüllen, oder füllte sie, wenn man sie daran erinnerte, „aus dem Gedächtnis" aus, sodass sie nicht übereinstimmten; Sie unterschrieb ihren Namen, falls überhaupt Leerzeichen zur Auswahl standen, an der völlig falschen Stelle.

Deshalb wurden taktvolle Sekretärinnen oder stellvertretende Sekretärinnen ausnahmslos angewiesen, ihr – sehr nett – zu erklären, dass „sie keine Geschäftsfrau" sei (das klang für die Tochter von Großhändlern ziemlich schmeichelhaft), und dass sie zwar von unschätzbarem Wert sei Als „Name", als Gönnerin oder als eine von achtzehn Vizepräsidenten war sie als Arbeitskraft überhaupt nicht von Nutzen.

Sie hatte kein Landhaus, das sie der Regierung als Genesungsheim zur Verfügung stellen konnte. Nach einigen Experimenten verbot Michael ihr, dienstunfähigen Beamten im No. 1 Park Crescent Gastfreundschaft anzubieten. Diejenigen, die ihr im Frühjahr 1915 anvertraut wurden, stellten bald fest, dass sie – wie sie es ausdrückten – „ein aufgeblasener kleiner Mittelklasse-Narr" war, der keinerlei Autorität ausübte. Sie tummelten sich im Labor mit Krankenschwestern des Roten Kreuzes, zerbrachen Proben und machten sehr unfreundliche und laute Dinge ... abgesehen davon, dass sie sowohl im großen *als auch* im kleinen Speisesaal rauchten. Daher lebte sie nach dem Sommer 1915 sehr allein, außer dass sie gelegentlich die Adams-Kinder aus Marylebone hatte, die den Tag mit ihr verbrachten.

Die arme Frau Adams war zwar eine tapfere Arbeiterin, aber sehr niedergeschlagen und unglücklich. Sie vertraute Mrs. Rossiter an, dass sie ihren Bert zwar sehr liebte – „und einen besseren Ehemann, den Sie kaum finden können" –, dass er jedoch nie ganz ihr gehörte. „Immer so versunken in diese Miss Warren oder ihre Cousine, den Rechtsanwalt." Und kaum war der Krieg ausgebrochen, machte er sich auch schon auf den Weg nach Frankreich, als eine Art Missionar, wie sie glaubte – der Christ der jungen Männer. Irgendetwas; „Allerdings schien er vor dem Krieg nicht sonderlich an der Religion festzuhalten, und sie konnte ihn nur manchmal an einem Sonntagmorgen in die Kirche bringen. Oh ja, sie hatte ihr Geld in Ordnung;

und das konnte sie nicht sagen." Zu viel von der Freundlichkeit von Herrn und Frau Rossiter. Da war Bert, der nicht die geringste Arbeit für den Professor leistete , und trotzdem blieb sein Gehalt bestehen, weil Bert da draußen blieb , und alles gefunden."

jedoch ein kleiner Trost für Mrs. Rossiter, die sie als eine sehr vornehme und überaus freundliche Dame betrachteten.

Frau Rossiter versuchte 1915 manchmal, Arbeitsgruppen in ihrem Haus oder im Atelier abzuhalten; Und wenn sie Arbeiter anlocken konnte, versorgte sie sie mit so üppigen Mittagessen und üppigen Tees, dass sehr wenig Arbeit geleistet wurde, zumal sie selbst einen langen, ziellosen Klatsch über die königliche Familie liebte oder darüber, ob Lord Kitchener jemals *wirklich* verliebt gewesen war. Oder sie versuchte es, da sie selbst eine arme Arbeiterin war – ihr einziges Trikot und ihr Schal wurden tatsächlich von ihrer Zofe fertig gestellt –, indem sie den Strickerinnen oder Nähern laut vorlas, vorzugsweise aus den Werken von Miss Charlotte Yonge oder einer ähnlichen Schriftstellerin aus späterer Zeit. Doch das störte ihren Sinn für das Lächerliche zu sehr. Denn sie las sehr gestelzt, mit einem seltsam exotischen Akzent für die Liebespassagen oder die Todesszenen. Wie Lady Victoria Freebooter sagte, wäre sie bei einer Matinée im Varieté, bei der Spenden für Wohltätigkeitsorganisationen im Krieg gesammelt wurden, *von unschätzbarem Wert* gewesen , wenn man sie nur hätte bewegen können , eine Viertelstunde lang Passagen von Miss Yonge in *dieser Stimme vorzulesen*. Sogar die Königin hätte lachen müssen.

Da dies jedoch nicht zu erreichen war, kam man zu dem Schluss, dass die Arbeitspartys in ihrem Haus zu zu viel Schwindel durch unterdrücktes Kichern oder zu Benommenheit durch zu viel Essen führten. Also verfiel sie erneut in die Einsamkeit. Bedauerlicherweise wurden Luftangriffe in London nun zu Ereignissen, die gelegentlich Schrecken und Angst auslösten, und das hielt Cousine Sophie aus Darlington, Cousin Matty aus Leeds, Josephs Frau aus Northallerton oder alte, verheiratete Schulkameraden aus anderen Städten im Norden oder im Mittelland davon ab, an ihrem Fasten teilzunehmen Gastfreundschaft. Außerdem schienen sie alle beschäftigt zu sein, entweder mit den Geschäften ihres abwesenden Mannes oder ihrer Söhne, oder weil sie selbst in die Kriegsarbeit vertieft waren. „Und wirklich, in diesen Zeiten konnte ich Linda nicht länger als fünf Minuten ertragen", sagte einer von ihnen.

Was die Luftangriffe betraf, so war sie nicht besonders beunruhigt. Natürlich war es sehr unangenehm, dass London nachts so dunkel war, aber sie ging schließlich nur nachmittags und nie abends aus. Und die Deutschen schienen zufrieden und wählerisch genug zu sein, die, wie sie es nannte, „Wohnviertel" von London nicht zu *bombardieren* . Der nächstgelegene Ort zu Portland war

Hampstead oder Bloomsbury. „Wir werden durch die Weiten des Regent's Park beschützt, mein Lieber. Sie möchten ihre Bomben nicht an mich verschwenden!"

Allerdings gefiel es ihrer Zofe überhaupt nicht, dass die Deutschen oder unsere Flugzeuggeschütze einen Fehler begehen und in die Wohngebiete Londons eindringen könnten, und so überredete sie ihre Geliebte, einen Teil des Winters 1915/16 in Bournemouth zu verbringen. Hier war sie nicht glücklich und noch viel einsamer als in London. Es gefiel ihr nicht, den ganzen Weg für die Adams-Kinder zu schicken, sie hatte ein Wohnzimmer ganz für sich allein im Hotel und hatte Angst davor, draußen Bekanntschaften zu machen, da heutzutage jeder wollte, dass man etwas abonniert, und das auch Es war so unangenehm, „Nein" sagen zu müssen. Da sie keine gute Wanderin war, konnte sie die Talbot-Wälder nicht genießen. Das Meer machte sie traurig, als sie sich daran erinnerte, dass Michael auf der anderen Seite war und die U-Boote immer aktiver wurden: Kurz gesagt, Luftangriffe hin oder her, sie kehrte im März nach Hause zurück, und ihr Dienstmädchen, das seit zehn Jahren bei ihr war, warnte sie.

Doch dann hatte sie eine Inspiration! Sie engagierte Mrs. Albert Adams, um ihre Stelle einzunehmen, und obwohl das Stubenmädchen darüber Anstoß nahm und den Maler vom Hausdienst entließ, ging sie zur Munition, bis Sergeant Frederick Summers die Erlaubnis bekam, nach Hause zu kommen und sie zu heiraten; und sie waren gezwungen, an ihrer Stelle ein anderes Stubenmädchen zum doppelten Lohn einzustellen : Frau Rossiter hatte eine sehr kluge Sache getan. „Bert" war im vorangegangenen Februar drei Wochen zu Hause gewesen, und die kürzlich trauernde Frau Adams hatte ihre Tränen mit denen von Frau Rossiter über das Elend des Krieges vereint, der verheiratete Ehemänner und Ehefrauen trennte. Es linderte nun den Kummer beider, dass sie als Herrin und Dienstmädchen zusammen sein sollten. Der Koch – ein äußerst wichtiger Faktor – hatte Bertie immer gemocht und seine „süßen, hübschen kleinen Kinder" vergöttert. „Wenn du sie im Gästezimmer im vierten Stock schlafen lässt, neben ihrer Mutter, und tagsüber im Dienstbotenzimmer spielen, werden sie weder *mir* noch Ärger bereiten Die Mägde werden es lieben, sie zu belästigen , und sie werden Sie ein wenig aufmuntern, bis der Professor zurückkommt.

Frau Adams war eine sehr fähige Person, die Staub und Schmutz hasste. Das große Haus wünschte eine solche Intervention, da es seit dem Weggang des Butlers ziemlich schlampig geworden war, abgesehen von den Teilen, die von Mrs. Rossiter bewohnt wurden. Putzfrauen wurden eingesetzt, und es fanden Frühjahrsputzarbeiten in gigantischem Ausmaß statt, sodass Rossiter, als er zurückkam, dachte , es hätte noch nie so schön ausgesehen und seine Linda sei noch nie so fröhlich und gesellig gewesen.

Doch vor dieser glücklichen Bestätigung ihrer Weisheit, Nance Adams als Dienstmädchen und Faktotum zu engagieren, überkamen Mrs. Rossiter mehrere Wellen des Zweifels und der Verzweiflung. Da war die Frage des Wahlrechts. Nachdem Frau Rossiter von Mrs. Humphry Ward, Miss Violet Markham, Sir Almroth Wright – dessen *Prénom* sie nicht aussprechen konnte –, dem verstorbenen Lord Cromer und dem beeindruckenden Lord Curzon, zu den Gefahren der Frauenabstimmung bekehrt worden war, konnte sie sich nur schwer davon lösen ihr kompromissloser Widerstand gegen die Entrechtung ihres Geschlechts. Ein geschickter Verfechter des Unrechts hatte das Argument angeführt, dass *die Scheidungsgesetze stark ausgeweitet würden , sobald* Frauen das Wahlrecht hätten . Dies wäre Teil des Plans der wilden Frauen, sich alle zu verheiraten; das und *die Legalisierung der Polygamie* , die der Abstimmung *so sicher folgen würde wie die Nacht dem Tag* . Linda hatte eine unbestimmte Angst, dass ihr Michael diese Zügellosigkeit ausnutzen könnte, um sie abzusetzen, so wie Kaiserin Josephine zugunsten einer Rivalin, die Kinder hervorbrachte, an die Seite gestellt wurde; oder wenn die Polygamie in Kraft käme, könnte Miss Warren rechtmäßig die Zuneigung des Professors teilen.

Daher war sie im Laufe des Jahres 1916 sehr beunruhigt über die plötzliche Aufregung durch die Antisuffragisten. Da war es jedoch. Der lange Kampf ging siegreich zu Ende. Sowohl das Beispiel als auch die Vorschrift zeigten auf, was Frauen tun konnten und was wert war; Den Unannehmlichkeiten der Militanz folgten stichhaltige Argumente, und die Männer waren überzeugt. Oder besser gesagt, die Männer in der Masse und die kämpfenden Arbeiter waren schon seit einiger Zeit überzeugt, aber die großen Staatsmänner, die sich so hartnäckig gegen die Maßnahmen gewehrt hatten, wurden nun vor den Folgen ihrer eigenen Misswirtschaft bei der Durchführung der Maßnahmen weich Krieg.

Eine weitere Verwirrung und Besorgnis für Frau Rossiter entstand über den deutschen Spionagewahn. Sie war auf einer von Lady Towcesters Nachmittagspartys gewesen, „um unsere Stimmung aufrechtzuerhalten“. Lady Towcester sammelte für mindestens sechs verschiedene Wohltätigkeitsorganisationen und Fonds, und Mrs. Rossiter war eine großzügige Abonnentin aller sechs. Sie berührte das Holz des zentralen Teetisches und sagte zu Lady Victoria und Lady Helen Freebooter, wie glücklich sie (die innerhalb des von Lady Jeune festgelegten Gebiets lebten) bisher gewesen seien, den Luftangriffen entkommen zu sein.

„Aber wissen Sie nicht warum?“ sagte Lady Victoria.

Mrs. Rossiter hat das nicht getan.

„Denn in Manchester Square, in Cavendish-Grosvenor-Hanover Squares, in Portland Place – ein paar Türen von Ihrem eigenen Haus entfernt – in Harley

Street und Wigmore Street: dort leben besondere Freunde des Kaisers. Sie nennen sich *vielleicht bei englischen Namen*, Sie sind vielleicht sogar ehemalige Kabinettsminister, aber sie arbeiten trotzdem für den Kaiser. Und *er* wäre doch nicht so dumm, sie bombardieren zu lassen, oder?"

„Vor allem, da bekannt ist, dass es in einem Haus in Portland Place *eine drahtlose Installation gibt* , die mit einer ähnlichen Installation im Harz kommuniziert", fügte Lady Helen hinzu.

Das war eine halb beruhigende, halb erschreckende Aussage. Es war angenehm zu wissen, dass Sie unter den Fittichen des Kaisers lebten – Frau. Rossiter hoffte, dass das Ziel der Aeronauten richtig war und dass sie gute Kenntnisse der Londoner Topographie hatten. Gleichzeitig war es beunruhigend , das Gefühl zu haben, dass man in die letzte Explosion der Schurken verwickelt sein könnte, die dieser Schurkerei ein Ende setzen muss. Aber wenn Lady Vera und Lady Helen das alles mit Sicherheit wussten, warum erzählten sie es dann nicht der Polizei? „Was wäre das Gute? Sie würden alles leugnen und wir sollten nur wegen Verleumdung verklagt werden."

jedoch eine Vorstellung davon zu machen, wie das häusliche Leben in England durch Intrigen untergraben wurde, wurde ihr geraten, Mr. Dennis Eadie in „ *Der Mann, der zu Hause blieb* " *aufzusuchen* . Sie tat es und nahm Mrs. Adams zur Matinée mit zum Dress Circle. Beide waren sehr beeindruckt und erwarteten bei ihrer Rückkehr, dass sich die Kamine vollständig öffnen würden und deutsche Spione mit maskierten Gesichtern und Pistolen im Schornstein stehen würden.

schließlich durch die Ankunft von Rossiter im Herbst 1916 zerstreut. Er hatte den Rang eines Colonels im RAMC und trug die khakifarbene Uniform – Mrs. Rossiter dachte stolz – an einen General. Er hatte seinen Bart abrasiert und seinen Schnurrbart gestutzt und sah besonders soldatenhaft aus. Der Butler, der ihn begleitete, war zwar kein echter Soldat, sondern eine Art Unteroffizier in einem Sanitätskorps, wirkte ebenfalls ziemlich kriegerisch und hatte so viel zu sagen, dass Mrs. Rossiter das Gefühl hatte, er könne nie wieder Butler werden. Aber er tat es trotzdem, und zwar äußerst effizient, wenn auch etwas unbekümmert in der Art.

Linda erlebte nun die Nachwirkungen des Eheglücks. Rossiter sollte sich einen ziemlich langen Urlaub nehmen, damit er den wichtigsten Forschungen in der Heilchirurgie nachgehen konnte – Knochentransplantation und dergleichen; nicht nur in seinem eigenen Labor, sondern auch am College of Surgeons und im Zoological Gardens Prosectorium . Seit September 1914 verbrachte er nur gelegentlich die Wochenenden zu Hause und war nicht mehr in London. hatte große Strapazen erlebt, das Leben in den Schützengräben und im bombensicheren

Bunker, gedünsteten Tee und schlechte Dosenmilch, Rum und Wasser, Bullenrindfleisch, Pflaumen- und Apfelmarmelade, zwar gutes Brot, aber schockierende Margarine als Butter. Er hatte wochenlang mehr oder weniger angezogen zusammen auf einem alten Sofa geschlafen, warm gehalten von seinem Mantel und zwei Armeedecken aus gewebten Stachelschweinfedern (scheinbar), deren Enden seine Nase kitzelten und sein Gesicht kratzten. Ihm war sehr kalt und es war ihm schwitzend heiß, er war wahnsinnig hungrig und hatte keine Mahlzeit, um seinen gesunden Appetit zu stillen, wahnsinnig durstig und es war ihm kein Longdrink möglich; Wegen des Lärms des Bombardements konnte er drei Nächte lang nicht schlafen; übersät mit schrecklichen Gerüchen; krank vom Schlachten; schockiert über sein eigenes Versagen, das Leben wiederzugewinnen, doch ermutigt durch einen vereinzelten Sieg, hier und da, über Tod und Behinderung. Der nie zuvor geschätzte Komfort seines Hauses in Park Crescent erfüllte ihn mit tiefer Dankbarkeit gegenüber Linda.

Hätte er es gewusst, hätte er Mrs. Adams einen Teil seiner Dankbarkeit zu verdanken; die in ihrer unbestimmten Position als Dienstmädchen, Haushälterin und Begleiterin sowohl hart als auch taktvoll gearbeitet hatte. Aber natürlich wusste er es nicht, obwohl er seine Frau herzlich dafür lobte, dass sie Mitleid mit der armen kleinen Frau und ihren beiden Kindern hatte. Über Bertie konnte er nur das Geringste sagen, sagte aber, er sei eine Art Alleskönner für das YMCA. Was Vivie – „diese Miss Warren" – betrifft, beantwortete er die Fragen seiner Frau weder mit der finsteren Schweigsamkeit noch mit der verdächtigen Geschwätzigkeit aus früheren Zeiten. „Miss Warren? Vivie? Ich glaube, sie ist immer noch in Brüssel, aber es gibt keine Chance, es herauszufinden. Es gibt eine Geschichte, dass ihre Mutter tot ist. Vielleicht lassen sie sie jetzt weg. Sie muss sehr krank sein Als ich das letzte Mal von Adams hörte , hoffte ich, dass er kein Risiko eingehen würde, und ich wage zu behaupten, dass wir es schaffen würden alle treffen sich wieder, wenn der Krieg vorbei ist.

Er schien sehr erfreut zu sein, von dem neuen Vermittlungsgesetz, der allgemeinen Einigung in der Wahlrechtsfrage und der Vergrößerung der Wählerschaft zu hören. Er hatte Linda immer gesagt, dass es so kommen würde. „Und wenn es soweit ist , Liebling, merk dir meine Worte: Die Dinge werden so weitergehen wie bisher." Sein wirkliches, intensives und fesselndes Interesse galt jedoch den neuen Experimenten, die er im Bereich Knochentransplantation und Knorpelersatz sowie den Funktionen der Hypophyse und der interstitiellen Drüsen durchführen wollte. Um diese angemessen durchführen zu können, hatte die Zoologische Gesellschaft Truppen von Affen und Pavianen zusammengestellt. In einem bestimmten Depot in Camden Town wurden Hunde für seine Zwecke gehalten. Und die Gewölbe und Obergeschosse des Royal College of Surgeons standen

Rossiter zur Verfügung, wobei Professor Keith mit ihm zusammenarbeitete. Noch nie schien sein Haus in Portland Place – um genau zu sein am Park Crescent-Ende davon – so günstig gelegen und sein Atelier-Labor so gut gestaltet zu sein. „Luftangriffe? Puh! Die Wahrscheinlichkeit, dass wir getroffen werden, liegt bei etwa eins zu einer Million. Außerdem: Daran kann ich nicht denken, wenn so viel auf dem Spiel steht. Das ist ein schöner Ausdruck, ‚Heiler der Verstümmelten‘. Genau das, was wir sein wollen! Keine künstlichen Gliedmaßen mehr, wenn wir Ihnen helfen können, Ihre eigenen neuen Beine und Arme wachsen zu lassen – vielleicht reparieren Sie diejenigen, die eine hoffnungslose Sache im Krieg sind. Nun, Liebling, bist du bereit mit dieser Lymphe?“

Und sie war. Linda war noch nie so glücklich gewesen. Sie überwand ihren Ekel vor dem Anblick von Blut, vor Affen, Hunden und Menschen unter Narkose , vor gelbem Fett, glänzenden Sehnen und blutbefleckten Knochen. Als Wäscherin war sie vorsichtig. Die Dienste von Mrs. Adams wurden in Anspruch genommen, und sie war sogar geschickter als ihre Geliebte; und der Butler, der zu dieser Zeit ein normaler Krankenhausankleider war, bewunderte ihre hübschen Arme sehr, wenn sie bis zum Ellbogen entblößt waren, und ihre geröteten Wangen, wenn sie bescheiden an einer verlockenden Anpassung teilnahm.

„Immerhin bin ich für dich von Nutzen“, sagte Linda, als sie sich für eine Pause aus dem Studio zurückzogen und sie den Tee kochte. „Irgendein *Nutzen* ? Ich denke schon!“ sagte Rossiter (ob wahr oder nicht). Und er machte sich Vorwürfe, dass er sie vor zwanzig Jahren nicht ausgebildet und entwickelt hatte, um ihm bei seiner Arbeit zu helfen, um eine echte Begleiterin in seinem Studium zu sein.

Er liebte sie den ganzen Winter über 1916. Und so fröhlich und verliebt, so jungenhaft in seinem Spaß, so wie das typische Tommy-Heim aus den Schützengräben. Wenn er über den Erfolg eines aufgedeckten und beobachteten Experiments überglücklich war, sang er: „Wenn *ich* meine Zivilkleidung wieder anziehe, heißt es wieder Home Sweet Home“; und fragen Sie nach dem idealen Cottage „mit Reihen vor der Tür – und einer schönen warmen Flasche in meinem schönen warmen Bett, einem schönen weichen Kissen für mich, einem schönen weichen Kopf … “ Mrs. Rossiter begann zu denken, dass es etwas Gutes gab schließlich Seite des Krieges. Manche Männer waren sich dadurch ihrer häuslichen Annehmlichkeiten bewusster und stellten weniger Ansprüche an die Intellektualität ihrer Hauskameraden.

Sie gingen kaum in die Gesellschaft. Rossiter hielt Partys in Kriegszeiten für skandalös. Er tat die Idee ab, dass unanständiges Tanzen mit verspielten Matronen oder verlassenen Jungfern notwendig sei, um die unter Schock stehenden Nerven von zeitweiligen Hauptleuten, Majoren im örtlichen Rang oder frisch eingetroffenen Subalternoffizieren zu beruhigen. Er war viel zu beschäftigt für alberne Teeschlachten und Nörgeleien über hart arbeitende Generäle, die ihr Bestes gaben und noch dazu ihr Bestes gaben. Er und Linda speisten gelegentlich mit Honoria, aber letztere hatte das Gefühl, dass sie sich in Anwesenheit von Mrs. Rossiter nicht auf Vivie einlassen konnte und wirkte in ihrem Benehmen etwas kühl.

Normalerweise zogen sie, nachdem sie den ganzen Tag hart gearbeitet hatten, solange es hell war , einen Abend völliger Einsamkeit vor. Zu Rossiters neuer Robustheit des Geschmacks gehörte auch die Liebe zum Grammophon. Da Geld für sie keine Rolle spielte, erwarben sie ein erstklassiges Modell mit Rekorden der Superlative. nicht so sehr das Gebrüll, Gebrüll und Kreischen moderner Sänger, sondern Orchesterdarbietungen, herzzerreißende Duette zwischen Violine und Klavier (*welche* menschliche Stimme konnte jemals einer guten Violine oder einem guten Violoncello gleichkommen?), rassige komische Lieder, inspirierende Two Steps, Xylophon Sinfonien und verträumte, sinnliche Walzer. Mit diesem Grammophon lernte Linda das Arbeiten; und während Michael eifrig die Werke von Hunter, Hugh Owen Thomas, Stromeyer, Duchenne, Goodsir , Wolff und Redfern über Knochen, Muskeln, Bänder, Sehnen, Knorpel, Periost und Osteogenese las – oder, noch häufiger, Keiths kompakte und klare Analyse davon ihre Experimente und Schlussfolgerungen – Linda ließ in der duftenden Luft eines Kaminfeuers diese vielfältigen Melodien los, die den Geist auf außergewöhnliche Wahrnehmbarkeit einstimmten.

Den kleinen Adams wurde erlaubt, sich hereinzuschleichen und zuzuhören, unter der Bedingung, dass sie niemals ein Wort sagten, um den Bann von Colonel Rossiters Gedanken zu brechen.

Ich denke, auch Rossiter hatte das Gefühl, dass seine Frau von den großen Damen und den beiläufigen jungen Kriegsarbeitern zu Unrecht brüskiert worden war; Deshalb lehnte er es rundweg ab, dass einer von ihnen in seinem Studio herumspielte oder in seine Forschungsarbeit einweihte. Es wurde angedeutet, dass die Rossiter-Donnerstagnachmittage von vor langer Zeit erst nach dem Frieden wieder aufgenommen würden. Linda empfand daher viel Trost und Genugtuung über die Verletzungen ihres Stolzes in der Vergangenheit, als Lady Vera – oder Victoria – Freibeuterin eines Tages kurz vor Weihnachten anrief und sagte: „Oh – ähm – Mutter hat unser Haus bis Februar vermietet und denkt, wir sollten es besser tun – ich meine das.“ Marrybone- Gilde der Kriegsarbeiter – treffen Sie sich stattdessen bei *Ihnen* zu Hause“; und sie, Linda, hatte die Gelegenheit zu antworten: „Oh, es tut mir leid, *aber* es ist VÖLLIG unmöglich. Der Professor – ich meine, Colonel Rossiter – und ich sind so *sehr* beschäftigt ... wir sehen uns gerade mit *niemandem* .“ Tatsächlich haben wir alle Bediensteten angeworben, um dem

Oberst bei seiner Arbeit zu helfen, daher kann ich Ihnen nicht einmal eine Tasse Tee anbieten ... Ich muss sofort zurück *eilen* ... Entschuldigen Sie mich?

„Diese Rossiter-Frau ist völlig außer sich vor Größe", sagte Lady Vera zu Lady Helen. „Ich gehe davon aus, dass Onkel Algy verraten hat, dass ihr Mann zu Ehren des neuen Jahres dabei ist ."

Und das war er auch. Aber Onkel Algy hatte, obwohl er mit seinen Nichten geplappert haben mochte, den Rossiters kein einziges Wort geschrieben . Also genossen sie Weihnachten einfach – zu sehr, dachten sie, mehr als jedes Weihnachten zuvor – in der einfachen Befriedigung, Colonel und Mrs. Rossiter zu sein, alles in allem füreinander, aber zusätzlich glücklich, weil sie die Menschen um sie herum glücklich machten. Die kleinen Adamses taumelten unter ihren Geschenken und hatten einen Weihnachtsbaum, zu dem sie ihre beiden Großmütter – Mrs. Laidly aus Fig Tree Court und Mrs. Adams aus der Kilburn Laundry – und zahlreiche kleine Freunde aus Marylebone einladen durften, die gewaschen und gelockt und gekräuselt worden waren und geschworen hatten, ihre Eltern nicht zu blamieren, *oder* ihrem Vater – in den Schützengräben – würde man sagen: „So wahr ich hier stehe."

(Die kleinen Adams wurden auch gewarnt, dass sie Mrs. Rossiter, sollten sie *jemals wieder* „ Oma " nennen , tun würden – aber die Drohung war zu schrecklich, um ausgesprochen zu werden, zumal ihre Mutter zu dieser Zeit immer am Rande war in Tränen aus, entweder weil er keine Nachricht von Bert bekam oder wegen der unvergesslichen Freundlichkeit von Berts Arbeitgeber.)

Mrs. Rossiter, die nicht wusste, dass sie bald eine Dame sein würde, gab Weihnachtsunterhaltungen in St. Dunstan's, im Marylebone Workhouse und für alle verwundeten Soldaten in der Gemeinde. Und am 31. Dezember 1916 erhielt Michael eine Nachricht des Premierministers, in der es hieß, dass Seine Majestät ihm in Anerkennung seiner außergewöhnlichen Verdienste in der Heilchirurgie an der Front gerne den Ritterkommandeurtitel von Bath verliehen habe. „Damit du dich Lady Rossiter nennen kannst, Linda, und du musst ein paar neue Karten für uns beide drucken lassen."

Linda verspürte nicht ganz die Ekstase über ihren Titel, die sie in ihren Tagträumen erwartet hatte. Sie hatte ein wenig Angst vor ihrem Glück. Generationen puritanischer Vorfahren und Mütter hatten einen gewissen Einfluss des Calvinismus auf ihre Mentalität hinterlassen. Sie wurde im Glauben an einen eifersüchtigen Gott erzogen, dessen Vorsehung, wenn man sich auf Erden zu glücklich fühlte, einen in eine unerwartete Katastrophe brachte, die einen für das Königreich des Himmels geeignet machte – ein Königreich, vor dem alle gesunden Menschen mit Schrecken zurückschrecken das Unbekannte und eine gewisse Heimeligkeit des

Gemüts, das sich demütig mit diesem gemütlichen Planeten und einer körperlichen Existenz zufrieden gibt.

jedoch sehr schön, Visitenkarten für Lady Towcester zu hinterlassen – obwohl sie wegen Luftangriffen nicht in der Stadt war – und auf anderen Visitenkarten mit der Aufschrift „Lady Rossiter, Colonel Sir Michael Rossiter, Sir Michael und Lady Rossiter" zu hinterlassen; und zu sehen, wie bedruckte Briefumschläge für Michael vom Kriegsministerium eintrafen und auf dem Flurtisch lagen, adressiert: Colonel Sir Michael Rossiter KCB usw. usw. usw. usw.

Und später, im Januar oder Februar, wurden Sir Michael und Lady Rossiter aus irgendeinem guten Grund vom König und der Königin im Buckingham Palace in Audienz empfangen. Der König hatte Sir Michael bereits bei der Arbeit in seinem Labor direkt hinter der französischen Front beobachtet; daher mangelte es den beiden, wie Linda sie schüchtern ansah, nicht an Gesprächsthemen. Aber die Königin! Linda hatte geglaubt, sie könne *nie* mit einer Königin sprechen, ohne in Ohnmacht zu fallen, und war tatsächlich mit viel Salpetersäure im Blut angekommen . Doch dort, wie in einem realistischen Traum, wurde sie dazu gebracht, ohne zu zittern über ihre Kriegswohltätigkeitsorganisationen und Sir Michaels Experimente zu sprechen, und stellte fest, dass sie den praktischen Vorschlägen der Königin über Kriegsarbeit und die Verwendung von Hilfsgeldern in überfüllten Gebieten mit Intelligenz zuhören konnte. „ *Wir haben tatsächlich unsere Notizen verglichen!* ", sagte eine errötete und triumphierende Linda zu ihrem Michael, als sie durch das blaue Zwielicht des St. James's Park davonfuhren.

Und weit davon entfernt, sich dadurch aufgeblasen zu fühlen, sagten die Leute, sie hätten Lady Rossiter immer für nett gehalten, hätten sich aber nie vorgestellt, dass so viel in ihr steckte. In Abwesenheit von Lady Towcester durfte sie sogar als Vizepräsidentin fungieren ; und hat es ziemlich glaubwürdig überstanden – gute Herzen sind mehr als Kränze – und hielt eine kleine Rede, zu der Cook und Nance Adams riefen: „Hört, *hört* !" und rief eine recht herzliche Resonanz hervor.

Natürlich war es ein schrecklicher Schock, als Michael nach Frankreich zurückkehren musste. Aber im Herbst würde er zurück sein, und in der Zwischenzeit durfte sie nicht vergessen, dass sie die Frau eines Soldaten war. So verbrachte sie den Sommer fröhlich, besonders da sie in den verschiedenen Ausschüssen, deren Vizepräsidentin sie war, jetzt mit viel mehr Respekt behandelt wurde. In diesen Ausschüssen lernte sie Honoria Armstrong kennen, und der Wunsch, die alte Freundschaft zu erneuern und mit jemandem, der sie schon lange kannte, über Michaels hervorragende Qualitäten zu sprechen, führte sie spontan zum Kensington Square. Honoria erkannte das Bedürfnis instinktiv. Die Kälte, die Lindas alberne Anti-Suffragisten-Haltung hervorgerufen hatte, verschwand. Sie sprachen stundenlang über ihre jeweiligen Ehemänner und deren herausragende Tugenden und charmante Schwächen. Die Armstrong-Kinder nannten sie Tante Linda – Michael und Petworth waren schließlich Waffenbrüder und Jugendfreunde. Lady Rossiter war entzückt und überhäufte sie mit Geschenken, bis Honoria sie daran erinnerte, dass Krieg sei und Extravaganz in allen Dingen verwerflich sei, selbst bei in Großbritannien hergestelltem Spielzeug.

Sie besprachen die Abstimmung, die bald ihnen gehören wird, und wie sie durchgeführt werden sollte. Von da an ging Honoria – instinktiv – zu einem Gespräch über Vivien Warren über … einem selektiven Gespräch. Sie sagte nichts über David Williams, betonte aber Vivies absolute „Geradlinigkeit", insbesondere gegenüber anderen Frauen; ihre geschäftlichen Fähigkeiten, ihre Wiederherstellung ihrer Mutter in den Reihen der Anständigen; Bis es schließlich so aussah, als wäre das Niederbrennen von Rennställen eine verdienstvolle Tat … „England von einem Übel zu befreien, damit Gutes kommen könnte." Und da war die arme Vivie, die in Brüssel eingesperrt war, falls sie überhaupt noch lebte.

Linda war schockiert über ihren eigenen Verrat an der Sache der Frau, indem sie diese arme, wohlmeinende Miss Warren an die Polizei verraten hatte. Nie konnte sie Lady Armstrong dies gestehen (Sir Petworth war gerade für einen großen Erfolg im Kampf zum Ritter geschlagen worden) und ihr nicht von dem Brieffragment erzählen, das sie anonym an Scotland Yard weitergeleitet hatte. Vielleicht würde sie es Michael eines Tages erzählen, wenn er zurückkam. Auf jeden Fall würde sie bei nächster Gelegenheit sagen, dass er sie, sobald Miss Warren wieder in England auftauchte, so oft er wollte in das Haus einladen würde – sogar, um bei ihnen zu bleiben, wenn sie ein Zuhause brauchte.

Das sagte sie auch zu Michael, als er im September 1917 zurückkam, um weitere Untersuchungen zur Knochentransplantation durchzuführen. Er schien wirklich erfreut über ihre Großzügigkeit und sagte, es würde in der Tat eine Freude sein, wenn der Krieg vorbei wäre – und er müsse *sicherlich* bald vorbei sein – jetzt, da Mr. Lloyd George, Clemenceau und Präsident Wilson die Sache in die Hand genommen hätten –, würde es das tatsächlich tun Es wäre eine Freude, einen Kreis enger Freundinnen zu bilden, die sich alle für die Frauenbewegung interessiert hatten. Was Vivie betrifft … wenn sie nicht tot wäre … sollte er ihr raten, ins Parlament einzuziehen.

Er hatte seit so langer Zeit nichts mehr von ihr gehört; Was noch schlimmer war, er hatte jetzt große Bedenken gegenüber Bertie Adams. Im Herbst 1916 war er in Richtung La Bassée verschwunden . Es gab Geschichten darüber, dass er sich einer amerikanischen Hilfsexpedition in Lille angeschlossen hatte – eine höchst gefährliche Tat; gefühllos, wenn es nicht ein wahnsinniger Versuch wäre, verkleidet nach Brüssel durchzudringen, um Miss Warren zu retten. Niemand im YMCA glaubte auch nur einen Moment, dass er etwas Unehrenhaftes getan hatte . Höchstwahrscheinlich war er getötet worden – wie damals so viele YMCA-Leute, die bei der Einbringung der Verwundeten halfen oder mit Vorräten in die Schützengräben gingen. Mrs. Adams sollte besser vorsichtig auf einen Trauerfall vorbereitet sein. Rossiter selbst war darüber sehr traurig. Er hatte Berties Dienste in den letzten drei Jahren sehr vermisst. Er hatte noch nie einen besseren Arbeiter kennengelernt – er hatte seine Hand nie für irgendetwas eingesetzt –, zum Beispiel einen so guten Indexierer.

Linda fragte sich, ob *sie* eine Indexierung durchführen könnte? Vor drei Jahren hätte Michael geantwortet: „ *Du?* Unsinn, mein Lieber. Du würdest nur ein Durcheinander daraus machen. Bleib lieber bei deiner Haushaltsführung" (die damals tatsächlich von Köchin, Butler usw. erledigt wurde). Stubenmädchen). Aber jetzt sagte er nachdenklich:

„Nun – ich weiß nicht – vielleicht vielleicht. Es gibt keinen Grund, warum du es nicht versuchen solltest."

Und Linda begann es zu versuchen.

Aber sie arbeitete jetzt auch regelmäßig im Labor, nannte es auf seinen Vorschlag hin „Labor" und stolperte nicht mehr über das Wort. Sie trug einen hübschen Overall mit engen Ärmeln und ihr Haar war schlicht unter einer kleinen weißen, plissierten Mütze verborgen. Sie fing nie etwas mit ihrem Ärmel ein und schaltete es vom Tisch; Sie ließ nie etwas fallen und war eine äußerst umsichtige Staubwechslerin und Aufwischerin.

Rossiter war in diesem Herbst 1917 äußerst interessiert an bestimmten entscheidenden Experimenten, die er mit Spikulum in Schwammzellen durchführte; mit Skleroblasten , „Maurerzellen", Osteoblasten und „Bewusstsein" in Knochenzellen. Die meisten Glasgefäße, in denen diese Experimente durchgeführt wurden (die der Schwämme im Meerwasser), benötigten für ihren Ablauf Tageslicht. Es gab keinen geeigneteren Ort für ihre Lagerung als den oberirdischen Teil seines Atelier-Labors; und die Lage seines Hauses in Bezug auf Luftangriffe, Bomben und Splitter schien ihm weitaus günstiger als die der oberen Räume des College of Surgeons. Dieses große Gebäude war aufgrund seiner Nähe zur Strand und Fleet Street oft gefährdet; und die Strand Street und die Fleet Street, die von den Deutschen als Verkehrsadern des Imperiums angesehen wurden, wurden häufig von deutschen Flugzeugen angegriffen.

Aber in Rossiters Atelier gab es einen unterirdischen Anbau als Fortsetzung der Hauskeller; und der Haushalt wurde angewiesen, dass, wenn in Rossiters Abwesenheit offizielle Warnungen vor einem Luftangriff ausgesprochen würden, bestimmte Gläser vorsichtig aus den Regalen gehoben und entweder in die Bibliothek gebracht oder für den Fall eines Falles durch Granatsplitter oder durch das Feuer nach unten gebracht werden müssten Durch Vibrationen benachbarter Explosionen wurde das Glas des Studiodachs zerbrochen.

Eines Tages im Oktober 1917 startete die deutsche Luftflotte einen entschlossenen Angriff auf London. Diesmal sollte die Geschichte Lügen gestraft werden, wonach das Herz des westlichen Distrikts von der Strafe ausgenommen sei, weil Lady So-and-so dort lebte und ihr Haus in East Anglia 1912 der Kaiserin und ihren Kindern geliehen hatte, oder weil Sir Somebody -else war in Wirklichkeit ein Erzspion der Deutschen und musste weiterhin in London wohnen. Diesmal begannen die Flugzeuge also, ihre Sprengstoffe sehr sorgfältig über dem Wohngebiet zwischen Regent's Park und Pall Mall, der Tottenham Court Road und Selfridge's zu verteilen.

Lady Rossiter in ihrem Overall wurde beim Indexieren durch den Lärm eines bevorstehenden Tagesüberfalls gestört; durch die Kastanienbraunen, das Läuten der Glocken, die Hupen, die Schüsse; und schließlich durch die nicht weit entfernten Geräusche explodierender Bomben. Sie rief und klingelte nach den Dienern und eilte dann von der Bibliothek ins Atelier, um damit zu beginnen, die wichtigeren Gläser an einen sichereren Ort zu bringen. Sie hatte zwei davon gepackt, eines unter jeden Arm, und war auf dem Weg zur Bibliothekstür, als das schrecklichste Krachen ertönte, das sie je gehört hatte, und hallendes Knallen, das bis ins Unendliche in ihren Ohren zu hallen schien ...

Rossiter arbeitete im Prosektorium des Zoos, als der Luftangriff bei Tageslicht begann. Es schien mitten durch London zu kommen; Also zog er hastig seinen Overall aus, verließ die Gärten und ging schnell in Richtung Portland Place. Kaum war er an dem Brunnen vorbeigekommen, den Sir Jamsetjee Jeejeebhoy in verschwendeter Güte präsentiert hatte, als er den ohrenbetäubenden Knall der Bombe hörte, die sein Atelier zerstört, es in ein Gewirr aus Eisenträgern und Pfosten verwandelt und den Boden mit dicken Ziegelschutt übersät hatte Staub und ließ seine Frau als menschliches Wrack zurück, das bewusstlos mit gebrochener Wirbelsäule dalag, umgeben von Glassplittern, zerbrochenen Gläsern, Porzellantabletts und hässlich aussehenden Fragmenten der Anatomie von Schwämmen und Wirbeltieren. Mit einer fast lähmenden Vorahnung einer Katastrophe rannte er so schnell wie möglich auf Park Crescent zu. Die Marylebone Road war mit Glas übersät, und ein Polizist – alle anderen hatten Schutz gesucht – klingelte und klopfte an seiner Haustür, um den Schaden und den möglichen Verlust von

Menschenleben festzustellen. Michael ließ sie beide mit seinem Hausschlüssel herein. Im Flur lag der Butler auf dem Bauch, betäubt von einer kleinen Statue, die durch die kapriziöse Gewalt der Explosion auf ihn geschleudert worden war. Alle Spiegel zitterten und die meisten Bilder waren heruntergekommen. Am Eingang zur Bibliothek stand der Koch zitternd. Die beiden kleinen Adams stürzten auf ihn zu: „Oh Sir Michael! Mama ist tot und Oma ist furchtbar verletzt ."

Aber Mummie – Mrs. Adams – war nicht tot, ebenso wenig wie das teure Stubenmädchen . Beide waren ohnmächtig geworden oder von der Explosion betäubt worden, als sie ihrer Herrin zu Hilfe kamen. Beide lagen leblos auf dem Boden der Bibliothek. Die Glastür der Bibliothek war zu gefährlichen, gezackten Splittern zersplittert, aber das Eisengerüst – „verflucht" – blieb ein verworrenes, wahnsinnig machendes Hindernis für sein weiteres Vorankommen. Er konnte durch die Splitter des dicken Glases etwas sehen, das aussah wie Linda, die auf dem Rücken lag – und – etwas, das aussah wie Blut. Der Polizist, der ihm folgte, war stark und geschickt. Gemeinsam lösten sie die Glassplitter und rissen das Gerüst auf, wobei sie jedenfalls genug Platz hatten, um hindurchzugehen, ohne dass die Kleidung zerrissen wurde, und ins Studio zu gelangen.

Linda Rossiter erlangte für ein paar weitere Minuten ihres empfindungsfähigen Lebens das Bewusstsein wieder. Sie war sich bewusst, dass jemand einen schrecklichen Unfall erlitten hatte ; vielleicht für sich selbst. Aber sie war fest davon überzeugt, dass sie zunächst die kostbaren Gläser gerettet hatte. Zweifellos hatten sie sie zu Bett gebracht, und da etwas Warmes (ihr Blut, das arme Ding) um ihren Körper war, mussten sie ihr wohl Wärmflaschen zugepackt haben. Zweifellos eine Ahnung von Michael. Wie *nett* er war!

Bald würde es ihr gut gehen, dass er sich um sie kümmerte. Sie öffnete ihre Augen, um seinen Augen zu begegnen, als er sich über sie beugte, und sagte mit dem Anschein eines verschmitzten Lächelns: „Ich – war – von irgendeinem Nutzen – für Sie, nicht wahr – ich? ... (dann die Stimme stockte und verstummte) ... ich ... habe – Ihre – Exemplare gerettet –"

KAPITEL XIX

BERTIE ADAMS

Eines Tages, Anfang April 1917, stand Vivie in einem Korridor des Hôpital de St. Pierre und unterhielt sich mit Minna von Stachelberg . Sie kam gerade vom Bahnhof zurück, wo sie zusammen mit den wenigen in Brüssel verbliebenen Briten und Amerikanern war, um sich vor dem Treffen respektvoll und dankbar vom amerikanischen Minister und seiner Frau zu verabschieden, die Belgien nach Holland verließen Amerikanische Kriegserklärung. Die amerikanische Diplomatie hatte wenig für sie oder ihre Mutter getan, aber sie war der Schutzschild, die Rettung, die einzige Hoffnung Belgiens gewesen. Darüber hinaus weckte der Abbruch der diplomatischen Beziehungen die gewisse Hoffnung auf eine glücklichere Zukunft. Die amerikanische Intervention im Krieg *muss* zu Frieden und Freiheit führen. Jetzt *muss* Deutschland geschlagen und Belgien befreit werden.

Deshalb hatte sie ihr Scherflein in den Fonds gespendet, der Frühlingsblumen kaufte – aus Treibhauspflanzen, denn dieser April war eine schändliche Verlängerung des Winters –, um damit die Zufahrt zum Bahnhof zu bestreuen und das Reserveabteil des Zuges zu füllen.

Als Vivie sich dem Ende ihrer Beschreibung näherte – und Minna hoffte, dass es das Ende *war* , da sie zu ihren Patienten zurückkehren wollte – marschierten zwei deutsche Polizisten auf Vivie zu, schlugen die Fersen, salutierten und sagten auf Deutsch: „Mademoiselle Varennes, nicht wahr ? Seien Sie so freundlich, uns zur Kommandantur zu begleiten .

Bei diesem schrecklichen Ruf wurde Vivie blass und Minna begann bestürzt Fragen zu stellen. Die Polizei antwortete, dass sie nichts zu geben hätten ... Könnte sie ihre Freundin begleiten? Vielleicht nicht. Dann folgte eine Fahrt in einem Militärmotorrad mit den beiden schweigenden Polizisten.

Sie kamen vor der Kommandantur an ... Noch mehr Klirren, Klicken und schroffe Gespräche auf Deutsch. Als Reaktion auf einen festen Druck auf ihren Arm, einen Griff, stieg sie aus, begleitete ihren grimmigen Führer durch Hallen und Korridore und betrat schließlich ein streng möbliertes Büro, eine Art Amtsgericht, und wurde mit – Bertie konfrontiert Adams! Ein schnurrbärtiger, bärtiger, schnauzbärtiger , schäbig gekleideter Bertie Adams (in einer Quasi-Militäruniform): schlank und hohläugig, aber mit dem Liebeslicht in seinen Augen. Er warf ihr einen Blick voller hündischer Treue und glücklicher Erkenntnis zu, dass sie, obwohl sie instinktiv und zu seiner Sicherheit jede Kenntnis von ihm verleugnen wollte, weder ihre Augen noch ihre Zunge dazu zwingen konnte, die Lüge zu erzählen.

„Oh Fräulein, oh meine liebe Fräulein Warren! *Wie sehr* ich all diese Monate und Jahre danach gehungert und dürstete, Sie zu sehen! Sie noch einmal zu sehen, ist alles wert, was ich durchgemacht habe, um hierher zu kommen. Sie könnten mich erschießen." Wenn sie jetzt das Herz haben – nicht, dass ich irgendetwas getan hätte, um es zu verdienen –, habe ich nur ein Ziel vor Augen: hierher zu kommen und Ihnen zu helfen."

Er blickte sich um, als wolle er instinktiv das Mitgefühl der Polizisten gewinnen. Zu sagen, dass er niemandem begegnete, hieße, sie unmenschlicher darzustellen, als sie waren. Aber da die ganze Rede auf Englisch war , verstanden sie nur wenig von dem, was er gesagt hatte. Sie vermuteten, dass er die Frau liebte, mit der er sprach , aber möglicherweise flehte er sie an, ihn nicht zu verraten, um seine Spionageakte zu mildern.

Vivie antwortete:

„ *Lieber* Bertie! Du kannst nicht glücklicher sein, mich zu sehen, als ich du bin. Ich grüße dich von ganzem Herzen. Aber du musst dir darüber im Klaren sein, dass du, wenn du so hierher kommst –" Ihre Worte blieben ihr im Hals stecken – sie wusste es nicht was soll ich sagen, damit sie ihn nicht noch mehr belasten könnte –

Ein Polizist unterbrach ihre Verlegenheit und sagte auf Deutsch: „Es ist ." genug – Erkennen Sie ihn, Madame? Er wurde heute Morgen im Hotel Impérial verhaftet und hat sich für Sie erkundigt. Mittlerweile sind auch Sie verhaftet. Bitte folgen Sie diesem Beamten.

„Darf ich mit meinen Freunden kommunizieren?" sagte Vivie mit trockener Zunge im trockenen Mund.

"Wer sind deine Freunde?"

„ Gräfin von Stachelberg , im Hôpital de St. Pierre; le Pasteur Walcker, Rue Haute, 33—"

„Ich werde sie wissen lassen, dass Sie wegen Hochverrats verhaftet wurden – im Bunde mit einem englischen Spion", zischte er.

Dann wurde Vivie aus dem Zimmer gedrängt und Bertie von zwei Polizisten festgenommen –

Drei Tage lang trafen sie sich nicht wieder. Es war ein Samstag, und ein Polizist kam in die improvisierte Zelle, in der Vivie eingesperrt war – die sich seit ihrer Verhaftung nie mehr ausgezogen hatte und drei Tage lang in einer für sie nie gekannten psychischen Belastung verbracht hatte, da sie nicht in der Lage war, auf dem Käfer zu schlafen Er war von der verschmutzten Speise nicht mehr zu essen und lud sie ein, ihm zu folgen. „Durch die Gnade des Militärgouverneurs des Gefängnisses von Saint-Gilles" – er sagte dies auf Französisch, da sie Deutsch nur unvollkommen verstand – „erlauben Sie Ihnen, sich dorthin zu begeben, um sich von Ihrem englischen Freund, dem Gefangenen A-Dams, zu verabschieden wurde zum Tode verurteilt."

Bertie war am Freitag vor einem Kriegsgericht im Senat angeklagt worden. Benommen verfolgte er alle Vorgänge. Alles lief auf Deutsch, aber die Teile, die ihn am meisten beunruhigten, wurden grotesk von einem wild aussehenden Dolmetscher übersetzt, der Berties dumme, verwickelte, selbstverurteilende Antworten ebenfalls ins Deutsche übersetzte – zweifellos sehr falsch. Bertie beteuerte jedoch immer wieder, dass Miss Warren *nichts* von seinen Plänen wisse und dass sein einziges Ziel, indem er sich als Amerikanerin ausgab und mit falschen Pässen reiste, darin bestehe, Miss Warren aus Brüssel zu retten und ihr die Einreise nach Holland zu ermöglichen Verlassen Sie das Land *irgendwie* . Was den Kaiser und die Tötung seines Lebens anbelangt – „warum Gott segne Sie, *ich* möchte *niemandem das* Leben nehmen. Ich habe den Krieg mehr gegessen als je zuvor, nach allem, was ich davon gesehen habe. Bei meiner Ehre , meine Herren." , alles was ich will ist Miss Warren. Hier machte ein Mitglied des Gerichts eine scherzhafte Bemerkung auf Deutsch zu einem Kollegen, der kicherte, während er mit seinen unverschämten hellblauen Augen Berties ehrliches, ernstes Gesicht betrachtete, dünn und ausgehöhlt vor Entbehrungen und Müdigkeit ...

Er wurde oberflächlich von einem trägen belgischen Anwalt verteidigt, der es leid war, mechanisch für das Leben von Gefangenen zu plädieren, vor allem dort, wo sie, wie in diesem Fall, dem Untergang geweiht waren, und Beredsamkeit war eine Verschwendung von Atem und brachte einem sogar Unbehagen bei den Gefangenen ein ungeduldige Oger, dürstend nach dem Blut eines englischen Mannes oder einer englischen Frau ... „Du reste ", sagte er zu einem Kollegen, „ agissait -il d'un Belge, mon ." Cher , tu Sagt , dass ich mich fühle Erzwingen Sie das Risiko , diese Ungeheuer zu entlarven : Dann müssen Sie ein Stück kaufen Bougre d'Anglais ...? Und was haben sie für uns geschafft, die Anglais ? Nous avons tâché de leur boucher le trou à Lüttich – et – il – nous – ont – verlassen . Enfin – allons boire un coup—"

Urteil: übersetzt vom wilden Dolmetscher: –

„Ze Court faind you Geeltee. Du bist zu Dess verurteilt und wirst am Montag erschossen."

Auch wenn im Gefängnis von Saint-Gilles – wie ich glaube auch anderswo in Belgien – ein deutscher Militärgouverneur die Kontrolle hatte, blieb die allgemeine Leitung in den Händen des belgischen Stabes, der dort war, als die deutsche Besatzung begann. Diese belgischen Direktoren und ihre Untergebenen waren gegenüber den ihnen unterstellten Gefangenen ebenso freundlich und menschlich wie die Deutschen das Gegenteil. In Saint-Gilles wurde alles getan, um die seelischen Qualen der zum Tode Verurteilten zu lindern. Die deutschen Gerichte versuchten, die Qual so weit wie möglich zu verlängern und zu verstärken, indem sie die Gefangenen drei Tage, sechs Tage oder eine Woche vor der Hinrichtung verurteilten (obwohl dieses Urteil aus Angst vor einem Aufschub nicht sofort veröffentlicht wurde) und sie darüber informierten dass sie nur noch so viele Tage oder Stunden zu leben hatten: Folglich verkümmerten die meisten von ihnen im Gefängnis mit seelischen Qualen, der Unfähigkeit zu schlafen oder zu essen; und selbst Opiate oder Schlafmittel, die die belgischen Gefängnisärzte heimlich verabreichten, brachten nur geringfügige Linderung.

Als Bertie zum ersten Mal in seiner Zelle in Saint-Gilles untergebracht wurde, verlangte er Stift, Tinte und Papier. Sie wurden ihm geliefert. Er durfte die ganze Nacht das elektrische Licht eingeschaltet lassen und lenkte seinen Geist – mit einigen schrecklichen Phasen des Entsetzens über sein Schicksal – ab, indem er versuchte, Vivie eine Erklärung und einen Bericht über seine Abenteuer auf Papier vorzulesen. Am Ende wollte er einen Appell für seine Frau und seine Kinder einreichen.

Vivie wusste nie genau, wie Bertie es geschafft hatte, das Kriegsgebiet von Frankreich nach Belgien zu durchqueren und Brüssel zu erreichen, ohne verhaftet zu werden. Als sie sich im Gefängnis trafen , hatten sie so wenig Zeit, solche Details zu besprechen, angesichts der schrecklichen Tatsache, dass er dort war und aller Wahrscheinlichkeit nach in zwei Tagen sterben würde. Aber aus diesem unvollständigen, tränenüberströmten Gekritzel, das er hinterlassen hatte, und aus den Antworten, die er auf ihre wenigen Fragen gab, schloss sie, dass die Geschichte seiner Suche ungefähr so war :

Er hatte geplant, ab Herbst 1914 einen Versuch zu unternehmen, sie in Brüssel oder wo immer sie auch sein mochte, zu erreichen. Der praktikabelste Weg, dies zu tun, schien darin zu bestehen, sich als Amerikaner auszugeben, der in der belgischen Hilfsarbeit, bei der Verteilung von Nahrungsmitteln, tätig war. Direkte Versuche, sich für eine solche Arbeit einzuschreiben, erwiesen sich als erfolglos und erregten nur Misstrauen. also hielt er sich bedeckt. Im Laufe der Zeit machte er Bekanntschaft mit einem dieser amerikanischen Agenten von Mr. Hoover – einem zerzausten, hutlosen, fröhlichen, gesetzlosen Menschen, der sich über Gesetze, Regeln, Präzedenzfälle und Vorschriften lustig machte. Er verbarg hinter seiner trockenen, schweigsamen, emotionslosen Art einen intensiven Hass auf die Deutschen. Aber entweder war er selbst enorm reich oder er hatte Zugang zu unbegrenzten nationalen Mitteln. Er gab Geld wie Wasser

aus, um seine Hilfsarbeit durchzuführen, und war gegenüber deutschen Soldaten oder Zivilisten großzügig, wenn er dadurch Zeit sparen und Hindernisse beseitigen konnte. Er hatte eine starke Zuneigung zu Bertie, auch wenn er dies äußerlich kaum zeigte. Letzterer offenbarte diesem Kaugummi kauenden, grauäugigen Amerikaner wahrscheinlich in seiner Naivität und Direktheit sein volles Ziel. Als die Nachricht von Mrs. Warrens Tod Bertie über Umwege – Praed -Honoria-Rossiter – erreichte, hatte er seinen Plan geändert und war gleichzeitig noch eifriger geworden, ihn in die Tat umzusetzen. Tatsächlich hielt er den Tod von Mrs. Warren für angebracht, da Vivie sich wahrscheinlich geweigert hätte, mitzukommen, da sie noch am Leben war und nicht in eine Flucht einbezogen werden konnte
.

Deshalb bat er im Sommer 1916 seinen amerikanischen Freund, zwei amerikanische Pässe zu besorgen, einen für sich selbst und einen für „seine Frau, Mrs. Violet Adams". Mr. Praed hatte ihm einen Kredit über fünfhundert Pfund geschickt, für den Fall, dass er ihn Vivie überweisen könnte. Bertie wandelte den Kredit in amerikanische Banknoten um. Dieses Geld würde ihm helfen, nach Brüssel zu gelangen, und wenn Vivie dort einwilligte, als seine Frau auszugeben, könnte er sie als zwei Amerikaner, die für das Hilfskomitee arbeiteten, aus Belgien nach Holland befördern.

Es war äußerst schwierig und gefährlich gewesen, das Kriegsgebiet zu durchqueren und in das besetzte Belgien einzudringen. In seiner Rede gab es Hinweise auf einen elsässischen Spion, der ihm in dieser Phase half, einen dieser „ Sanspatries ", die unparteiisch für beide Seiten spionierten und jeden verkauften, den sie verkaufen konnten (Glücklicherweise wurden die meisten dieser Judas nach dem Waffenstillstand gefangen und erschossen). Der Spion hatte ihn wahrscheinlich zunächst erpresst, als er in Belgien war – weshalb von den Fünfhundert-Pfund-Dollar-Scheinen bei seiner Ankunft in Brüssel nur noch etwa ein Drittel in seinem Besitz war – und ihn dann gegen eine Belohnung bei den Behörden angezeigt .

Sein größtes Unglück bestand jedoch in der langen Verzögerung, bevor er Brüssel erreichte. Während dieser Zeit verließ das gesamte diplomatische und konsularische Personal der USA Belgien; und der Kaiser traf mehr oder weniger heimlich in Brüssel ein (so hieß es in der Hoffnung, ein persönliches Gespräch mit Brand Whitlock könnte die amerikanische Kriegserklärung abwenden).

Bertie wagte es bei seiner Ankunft nicht, zur amerikanischen Gesandtschaft zu gehen, aus Angst, entdeckt und desavouiert zu werden. Also hatte er sich in sehr „englischem" Französisch und in der halbmilitärischen Uniform eines amerikanischen Hilfsoffiziers nach dem Weg zum Hotel „Edward-Sett" erkundigt, wo er vermutete, dass Vivie sich aufhielt oder von ihr gehört werden konnte. Als er das Hotel Impérial erreichte und nach „Miss Warren" fragte, war er sofort verhaftet worden. Wahrscheinlich waren seine Schritte vom Bahnhof bis zur Tür des Hotels von einem deutschen Polizisten in Zivil verfolgt worden. Die Deutschen waren zu diesem Zeitpunkt davon überzeugt, dass viele Engländer und einige amerikanische Spinner darauf aus waren, den Kaiser zu ermorden. Sie betrachteten Berties Erscheinen an der Tür des Hotel Impérial als Beweis seiner Absicht. Sie gingen davon aus, dass er auf frischer Tat ertappt worden war, zumal er einen Revolver bei sich versteckt hatte und offensichtlich mit falschen Pässen reiste.

„Ah, Bertie", sagte Vivie, als sie sich zum ersten Mal in seiner Zelle im Saint-Gilles-Gefängnis trafen. „Wenn ich dich *nur* nicht da reingezogen hätte! Ich bin sauer auf mich ..."

„Sind Sie, Fräulein? Aber man hätte vorhersehen können, dass dieser Krieg kommen würde! Wir dachten, wir müssten nur gegen die Polizei und das Ome-Büro kämpfen, um die Abstimmung zu bekommen. Und *dann* hätten Sie es geschafft Sich an die Öffentlichkeit zu begeben und als Anwalt zu arbeiten – und ich wiederum als Ihr Angestellter. Es war unsere verdammte Regierung, die Sie ins Ausland gehen ließ und dort einsperrte. Und als mir klar wurde, dass Sie nicht entkommen konnten, denkt er Ich für mich selbst , *ich werde* einen Weg finden ..."

Hier begann Vivie ihn zu befragen, wie er aus dem Kriegsgebiet nach Brüssel gekommen sei; Und als gegen Ende seiner Geschichte – von der er sagte, dass sie einiges davon aufgeschrieben hatte, falls sie ihn nicht sehen ließen – die Erwähnung des Kaisers eintraf, sprang sie auf und probierte die Tür des Hauses aus Zelle. Es war außen befestigt, aber ein Gesicht verdeckte die kleine, quadratische Öffnung, durch die die Gefangenen beobachtet wurden; und eine raue Stimme fragte sie, was sie wollte. Es war der deutsche Polizeiagent oder Spion, der draußen auf einem Hocker neben diesem kleinen Fenster saß und alles hörte, was sie sagten. Da sie von Natur aus Englisch sprachen und das raue Wesen nur „God-dam" und ein paar unwiederholbare Wörter kannte, war er durch seine Wache nicht viel klüger.

„Ich möchte – ich *muss* den Direktor sehen", sagte Vivie.

Dann kam der Direktor.

„Oh, Sir", sagte Vivie, „geben Sie mir Papier und einen Umschlag, ich *flehe* Sie an. Hier sind Feder und Tinte und ich werde einen Brief an den Kaiser schreiben , eine Petition. Ich werde ihm kurz die wahre Geschichte davon erzählen." armer junger Mann; und wenn Sie es *dann* nur weiterleiten, könnte er einen Aufschub gewähren.

Der Direktor sagte, er werde sein Bestes geben. Schließlich wusste man nie; und der Kaiser hegte, obwohl er sagte, er hasse sie immer, eine größere

Achtung vor den Engländern als vor jeder anderen Nation. Als er von Vivie und ihrem schmerzerfüllten Gesicht zu dem unerschütterlichen Blick blickte, den Bertie wie auf eine gute Fee auf sie richtete, füllten sich seine eigenen Augen mit Tränen – wie sie es tatsächlich viele, viele Male bei den tragischen Szenen des deutschen Terrors taten .

Eine weitere Anfrage. Konnte Vivie Gräfin von Stachelberg sehen oder mit ihm kommunizieren ? – mit Pasteur Walcker?

Hier griff der Polizeiagent ein: „Nichts dergleichen! Sie werden hier keinen Salon veranstalten. Schon viel zu viele Zugeständnisse. Viel mehr Aufregung und Ärger, und ich werde Sie zurück zur Kommandantur bringen und Bericht erstatten. Schreiben Sie Ihren Brief." an den Allerhöchsten, der sich dazu herablässt, es zu empfangen, er wird morgen, Sonntag, kommen, um den Engländer auf seinen Tod vorzubereiten, am Montag –"

Vivie schrieb ihren Brief – wahrscheinlich in einer sehr zusammenhangslosen Sprache. Es wurde dem deutschen Polizeibeamten übergeben. Er lächelte sardonisch, als er es mit seinen schmutzigen, abgebrochenen Nägeln in seine geile Hand nahm. Dem Generalgouverneur missfielen diese Appelle an den Allerhöchsten. Tatsächlich wurden in den meisten Fällen geplante Hinrichtungen erst gleichzeitig mit der Verurteilung angekündigt, um den Sorgen dieser Berufungen zu entgehen. Außerdem wusste er, dass der Kaiser an diesem Morgen nach Charleville aufgebrochen war, nachdem er den Polizeibeamten, die ihm sagten, sie hätten gerade einen englischen Plan für seine Ermordung vereitelt, mehrere Auszeichnungen verliehen hatte.

Vivie und Bertie waren schließlich allein, denn der Polizeibeamte langweilte sich, konnte ihr Gespräch nicht verstehen und nahm sich einen Nachmittag frei. In diesem Gefängnis von Saint-Gilles waren die Zellen in vielerlei Hinsicht denen in englischen Gefängnissen überlegen. Sie waren durch ein langes Fenster gut beleuchtet, das nicht so hoch war, dass man, wenn man auf einem Stuhl stand, nicht auf den Gefängnisgarten hinaussehen konnte. Durch dieses Fenster konnten die Sonnenstrahlen in die Zelle eindringen und sie erhellen. Es gab keinen unangenehmen Geruch – einer der Schrecken von Holloway. Der Boden war aus poliertem Parkett. Das Bett war bequem. Es gab einen Tisch, sogar ein Bücherregal. Die Toiletteneinrichtung war in keiner Weise abstoßend oder auffällig.

Vivie bestand darauf, dass Bertie sich aufs Bett legte; sie würde sich auf den Stuhl neben ihn setzen. Er musste so erschöpft sein …

„Und was ist mit *Ihnen* , Miss? Ich gebe zu, Sie haben die letzten drei Nächte nicht geschlafen. *Was* für ein Durcheinander ich mit dem alten Ding angerichtet habe!"

„Bertie! *Warum* hast du das getan? *Warum* hast du dein Leben riskiert, um hierher zu kommen; *oh warum, oh warum* ?" jammerte Vivie.

„Weil ich dich geliebt habe, weil ich dich immer geliebt habe, besser noch irgendjemand sonst auf der Welt – seit ich ein vierzehnjähriger Junge war und du so freundlich zu mir gesprochen und mich ermutigt hast, weiterzumachen und mich zu verbessern; und gab mir Bücher und ermutigte mich zu meinem Cricket. Ich schätze, ich werde sterben, deshalb schäme ich mich nicht , Ihnen das alles zu erzählen . Aber wenn ich dachte, ich würde überleben , würde ich mir eher die Zunge herausschneiden, als dich zu beleidigen – Oh", er stöhnte irgendwie, „wenn die Nachricht kommt, dass Mrs. Warren und du tot sind Vielleicht ohne Geld und der Gnade dieser Deutschen ausgeliefert ... na ja! – ich frage mich nur, dass ich kein Flugzeug gestohlen habe und damit reingekommen bin. Ich sage Ihnen, ich musste große Selbstbeherrschung an den Tag legen, um Woche für Woche an der Lebensmittelverteilung herumzufummeln und so zu tun , als wäre ich Amerikaner ...

„Nun! Da ist es! Wir müssen alle früher oder später sterben. Es ist ein Wunder, dass ich nicht schon tot bin. Ich bin in einer schwierigen Situation, seit ich zum YMCA gekommen bin …

„Und was das YMCA angeht, Miss, ich *flehe* Sie an: Wenn Sie hier rauskommen – und ich bin sicher, Sie werden es schaffen –, werden sie *Sie nie töten* ", sagte Bertie voller Bewunderung und blickte zum Grab hinauf. „Ich *bitte* Sie, die Dinge mit dem YMCA in Ordnung zu bringen. Mir wird kein Penny von ihrem Geld weggenommen." Ich habe ihnen bis zum letzten Tag treu gedient, bevor ich meine Chance sah, es zu gewinnen Über die Grenzen hinweg – Sie müssen mich für tot halten – und die arme Nance, meine Frau, auch, denn ich habe es nicht gewagt, jemandem zu schreiben, seit ich in Belgien bin . Aber ich habe ihr eine Nachricht geschickt, bevor ich angefangen habe. Sagen Sie : „Seien Sie nicht überrascht, wenn Sie eine Zeit lang keinen Brief von mir bekommen, ich komme bestimmt wieder."

hat ihn vielleicht auf dem Laufenden gehalten . Und bald wirst du ihn wissen lassen können. Wer kann das sagen? *Ich* Keine Ahnung ! Aber der Frieden, so könnte man meinen, muss bald kommen. Scheint, als ob unsere arme alte Welt zu Ende geht , nicht wahr? *Wie* oft haben wir Werbung gemacht – wenn es Ihnen nichts ausmacht, wenn ich es so mache ! Ich erinnere mich, als ich sehr vorsichtig sein musste, immer „Sir" und „Mr." zu Ihnen zu sagen. David" oder „Mr. „Williams" – und ein schelmischer Blick, ein Schimmer der Fröhlichkeit erschien in Berties Augen, und er lachte, ein Lachen, das halb schluchzend war. „Wenn Sie Ihr Leben aufschreiben würden , würde es niemand glauben, Miss. " Es übertrifft jeden Roman, den ich jemals gelesen habe – und ich habe eine ganze Reihe davon gelesen, während ich mich um die YMCA-Bibliotheken gekümmert habe …

„Meine Güte! Aber du warst ein wunderbarer Anwalt vor Gericht! Ich musste manchmal weinen , wenn ich hörte, wie du den Fall eines armen Mädchens übernahmst, das von seinem Kerl verlassen und sein Baby getötet wurde „Tricks of the Trade " , sagt ein anderer Anwaltsgehilfen und spottet , „weil du nicht der Boss warst -' verdienter Kerl in der Regel ... Erinnern Sie sich an den Shillito-Fall –?"

„ *Tu es nicht* , Bertie! Sag solche Dinge *nicht* , um mich zu loben. Ich bin solche Liebe nicht *wert* . Ich bin nur eine arrogante, eitle, streitsüchtige Frau ... Schau, wie viele Menschen ich getäuscht habe, was für ein bißchen Gutes ich wirklich auf der Welt getan habe –"

„Rübsch ! Du hast Gutes getan, wohin du auch gegangen bist ... für meine Mutter – ich frage mich übrigens, was *sie* denkt und wie es *ihr geht* Geht 's weiter? Söhne sind schrecklich undankbar und vergessen . Was mit dir – und Nance – und den Kleinen , ich denke kaum an die arme Mutter . Aber Sie werden es ihr doch sagen, nicht wahr, Fräulein?...

„Denken Sie, wie gut Sie zu Ihrem alten Vater in Wales waren , so wie Sie Ihren Vater nannten – und zu sagen: „Er war es nicht? Man weiß nie … Miss Warren! Wie schade das ist." Ich wette, du hast nie geheiratet. Aber ich erinnere mich, dass ich die Idee, es zu tun , immer gemocht habe und froh war, dass du dich als Mann verkleidet hast und sie alle aufgenommen hast. ... Ich kann Ihnen alles sagen, Fräulein, jetzt werde ich übermorgen sterben. Meine arme Nance, sie hat mich immer beschäftigt, und sie wurde eifersüchtig , manchmal. Aber ich habe es mir nie anmerken lassen, warum ich es mir nicht einmal gesagt habe – ich habe dich mehr respektiert als – als –"

Und Bertie, der keine Parallele finden konnte, hörte eine Zeit lang auf zu sprechen und schluckte das Schluchzen herunter, das ihn überwältigte.

hier wegkommen, werden Sie sich um sie und meine Kinder kümmern? Ich Ich bin in letzter Zeit kein großer Vater für sie . Vielleicht ist das eine Strafe dafür, dass ich meine häuslichen Pflichten vernachlässigt habe – wie man dir immer gesagt hat, als du es warst Suffragin ." Er lachte bitter: „Zwei so *nette* Kinder ... Ich habe sie seit zwölf Monaten im letzten Februar nicht mehr gesehen ... mehr als vor einem Jahr ... Ich habe ein bisschen Urlaub bekommen Dann... Da ist die kleine Vivie, die wir nach dir benannt haben... Sie ist so hübsch geworden ... und Bert! „ Eines Tages wird er ein größerer und besserer Mann sein als ich ." „ E ist mit besseren Chancen ins Leben gestartet." Ich gehe davon aus , dass er Cricketspieler wird. Meiner Meinung nach gibt es kein Spiel, das an Cricket herankommt ..."

Zu diesem Zeitpunkt öffnete der belgische Direktor des Gefängnisses die Tür und bat Vivie, ihm zu folgen. Er teilte Bertie mit, dass sie am Nachmittag zurückkommen würde. Zur gleichen Zeit bereitete ein Wärter, der zwei gut erzogene Gefangene begleitete, die für die Essensverteilung zuständig waren, eine recht appetitliche Mahlzeit in Berties Zelle vor. „Sehr geehrte Frau", sagte der Direktor auf Französisch, „Sie sind so weise, ich weiß, Sie werden tun, was ich wünsche...?"

(Vivie verneigte sich.)

Kommandantur zurückschicken . Das werde ich auf mich nehmen. Aber ich muss dich hier als meinen Gefangenen betrachten" – er lächelte traurig – „Komm mit mir. Ich werde dir eine schöne Zelle geben, wo du essen sollst." und schlafe, und – ja – und meine Frau wird kommen und dich sehen ..."

Am Abend dieses Tages wurde Vivie zurück in Berties Zelle geführt. Dort fand sie den freundlichen Pasteur Walcker. Irgendwie hatte er von Berties Verurteilung gehört – vielleicht hatte er sie auf einem roten Plakat angeschlagen gesehen – und in der stillen Annahme, dass alles, was er tat, richtig war, nicht auf eine offizielle Vorladung gewartet, sondern sich im Gefängnis von Saint-Gilles gemeldet und bat darum, den Direktor zu sehen. Von da an fungierte er als Berties spiritueller Leiter ... Er sprach sehr wenig Englisch, war aber eher zum Mitfühlen als zum Predigen da –

„Ce n'est pas, chère Mamselle , dass ich an dieser Stelle Probleme mit religiösen Fragen habe . Ich werde dich beruhigen – et vous aussi – ich habe versucht, alle möglichen Vorgänge zu trainieren , und das ist es connais , pour obtenir Sa Grace ... Aber", fuhr er fort, „ich habe mit dem Gefängnisarzt gesprochen und ihn in der Zwischenzeit gebeten, dem armen jungen Mann eine Spritze oder eine Dosis von etwas zu verabreichen, damit er eine Weile schlafen kann ..."

Dann zog er sich zurück.

Das Tageslicht wurde rosa und verblasste zu Grau, während Vivie am Bett saß und die linke Hand des schlafenden Mannes hielt. Erschöpft vor Rührung schlief sie selbst ein, rutschte vom Stuhl auf das Parkett, legte ihren Kopf auf die Ecke seines Kissens und schlief ebenfalls ...

Plötzlich strahlte das elektrische Licht aus einer Kugel in der Ecke der Wand, die zwei Zellen versorgte. Sie erwachte; Bertie wachte auf. Er war immer noch glücklich in einem Opiat-Traum und seine Augen in seinem hageren Gesicht blickten sie mit schläfriger, glücklicher Zuneigung an. Sie wollte ihn nicht zur Realität erwecken, küsste ihn auf die Wange und zog sich aus der Zelle zurück – denn der Direktor hatte sich aus Zartheit zurückgezogen und die Tür angelehnt gelassen. Sie gesellte sich im Korridor zu ihm zurück und er führte sie für die Nacht in ihr eigenes Quartier. wo sie sich erschöpft von Kummer und Müdigkeit auszog und traumlos schlief.

Aber die Stunde des Erwachens an diesem winterlichen Sonntagmorgen! Es schneite zeitweise und der Himmel war vom hohen Fenster aus bleifarben . Aufgrund der Brennstoffknappheit war die Zelle ungewärmt . Sie zog sich hastig an und fühlte sich immer noch unordentlich und zerzaust , als sie fertig war. Ihr Frühstück und dazu ein kleines Päckchen weißes Pulver vom Gefängnisarzt zum Frühstück. Sie hat es geschluckt. Wenn es Gift wäre, das von der deutschen Regierung geschickt wurde, was würde das schon bedeuten? Aber in Wirklichkeit war es eine Droge, die dem Kummer die Schärfe nahm.

Bertie hatte offenbar eine ähnliche Dosis erhalten. Sie verbrachten den Vormittag und den Nachmittag dieses Sonntags fast glücklich zusammen. Mit Pausen verträumter Stille sprachen sie über alte Zeiten. Keiner von ihnen wäre überrascht gewesen, wenn sich die Zellenwände wie in einer Verwandlungsszene aufgelöst hätten und sie in den Fountain Court des Tempels oder in den fröhlichen Verkehr der Chancery Lane hätten gelangen können.

Als sie jedoch nach dem Abendessen in seine Zelle zurückkehrte, hatte sich seine Stimmung geändert; die Wirkung des Medikaments war vorüber. Er hatte Stimmungen der Verzweiflung und des wilden Weinens. Es gab keine Antwort, keine Antwort auf Vivies Berufung, kein Ergebnis aus Monsieur Walckers Aktivitäten. Bertie machte sich Vorwürfe der Feigheit ... dann kam der Arzt herein. „Eine Spritze in den Arm? Also! Er wird jetzt bis zum Morgen schlafen. Espérons." Toujours ! Et vous , ma pauvre Mademoiselle. Vous êtes excédée . Permettez que je vous fasse la meme piqure ?"

Aber sie dankte ihm und sagte, sie wolle ihre ganze Kraft bei sich haben, versprach jedoch „se maîtriser " – ruhig zu bleiben.

Was für eine Nacht! Ihre Ohren hatten einen übernatürlich scharfen Hörsinn. Der entfernteste Schritt in den Gängen war zu hören. War es eine Gnadenfrist? Ein solches Geräusch vervielfachte sich zu den Schritten zweier Männer, die immer näher – näher – näher kamen, bis sie vor ihrer Zellentür stehen blieben. Mit einem Klirren wurde es geöffnet. Sie sprang auf. Zum Glück hatte sie sich nicht ausgezogen. „Du hast einen Aufschub mitgebracht?" sie schnappte nach Luft. Aber der Direktor und Monsieur Walcker standen nur mit gesenktem Gesicht da. „Es wird bald Morgen sein", sagte der Direktor. „Es gibt keine Hoffnung auf eine Gnadenfrist. Er soll um sieben Uhr im Tir National hingerichtet werden. Alles, was wir für Sie gesichert haben, ist die Erlaubnis, ihn bis zum Ende zu begleiten. Aber wenn Sie denken, *dass das* eine zu schmerzhafte, zu große Belastung ist, ich würde vorschlagen, dass du-"

„Nichts könnte mich überfordern", sagte Vivie, „oder vielmehr ist es mir egal, ob mich etwas umbringt. Ich werde mit ihm gehen und bei ihm bleiben, bis zum allerletzten Moment, bei ihm bleiben, bis er begraben ist, wenn du erlaubst!" "

Sie ging hastig zur Toilette, eher weil sie für ihn wie ein passender Begleiter aussehen wollte und nicht wie ein erbärmlicher Wrack. Sie riefen sie herbei und boten ihr eine Tasse Eichelkaffee an, die sie abwinkte. Die bitterkalte Luft des verschneiten Aprilmorgens stärkte sie. Sie stieg in das mit Fensterläden versehene, gepanzerte Gefängnistaxi, in dem bereits Bertie und ein Soldat untergebracht waren. Bertie hatte die Arme gefesselt, aber nicht allzu schmerzhaft. Er zitterte vor Kälte, aber als er sagte: „ *Keine Angst* , Fräulein . Irgendwie wird schon alles gut werden . Dieser Herr Walcker hat mir sehr gut getan. Auf jeden Fall werde ich es zeigen." Wie ein Engländer sterben kann. „Er sagt, Gnadenlosigkeit kommt manchmal im letzten Moment . "

Aber für Vivie war diese Fahrt eine unvergessliche Qual. Sie fuhren durch Vororte, deren Straßen nicht repariert oder durch Granatsplitter zerstört waren. Der Schnee lag stellenweise so dicht, dass er den Motor fast zum Stillstand brachte. Dennoch war es endlich zu Ende. Die Tür auf einer Seite wurde aufgerissen; sie wurde ziemlich unsanft herausgezogen; dann der gefesselte Bertie, der einem Wachmann übergeben wurde; und der eskortierende Soldat folgte ihm, der sofort seinen Platz an seiner Seite einnahm. Vivie hatte gerade noch Zeit, die hässliche rote Backsteinfassade des Hauptgebäudes des Tir National zu bemerken. Es erinnerte sie ein wenig an eine hastig aufgebaute Ausstellung in Earl's Court oder Olympia. Dann wurde sie durch eine Schwingtür in einen eiskalten Korridor gestoßen; wo der Gefängnisdirektor und Monsieur Walcker standen – unentschlossen, weinend …

„Wo ist Bertie?" Sie fragte.

„Er wird für die Schießerei vorbereitet", antworteten sie. „Es wird bald vorbei sein … liebe , liebe Dame … versuchen Sie, ruhig zu bleiben –"

„Ich werde so ruhig sein, wie Sie wollen", sagte sie, „ich werde mich mit äußerster Korrektheit oder wie auch immer Sie es nennen, verhalten, wenn Sie – wenn sie – die Soldaten – der Offizier – mich ihn sehen lassen – wie Sie es versprochen haben …" bis zum Letzten, bis zum Allerletzten. Aber bei Gott – wenn es einen Gott *gibt* – wenn du oder sie mich daran hindern, werde ich –"

Unerklärlicherweise siegte die reine Geisteskraft, ohne dass die arme, vor Kummer wahnsinnige Frau die Drohung hätte aussprechen müssen – sie ging widerstandslos zu einer Schwingtür, die auf eine Art Veranda führte. Hier hatte sich das Erschießungskommando aufgestellt, und vor ihnen, fünf Meter entfernt auf schneedurchweichtem, zertrampeltem Gras, stand Bertie. Er sah Vivie hinter dem Erschießungskommando hergehen und hinter ihnen am Verandageländer stehen. Er richtete sich auf, duckte seinen Kopf weg von dem Taschentuch, mit dem sie seine Augen verbinden wollten, und rief: „Nehmt euer verdammtes Taschentuch weg! *Ich* Ich habe keine Angst vor den Waffen. Wenn Sie mich SIE ansehen lassen, werde ich ganz still stehen.“

Der kommandierende Offizier des Erschießtrupps zuckte mit den Schultern. Der eskortierende Soldat unterließ seine Versuche, dem Engländer die Augen zu verbinden, und trat abseits, außer Reichweite. Bertie richtete seine leuchtenden Augen auf die Frau, die er seit seiner Jugend geliebt hatte, die Gewehre ertönten mit hallendem Brüllen, und er fiel außer Sichtweite, von den Soldaten abgeschirmt, ein zerknitterter Körper, über den sie ein Laken warfen.

Was ist dann mit Vivie passiert? Ich nehme an, Sie erwarten den altbewährten Trick des müden Romanautors, der unbedingt seinen Stift weglegen und zum Tee gehen möchte: „Dann schien sie von einer Wolke aus Schwärze verschlungen zu sein und wusste nichts mehr“ – bis es dem Erzähler passte um ein neues Kapitel zu beginnen. Aber bei mir muss es die unerbittliche Wahrheit sein und nichts als die Wahrheit, in all ihren Aspekten. Vivie war taub, fast betäubt von dem schrecklichen Lärm der Salve auf engstem Raum. Als nächstes wurde sie kurzerhand von der Veranda in den Korridor und so hinaus in den schneebedeckten Raum vor dem Backsteingebäude geschoben; Während der Beamte die Leiche des gefallenen Mannes untersuchte, war er bereit, ihm den Todesstoß zu versetzen , *wenn* er nicht tot wäre. Aber er war. Als nächstes wurde Vivie bewusst, dass sie die schrecklichsten, blendendsten Kopfschmerzen hatte, die sie je erlebt hatte, und gleichzeitig eine unwiderstehliche Übelkeit verspürte. Der Gefängnisdirektor nahm ihre Hand und sagte: „Mademoiselle, es ist meine Pflicht, Ihnen mitzuteilen, dass Sie nicht mehr verhaftet sind. Es steht Ihnen frei, in Ihre Unterkunft zurückzukehren.“ Minna von Stachelberg war von irgendwoher gekommen und nahm ihren rechten Arm, um ihren Brüsseler Mündel zu führen; und Pasteur Walcker stellte sich neben sie, um sie zu begleiten. Unfähig, auf eine von ihnen zu antworten, schritt sie allein zu einer Stelle, wo unter dem Schnee ein schlecht gepflegtes Grasgrundstück lag und es dort heftig krank war. Die Betäubungsmittel und Schlafmittel der letzten beiden Tage hatten ihre üblichen Nachwirkungen. Danach kam eine schaudernde Ohnmacht und ein heftiger Schauer, unter dem ihre Zähne klapperten. Ein Arzt kam mit etwas Brandy. Sie setzte das Glas an ihre Lippen, schob es dann beiseite, nahm Pasteur Walckers ausgestreckten Arm und ging zur Straßenbahnhaltestelle.

Dann saßen sie in der Straßenbahn und fuhren ins Zentrum von Brüssel. Wie alltäglich! Dicke, faltige Marktfrauen stiegen mit ihren Körben ein oder aus; Angestellte traten ein, mit Mappen – nennt man sie nicht „Servietten"? – unter dem Arm; Deutsche Polizisten, belgische Gendarmen, deutsche Soldaten, ein Priester mit seinem Brevier kamen und gingen, als wäre dieser Montagmorgen wie jeder andere. Vivie ging ziemlich fest und sicher von der Straßenbahnhaltestelle zum Haus der Walckers in der Rue Haute. Dort wurde sie von Madame Walcker empfangen, die sie auf ein Zeichen ihres Mannes nach oben führte, sie schweigend auszog und sie mit einer Wärmflasche und einer Tasse Heißgetränk, das ein wenig nach Kaffee schmeckte, ins Bett brachte.

Danach verbrachte Vivie drei Tage mit starker Übelkeit und Übelkeit, einer belegten Zunge und absolut keinem Appetit. Schließlich stand sie eine Woche nach der Hinrichtung auf und betrachtete sich im Spiegel. Sie war furchtbar abgemagert, sie sah aus wie mindestens fünfundfünfzig – „Sie müssen mich für seine Mutter oder seine Tante gehalten haben; niemals für seine Geliebte", bemerkte sie bitter vor sich hin. Und ihr braun-goldenes Haar war jetzt deutlich aschengrau.

Am nächsten Tag ging sie wieder zur Arbeit im Krankenhaus.

Zu Minna sagte sie: „Ich kann deine Freundlichkeit und dein Mitgefühl *nie, nie, nie* vergessen. ‚Schwester' scheint ein unzureichender Name zu sein, um dich zu nennen. Was auch immer passiert, wenn du mich nicht verstößt, werden wir Freunde sein … Ich." Ich wage zu sagen, dass ich dir sogar mein Leben verdanke, wenn es überhaupt etwas wert ist. Ich möchte leben, um mich zu rächen" – ihre Stimme zitterte immer noch Name – „Berties Frau und Kinder. Ich gehe davon aus, dass ich ohne Ihre Hilfe bereits vor dem Senat wegen Komplizenschaft mit … Bertie … angeklagt und für schuldig befunden und erschossen worden wäre …"

Minna : „Ich werde nicht so weit gehen und sagen, dass Sie Recht haben. Aber ich *war auf jeden Fall* um Sie besorgt, als Sie verhaftet wurden. Natürlich wusste ich nichts – *nichts* – über diesen armen jungen Mann, bis kurz vor seiner Hinrichtung als Pfarrer Walcker kam zu mir, ich konnte nichts tun, und ich verstand so schlecht, was passiert war. Aber zu dir: Ich habe mir gesagt, wenn ich nichts tue , wirst du vielleicht zu einer Gefängnisstrafe verurteilt ... und das *habe ich getan* Reg mich auf, darauf kannst du wetten!" (Minna zeigte gerne, dass sie ein oder zwei umgangssprachliche Phrasen kannte.) „ Also telegrafierte ich an den Kaiser, ich belagerte von Bissing im Ministère des Sciences et des Arts; schrieb ihm, telegrafierte an ihn, telefonierte mit ihm, saß in seinem Vorzimmer, meine Krankenhausarbeit von Freitag bis Montag völlig vernachlässigt –

„Ich gehe davon aus, dass sie in den Papieren des armen jungen Mannes tatsächlich nichts gefunden haben, was Sie verdächtigen könnte. Sie wollten – diese Unmenschen – Ihnen nur einen ordentlichen Schrecken einjagen … und ich wage zu behaupten … so ist die militärische Denkweise …" Ich wünschte sogar, du würdest sehen, wie er erschossen wird.

„Übrigens, ich nehme an, Sie haben gehört, dass von Bissing sehr krank ist? Vielleicht liegt er im Sterben …"

Vivie : „ Das *hoffe ich* . Ich bin *so* froh. Ich hoffe, dass es eine schmerzhafte Krankheit ist und dass er stirbt und feststellt, dass es wirklich eine Hölle *gibt* , und zwar eine ungewöhnlich heiße!"

Stachelbergs Verurteilungen der deutschen Grausamkeiten darf nicht geschlossen werden , dass sie eine unpatriotische Frau war, die ihr eigenes Land ablehnte und vom Glauben abfiel. Im Gegenteil: Sie vertrat – fälschlicherweise oder nicht – die Auffassung, dass Deutschland Opfer einer Geheimdiplomatie geworden sei, von einem Ringzaun aus Feinden eingekesselt worden sei und die von ihm geforderten wirtschaftlichen Garantien und die von ihm gewünschte koloniale Expansion verweigert habe. Minna mochte die Slawen nicht und glaubte nicht an sie, außer als Musiker, Sänger, Maler, Tänzer und Schauspieler. Sie glaubte, dass Deutschland eine große zivilisierende und kulturverbreitende Mission in Südosteuropa habe; und dass die Keime dieses Krieges in der Politik von Chamberlain, dem Protektionismus der Vereinigten Staaten, dem Rachegeist und dem kolonialen Egoismus Frankreichs lagen.

Aber sie schauderte angesichts der deutschen Grausamkeiten in Belgien und Frankreich. Die Schrecken des Krieges waren für sie eine Offenbarung und sie war fortan vor allem Pazifistin. „ *Ihre* alten Staatsmänner und *unsere* alten oder mittelalten Generäle, meine Liebe, sind gleichermaßen schuld. Aber Sie und ich wissen, wo das wahre *Unheil liegt* . Wir werden von einer All-Man-Regierung falsch regiert. „ *Wir* wollen nicht das andere Extrem, eine Regierung, die ausschließlich aus Frauen besteht. "

Vivie stimmte ihr herzlich zu.

Sie – Vivie – ich sollte sie wirklich „Vivien" nennen: Sie ist jetzt einundvierzig – nahm ihren Dienst im Hôpital de St. Pierre wieder auf und hatte keine Abneigung dagegen, verwundete deutsche Soldaten zu versorgen – vor den Offizieren schreckte sie zurück. Sie erkannte, dass die Soldaten nur die Sklaven der Offiziersklasse, des Kaiserreichs waren . Ihre Belohnung für dieses Maß an Christentum war, dass sie sich um eine Gruppe verwundeter englischer Jungen oder Männer kümmern konnte. In vielen von ihnen sah sie wieder Bertie Adams, besonders in den Sergeanten und Korporalen. Diese wiederum hielten sie für eine sehr hübsche, stattliche Dame, die aber manchmal etwas rührselig war. „Es ist so leicht, sie zum Weinen zu bringen , als ob ihr das Herz brechen würde, das arme Ding … Und ich sage : ‚Aber, Ma'am, der Schmerz ist *nichts* , nichts im Vergleich zu dem, was er einmal war.' Sie hat im Krieg bestimmt einen Sohn verloren. Ich frage mich, wie sie hierher gekommen ist? Haben die Deutschen keine Angst vor ihr?" …

Das waren sie. Die seelische Qual, die sie durchgemacht hatte, hatte ihr Gesicht vergeistigt , ihm ein Aussehen von Alter und Ernst verliehen, ihm aber auch eine Art „Schrecklichkeit" verliehen. Sie strahlte eine Aura rechtschaffener Autorität aus. Sie war durch den Feuerofen gegangen, und Dummheit und Gereiztheit waren aus ihr herausgebrannt … obwohl sie, Gott sei Dank, einen gewissen Sinn für Humor behalten hatte . Aus der Sicht des Malers war sie wahrscheinlich nie so gutaussehend gewesen, obwohl man sich nicht vorstellen konnte, dass sich jetzt ein junger Mann in sie verlieben würde.

Brüsselern zum ersten Mal deutlich wahrgenommen, als von Bissings Trauerzug auf dem Weg nach Deutschland durch die Straßen von Brüssel ging. Vivien Warren war damals so weit genesen, dass sie auf den Stufen eines Denkmals stehen und „ Vive la Belgique! À bas les tyrans !" rufen konnte. Die Polizisten und die Spione schauten in die andere Richtung und täuschten Taubheit vor. Sie hatten den Befehl, sie nicht zu verhaften, es sei denn, sie griff tatsächlich zu Schusswaffen oder anderen tödlichen Waffen.

Es hieß, ihr Appell für Bertie Adams sei zwei Tage zu spät beim Kaiser angekommen; dass er über von Bissings grausame Übereiltheit schimpfte und schimpfte . „Engländer", murmelte er seinem Gefolge zu, „morden nicht. Die Iren tun es. Aber *wie* ich mit England Frieden schließen soll, weiß *ich nicht…!"*

(Seine Hölle auf Erden muss darin bestanden haben, dass nur wenige Menschen den englischen Charakter mehr bewunderten als er, und dennoch war er ohne jeden Anlass in den Krieg mit England geraten.)

Obwohl es jedoch zu spät war, „diesen verrückten Adams" zu retten, befahl er, Vivie in Ruhe zu lassen. Über Gräfin von Stachelberg ließ er ihr sogar sein Bedauern darüber mitteilen, dass sie und ihre Mutter im Hotel Impérial so herablassend behandelt worden waren . Es geschah nicht auf Befehl von ihm.

Also: Vivie wurde in den letzten anderthalb Jahren des Wartens zwischen Mai 1917 und November 1918 zu einer ziemlichen Macht in Brüssel.

Deutsche Soldaten, die immer noch von ihren Wunden hinkten, salutierten ihr auf der Straße und erinnerten sich an ihre Freundlichkeit im Krankenhaus und die Briefe, die sie unermüdlich nach ihrem Diktat an ihre Frauen und Familien schrieb – denn sie war eine ziemliche Gelehrte der deutschen Sprache geworden. Den spärlichen Überresten der britischen Kolonie und den großen Damen unter den patriotischen Belgiern wurde nun klar, wie falsch die Geschichten waren, die im ersten Kriegsjahr über sie kursierten; und schenkten ihr ihre Freundschaft. Und der spanische Minister, der den Platz der Amerikanerin als Beschützerin der britischen Untertanen eingenommen hatte, lud sie zu allen Festen ein, die er für belgische Wohltätigkeitsorganisationen und Gelder des Roten Kreuzes veranstaltete. Über seine Gesandtschaft bemühte sie sich , dem YMCA und Berties Witwe Informationen zu übermitteln, dass Albert Adams vom YMCA „in Brüssel an den Folgen des Krieges gestorben war".

Ich wage zu behaupten, dass Vivien Warren im Herbst 1917, wenn sie über den spanischen Minister einen Pass für die Ausreise aus Belgien in ein neutrales Land beantragt hätte, dieser gewährt worden wäre: Die deutschen Behörden wären dankbar gewesen, sie nicht mehr zu sehen. Sie erinnerte sie an eine der grausamsten Taten ihrer Regierung. Aber sie blieb lieber, um die historische Rache zu genießen, nämlich die Vertreibung der Deutschen aus Belgien und die Wiederherstellung der belgischen Unabhängigkeit. Und sie konnte nicht gehen, damit Berties Grab nicht vergessen würde. Gemeinsam mit Edith Cavell, Gabrielle Petit, Philippe Bauck und den anderen vierzig oder fünfzig Opfern von Bissings „Terror" war er in den grasbewachsenen Hängen des Amphitheaters der Rifle Range begraben worden, in der Nähe des Ortes, an dem er hingerichtet worden war. Jeden Sonntag, egal ob nass oder schön, ging Vivien mit frischen Blumen dorthin. Sie hatte das eigentliche Grab mit einem kleinen Holzkreuz mit seinem Namen markiert, bis die Zeit gekommen war, in der sie seine sterblichen Überreste auf englischen Boden überführen lassen konnte.

Eines Tages, als sie im Herbst 1917 das Krankenhaus verließ, drückte ihr ein schäbiger Mann ein schmutziges, abgenutztes Exemplar der *„Times"*, zwei Wochen alt, in die Hand. „Drei Franken", flüsterte er. Sie hat ihn bezahlt. Es war keine Seltenheit, dass sie oder einer ihrer englischen oder belgischen Bekannten die *Times oder eine andere englische Tageszeitung zu einem Preis zwischen einem und zehn Franken* kauften und sie dann an den freundlichen Abonnentenkreis weitergaben, der die Kosten aufteilte. Bei dieser Gelegenheit schlug sie auf dem Heimweg in der Straßenbahn ihre *Times auf und warf einen Blick auf die Kolumnen.* In jedem anderen als „Mees Varennes" wäre dies in diesen Tagen des Jahres 1917 und 1918 eine strafbare Handlung gewesen; aber in ihrem Fall bemerkte kein Spion oder Polizist den Verstoß gegen die Vorschriften der feindlichen Presse. Auf einer der Seiten las sie den Bericht über einen schweren Luftangriff auf Portland Place und einen Hinweis – mit einer kurzen Todesanzeige an anderer Stelle – auf den Tod eines der Opfer der deutschen Bomben. Dies war „Linda, Lady Rossiter, die sehr geliebte Frau von Sir Michael Rossiter, deren Entdeckungen auf dem Gebiet der Knochentransplantation und anderer Formen der Heilchirurgie zu den herausragenden Errungenschaften usw. usw. gehörten.“

"Liebe mich!" sagte Vivien zu sich selbst, als die Straßenbahn über ihre übliche Haltestelle hinausfuhr und der Schaffner hartnäckig wegschaute: „Ich bin froh, dass sie als *Lady* Rossiter weiterlebte. Es muss ihr so viel Freude bereitet haben. Armes Ding! Und zum Nachdenken.“ Das Wissen, dass er ein Witwer ist, bewegt mich kaum noch. Und wie sehr ich diesen Mann vor sieben, sechs, fünf Jahren *geliebt habe* ! vous plaît .

KAPITEL XX

NACH DEM WAFFENSTILLSTAND

Die Brüsseler fühlten sich in den letzten Monaten des Jahres 1917 sehr entmutigt. Die russische Revolution hatte den Zusammenbruch Russlands als Feind Deutschlands herbeigeführt; und die Deutschen konnten den Großteil ihrer Truppen an der russischen Grenze nach Westen und an die italienische Grenze transportieren. Italien hatte beim Durchbruch seiner Verteidigungsanlagen bei Caporetto halb Venetien und enorme Mengen an Geschützen verloren. Tatsächlich schien es jeden Moment, wenn das Eis und der Schnee dieses schrecklichen Winters 1917/18 schmolzen, als ob Italien das Schicksal Rumäniens teilen würde. Obwohl die britische Armee mit ihren Panzern große Erfolge erzielt hatte, hatte sie bis zum Ende des Jahres 1917 fast den gesamten gewonnenen Boden rund um Cambrai verloren. Außerdem gefährdete die U-Boot-Bedrohung die britische Nahrungsmittelversorgung und die Verbindungen mit Amerika. Was die Vereinigten Staaten betrifft: Sollte ihre Intervention mehr als nur Gelddarlehen und Materiallieferungen umfassen? Würden sie wirklich die kämpfenden Männer stellen, die in dieser Krise das Einzige sind, was nötig ist, um Deutschland zu besiegen?

Belgien war administrativ in zwei verschiedene Teile geteilt, nördlich und südlich der Maas. Nördlich der Maas sollte es ein niederländischsprachiges Land werden, entweder irgendwann Teil Deutschlands oder an Holland übergeben, um es für seine sehr wohlwollende Neutralität gegenüber Deutschland während des Krieges zu entschädigen. Eine Handvoll flämischer Abenteurer erschien in Brüssel, um den Rat von Flandern zu bilden, und erzürnte die Brüsseler durch ihr überschwängliches Lob der deutschen Verwaltung und ihre unterwürfige Zustimmung zu allen deutschen Maßnahmen.

Die Ereignisse im Frühjahr 1918 verstärkten die Verzweiflung in der belgischen Hauptstadt. Als die Deutschen die Verteidigungsanlagen der neuen Linien durchbrachen , die durch die Picardie und die Champagne verliefen, die Nähe von Amiens erreichten, Soissons zurückeroberten und die Marne erneut überquerten, schien es, als sei die Unabhängigkeit Belgiens verloren gegangen; Das Äußerste, was sie sich erhoffen konnte, wäre die Selbstverwaltung einer deutschen Provinz.

Aber Vivie gehörte nicht zu den Pessimisten. Sie bemerkte eine schwelende Unzufriedenheit unter den deutschen Soldaten, selbst als Deutschland einem umfassenden Sieg über Frankreich und Großbritannien nahe zu sein schien.

Die Brutalität der Soldaten, ihre absichtliche, hässliche Schmutzigkeit während der ersten beiden Kriegsjahre schien eher auf Befehl ihrer Offiziere als auf eine eigene menschenfeindliche Gesinnung zurückzuführen zu sein. Viele der Soldaten in Belgien, in Brüssel, drehten sich sozusagen um und empfanden einen Schrecken vor dem, was sie getan hatten, vor dem, was man ihnen befohlen hatte. Männer, die auf Anstiftung ihrer Offiziere – und diese letzteren, insbesondere der Preußen, wie fleischgewordene Unholde wirkten – jungen belgischen Frauen Gewalt anboten, ihnen schließlich die Heirat anboten, sich sogar als gütige Ehemänner erwiesen, nur allzu bereit, sich zu domestizieren, stöhnten darüber, dass sie ihre provisorische Heimat verlassen und zu den schrecklichen Kämpfen an der Yser oder in Frankreich zurückkehren mussten.

Da waren zum Beispiel die Soldaten, die in der Villa Beau-séjour und auf dem Bauernhof der Oudekens stationiert waren. Bei Vivie wuchs der Wunsch, herauszufinden, was mit dem Eigentum ihrer Mutter passiert war. Eines Tages, Ende Februar 1918, als ein verfrühter Atemzug und ein Frühlingsgefühl in der Luft waren, besuchte sie ihren Freund – wie er geworden war – den Direktor des Gefängnisses von Saint-Gilles, und fragte ihn – seit sie Sie konnte sich nicht dazu herablassen , die deutschen Behörden um einen Gefallen oder ein Zugeständnis zu bitten – um für sie eine Genehmigung für die Weiterreise nach Tervueren zu erhalten , da die Eisenbahnverbindung zwischen Brüssel und diesem Ort wiedereröffnet worden war. Sie ging zur Villa hinüber – mit welchen Erinnerungen die Straßen und Wege erfüllt waren – und das Vorzeigen ihres Passierscheins wurde vom verantwortlichen Sergeant-Major nicht unhöflich aufgenommen. Zum Glück waren alle Offiziere gegangen und stimmten sehr langweilig ab, da Brüssel so nah und doch so fern war. Nach ihrer Abreise hatten der Sergeant-Major und seine reduzierte Männergarde damit begonnen, den Ort heimeliger zu gestalten. Die übliche deutsche Sparsamkeit hatte sich gezeigt. Sie hatten die Überreste von Mrs. Warrens Kuhherde wieder zusammengesetzt. Diese hatten Kälber und gaben Milch. Es gab erneut die Anfänge eines Geflügelhofs. Die Zimmer waren auf jeden Fall von ihrem unsäglichen Dreck befreit worden, doch der Verfall und die zerstörten Möbel trieben Vivie Tränen der Verärgerung in die Augen. Sie behielt jedoch ihre Beherrschung und sagte dem Sergeant, dass es jetzt *ihr Eigentum sei;* dass sie beabsichtige, es am Ende des Krieges zurückzuerobern, und dass sie dafür sorgen würde, dass er angemessen belohnt würde, wenn er dafür sorgen würde, dass der Ort ohne weiteren Schaden an sie zurückgegeben würde; und als Rate gab sie ihm einen guten Tipp. Er antwortete lachend und achselzuckend: „Das kann durchaus passieren." („Das könnte wohl geschehen .")

Er hatte bereits von der Engländerin gehört , die die Kommandantur nicht berühren durfte, und öffnete ihr sein Herz; Sie bot ihr sogar an, in ihrem eigenen *Krippenraum* eine kleine Mahlzeit zuzubereiten . Mit welch seltsamen Gefühlen setzte sie sich dazu. Als der Sergeant die *œufs au plat* hereinbrachte, sagte er, die Soldaten hätten den Krieg bereits satt. Die meisten wollten nach Deutschland zurückkehren, aber einige waren so sehr in Belgien verliebt, dass sie hofften, dass sie sich dort niederlassen könnten; vor allem diejenigen, die Plattdeutsch sprachen, denen Flämisch so leicht fiel.

Von der Villa Beau-séjour ging Vivien Warren weiter zur Farm der Oudekens und fragte sich, was sie dort sehen würde – etwas neues Grauen? Aber im Gegenteil, Frau. Oudekens sah um Jahre jünger aus; Tatsächlich hatte Vivien, als sie zum ersten Mal vor der Haustür stand, wirklich herzliches Gelächter aus dem Obstgarten gehört, in dem die Bauernwitwe Wäsche zum Trocknen feststeckte. Doch hier war der Ehemann der Frau infolge eines Urteils eines Feldgerichts erschossen und begraben worden.

Aber als sie Viviens Fragen beantwortete, nachdem sie sie mit zahllosen Fragen überschüttet hatte, gab sie errötend zu, dass Heinrich, der deutsche Sergeant, mit dem sie zunächst aus Zwang zusammengelebt hatte, sie kürzlich in der Mairie geheiratet hatte , obwohl der Pfarrer sich geweigert hatte, aufzutreten der Gottesdienst. Heinrich war nun ausnahmslos freundlich und arbeitete fleißig auf dem Bauernhof. Durch die sorgfältige Versorgung der Offizierskasinos in Brüssel mit Geflügel und Gemüse hoffte er, dass er und seine Assistenten – zwei Korporale – übersehen und nicht in die Kampftruppen zurückgeschickt würden. Was ihre Töchter betrifft: Nach ein paar Monaten der Promiskuität – einer schrecklichen Zeit, die Mme. Oudekens wollte es vergessen – sie waren den beiden Korporalen als alleiniges Eigentum zugeteilt worden. Sie standen beide kurz davor, Mütter zu werden, und wenn sich niemand einmischte, würden ihre Männer sie heiraten, sobald dieser verfluchte Krieg vorbei war. „Aber", sagte Vivie, „angenommen, Ihr Mann und diese Korporale wären bereits in Deutschland verheiratet?" „ Qu'est – ce – que ça fait?" sagte Frau. Oudekens . „ C'est si loin." Mit diesen kleinen Zugeständnissen hatte sie bereits ihren jüngsten Sohn vor der Deportation nach Deutschland bewahrt.

Der enorme Bedarf an Nahrungsmitteln in Brüssel, das 1918 eine schwankende Bevölkerung von über einer Million hatte und wo die Deutschen große Hunde zu Pemmikan verarbeiteten, hatte den Wert aller produktiven Bauernhöfe in der Nähe der Hauptstadt wie denen rund um Tervueren verdreifacht , insbesondere jetzt Der Bahnverkehr wurde wieder aufgenommen. Viele der Bauern machten in Zusammenarbeit mit einigen deutschen Soldaten und Partnern riesige Vermögen.

In Brüssel selbst stellten sich Soldaten oft auf die Seite des Volkes gegen die abscheuliche „ Polizei ", die unerträglichen deutschen Spione und Polizeiagenten. In den Straßenbahnen und auf den Straßen kam es manchmal zu Konflikten, wenn die deutsche Polizei versuchte , Bürger zu verhaften, weil sie die *Times* oder *La Libre Belgique lasen oder respektlose Dinge über den* Kaiser sagten .

Der enorme Ansturm der deutschen Offensive auf die Marne-, Somme- und Ypern-Vorsprünge im März und Juni 1918 wurde von der wechselnden Garnison von Brüssel mit wenig Begeisterung aufgenommen. Würde es nicht dazu führen, dass sich der Krieg verlängert? Der deutsche Vormarsch nach Frankreich war spektakulär, wurde aber mit einer schrecklichen Todesstrafe bezahlt. Die Krankenhäuser in Brüssel waren überfüllt mit Verwundeten und Sterbenden. Die Österreicher, die von der italienischen Front zur Wiederauffüllung der erschöpften Bataillone herangezogen wurden, lieferten sich offene Auseinandersetzungen mit den Preußen und mussten in einigen Fällen auf einem Kasernenplatz umzingelt und abgeschossen werden.

Der erste wirkliche Rückschlag für die deutsche Armee bei ihrem zweiten Marsch auf Paris – der auf die Überquerung der Marne bei Dormans folgte – wurde von den Brüsselern prophetisch als Wende des Blattes begrüßt. Der Kaiser war vom Hotel Impérial dorthin gereist , um den Höhepunkt des Marsches auf Paris mitzuerleben und zu verfolgen. Doch nun schlug Foch mit seinen Reserven zu und der Schildkröte wurde der Kopf abgetrennt. Das Zurückdrängen der Deutschen über die Marne fiel mit dem belgischen Nationalfest vom 21. Juli zusammen. Seit 1914 war dieses Fest nicht mehr öffentlich begangen worden. Doch an diesem Tag im Jahr 1918 protestierte die deutsche Polizei nicht, als eine riesige Menschenmenge in jeder Kirche und auf jeder Straße das Fest feierte. Vivien selbst besuchte den Gottesdienst in Sainte-Gudule, lächelte und lachte wie seit Berties Tod nicht mehr und sang *La Brabançonne* anstelle von *Te Deum, laudamus* . In den Straßen und Häusern von Brüssel war jedes Klavier, jedes Grammophon zum Spielen der *Marseillaise* , *Vers.* , *angemeldet l'Avenir* und *La Brabançonne* , die belgische Nationalhymne (einfallslose Worte und trostlose Melodie). Von diesem Datum an, dem 21. Juli, ging das deutsche *Debakel* mit kaum einer Tagespause weiter, ohne dass Deutschland verlorenes Terrain zurückgewinnen konnte.

Als die Amerikaner am 14. September St. Mihiel zurückerobert hatten, sagten die Belgier damals kühn voraus, dass ihr König bis Weihnachten wieder in Brüssel sein würde. Doch ihre Prophezeiungen wurden von den Ereignissen übertroffen. Bereits Anfang Oktober beschwor die akkreditierte deutsche Presse in Belgien die Belgier, nicht ungeduldig zu sein, sondern Belgien ruhig evakuieren zu lassen. Ende Oktober teilte Minna von Stachelberg Vivien mit, dass sie und die anderen Einheiten des Deutschen Roten Kreuzes die Anweisung erhalten hätten, aufzubrechen und ihre Schützlinge den belgischen Ärzten und Krankenschwestern zu übergeben. Die beiden Frauen verabschiedeten sich liebevoll voneinander und schworen, dass sie sich irgendwo wiedersehen würden, wenn der Krieg vorbei sei. Es kamen nun keine britischen Verwundeten mehr nach Brüssel, sodass Vivie sich frei um ihre eigenen Angelegenheiten kümmern konnte.

Riesige Mengen deutscher Beute strömten mit der Eisenbahn, mit dem Auto, in Militärlastwagen, in Karren und Waggons aus Belgien heraus . Fast alles davon gehörte den Offizieren, und die ohnehin schon rebellischen Soldaten brachen in Proteste aus. „Warum sollten diejenigen, die alle Kämpfe geführt hatten, nichts von der Beute haben?" So überzeugten sie die belgischen Lokführer – erfreut über den Streit zwischen den Hyänen – und hielten die Züge in den Vorortbahnhöfen nördlich von Brüssel auf. Es kam zu offenen Schlachten, die immer mit dem Sieg der Soldaten endeten.

Die Soldaten veranstalteten dann Auktionen und Märkte für die in den Zügen und Lastwagen erbeutete Beute. Sie hatten es eilig, etwas Geld für die Rückreise nach Deutschland zu bekommen. Vivie, die nun Pläne geschmiedet hatte, was nach der deutschen Evakuierung Brüssels geschehen sollte, nahm an diesen Auktionen teil. Sie wurde fast immer höflich behandelt, weil viele deutsche Soldaten sie als Freundin im Krankenhaus kannten und es anderen Soldaten erzählten. Bei einem solchen Verkauf kaufte sie ein brauchbares Auto für 750 Francs; bei weiteren Fässern Benzin.

Sie hatte für Geld gesorgt, indem sie zur Bank ihrer Mutter gegangen war und die Frage nach den deponierten Juwelen und Tellern erneut gestellt hatte. Da nun der Sieg der Alliierten sicher schien, war der Bankdirektor eher geneigt, es ihr leichter zu machen. Er hatte die Juwelen und den Teller im Wert von ungefähr 3.000 Pfund; und obwohl er sie nicht herausgeben wollte, bis das Testament bewiesen war und sie Verwaltungsurkunden vorlegen konnte, stimmte er im Namen der Bank zu, ihr ein Darlehen von 30.000 Francs zu gewähren.

Am 10. November folgte ein deutscher Soldat, der Vivien mit bescheidener Treue folgte, seit sie ihn von einer schlimmen Krankheit geheilt hatte – und auch, weil es, wie er sagte, eine Freude war, wieder Englisch zu sprechen –, denn er war Kellner im Restaurant gewesen Savoy Hotel – kam auf dem Boulevard d'Anspach zu ihr und sagte: „Die rote Fahne, meine Dame, weht von der Kommandantur . Bei uns ist es meiner Meinung nach Kaput." Darauf hatte Vivien gewartet. Als sie den Mann bat, ihr zu folgen, blieb sie zunächst vor einem Laden für militärische Ausrüstung stehen, betrat nach einer kurzen Inspektion der Waren die Ware und kaufte eine kurze, nicht allzu flexible Reitpeitsche mit schwerem Griff. Dann, als die Straßenbahnen dicht gedrängt waren, ging sie in schnellem Tempo – immer wieder blickte sie sich um, um zu sehen, dass ihr deutscher Soldat ihr folgte – den Boulevard du Jardin Botanique hinauf und die Rue Royale entlang, bis sie zum Hotel Impérial kam . Hier blieb sie einen Moment stehen, um den Soldaten dicht hinter sich zu haben; Dann drehte sie die Drehtür um und fand sich und ihn in der Marmorhalle wieder, die einst für Mrs. Warrens blumigen Geschmack gebaut worden war. „Rufen Sie den Manager an", sagte sie und versuchte, nicht zu keuchen, zu zwei belgischen Bediensteten, die heraufkamen, einem Gepäckträger und einem Liftmann. Der Manager – der sie und ihre Mutter 1915 hinausgeworfen hatte – ließ glücklicherweise eine Weile auf sich warten. Er packte wirklich alle Kräfte zusammen, um mit der gesamten Beute, die er transportieren konnte, aufzubrechen, bevor der Fluchtweg versperrt war. Diese kleine Verzögerung ermöglichte es Vivien, zu Atem zu kommen und wieder eine beeindruckende Ruhe zu finden.

„Na ja: was willst du?" sagte der Manager unverschämt und erinnerte sich an sie.

„Das zuerst", sagte sie und packte ihn plötzlich am Mantelkragen.

„Ich möchte dir die solideste Tracht Prügel geben, die du je erlebt hast …"

Und bevor er wirksamen Widerstand leisten konnte, hatte sie ihn kräftig mit der *Reitkrawatte* auf Schultern, Hände, Rücken und Gesicht gepeitscht . Er riss sich los und ging in die Hocke, bereit für einen Gegenangriff. Doch die belgischen Diener griffen ein und stellten ihm ein Bein. und der deutsche Soldat – der ehemalige Kellner aus der Savoy – sagte, dass Madame von Natur aus so freundlich sei, dass es einen guten Grund für diese Züchtigung geben müsse.

„Das gibt es", antwortete sie, jetzt hatte sie wieder Luft und schämte sich innerlich dafür, dass sie zu solch gewalttätigen Methoden gegriffen hatte.

„Vor drei Jahren hat dieses Wesen meine Mutter und mich mit solcher Gewalt aus diesem Hotel geworfen, dass meine Mutter wenige Minuten später daran starb. Er hat unser Geld und einen Großteil unseres Eigentums gestohlen. Ich habe von meiner Mutter, der dieses Hotel einst gehörte, ein Recht auf bestimmte Räume geerbt, die sie bewohnte . Dieses Recht nehme ich ab heute wieder in Anspruch. Ich werde jetzt zu ihnen gehen. Und was diesen Schurken betrifft, werfen Sie ihn auf den Bürgersteig. Er kann später sein Gepäck holen lassen, und was ihm wirklich gehört, soll er haben."

Ihre Befehle wurden ausgeführt.

Anschließend schickte sie eine Nachricht an Frau. Walcker und an die freundliche Frau im Teeladen, Frau. Trouessart , in der Nähe, erklärt, was sie getan hat und warum. „Ich werde die Kontrolle über dieses Hotel im Namen der belgischen Gesellschaft übernehmen, der es gehört, einer Gesellschaft, an der ich durch meine Mutter Anteile besitze. Ich werde hier bleiben, bis die Verantwortlichen es übernehmen und ich die *Wohnung wieder in Besitz nehmen werde.* "das gehörte meiner Mutter. Würde Madame Trouessart in der Zwischenzeit ein paar stämmige Dirnen engagieren, um das dürftige Hotelpersonal zu vertreiben, von dem die meisten Deutschen bereits die Flucht zurück ins Vaterland angetreten hatten, mit all der Beute, die es erbeuten konnte? Der Soldat und ehemalige Hotelkellner wurde vorläufig verpflichtet, zu bleiben, solange die belgische Regierung es ihm erlaubte, und drei tapfere britische Soldaten wurden bis zum Tag vor ihrer Kriegsgefangenschaft in ihren Dienst aufgenommen und mit Revolvern zur Abwehr bewaffnet jede gewöhnliche Räuberhandlung.

Ende November hatte sie das Hotel Édouard-Sept – mit wiederhergestelltem alten Namen – in Betrieb genommen und war bereit für die neuen Gäste – britische, französische Offiziere und Zivilisten, die dem König der Belgier bei seiner Rückkehr in seine Hauptstadt folgen würden. Die wiederhergestellten belgischen Behörden übertrugen ihr bald die Villa Beauséjour. Der deutsche Feldwebel hier hatte ihr die Treue gehalten und als Gegenleistung für die Übergabe alles unversehrten, einschließlich der Kuhherde, einen *Douceur erhalten* , der ihn für diese verspätete Ehrlichkeit reichlich belohnte, bevor auch er sein Gesicht nach Deutschland richtete Rest der evakuierenden Armee. Das Auto, das sie gekauft hatte, ermöglichte es ihr, Lebensmittel vom Bauernhof zum Hotel zu bringen und den Belgiern, die in ihre alte Heimat zurückkehrten, viele kleine Dienste zu leisten. Madame Trouessart , die noch keinen Teevorrat hatte, um ihren Teeladen wieder für die ersten neugierigen Touristen zu öffnen, erklärte sich bereit, bei Miss Warren im Hotel zu wohnen und als ihre Stellvertreterin zu fungieren, falls die Angelegenheiten sie aus Brüssel wegführen sollten.

Im Hotel Édouard-Sept, ihrem Geburtsort, traf Rossiter sie, als er nach dem Waffenstillstand in Brüssel ankam. Sie zitterte ein wenig, als ihr seine Karte geschickt wurde, und ließ ihn ganze fünf Minuten warten, während sie sah, dass ihr Haar ordentlich war, und vor dem Glas abschätzte, wie weit es ergraut war. Sie hatte es in den letzten Jahren wachsen lassen – die Tage von David Williams und Mr. Michaelis schienen sehr fern zu liegen – und einige Zeit und Überlegungen darauf verwendet, es zu arrangieren. Ihr Kostüm war handwerklich und das einer Hotelmanagerin am Morgen; dennoch hob sie ihre Figur deutlich hervor und passte zu ihrem Charakter einer kräftigen, intellektuellen Frau.

„Vivie!"

„Michael!"

„Meine *Liebe* ! Du bist schöner als je zuvor!"

"Michael! Deine Khakiuniform steht dir gut; und ich bin *so* froh, dass du deinen Bart losgeworden bist. *Jetzt* können wir dein wohlgeformtes Kinn sehen. Aber trotzdem: Wir dürfen nicht hier stehen und uns gegenseitig Komplimente machen, obwohl dieses Treffen *zu* wunderbar ist: Ich hätte nie gedacht, dass ich dich jemals wiedersehen würde. Lass uns zur Realität kommen. Ich nehme an, die wirklich tiefempfundene Frage in deinem Hinterkopf ist: *Kann* ich dir ein Zimmer geben? Das kann ich, aber keine Badezimmereinrichtung; die sind alle vergeben..."

Michael : „Unsinn! Ich werde im Palace Hotel untergebracht. Jenkins – erinnern Sie sich an den Butler von früher ? – Jenkins und mein Bursche, ein kultivierter Bandit, ein geschliffener Räuber, waren schon dort und haben etwas beschlagnahmt …

„Nein. Ich bin hierher gekommen, erstens, um herauszufinden, ob Sie noch am Leben sind; zweitens, um Sie zu bitten, mich zu heiraten" … (eine Pause) … „und drittens, um herauszufinden, was mit Bertie Adams passiert ist. Eine Nachricht kam durch Die spanische Gesandtschaft teilte mir vor anderthalb Jahren mit, dass er in Brüssel an den Folgen des Krieges gestorben sei. Wenn Sie mir jedoch nicht sofort sagen können, dass dies alles ein Fehler ist, können wir später auf seine Angelegenheiten eingehen . Meine erste Frage ist: „Oh! Mach dir die Mühe... *Willst* du mich heiraten?"

Vivie : „Der liebe, tapfere Bertie, um den ich ewig trauern werde, wurde hier in Brüssel von den abscheulichen Deutschen am 8. April 1917 als Spion erschossen. Er war natürlich genauso wenig ein Spion wie du oder ich. Der Der arme, hingebungsvolle Narr – ich bin immer noch wütend, weil ich nie eine solche Torheit, eine solche selbstlose Hingabe wert sein werde – kam mit falschen Pässen nach Belgien – Amerikaner: in der Hoffnung, mich zu retten – er kam und erkundigte sich hier – meine letzte Adresse in seiner Erinnerung – und hatten pures Pech, gerade als der Kaiser eintreffen wollte. Sie kamen zu dem Schluss, dass –"

Rossiter : „ *Schrecklich, grausam* traurig. Aber Sie können mir die Einzelheiten später erzählen. Sie müssen selbst eine lange, lange Geschichte zu erzählen haben, die von ergreifendem Interesse sein sollte. Aber ... werden Sie mich heiraten?" Ich nehme an, Sie wissen, dass die liebe Linda letztes Jahr im Oktober 1917 bei einem deutschen Luftangriff ums Leben kam. Ich war wirklich *untröstlich* , aber jetzt weiß ich, dass ich nur das tue, was sie sich gewünscht hätte kam schließlich, um *ganz* anders über dich zu sprechen, *ganz* verständnisvoll –"

Vivie : „Das sagen alle Witwer. Sie behaupten immer, die verstorbene Frau habe sie gebeten, wieder zu heiraten, und sogar ihre Nachfolgerin bestimmt.

Die arme Linda! Ja, ich habe einen Bericht darüber in einer Ausgabe der *Times gelesen*, aber ich konnte mich natürlich nicht mit Ihnen in Verbindung setzen, um Ihnen zu sagen, wie *aufrichtig, aufrichtig* es mir leidtut. Ich bin froh, dass sie nett über mich gesprochen hat. Hat sie das wirklich getan? Oder haben Sie sich das nur ausgedacht?"

Michael: „ *Natürlich* nicht. Sie hat es wirklich getan. Wissen Sie, sie und ich haben uns nach Kriegsbeginn ganz verändert? Sie hat ihre ganze alte Albernheit und Ungeschicklichkeit verloren – oder jedenfalls nur genug von ihrer alten Kindlichkeit behalten, um sie liebenswert zu machen. Und ich habe sie wirklich liebgewonnen. Ich habe Sie ganz vergessen. Ja, ich gebe es zu …

„Aber irgendwie kam nach ihrem Tod das alte Gefühl für dich zurück … und zwar ohne jegliche Illoyalität gegenüber Linda. Ich fühlte mich in gewisser Weise – ich weiß, es ist eine absurde Aussage für einen Mann der Wissenschaft, denn das haben wir immer noch." Kein Beweis – ich hatte irgendwie das Gefühl, dass sie noch lebte. Deshalb möchte ich das Haus in Park Crescent nicht loswerden. Aber ich wusste instinktiv, dass sie gerne zusammenkommen würde .... Sie..."

Kellner (klopft an die Tür und öffnet sie leicht): „Madame! Le Général Tompkins veut. " vous Siehe . Il ajoute qu'il Es ist nicht üblich, daran teilzunehmen . Ich bin aussi M'sieur Émile Vandervelde, ich kam sofort an und konnte die Installation nicht durchführen ..."

Rossiter : „Verdammt! Lass mich gehen und mich mit ihnen abfinden . Tompkins! So eine Frechheit habe ich noch nie gehört –"

Vivien : „Überhaupt nicht. Sie vergessen, dass ich die Managerin bin." (Zum Kellner) „Entrez done! Dîtes au Général que je serai à sa disposition dans trois minutes; et montrez-lui was wir haben im Vollzimmer . Alle Appartements mit Bad sont pris. Casez M'sieur Vandervelde quelque part. Du reste , je descendrai . "... (Kellner geht hinaus) ... "Michael! Es ist unmöglich, hier ein sentimentales Gespräch zu führen, und zu dieser Stunde - Elf Uhr Uhr an einem arbeitsreichen Morgen. Wenn Sie eine Antwort auf Ihre zweite Frage wollen, jetzt, da Sie mich gesehen haben, treffen Sie mich vor dem Palmenhaus des Jardin Botanique , um 15 Uhr. Ich werde dann irgendwie für eine Stunde frei haben. Don Vergiss es nicht! Es ist ganz in der Nähe – an der Rue Royale. Sei absolut pünktlich, sonst werde ich denken, dass du deine Meinung geändert hast, nachdem du mich *gesehen hast* , gesehen hast, wie verändert ich bin. Ich werde es *vollkommen* verstehen; nur *kann ich* zurückkommen. um fünf Minuten nach drei und akzeptiere General Tompkins. In Brüssel reifen Bekanntschaften schnell heran."

Im Palmenhaus – oder besser gesagt in einem seiner vielen Abteile; 15.5 Uhr, an einem schönen Nachmittag Anfang Dezember. Die Sonne versinkt über dem weitläufigen Brüssel in einem rosa-gelben Dunst, der von der gut gelaunt aussehenden orangefarbenen Kugel ausgeht. Es gibt keine anderen Besucher im Palmenhaus, jedenfalls nicht in diesem Abteil, außer dem leitenden Gärtner – derselbe, der Mrs. Warren in den letzten Stunden beglückt hat. Er erkennt Vivien und grüßt sie ernst. Als er sieht, dass sie von einem Herrn in Khaki begleitet wird, zieht er sich diskret außer Hörweite zurück und räumt einen Baumfarn auf. Vivien und Michael nehmen auf zwei grünen Eisenstühlen unter den Wedeln und vor grauen Stielen Platz.

Vivie : „Dies ist einer meiner Lieblingsorte für Aufgaben. Ich kann mir nicht vorstellen, warum er vom jungen Brüssel so wenig geschätzt wird. Diese Palmenhäuser sind viel schöner als alles andere in Kew; sie liegen im Herzen von Brüssel, über dem Wie Sie sehen, war es viel häufiger, als die Deutschen hier waren. Bei all ihrer Brutalität haben sie das Palmenhaus im Winter zu einem Zufluchtsort für Kohle und Koks gemacht Während wir armen Menschen auf etwas verzichten mussten, kam ich an einem Wintertag oft hierher, um mich aufzuwärmen und meine Sorgen zu vergessen …

„Schauen Sie sich diese großartige Raphia an – *was* für Wedel! Und diese Phoenix spinosa – und diese Aralia –"

Rossiter : „Stören Sie die Aralia. Ich bin nicht wegen einer Botanikstunde hierher gekommen. Außerdem ist es keine Aralia; es ist ein Gomphocarpus … Vivie! *Willst* du mich heiraten?"

Vivie : „Mein lieber Michael, ich war letzten Oktober dreiundvierzig."

Michael : „Letzten November, an dem Tag, an dem der Waffenstillstand unterzeichnet wurde, war ich *dreiundfünfzig* . Aber ich fühle mich eher wie dreiunddreißig. Das Leben im Lager hat mich ziemlich verjüngt …"

Vivie (Fortsetzung): … „Und mein Haar ist aschengrau – eine unglückliche Übergangsfarbe . Und wenn der Gärtner nicht hinsehen würde , würde ich sagen: ‚Fühlen Sie meine Ellbogen … Furchtbar knochig! Und mein Gesicht ist … geworden'. „Sie dreht ihm ihr Gesicht zu. Er sieht Tränen auf den unteren Wimpern ihrer grauen Augen zittern, aber etwas ist in ihre Gesichtszüge gelangt, ein Hauch von Liebe – ist es das Licht des Sonnenuntergangs? – , der den Wölbungen von Wange, Lippen und Kinn eine zarte Jugendlichkeit verleiht. Ihr Gesicht konnte in der Tat jeden Alters sein: Es zeigte die unsterbliche Schönheit einer Göttin, in der sich das Wissen zur Zärtlichkeit versüßt und die Göttlichkeit sich in einem Bedürfnis nach Mitgefühl aufgelöst hat; und die jugendliche Sicherheit einer glücklichen Frau, deren Wunsch endlich erfüllt wird …

Eine Minute lang schaut sie ihn an, ohne ihren Satz zu beenden. Dann setzt sie sich aufrechter hin und sagt ausdrücklich: „Ja, das werde ich."

Der Gärtner schaffte es gelegentlich, einen Blick auf sie zu werfen, während er Hand in Hand saß. Er wünschte, die Idylle würde so lange anhalten wie das klare Tageslicht, aber die Stunde zum Schließen war vier Uhr – „Il n'y." avait pas à nier ." Entweder waren sie Mann und Frau, die nach Jahren der Trennung vom Krieg wieder vereint waren, oder sie waren reife Liebhaber und wahrscheinlich die angesehensten. In jedem Fall der notwendige Hinweis, von dem Ekstasen bei Sonnenuntergang übergehen müssen Die Glashäuser des Jardin Botanique wurden bei dieser Gelegenheit am besten durch ein diskretes Blumengeschenk vermittelt. Dementsprechend ging er weiter zu der Stelle, wo exotische Lilien blühten, pflückte ein paar Blüten, kehrte zurück und kam mit weichen Polsterstufen zu Vivie , bot ihnen mit einer Verbeugung und „ Mes." Glückwünsche *aufrichtig* , Madame." Vivie lachte und nahm die Lilien; Rossiter gab ihm natürlich einen Zehn-Franc-Schein. Und sie schlenderten langsam zurück zum Hotel.

L'ENVOI

Mir wird von solchen Kunstkritikern vorgeworfen, dass sie meine Bilder so bemerken, dass sie „meine Vordergründe zu sehr verschönern", indem sie sie mit einer Fülle von Details füllen und die Primeln wichtiger machen als die Schneegipfel. Und von meinen Verlegern, die den Papierpreis und die Druckkosten vergessen haben. Meine Matronenjury ist der Meinung, dass ich nicht weiß, wo ich aufhören soll, und dass ich dieses Buch sehr wohl mit der Antwort schließen könnte, die Mrs. Warrens Tochter auf Sir Michael Rossiters Heiratsantrag im Palmenhaus in Brüssel gab. „Der Leser", sagen sie, „kann den Rest der Geschichte sehr gut selbst ausfüllen. Es ist unwahrscheinlich, dass Vivie im letzten Moment aufgibt oder Michael den Schritt in eine zweite Ehe noch einmal überdenkt. Warum also? Verschwendung von Druck und Papier und unser Sehvermögen bei der Beschreibung der Hochzeitszeremonie, des unvermeidlichen Besuchs bei Honoria und was Vivie mit dem Eigentum gemacht hat, das sie von ihrer Mutter geerbt hat?"

Kein Zweifel, es geht ihnen gut. Dennoch misstraue ich dem Urteilsvermögen und der Vorstellungskraft meiner Leser. Ich habe das Gefühl, dass beide Führung benötigen, und ich bezweifle, dass ihr Wissen über die Welt und ihre Herzensgüte meinem gleichwertig sind, außer in seltenen Fällen.

Deshalb verwerfe ich diese Hinweise, um Einfluss auf die geplanten Fortsetzungen dieser Geschichte zu nehmen.

Ich glaube, dass Michael und Vivie zwischen Weihnachten und Neujahr 1918–1919 in der britischen Gesandtschaft in Brüssel geheiratet haben; davor wurde die Gesandtschaft in eine Botschaft umgewandelt; und dass der Heiratsbeamte Mr. Hawk freundlich und freundlich gewesen sei, als er von Den Haag nach Brüssel zurückkehrte und sich daran machte, die Gesandtschaft wieder in Ordnung zu bringen. Ich bin mir sicher, dass Mr. Hawk von der Sache begeistert war und anschließend ein informelles Frühstück in der Rue de Spa gab, zu dem Mons. und Frau. Walcker, Mons. und Frau. Trouessart und der Direktor des Gefängnisses von Saint-Gilles und seine Frau waren eingeladen. Ich glaube, der Chefgärtner des Jardin Botanique , der sich um die Tropenhäuser kümmerte, pflückte aus den Sammlungen einige der prächtigsten Blüten und schenkte sie Vivie am Morgen ihrer Hochzeit; und dass sie anschließend den Blumenstrauß auf dem frisch fertiggestellten Grab ihrer Mutter auf dem Friedhof von St. Josse-ten- Noode niederlegte , wo die Blumen, da das Wetter für die Jahreszeit ungewöhnlich mild war, mehrere Tage lang frisch und blühend blieben.

Ich bin sicher, dass sie und Michael dann die Straße überquerten und zum Gebäude des Tir National gingen; sie betraten es und blieben einen Moment auf der Veranda stehen, von der aus Vivie Bertie Adams hingerichtet gesehen hatte; und sie gingen weiter über das büschelige Gras zu den Gräbern von Bertie Adams und Edith Cavell, wo sie den Toten still die letzte Ehre erwiesen. Ich glaube, ein paar Tage später besuchten sie den Senat, wo die Opfer von von Bissings „Terror" vor Gericht gestellt, eingeschüchtert, beleidigt und verspottet worden waren. Und der Beamte, der ihnen diesen großartigen Nationalpalast zeigte, hat in seiner Ausstellung sicherlich auch die einst prächtigen Teppiche gezeigt, die die deutschen Offiziere vor ihrer Evakuierung des Senats – der mit Ausnahme des Parlamentssaals als Kaserne für rohe Soldaten genutzt wurde – mit Druckerschwärze besprüht, gefleckt, gestreift und bespritzt hatten . Er hätte auch auf die dreihundert Jahre alten Wandteppiche hingewiesen, die sie von den Wänden gerissen und die historischen Porträts zerstückelt hatten, und hätte erneut die Tatsache betont, dass die Offiziere bei all diesen sinnlosen Verwüstungen weitaus schlimmer waren als die Männer.

Ich bin mir auch sicher, dass Michael und Vivie eine Pilgerfahrt zum Gefängnis von Saint-Gilles machten und schweigend in der Zelle standen, in der Bertie Adams und Vivie zwischen dem 6. und 8. April 1917 diese schrecklichen Tage der Spannung und Verzweiflung verbracht hatten; und dass sie, als sie den anderen Abteil des Gefängnisses betraten, in dem Edith Cavell ihre letzten Tage vor ihrer Hinrichtung verbracht hatte, mit mitfühlender Ehrfurcht dem Vortrag des Direktors mit Versen aus „ l'Hymne " lauschten d'Édith Cavell" – wie es jetzt heißt – nichts anderes als das traurige alte Gedicht über menschliches Leid: *Bleibe bei mir* ; und dass sie die Wärme belgischer Gefühle, die die Zelle von Edith Cavell in eine Chapelle verwandelt hat, voll und ganz zu schätzen wussten Ardente auf ewig.

Ich glaube, sie kehrten im Januar 1919 nach England zurück, damit Michael sich schnell wieder seiner Arbeit widmen konnte, Verstümmelte zu heilen, die jetzt in englische Krankenhäuser verlegt wurden; und damit Vivie – immer eine praktische Frau – den Willen ihrer Mutter beweisen, ihr Erbe sichern und es als Fonds in der Hand haben sollte, um so viel Glück wie möglich zu fördern. Ich bezweifle, dass sie einen großen Teil davon eher auf „Ursachen" als auf Fälle und auf die Politik statt auf Personen konzentrieren wird. Ich glaube, sie war furchtbar angewidert, als sie im heutigen England zurückkam und Mrs. Fawcett, Premierministerin und First Lady des Finanzministeriums, Annie Kenney von der Handelskammer und Christabel Pankhurst, die das Gesundheitsministerium leitete, nicht vorfand. Es war entmutigend, nach dem langen Kampf um das Frauenwahlrecht und die Chancengleichheit der Geschlechter dieselben alten Verwirrungsmänner zu finden, die für alle öffentlichen Angelegenheiten und Staatsministerien zuständig sind, und die einzige Frau auf den Bänken des Unterhauses eine Millionärin, die sich noch nie zuvor mit dem Kampf für die Sache der Frau identifiziert hat.

jedoch , dass ihre Ernüchterung die Begeisterung darüber, sich wieder in der Intimität von Honoria Armstrong wiederzufinden, nicht geschmälert hat. Als Sir Petworth auf Urlaub von der Besatzungsarmee zu ihr kam, dachte er, dass es ihr enorm besser ging, obwohl er den Takt hatte, es nicht zu sagen. Er machte die *Amende offenherzig ehrenhaft* für sein Misstrauen und seine Unhöflichkeit gegenüber der Vergangenheit, und er selbst – glaube ich – bestand darauf, dass seine offenen und freundlichen Kinder sie „Tante Vivie" nannten. Ich bin mir ebenso sicher, dass Vivie nicht lange in London war, als sie im Atelier des lieben alten Paddy erschien , wunderschön gekleidet und um Jahre jünger als dreiundvierzig; und ich sollte mich nicht wundern, wenn ihre erneute Anwesenheit in seinem Kreis seinem Körper Auftrieb geben wird, so dass er den Tod um ein paar weitere jährliche Grippeausbrüche betrügen kann. Ich bin überzeugt, dass er sein gesamtes Geld, nachdem er dem Stubenmädchen eine stattliche Jahresrente gezahlt hat , Vivie überlassen hat, wohlwissend, dass in ihren Händen viel mehr – und viel schneller als in denen, die fürstliche und öffentliche Wohltätigkeitsorganisationen leiten – sein wird Die Mittel kommen den Studenten und den von Armut betroffenen Künstlern zugute, denen er zugute kommen möchte.

Ich glaube, nachdem Vivie und Michael die ersten fünf Monate des Jahres 1919 in London verbracht hatten, um das No im besetzten Rheinland, in diesem unvergesslichen Juni, der für seinen herrlichen Sonnenschein und die Schönheit seiner Blumen und Blätter unvergesslich ist. Ich glaube, sie haben dies ausdrücklich getan (unter dem Deckmantel eines Besuchs bei General Armstrong), damit Vivie und Minna von Stachelberg – jetzt Minna Schultz – in Bonn zusammenkommen könnten. Minna hatte erneut geheiratet, einen Beamten ohne Familie, aber mit guten Mitteln und gutem Körperbau, den sie in Brüssel gepflegt hatte. Sein linker Arm war zerschmettert, aber das Können der belgischen Chirurgen und ihre engagierte Pflege hatten ihn vor der Amputation bewahrt. Sie hatte sich jedoch gewünscht, dass er von einem großen Vertreter der Heilchirurgie an der Universität Bonn untersucht würde, und zwar im Beisein des berühmten Sir Michael Rossiter – der in seinen Diskussionen über Anatomie mit den Bonner Professoren vergaß, dass es jemals einen Krieg zwischen Großbritannien und Deutschland gegeben hatte – war am günstigsten.

Ich glaube jedoch, dass Sir Michael sagte, das sei alles Humbug von Minnas Seite, und dass sie – ihr Mann, Major Schultz, der gesundheitlich einwandfrei aussehe – nur noch einmal ihre geliebte Vivie treffen wollte. Ich bin jedenfalls sicher, dass sie sich in einem günstigen Monat im Rheinland trafen, als man den ganzen Tag und die ganze Nacht draußen sein konnte; und dass Minna irgendwann sagte, wie glücklich sie in ihrer zweiten Ehe sei und dass Soldaten die nettesten Ehemänner seien, so sehr sie auch den Militarismus ablehnte und den Krieg verurteilte. Ich denke, bevor sie und Vivie sich trennten, um verschiedene Wege zu gehen, beschlossen sie, sich für den Aufbau einer englisch-deutschen Versöhnung und für die Befürwortung einer Mann-und-Frau-Regierung in beiden Ländern einzusetzen.

Ich denke jedoch, dass Vivie, die eine solide Geschäftsfrau ist und einen ausgeprägten Sinn für Gerechtigkeit im Sinne von „Auge um Auge" besitzt, von der deutschen Regierung mindestens fünftausend Pfund für die Verwüstungen und Diebstähle in der Villa Beau fordern wird. Aufenthalt; und dass sie, nachdem sie es erhalten und den Schmuck und das Geschirr ihrer Mutter für 3.500 Pfund entsorgt hat, das Anwesen Villa Beau-séjour und eine Stiftung von 8.000 Pfund der Stadt Brüssel als Bildungswaisenhaus für die Kinder belgischer Soldaten schenken wird die im Krieg gefallen sind, wo sie eine praktische Ausbildung in Landwirtschaft und Geflügelzucht erhalten können.

Ich glaube, sie hat der Kongo-Mission von Pasteur Walcker tausend Pfund gespendet; und an Mme. übergeben. Trouessart alle ihre Anteile und Rechte am Hotel Édouard-Sept.

Ich stelle mir auch vor, wie die Rossiters im September 1919 eine Autotour voller Vergnügen und Augenfreude in Südwales unternehmen.

Ich stelle mir vor, wie sie nach Pontystrad gingen , den Pfarrer und die Pfarrerin überraschten und sie mit absichtlich diffusen Geschichten über Vivies Cousin, den verstorbenen David Vavasour Williams, verwirrten, um ohne unnötige Lügen den Eindruck zu vermitteln, dass David während des Krieges im Ausland gestorben sei, aber das Vivie möchte in seiner Erinnerung und der seines lieben alten Vaters ein starkes persönliches Interesse am Gemeindehaus und seinen Bildungszielen fortsetzen. Ich stelle mir auch vor, wie Vivie alleine zu Mrs. Evanwys mit Rosen geschmücktem Häuschen geht. Die alte Dame ist mittlerweile ziemlich zittrig und verlässt ihren kleinen Garten mit Buchslaube und Gartensitzplatz nicht mehr weit. Ich kann mir vorstellen, dass Vivie das Geheimnis um David Williams etwas lüften und von der alten Nanny mit herzlicher Zuneigung und der herzlichen Zusicherung umarmt wird, dass sie das Geheimnis von Anfang an geahnt hatte, sich aber so sehr zu dem falschen David Williams hingezogen gefühlt hat und sich dessen so sicher war seine ehrlichen Absichten, dass nichts sie dazu gebracht hätte, den alten Pfarrer zu betrügen. Ich kann mir sogar vorstellen, dass die alte Dame, bevor sie in einigen Jahren von einer Lähmung heimgesucht wird, Vivie so viel Klatsch über die walisischen Vavasours erzählt, dass Vivie zu der festen Überzeugung gelangt, dass ihre Mutter aus diesem Stamm stammte und dass sie tatsächlich die Cousine ersten Grades des Jungen war, für den sie sich ausgab der lobenswerte Zweck, zu zeigen, wie gut eine Frau als Anwalt praktizieren kann.

Ich denke auch gerne, dass die Rossiters bis zum jetzigen Jahr der Gnade – 1920 – davon überzeugt sein werden, dass No nicht alle ihre Bedürfnisse und Ambitionen befriedigen können: das werden sie schon vor Beginn dieses Jahres beschlossen haben – es durch ein Zuhause auf dem Land für Wochenenden, für Sommerbesuche und schließlich für die Ruhe im Alter zu ergänzen. Dass sie zu diesem Zweck einen idealen Gutshof oder ein Priorat oder ein großes Gehöft in der Nähe von Petworth und dem Haus der Armstrongs , gegenüber den South Downs und in der Nähe des Flusses Rother, erwerben werden ; dass es nicht nur in einem Vorort von Petworth liegen soll, sondern in einem stattlichen kleinen Dorf mit eigenem Charakter und eigener Geschichte, die bis in die Römerzeit zurückreicht, und einer Kirche mit sächsischem Grundriss und normannischem Chor. Und dass auf dem idealen Kirchhof dieser beneidenswerten Kirche mit alten Eiben und Grabsteinen aus dem 18. Jahrhundert und alten, alten Bänken im Sonnenschein, auf denen die Großväter und Faulenzer des Dorfes sitzen und an einem Sabbathmorgen rauchen können, ein Platz entstehen soll gefunden für die Knochen von Bertie Adams; ehrfürchtig aus dem grasbewachsenen Amphitheater des Tir National herübergeholt, um auf diesem Kirchhof von West Sussex auszuruhen, der einen Blick auf einen der schönsten Cricketplätze der Grafschaft bietet. Wenn es also eine Verbindung zwischen den verwesenden Fragmenten unseres Körpers und der unerklärlichen Persönlichkeit gibt, die im lebenden Gehirn erzeugt wurde, wird der ehemalige Bürojunge von *Fraser und Warren* wissen, dass er in der Erinnerung an Vivien Rossiter immer präsent ist. dass sie die wenigen physischen Fragmente, die ihn noch darstellen, in einer Umgebung platziert hat, die seine ehrliche, einfache Natur zu seinen Lebzeiten entzückt hätte. Er wüsste auch, dass seine Kinder jetzt ihr und ihrem Mann gehören; dass seine Nance zu Recht den hervorragenden Butler Jenkins heiratete, mit dem er so manches Cricket-Ergebnis besprochen hatte; und dass die Liebe schließlich stärker ist als der Tod.

DAS ENDE